여러분의 합격을 응원하는
해커스공무원의 특별 혜택

FREE 공무원 국어 특강

해커스공무원(gosi.Hackers.com) 접속 후 로그인 ▶ 상단의 [무료강좌] 클릭하여 이용

해커스공무원 온라인 단과강의 20% 할인쿠폰

74229EB4D62BA8C8

해커스공무원(gosi.Hackers.com) 접속 후 로그인 ▶ 상단의 [나의 강의실] 클릭 ▶
좌측의 [쿠폰등록] 클릭 ▶ 위 쿠폰번호 입력 후 이용

* 등록 후 7일간 사용 가능(ID당 1회에 한해 등록 가능)

합격예측 온라인 모의고사 응시권 + 해설강의 수강권

955E26237967E294

해커스공무원(gosi.Hackers.com) 접속 후 로그인 ▶ 상단의 [나의 강의실] 클릭 ▶
좌측의 [쿠폰등록] 클릭 ▶ 위 쿠폰번호 입력 후 이용

* ID당 1회에 한해 등록 가능

해커스 매일국어 어플 이용권

FY0BJQGM8TEOB3ZJ

구글 플레이스토어/애플 앱스토어에서 [해커스 매일국어] 검색 ▶
어플 다운로드 ▶ 어플 이용 시 노출되는 쿠폰 입력란 클릭 ▶ 위 쿠폰번호 입력 후 이용

▲ 매일국어 어플 바로가기

* 등록 후 30일간 사용 가능(ID당 1회에 한해 등록 가능)
* 해당 자료는 [해커스공무원 국어 기본서] 교재 내용으로 제공되는 자료로, 공무원 시험 대비에 도움이 되는 유용한 자료입니다.

쿠폰 이용 관련 문의 **1588-4055**

단기 합격을 위한 해커스공무원 커리큘럼

입문
탄탄한 기본기와 핵심 개념 완성!
누구나 이해하기 쉬운 개념 설명과 풍부한 예시로 부담없이 쌩기초 다지기

TIP 베이스가 있다면 **기본 단계**부터!

기본+심화
필수 개념 학습으로 이론 완성!
반드시 알아야 할 기본 개념과 문제풀이 전략을 학습하고
심화 개념 학습으로 고득점을 위한 응용력 다지기

기출+예상 문제풀이
문제풀이로 집중 학습하고 실력 업그레이드!
기출문제의 유형과 출제 의도를 이해하고 최신 출제 경향을 반영한
예상문제를 풀어보며 본인의 취약영역을 파악 및 보완하기

동형모의고사
동형모의고사로 실전력 강화!
실제 시험과 같은 형태의 실전모의고사를 풀어보며 실전감각 극대화

마무리
시험 직전 실전 시뮬레이션!
각 과목별 시험에 출제되는 내용들을 최종 점검하며 실전 완성

PASS

* 커리큘럼 및 세부 일정은 상이할 수 있으며, 자세한 사항은 해커스공무원 사이트에서 확인하세요.

단계별 교재 확인 및 수강신청은 여기서!
gosi.Hackers.com

해커스공무원
국어
유형별
출제예상문제집

해커스공무원
gosi.Hackers.com

서문

"문제에 어떤 방식으로 접근해야
실수 없이 문제를 풀 수 있을까?"

해커스는 교재를 만들기에 앞서
가장 먼저 수험생의 마음을 헤아립니다.

'기본서를 여러 번 봐도 문제풀이에 적용이 안 돼.'
'나의 약점을 확인하고 보완하고 싶어.'

조바심, 걱정, 바람…….
해커스는 수험생의 마음을 십분 공감합니다.

그래서 『해커스공무원 국어 유형별 출제예상문제집』은
수험생 여러분의 고민을 해결하고, 제대로 문제를 풀 수 있도록 구성하였습니다.

최근 공무원 9급 국어 시험 문제와 최신 기출 경향 분석에 기반하여 정리한
16개의 유형별 문제 접근법을 통해
짧은 시간 안에 공무원 국어의 유형별 문제풀이 전략을 학습할 수 있으며,

단원마다 문제풀이 전략이 적용된 최신 기출문제와
공무원 국어 시험과 동일한 유형의 예상문제를 수록하여
기출 및 예상문제 풀이 연습을 동시에 할 수 있습니다.

공무원 국어 시험 합격
해커스가 여러분과 함께합니다!

차례

합격으로 이끄는 이 책의 구성   6
합격을 위한 맞춤 학습 플랜   8

1편 독해

유형 01   중심 내용 및 핵심 논지 파악하기   12
유형 02   세부 내용 파악하기   18
유형 03   주장 및 견해 파악하기   28
유형 04   글의 전략 및 전개 방식 파악하기   34
유형 05   글의 순서 파악하기   38
유형 06   숨겨진 내용 추론하기   44
유형 07   빈칸 내용 추론하기   54
유형 08   사례 추론하기   60
유형 09   말하기 전략 파악하기   64
유형 10   공문서·개요·글 고쳐쓰기   68
유형 11   문학 제재 글을 읽고 추론하기   78

2편 논리

유형 12   명제의 전제 및 결론 추론하기   86
유형 13   논증의 종류 및 오류 판단하기   94
유형 14   논증의 강화 및 약화 평가하기   100

해커스공무원 국어 유형별 출제예상문제집

3편 문법/어휘

유형 15 문법 개념을 활용해 추론하기　112
유형 16 어휘의 문맥상 의미 파악하기　122

 실전모의고사 [부록]　130
 정답 및 해설　142

합격으로 이끄는 이 책의 구성

01 독해가 쉬워지는 STEP별 문제풀이 전략

적중 문제풀이 전략
STEP별 문제풀이 전략을 제시하여 문제 유형별로 발문에서 요구하는 바를 빠르게 파악하고 지문을 정확하게 읽어낼 수 있습니다.

전략 적용하기
유형별 대표 기출 문제에 '적중 문제풀이 전략'을 직접 적용해 봄으로써 문제 접근 방법을 학습할 수 있습니다.

02 문제 적용 능력을 향상시키는 단계별 문제풀이 구성

엄선기출문제
실제 시험에서 어떻게 출제되는지 최신 기출문제를 풀어 봄으로써 출제 경향을 파악하고 실전 감각을 다질 수 있습니다.

적중문제
공무원 국어 시험 문제와 동일한 유형의 예상문제를 풀어 봄으로써 학습한 문제풀이 전략을 다양한 문제에 직접 적용해 보는 연습을 할 수 있습니다.

해커스공무원 국어 유형별 출제예상문제집

03 고득점 달성을 위한 고난도 문제 유형 수록

14 고난도 문제 ○△×

다음 글을 통해 추론한 생각으로 적절하지 않은 것은?

> 선물과 환대를 베푸는 사람은 그것을 받는 사람보다 항상 우위에 있게 된다. 다시 말해 재화를 낭비한 사람이 특권을 갖게 되고, 이 특권을 의식하여 사람들은 과시적 낭비를 하며, 결국 이 과시적 낭비를 통해 다른 사람보다 우월한 지위에 서게 된다. 그렇다면 모든 선물이나 환대는 표면적으로 조건 없고 후하게 보일지라도 결코 무사무욕(無私無慾)의 것이 아님을 알 수 있다.

고난도 문제
적중문제에 '고난도 문제'를 단원별로 한 문제씩 수록하여, 고득점 달성 및 심화 문제에 대한 대비가 가능합니다.

04 나의 실력 점검 및 약점을 보완해 주는 정답·해설

나의 실력 확인
문제를 풀면서 ○△× 표에 표시한 문항 개수를 적고 비교해 봄으로써 약점이 되는 단원을 파악하고 보완할 수 있습니다.

정답·해설·오답 분석
정답의 근거와 오답 선지가 오답이 되는 이유까지 상세하게 설명하여 틀렸던 문제에 대한 원인을 파악하고 보완할 수 있습니다.

이것도 알면 합격
문제와 관련된 핵심이론을 정리하였습니다. 이는 출제될 가능성이 높은 이론들로 구성한 것이므로 만점 달성에 필요한 심화 학습을 할 수 있습니다.

합격으로 이끄는 이 책의 구성 **7**

합격을 위한 맞춤 학습 플랜

핵심전략 + 문제풀이 병행 학습 플랜 | 20일 완성

공무원 국어 시험에 출제되는 핵심전략을 학습하고 문제풀이를 병행하여 실력을 완성하고 싶은 수험생에게 추천합니다.

1일	2일	3일	4일	5일
☐ 유형 01-04 전략적용, 엄선기출	☐ 유형 01 적중문제	☐ 유형 02 적중문제	☐ 유형 03 적중문제	☐ 유형 04 적중문제
6일	**7일**	**8일**	**9일**	**10일**
☐ 유형 05-08 전략적용, 엄선기출	☐ 유형 05 적중문제	☐ 유형 06 적중문제	☐ 유형 07 적중문제	☐ 유형 08 적중문제
11일	**12일**	**13일**	**14일**	**15일**
☐ 유형 09-12 전략적용, 엄선기출	☐ 유형 09 적중문제	☐ 유형 10 적중문제	☐ 유형 11 적중문제 ☐ 1편 독해 복습	☐ 유형 12 적중문제
16일	**17일**	**18일**	**19일**	**20일**
☐ 유형 13-16 전략적용, 엄선기출	☐ 유형 13 적중문제	☐ 유형 14 적중문제 ☐ 2편 논리 복습	☐ 유형 15 적중문제	☐ 유형 16 적중문제 ☐ 3편 문법/어휘 복습

학습 플랜 활용법

- 각 단원별로 정리된 적중 문제풀이 전략을 통해 문제에 접근하는 방법을 익히고, 전략을 학습한 후에는 교재에 수록된 연습 문제(전략 적용하기/엄선기출문제)를 풀어 보며 학습한 내용을 적용합니다.
- 교재에 수록된 다양한 적중문제를 풀고 틀린 문제의 해설을 꼼꼼히 읽으며 집중 학습합니다. 본인이 틀린 문제는 포인트를 '몰라서' 틀린 것인지, 아는 것이지만 '실수로' 틀린 것인지를 확실히 파악하고, [이것도 알면 합격!]에서 제공하는 심화 개념까지 완벽히 암기합니다.
- 각 영역의 학습이 끝날 때마다 예상 문제(적중문제)에서 틀린 문제를 확인한 후, 유형별 문제풀이 전략을 적용해 보며 철저히 복습하여 동일한 포인트의 문제를 틀리지 않도록 합니다.

해커스공무원 국어 유형별 출제예상문제집

문제풀이 집중 훈련 학습 플랜 | 15일 완성

공무원 국어 시험과 동일한 유형의 예상문제 풀이에 집중하여 실전 감각을 극대화하고 싶은 수험생에게 추천합니다.

1일	2일	3일	4일	5일
☐ 유형 01-02	☐ 유형 03-04	☐ 유형 05-06	☐ 유형 07-08	☐ 유형 09-10
6일	**7일**	**8일**	**9일**	**10일**
☐ 유형 11	☐ 유형 01-03 복습	☐ 유형 04-06 복습	☐ 유형 07-09 복습	☐ 유형 10-11 복습
11일	**12일**	**13일**	**14일**	**15일**
☐ 유형 12-13	☐ 유형 14	☐ 유형 12-14 복습	☐ 유형 15-16	☐ 유형 15-16 복습

학습 플랜 활용법

- 각 단원별 적중 문제풀이 전략을 빠르게 훑으며 공무원 국어 시험에 출제되는 16가지의 문제 유형을 파악하고, 이에 따른 각각의 문제 접근 방법 및 풀이 전략을 모두 알고 있는지 점검합니다.
- 공무원 국어 시험 문제와 동일한 유형으로 구성된 적중문제를 풉니다. 틀린 문제를 다시 풀어 보고, 반복해서 틀리는 문제는 해설의 정답 설명, 오답 분석을 한번 더 꼼꼼히 읽어 모르는 부분이 없을 때까지 확실히 학습합니다.
- 각 영역의 학습이 끝날 때마다 예상 문제에서 틀린 문제를 확인한 후, 해당 이론을 찾아가며 숙지한 후 다시 한번 풀어 봄으로써 취약점을 완벽히 없애도록 합니다.

합격을 위한 맞춤 학습 플랜

공무원시험전문 해커스공무원
gosi.Hackers.com

해커스공무원 국어 유형별 출제예상문제집

1편 독해

유형 01 중심 내용 및 핵심 논지 파악하기
유형 02 세부 내용 파악하기
유형 03 주장 및 견해 파악하기
유형 04 글의 전략 및 전개 방식 파악하기
유형 05 글의 순서 파악하기
유형 06 숨겨진 내용 추론하기
유형 07 빈칸 내용 추론하기
유형 08 사례 추론하기
유형 09 말하기 전략 파악하기
유형 10 공문서·개요·글 고쳐쓰기
유형 11 문학 제재 글을 읽고 추론하기

유형 01 중심 내용 및 핵심 논지 파악하기

적중 문제풀이 전략

STEP 1 선택지에서 반복적으로 언급되는 단어에 주목해 핵심어를 파악한다.
- 선택지에서 반복적으로 언급되는 단어가 곧 글의 가장 중심이 되는 단어인 핵심어이다.
- 선택지에서 핵심어를 파악한 후 핵심어를 중심으로 글의 내용을 파악한다.

STEP 2 핵심어를 중심으로 글의 주제 또는 중심 내용을 파악한다.
- 글의 첫 문단과 끝 문단에 주목하여 주제, 중심 내용을 파악한다.
- 중심 내용을 언급할 때 자주 나타나는 표현에 주목하여 중심 내용을 파악한다.

전략 적용하기

다음 글의 중심 내용으로 가장 적절한 것은? [9급 출제기조 전환 2차 예시문제]

> 플라톤의 『국가』에는 사람들이 살아가면서 가장 중요하게 생각하는 두 가지 요소에 대한 언급이 있다. 우리가 만약 이것들을 제대로 통제하고 조절할 수 있다면 좋은 삶을 살 수 있다고 플라톤은 말하고 있다. 하나는 대다수가 갖고 싶어하는 재물이며, 다른 하나는 대다수가 위험하게 생각하는 성적 욕망이다. 소크라테스는 당시 성공적인 삶을 살고 있다고 사람들에게 잘 알려진 케팔로스에게, 사람들이 좋아하는 재물이 많아서 좋은 점과 사람들이 싫어하는 나이가 많아서 좋은 점은 무엇인지를 물었다. 플라톤은 이 대화를 통해 우리가 어떻게 좋은 삶을 살 수 있는지를 보여준다.
>
> 케팔로스는 재물이 많으면 남을 속이거나 거짓말하지 않을 수 있어서 좋고, 나이가 많으면 성적 욕망을 쉽게 통제할 수 있어서 좋다고 말한다. 물론 재물이 적다고 남을 속이거나 거짓말을 하는 것은 아니며, 나이가 적다고 해서 성적 욕망을 쉽게 통제할 수 없는 것은 아니다. 그렇지만 누구나 살아가면서 이것들로 인해 힘들어하고 괴로워하는 경우가 많다는 것은 분명하다. 삶을 살아가면서 돈에 대한 욕망이나 성적 욕망만이라도 잘 다스릴 수 있다면 낭패를 당하거나 망신을 당할 일이 거의 없을 것이다. 인간에 대한 플라톤의 통찰력과 삶에 대한 지혜는 현재에도 여전히 유효하다.

① 재물욕과 성욕은 과거나 지금이나 가장 강한 욕망이다.
② 재물이 많으면서 나이가 많은 자가 좋은 삶을 살 수 있다.
③ 성공적인 삶을 살려면 재물욕과 성욕을 잘 다스려야 한다.
④ 잘 살기 위해서는 살면서 가장 중요한 것이 무엇인지 알아야 한다.

STEP 1 선택지에서 반복적으로 언급되는 단어에 주목해 핵심어를 파악한다.
선택지에서 반복적으로 언급되는 단어로 글의 핵심어는 '재물(재물욕)'과 '성욕'임을 알 수 있다.

STEP 2 핵심어를 중심으로 글의 주제 또는 중심 내용을 파악한다.
1문단에서는 '재물(욕)'과 '성적 욕망'을 조절할 수 있다면 좋은 삶을 살 수 있다는 플라톤의 견해에 대해 소개하며, 이는 소크라테스와 케팔로스의 대화를 통해 확인할 수 있다고 설명한다. 2문단에서는 재물이 많으면 거짓말하지 않을 수 있어 좋고, 나이가 많으면 성적 욕망을 통제할 수 있어서 좋다는 케팔로스의 답변을 예로 들며 '돈에 대한 욕망'과 '성적 욕망'을 잘 다스리는 것의 중요성에 대해 강조하고 있다. 핵심어를 포함하면서 문단별 중심 내용을 포괄하는 내용은 ③이다.

엄선기출문제

01 다음 글의 중심 내용으로 가장 적절한 것은?   [2025 국가직 9급]

> 동물이 신체의 내부 온도를 정상 범위 안에서 유지하는 과정을 '체온조절'이라고 한다. 체온조절을 위하여 동물은 신체 내부의 물질대사를 통해 열을 발생시키거나 외부 환경에서부터 열을 획득한다. 조류나 포유류는 체내의 물질대사에 의하여 생성된 열로 체온을 유지하기 때문에 '내온동물'이라고 부른다. 대부분의 내온동물은 외부 온도가 변화해도 안정적으로 체온을 유지한다. 추운 환경에 노출되어도 내온동물은 충분한 열을 생성해서 주변보다 더 따뜻하게 체온을 유지할 수 있다.
> 이와 달리 양서류나 많은 종류의 파충류와 어류는 열을 외부에서부터 획득하기 때문에 '외온동물'이라고 부른다. 외온동물은 체온조절을 위한 충분한 열을 생성하지는 않지만 그늘을 찾거나 햇볕을 쬐는 것과 같은 행동을 통해 체온을 조절한다. 외온동물은 열을 외부에서 얻기 때문에 체내의 물질대사를 통해 큰 에너지를 생성할 필요가 없어서 동일한 크기의 내온동물보다 먹이를 적게 섭취한다.
> 한편 체온의 안정성을 기준으로 동물을 '항온동물'과 '변온동물'로 구분하기도 한다. 주위 환경과 관계없이 비교적 일정한 체온을 유지하는 동물을 항온동물, 주위 환경에 따라서 체온이 변하는 동물을 변온동물이라고 부른다. 한때는 내온동물과 외온동물을 각각 항온동물과 변온동물이라고 부르기도 했다.
> 그런데 체온조절을 위해 열을 획득하는 방식과 체온의 안정성을 유지하는 것은 별개의 문제이다. 외온동물에 속하는 많은 종류의 해양 어류는 일정한 온도가 유지되는 물에서 서식하기 때문에 체온이 크게 변하지 않는다. 반대로 어떤 내온동물은 체온의 변화가 급격하게 일어나기도 한다. 예컨대 박쥐 중에는 겨울잠을 자면서 체온을 40℃나 떨어뜨리는 종류도 있다. 내온동물과 외온동물을 구분하는 방식과 항온동물과 변온동물을 구분하는 방식 사이에는 어떠한 상관관계도 없다.

① 내온동물과 외온동물의 특징을 통해 항온동물과 변온동물의 특징을 밝힐 수 있다.
② 체온조절을 위한 열 획득 방식과 체온의 안정성은 동물을 분류하는 서로 다른 기준이다.
③ 동물을 내온동물과 외온동물로 구분하는 기준은 항온동물과 변온동물로 구분하는 기준보다 모호하다.
④ 체온조절을 위한 열 획득 방식보다 체온의 안정성을 유지하는 방식이 동물을 분류하는 더 적합한 기준이 된다.

해설 **중심 내용 및 핵심 논지 파악하기** 4문단에 의하면 체온조절을 위해 열을 획득하는 방식과 체온의 안정성을 유지하는 것은 별개의 문제이며, 내온동물과 외온동물을 구분하는 방식과 항온동물과 변온동물을 구분하는 방식 사이에는 어떠한 상관관계도 없다. 이는 체온조절을 위한 열 획득 방식과 체온의 안정성은 동물을 분류하는 서로 다른 기준임을 의미한다. 따라서 답은 ②이다.

오답 분석
① 4문단에 의하면 내온동물과 외온동물을 구분하는 방식과 항온동물과 변온동물을 구분하는 방식 사이에는 어떠한 상관관계도 없다고 하였다.
③ 1~2문단에 의하면 내온동물과 외온동물을 구분하는 방식은 체온 조절 방식이고, 3문단에 의하면 항온동물과 변온동물을 구분하는 기준은 체온의 안정성이다. 이는 기준이 다름을 의미할 뿐 두 기준 중 어느 기준이 모호한지는 알 수 없다.
④ 1~2문단에 의하면 내온동물과 외온동물을 구분하는 방식은 체온 조절 방식이고, 3문단에 의하면 항온동물과 변온동물을 구분하는 기준은 체온의 안정성이다. 하지만 두 기준 중 어느 것이 동물을 분류하는 데에 더 적합한 기준인지는 알 수 없다.

정답 ②

01

다음 글의 제목으로 가장 적절한 것은?

> 휴대폰은 인간의 의사소통 범위를 혁신적으로 확장시켰다. 특히 통신 수단으로서의 기능에 컴퓨터, TV, 카메라, 시계, 게임 등 다양한 기능이 결합되면서, 휴대폰은 우리의 일상에 깊이 파고들어 생활에서 떼려야 뗄 수 없는 매체로 자리 잡았다. 그러나 인간의 생활에 편리함을 더해 준 휴대폰은 역설적으로 편리함을 감소시키는 매체로 작용하거나, 더 나아가 공해가 되기도 한다.
> 가장 일상적으로 찾아볼 수 있는 공해는 때와 장소에 관계없이 울려 대는 휴대폰이다. 퇴근 후에 메신저로 오는 업무 지시, 또는 영화관이나 지하철에서의 통화는 휴대폰 사용자나 주변 사람들의 편안한 휴식을 방해한다. 공공장소에서 이어폰을 끼지 않고 휴대폰으로 음악을 듣거나 DMB를 시청하는 행위 역시 주위 사람들의 눈살을 찌푸리게 만든다.

① 미래 사회의 휴대폰
② 휴대폰으로 인한 공해
③ 공공장소에서의 휴대폰 소음
④ 의사소통의 관점에서 본 휴대폰의 혁신

02

다음 글의 중심 생각으로 가장 적절한 것은?

> 수학은 본래 자연에 대한 관찰과 실생활의 경험을 통해 얻은 실용적인 사실들의 수집에서 출발했다. 그 후 고대 그리스 시대에 이르러 다른 사람을 설득하기 위한 논리적 설명인 증명과 증대된 수학 지식의 체계적인 정리인 공리적 방법이 확고한 체제를 갖추게 되었다. 그러나 증명이나 공리적 방법은 발견의 도구가 될 수 없으며, 오히려 창의적 발상을 저해하였다. 그리스 시대 이후 정체의 늪에 빠져 있던 수학은 갈릴레이와 케플러의 발견 후, 새로운 힘을 얻게 되었다. 갈릴레이는 일련의 실험을 통해 지구 중력장 내의 물체 운동에 관한 기초적인 사실을 발견했고, 케플러는 행성의 운동 법칙을 밝혀냈다. 이들의 업적은 수학 발전의 위대한 계기로 인정되어야 할 것이다. 이들의 발견이 현대 동역학(動力學)과 현대 천체 역학으로 발전하는 과정에서 이러한 변화와 운동을 다룰 수 있는 새로운 수학 도구를 필요로 했기 때문이다. 이렇게 해서 미분, 적분학이라는 새로운 형태의 수학이 탄생했다. 이렇듯 수학은 자연에 발을 딛고 있을 때, 자연 과학의 발전에 공헌함은 물론 수학 자체의 지속적인 발전을 이루어 낼 수 있다.

① 자연은 수학 발전의 바탕이 된다.
② 고대 그리스 시대의 수학은 논리적이었다.
③ 현대 동역학은 수학의 발전으로 탄생했다.
④ 미분, 적분학은 수학사 발전의 정점에 있다.

03

〈보기〉의 내용을 고려할 때, 다음 글의 중심 생각으로 가장 적절한 것은?

> 사람은 돌고래나 박쥐의 초음파를 들을 수 없고 반대로 이들 생물들은 인간이 들을 수 없는 영역의 주파수를 감지하는 능력이 있다. 그렇다면 인간에게 들리지 않으면 소리란 없는 것인가? 칸트의 용어로 다시 돌아오면 물(勿) 자체에는 인간이 들을 수 없는 소리가 분명 있다. 그러나 인간의 현상계에는 그 소리가 없다.
>
> 그래서 칸트는 물 자체는 인간이 알 수 없는 것이고 이 세계에서 시간과 공간의 형식으로 포착될 수 있는 것만 알 수 있다고 했다. 칸트는 시간과 공간 밖에 무엇이 존재하는지의 여부는 알 수 없고 어떤 영역이 존재함을 알게 되더라도 거기에 무엇이 있는지는 알 수 없다고 설명했다. 칸트 사유에서 보이는 일련의 이 과정은 대상 중심에서 주관 중심으로의 전환을 의미한다.
>
> 칸트가 인간 인식의 한계를 증명한 것처럼 쇼펜하우어도 우리가 인식할 수 있는 세계는 현상계 내에 한정된다고 생각했다. 이것이 우리가 인식하는 표상 세계의 특징이며 뿐만 아니라 인간은 자신의 관심에 따라 세상을 본다고 말했다.

• 보기 •

> 인간이 대상 사물의 고유한 색을 인식하는 것은 원래 사물의 색이 그렇기 때문이 아니라 인식 주체인 '내'가 그 사물의 색이 그렇다고 인식하는 것뿐이다.

① 인간의 현상계에서는 들을 수 없는 소리가 없다.
② 인간이 인식할 수 있는 세계는 현상계 내로 한정된다.
③ 인간은 대상의 특성에 맞추어 사물을 보는 경향이 있다.
④ 인간이 인식하는 표상의 세계는 주관적이고, 선택적이다.

04

다음 글의 핵심 화제로 가장 적절한 것은?

> 먼저, 우리 사회의 가장 큰 특징 중의 하나는 가족, 학연, 지연, 혈연 중심으로 사회적 연결망이 형성된다는 사실이다. 사업을 하든지 정치를 하든지 사회적 연결망을 잘 이용해야 성공할 수 있다. 스포츠에서도 집단 지향성을 쉽게 찾아볼 수 있다. 일례로 올림픽에서 우승한 선수가 자신의 성취는 가족과 국민의 성원 때문이라고 말하는 것을 자주 들을 수 있다. 이는 개인의 성취 그 자체에 가치를 부여하는 서구 문화와 많은 차이가 있다.
>
> 다음으로 우리 문화는 개인의 권리보다는 의무와 책임을 강조한다. 학교, 직장, 가족, 운동부 등 어느 조직을 막론하고 자신의 역할에 따른 의무를 다하는 것이 권리를 내세우는 것에 우선한다. 또한, 조직이나 집단의 구성원은 지위나 역할에 따른 적절한 행동을 요구받게 된다. 이러한 개인의 의무 강조는 유교적인 전통에서 출발한 것으로 볼 수 있다. 오늘날 납세 의무만 강조되고 서구에서 쉽게 접할 수 있는 '납세자(tax payer) 권리'라는 말의 위력을 찾아보기 힘든 것도 우리 문화의 한 단면이라 볼 수 있다.

① 권리와 의무의 관계
② 우리 문화의 특징
③ 사회적 연결망의 중요성
④ 조직에서 구성원의 역할

05

다음 글의 중심 내용으로 가장 적절한 것은?

> '수오재(守吾齋)'라는 이름은 큰형님이 자신의 집에다 붙인 이름이다. 나는 처음에 이 이름을 듣고 이상하게 생각하였다.
> '나와 굳게 맺어져 있어 서로 떨어질 수 없는 가운데 나보다 더 절실한 것은 없다. 그러니 굳이 지키지 않더라도 어디로 가겠는가? 이상한 이름이다.'
> 내가 장기로 귀양 온 뒤에 혼자 지내면서 생각해 보다가, 하루는 갑자기 이 의문점에 대해 해답을 얻게 되었다. 나는 벌떡 일어나 이렇게 스스로 말하였다.
> "천하 만물 가운데 지킬 것은 하나도 없지만, 오직 나만은 지켜야 한다. 내 밭을 지고 달아날 자가 있는가. 밭은 지킬 필요가 없다. 내 집을 지고 달아날 자가 있는가. 집도 지킬 필요가 없다. 〈중 략〉 그러니 천하 만물은 모두 지킬 필요가 없다. 그런데 오직 나라는 것만은 잘 달아나서, 드나드는 데 일정한 법칙이 없다. 아주 친밀하게 붙어 있어서 서로 배반하지 못할 것 같다가도, 잠시 살피지 않으면 어디든지 못 가는 곳이 없다. 이익으로 꾀면 떠나가고, 위험과 재앙이 겁을 주어도 떠나간다. 마음을 울리는 아름다운 음악 소리만 들어도 떠나가며, 눈썹이 새까맣고 이가 하얀 미인의 요염스러운 모습만 보아도 떠나간다. 한 번 가면 돌아올 줄을 몰라서, 붙잡아 만류할 수가 없다. 그러니, 천하에 나보다 더 잃어버리기 쉬운 것은 없다."
> — 정약용, '수오재기(守吾齋記)'

① 각자의 개성을 지키는 일의 중요성
② 본질적 자아를 유지하는 일의 중요성
③ 감정적으로 흔들리지 않는 일의 중요성
④ 학문에서의 배움을 실천하는 일의 중요성

06

다음 글의 주장으로 가장 적절한 것은?

> 데카르트가 살던 시대에는 인간을 다른 동물과는 별개의 존재로 여겼다. 실제로 인간을 전혀 동물로 보지 않았다. 데카르트에 따르면 마음, 즉 우리의 사고능력은 신체와는 전혀 무관했다. 마음은 결코 물질 세계의 일부가 아니라, 몸뚱아리가 죽고 사라져도 온전히 존재하는 영혼의 일부이다. 인간만이 이러한 마음을 가지고 있으며 동물은 단지 몸으로만 이루어진 기계일 뿐이다. 하지만 우리가 다른 동물과 얼마나 비슷한지 보여주는 설득력 있는 증거들은 너무도 많다. 특히 원시의 늪에서 떠다니던 분자들의 사슬에서 시작하여 공통의 진화론적 역사를 지니고 있다는 사실을 우리는 이미 알고 있다. 우리는 침팬지와 98퍼센트 이상 똑같은 디엔에이를 갖고 있다. 유전학상으로 따지면 실제로 인간과 침팬지의 차이보다 침팬지와 원숭이의 차이가 더 크다. 인간과 다른 유인원들은 진화론에 따르면 똑같은 조상에서 나왔으며 아주 최근에 와서야 – 진화의 시간으로 따졌을 때 – 서로 다른 종으로 갈렸을 뿐이다.

① 인간과 동물은 그 차이가 크지 않다.
② 인간의 사고능력과 신체는 별개의 존재가 아니다.
③ 침팬지는 다른 동물들과 유전학상 차이점이 크다.
④ 인간과 유인원은 서로 다른 종으로 인식되어야 한다.

07

다음 글의 주제로 가장 적절한 것은?

과거제는 여러 가지 사회적 효과를 가져왔는데, 특히 학습에 강력한 동기를 제공함으로써 교육의 확대와 지식의 보급에 크게 기여했다. 그 결과 통치에 참여할 능력을 갖춘 지식인 집단이 폭넓게 형성되었다. 시험에 필요한 고전과 유교 경전이 주가 되는 학습의 내용은 도덕적인 가치 기준에 대한 광범위한 공유를 이끌어 냈다.

동아시아에서 과거제가 천 년이 넘게 시행된 것은 과거제의 합리성이 사회적 안정에 기여했음을 보여 준다. 과거제는 왕조의 교체와 같은 변화에도 불구하고 동질적인 엘리트층의 연속성을 가져왔다. 그리고 이러한 연속성은 관료 선발 과정뿐 아니라 관료제에 기초한 통치의 안정성에도 기여했다.

과거제를 장기간 유지한 것은 세계적으로 드문 현상이었다. 과거제에 대한 정보는 선교사들을 통해 유럽에 전해져 많은 관심을 불러일으켰다. 일군의 유럽 계몽사상가들은 학자의 지식이 귀족의 세습적 지위보다 우위에 있는 체제를 정치적인 합리성을 갖춘 것으로 보았다. 이러한 관심은 사상적 동향뿐 아니라 실질적인 사회 제도에까지 영향을 미쳐서, 관료 선발에 시험을 통한 경쟁이 도입되기도 했다.

① 과거제의 장점
② 과거제의 선발 방식
③ 유럽의 관료 선발 방식
④ 동아시아의 문화적 공통점

08 고난도 문제

다음 글의 중심 내용으로 가장 적절한 것은?

인간은 동물과 달리, 오랜 세월 동안 지속적으로 지식과 기술을 축적함으로써 자연의 여러 위협으로부터 벗어나게 되었다. 또한 인간은 다양한 삶의 방식 가운데에서 한 가지를 자신의 뜻에 따라 선택할 수 있다. 그리고 그 선택에 따라 한 사람의 삶의 의미는 다른 사람의 삶의 의미와 전혀 달라지게 된다.

그렇다면 어떤 삶을 선택하는 것이 보람 있는 것인가? 허무하지 않은 삶이다. 어떤 삶이 허무하지 않은가? 인간다운 삶이다. 그 예는 반드시 위대한 인물들에게서만 찾을 수 있는 것은 아니다. 지조를 지키기 위해 죽어간 수많은 이름 없는 사람들, 일자무식(一字無識)의 농부, 가난한 노동자, 평범한 직장인들 중에서도 인간다운 삶은 얼마든지 찾을 수 있다.

인간다움은 어떠한 상황에서도 자신의 존엄성을 포기하지 않고 인간으로서의 품위를 지키려는 심성이며, '인간다운 삶'이란 동물과 다름을 스스로 확인하듯 부단히 노력하는 삶이다. 우리의 현실은 본능의 유혹에 항상 노출되어 있는 탓에 인간다운 삶을 살기란 쉽지 않다. 하지만 이러한 유혹을 극복할 수 있을 때 우리의 죽음은 가치 있게 부활할 수 있고, 그 향기로 말미암아 인생의 허무함이 충만함으로 승화될 수 있는 것이다.

– 박이문, '더불어 사는 인간과 자연'

① 자신의 존엄성을 지키려 노력하는 삶을 살아야 한다.
② 물질의 유혹에 흔들리지 않는 소박한 삶을 살아야 한다.
③ 역사에 이름을 남길 수 있는 의미 있는 삶을 살아야 한다.
④ 지식과 기술을 축적하기 위해 노력하는 삶을 살아야 한다.

유형 02 세부 내용 파악하기

적중 문제풀이 전략

STEP 1 선택지에서 다루는 주요 정보를 파악한다.
선택지의 정보를 먼저 파악한 후 글에서 필요한 정보를 선별하며 읽는 것이 효율적이다.

STEP 2 글에서 선택지의 주요 정보와 관련된 내용을 찾고, 선택지와 비교하며 일치 여부를 판단한다.
- 선택지의 주요 정보와 글의 내용을 비교하며 읽되, 글에서 확인되는 선택지의 주요 정보에 선택지 번호를 표시한다.
- 선택지의 주요 정보와 글의 내용의 일치, 불일치 여부를 확인하며 답을 찾는다.

전략 적용하기

다음 글을 이해한 내용으로 가장 적절한 것은? [2025 지방직 9급]

> 김삿갓으로 알려진 김병연의 집안은 그의 할아버지인 김익순이 죄를 짓고 사형당하기 전까지 괜찮은 편이었다. 김병연의 5대조 할아버지 김시태가 경종 초에 신임사화에 연루되었지만, 영조가 즉위한 뒤 그것이 조작된 것임이 밝혀지고 명예가 회복되었다. 김익순은 김시태의 후광을 입어 여러 관직에 나아갔다. 1811년 그가 선천 부사로 재직 중일 때 홍경래의 난이 일어났다. 이때 그는 반란군에게 항복했을 뿐만 아니라, 반란이 수습될 무렵에는 반란군 장수의 목을 베어 왔다는 거짓 보고까지 했다. 김익순의 이러한 행적이 드러나 결국 그는 모든 재산이 몰수되고 사형을 당했다. 이후 김병연은 대역죄로 사형당한 인물의 후손이라는 오명을 쓰고 살아갈 수밖에 없었다. 그가 당대의 주류 세력과 관계를 맺지 못한 것도 이 때문이었다. 그는 20세 전후로 부모가 모두 숨지자 자신의 신세를 한탄하며 세상을 떠돌게 되었다.

① 김시태의 후손은 아무도 관직에 나아가지 못했다.
② 김익순은 김시태의 죄상이 드러나 재산이 몰수되었다.
③ 김병연은 자신의 조상이 신임사화에 연루되어 세상을 떠돌게 되었다.
④ 김병연은 대역죄인의 후손이어서 당대 주류 세력과 관계를 맺을 수 없었다.

STEP 1 선택지에서 다루는 주요 정보를 파악한다.
① 관직에 나아가지 못함   ② 재산 몰수
③ 조상 신임사화 연루, 세상 떠돎   ④ 대역죄인의 후손, 주류 세력과 관계

STEP 2 글에서 선택지의 주요 정보와 관련된 내용을 찾고, 선택지와 비교하며 일치 여부를 판단한다.
끝에서 2~3번째 문장에서 김병연은 대역죄로 사형당한 인물의 후손이라는 오명을 쓰고 살아갈 수밖에 없었으며, 그가 당대의 주류 세력과 관계를 맺지 못한 것도 이 때문이었음을 알 수 있다. 따라서 글을 이해한 내용으로 가장 적절한 것은 ④이다.

오답 분석
① 김시태가 신임사화에 연루되었지만 영조 즉위 후 그것이 조작된 것임이 밝혀지고 명예가 회복된 후, 그의 후손인 김익순이 김시태의 후광을 입어 여러 관직에 나아갔다. 이를 통해 김시태의 후손 중 관직에 나아간 인물이 있었음을 알 수 있다.
② 김익순은 홍경래의 난이 일어난 당시 반란군에게 항복하였으며, 반란이 수습될 무렵에 반란군 장수의 목을 베어 왔다는 거짓 보고를 한 행적이 드러나 모든 재산이 몰수되었다. 이를 통해 김익순의 재산이 몰수된 것은 김시태의 죄상이 아닌, 본인의 행적 때문임을 알 수 있다.
③ 김병연은 대역죄로 사형당한 인물인 김익순의 후손이라는 이유로 당대의 주류 세력과 관계를 맺지 못하였고, 세상을 떠돌게 되었다. 이를 통해 김병연이 세상을 떠돌게 된 것은 대역죄인 김익순의 후손이라는 오명 때문이었음을 알 수 있다.

엄선기출문제

01 다음 글을 이해한 내용으로 가장 적절한 것은?

[2025 국가직 9급]

> 20세기에 접어들면서 우리는 새로운 시대의 변화를 다양한 영역에서 확인할 수 있게 되었다. 문학 영역도 마찬가지였다. 이전과 뚜렷이 구별되는 유형과 성격의 문학작품이 등장하였고, 이에 따라 다양한 독자층이 새롭게 형성되었다. 20세기 초 우리나라의 문학 독자층은 흔히 두 가지로 구분되었다. 하나는 구활자본 고전소설과 일부 신소설의 독자인 '전통적 독자층'이고, 다른 하나는 이 시기 새롭게 등장하여 유행하기 시작한 대중소설, 번안소설, 신문 연재 통속소설을 즐겨 봤던 '근대적 대중 독자층'이다. 전통적 독자층에는 노동자와 농민, 양반, 부녀자 등이 속하고, 근대적 대중 독자층에는 도시 노동자, 학생, 신여성 등이 속했다.
>
> 그런데 20세기 초 문학 독자층 중에는 전통과 근대의 두 범주에 귀속시키기 어려운 독자층도 존재했다. 이 시기 신문학의 순수문학 작품, 일본을 비롯한 외국의 순수문학 소설 등을 향유했던 사람들이 바로 그들이다. 문자를 익숙하게 다루고 외국어를 지속적으로 습득한 지식인층은 근대적 대중 독자층과는 다른 문학적 향유 양상을 보여 주었던 것이다. 이들은 '엘리트 독자층'이라고 부를 수 있다.

① 근대적 대중 독자층에서 엘리트 독자층이 분화되어 나왔다.
② 20세기 초의 문학 독자층을 구분하는 기준은 신분과 학력이었다.
③ 엘리트 독자층에 속한 사람들은 우리나라 문학작품 외에도 외국 소설을 읽었다.
④ 근대적 대중 독자층에 속한 사람들은 전통적 독자층에 속한 사람들보다 경제적으로 부유했다.

해설 **세부 내용 파악하기** 2문단에 의하면 엘리트 독자층은 신문학의 순수문학 작품, 일본을 비롯한 외국의 순수문학 소설 등을 향유했음을 알 수 있으므로 엘리트 독자층에 속한 사람들이 우리나라 문학작품 외에도 외국소설을 읽었다는 ③의 설명은 적절하다.

오답분석
① 2문단에 의하면 엘리트 독자층은 전통과 근대의 두 범주에 귀속시키기 어려운 독자층이었음을 알 수 있다. 따라서 근대적 대중 독자층에서 엘리트 독자층이 분화되어 나왔다는 ①의 설명은 적절하지 않다.
② 1문단에 의하면 20세기 초의 문학 독자층은 주로 향유하는 소설의 종류에 따라 나뉘었으며, 구활자본 고전소설과 일부 신소설을 향유했던 '전통적 독자층'과 대중소설, 번안소설, 신문 연재 통속소설을 향유했던 '근대적 대중 독자층'으로 구분되었다. 따라서 20세기 초의 문학 독자층을 구분하는 기준이 신분과 학력이었다는 ②의 설명은 적절하지 않다.
④ 1문단에 의하면 근대적 대중 독자층에 도시 노동자, 학생, 신여성이 속해 있었고, 전통적 독자층에 노동자와 농민, 양반, 부녀자가 속해 있었음은 알 수 있으나, 이를 통해 두 독자층 중 어느 독자층이 더 경제적으로 부유했는지는 제시문을 통해 알 수 없다. 따라서 근대적 대중 독자층에 속한 사람들이 전통적 독자층에 속한 사람들보다 경제적으로 부유했다는 ④의 설명은 적절하지 않다.

정답 ③

적중문제

01

다음 글의 내용과 무관한 것은?

　유전자를 재조합하기 위해서는 DNA를 절단하는 가위와 이를 접착하는 풀이 필요하다. 가위의 구실을 하는 것은 '제한 효소'라는 단백질인데, 이것은 DNA의 각기 다른 위치에서 작용한다. 풀 구실을 하는 것은 '리가아제'라고 부르는 효소인데, 이것은 절단된 DNA를 결합시키는 역할을 맡고 있다. 그리고 일단 시험관 내에서 제한 효소와 리가아제에 의해 재조합된 DNA는 다른 생물체 내로 이식되어 유전자 변형 생물을 만들어 내는데, 이를 위해서는 '벡터'라고 불리는 운반체가 이용된다.

　유전자 변형 생물을 이용하는 방법은 크게 세 가지로 나누어 볼 수 있다. 첫째는 유전자 변형 생물 그 자체를 이용하는 것이고, 둘째는 유전자 변형 생물이 만들어 내는 부산물을 이용하는 경우이다. 그리고 셋째는 유전자의 기능 및 발현 패턴을 연구하기 위한 수단으로 유전자 변형 생물을 이용하는 경우이다. 가령 최근에 인간 게놈 프로젝트에 의해 알려진 수많은 유전자의 기능을 연구하고자 할 때, 바로 유전자 변형 생물이 이용될 수 있다.

① 유전자 재조합은 DNA를 대상으로 한다.
② 벡터는 재조합된 DNA의 운반체로 사용된다.
③ 유전자 재조합 과정에는 제한 효소와 리가아제가 필요하다.
④ 인간 게놈 프로젝트의 목적은 유전자 변형 생물을 만드는 것이다.

[02~03] 다음 글을 읽고 물음에 답하시오.

　영상 매체에 의한 메시지는 순간적으로 그 이미지에 대한 감각적인 반응이 수동적으로 이루어지기 때문에 심리적으로나 시간적으로 경제적이다. 이런 점에서 ㉠<u>이것</u>은 책이 갖지 않은 장점을 갖고 있다. 그러나 ㉡<u>그것</u>은 필연적으로 순간적이고 단편적이며, 따라서 반성적이지 못하고 애매한 상태로 남을 수밖에 없다. 이런 점에서 메시지의 전달은 피상적이다.

　활자로 된 책을 통해 정보를 얻으려면, ㉢<u>그것</u>을 읽고 그 개념적 의미를 능동적으로 이해해야 한다. 그만큼 지적 긴장과 시간이 필요하고 따라서 비경제적이다. 그러나 전통적 매체에 의한 정보 전달에 치르는 대가는 충분히 보상된다. ㉣<u>그것</u>을 구성하고 있는 문자 기호의 의미는 영상 매체를 구성하는 기호인 이미지보다 정확할 수 있으며, 영상 매체의 기호들이 언제나 제한된 공간과 시간에 구속되어 단편적이고 순간적인 파악을 요청하는 데 반해, ㉤<u>그것들</u>에 기록된 기호들은 공식적으로 전체적인 입장에서 포괄적으로 해석될 수 있으며, 시간의 제약 없이 반복적이면서도 반성적으로 해석될 수 있고, 따라서 그만큼 깊은 차원의 정보 전달이 가능하다.

02

윗글의 내용과 부합하지 않는 것은?

① 영상 메시지의 전달은 피상적이다.
② 활자로 된 책에서 정보를 얻으려면 지적 긴장이 필요하다.
③ 영상 속 기호들은 시청자로 하여금 순간적인 파악을 요청하게 한다.
④ 책 속에 담긴 기호는 시간의 제약 없이 해석되지만 얕은 차원의 정보 전달만이 가능하다.

03

문맥상 ㉠~㉤ 중 지시 대상이 같은 것만으로 묶인 것은?

① ㉠, ㉣
② ㉡, ㉢
③ ㉠, ㉡, ㉣
④ ㉢, ㉣, ㉤

04

다음 글에서 확인할 수 없는 내용은?

> 농가의 재생산 체계는 가족 일반의 경우처럼 출산 및 사회화, 계승, 노후 부양의 3단계 주기로 상정할 수 있다. 출산 및 사회화는 아동을 낳고, 기르고, 가르쳐서 장래의 성인 가족원으로서 준비시키는 것이고, 계승은 성년 남녀가 주로 혼인 및 생업 승계를 통해 가족의 사회·경제적 기반을 유지해 나가는 것이며, 노후 부양은 가업을 물려주고 은퇴한 노부모가 이를 승계한 자녀로부터 부양 받는 것이다. 이 같은 가족 재생산 주기의 어느 한 단계에서라도 차질이 발생하면 농가(가족)의 연속성은 깨지게 된다. 즉 출산에 완전히 실패하거나 아동들을 농민으로서 사회화시키는데 실패하거나, 성인 자녀의 혼인과 농사 승계가 이루어지지 못하거나, 자녀에 의한 노후 부양을 기대할 수 없을 때 해당 농가는 그 사회·경제적 성격을 다음 세대로 이어갈 수가 없다. 그리고 재생산 주기 각 단계의 단절은 곧 그다음 단계의 연쇄적 단절을 가지고 오게 된다. 즉 아동 출산·사회화의 실패는 계승의 실패로, 계승의 실패는 노후 부양의 실패로 이어진다.

① 농가 재생산 체계의 각 단계는 서로 긴밀한 연관성을 지닌다.
② 자식을 교육하는 것은 농가 재생산 체계의 1단계에 해당한다.
③ 가족 재생산 체계의 단계 중 '계승' 단계에서 변수가 가장 많이 발생한다.
④ 노후에 가업을 승계한 자녀로부터 부양받는 것은 농가 재생산 체계의 3단계가 잘 이루어진 것이다.

[05~06] 다음 글을 읽고 물음에 답하시오.

> 공공재와 공유 자원은 소비의 대가를 지불하지 않고도 이용이 가능한 재화를 가리킨다. 등대, 가로등과 같은 ㉠전자 그리고 깨끗한 공기, 바닷속의 물고기와 같은 ㉡후자는 재화를 이용하는 대가를 지불하지 않아도 되므로 시장 원리에 따라 재화가 효율적으로 배분되지 못한다. 이와 같은 경우를 시장 실패라 하는데, 시장 실패가 발생하면 이를 해결하는 데 드는 사회적 비용이 크기 때문에 사전에 예방하는 것이 중요하다.
>
> 공공재는 배제성과 경합성이 없는 재화를 말한다. ㉢전자는 사람들이 재화를 소비하는 것을 막을 수 있는 가능성을 말하고, ㉣후자는 한 사람이 재화를 소비하면 다른 사람이 소비에 제한을 받는 속성을 말한다. 공공재는 ㉤전자가 없기 때문에 재화를 생산하더라도 그것을 소비하는 데 드는 비용을 지불할 사람이 없다. 따라서 누구도 공공재를 공급하려 하지 않으므로 정부가 사회적 비용과 편익을 따져 공공재를 공급함으로써 시장 실패를 예방할 수 있다.
>
> 공유 자원은 ㉥전자가 없지만 ㉦후자가 있는 재화이다. 공유 자원에 의한 시장 실패는 개인들이 더 많은 자원을 사용하려고 경합하는 데서 발생하기 때문에 재화의 경합성을 적절하게 조정하는 예방책이 필요하다.

05

윗글의 내용과 부합하는 것은?

① 공공재와 공유 자원은 모두 배제성이 없다.
② 공공재는 민간의 운영에 맡기는 것이 효과적이다.
③ 시장의 자율적 운용이 시장 실패를 막는 방법이다.
④ 정부가 공유 자원을 공급함으로써 시장 실패를 막을 수 있다.

06

윗글의 ㉠~㉦ 중 지시하는 바가 같은 것끼리 짝 지은 것은?

① ㉠, ㉢
② ㉡, ㉣
③ ㉢, ㉤, ㉥
④ ㉢, ㉣, ㉦

07

다음 글에 대한 이해로 적절하지 않은 것은?

역사적으로 보면 과거 문자가 없었던 시대는 물론 문자를 필사(筆寫)의 방법으로 이용했던 시대에는 저작권 의식 자체가 싹틀 수 없었으나, 인쇄술의 발명으로 복제물의 대량배포가 가능해지면서 상황은 달라졌다. 저작권 사상이 싹튼 계기로 구텐베르크를 떠올리는 것은 당연한 일이며, 실제로 대량복제가 가능해짐으로써 저작자나 출판업자의 허락을 얻지 않은 무단복제가 성행한 것이 저작권법 제정의 결정적 계기가 되었다.

또 근대 이전까지는 인쇄술에 의한 복제물, 즉 출판물로 인한 저작권 침해를 방지하는 것이 저작권 법제의 주목적이었다. 그러나 과학기술이 발전하면서 저작물을 수록·전달하는 매체의 증가와 더불어 저작권 침해의 대상이 인쇄매체에서 전기·전파매체, 나아가 전자적 장치를 통한 사이버세계로까지 넓어지는 결과를 가져왔다. 저작권을 내포하는 매체의 수가 그만큼 많아졌을 뿐만 아니라 저작권이 갖는 상업적 가치 또한 매우 커졌다는 뜻이다.

① 과학기술이 발전하면서 저작권 침해의 대상이 넓어졌다.
② 과거에는 문자가 없었으므로 저작권 의식이 필요 없었다.
③ 대량 복제가 가능해지면서 저작물의 무단복제가 성행하였다.
④ 저작권법의 주목적은 저작권이 갖는 상업적 가치를 보호하기 위함이다.

08

다음 글의 내용과 부합하지 않는 것은?

지금까지 제작된 풍속화 가운데 시대를 풍미한 것으로는 선사 시대 암각화, 고구려 고분 벽화, 조선 시대 경직도, 조선시대 삼강행실도, 조선 후기 풍속화, 현대 민중미술 등이 있다. 그 가운데 조선 후기 18세기에 유행한 풍속화는 이전의 다른 풍속화와 달리 역사적으로 획기적인 현상인 변화를 예시한다는 점에 주목할 필요가 있다. 이전의 풍속화란 다른 주제의 배경이나 아니면 경직도처럼 임금이 정책적인 필요에 의해 타율적으로 제작된 것이지 서민의 풍속 자체에 대한 관심과 중요성을 두고 자발적으로 제작된 것은 아니다. 또한 고구려 고분 벽화에서는 상류 계층의 생활상이 그려졌지만, 이것은 서민의 풍속 자체에 관심을 두고 그린 것은 아니다. 조선 후기 풍속화에 나타난 일상의 표현은 이상적이고 특별한 것이 아니라 사소하고 평범한 것도 그림의 주제가 될 충분한 자격이 있다는 사실을 알려주었다. 이는 상류 계층의 아취 문화 위주에서 하류 계층의 통속 문화까지 포용하는 인식의 전환을 의미한다.

① 선사 시대에도 풍속화가 존재했다.
② 풍속화는 군왕의 의도에 따라 제작되기도 하였다.
③ 조선 후기를 기점으로 풍속화의 속성이 달라진다.
④ 이상적이고 특별한 것들은 조선 후기 풍속화 속 일상의 소재로 배제되었다.

09

다음 글의 내용과 무관한 것은?

젖산균이 물이 오르기 전까지 갓 담근 김치에선 배추, 무, 고춧가루 등에 살던 일반 세균들이 한때나마 왕성하게 번식한다. 소금에 절인 배추, 무는 포도당 등 영양분을 주는 좋은 먹이 터전인 것이다.

"김치 초기에 일반 세균은 최대 10배까지 급속히 늘어나다가 다시 급속히 사멸해 버립니다. 제 입에 맞는 먹잇감이 줄어드는 데다 자신이 만들어 내는 이산화 탄소가 포화 상태에 이르러 더는 살아갈 수 없는 환경이 되는 거죠." 한 교수는 이즈음 산소를 싫어하는 '혐기성' 미생물인 젖산균이 활동을 개시한다고 설명했다. 젖산균은 시큼한 젖산을 만들며 배추, 무를 서서히 김치로 무르익게 만든다. 젖산균만이 살 수 있는 환경이 되는데, "다른 미생물이 출현하면 수십 종의 젖산균이 함께 '박테리오신'이라는 항생 물질을 뿜어내어 이를 물리친다."라고 한다.

그러나 '젖산 왕조'도 크게 두 번의 부흥과 몰락을 겪는다. 김치 중기엔 주로 둥근 모양의 젖산균(구균)이, 김치 말기엔 막대 모양의 젖산균(간균)이 세력을 떨친다. 한국 식품 개발 연구원 박완수(46) 김치 연구단장은 "처음엔 젖산과 에탄올 등 여러 유기물을 생산하는 젖산균이 지배하지만, 나중엔 젖산만을 내는 젖산균이 우세종이 된다."며 "김치가 숙성할수록 시큼털털해지는 것은 이 때문."이라고 설명했다. 〈중 략〉

젖산 왕국도 산성화가 진행되면서 최후를 맞이한다. 1mL의 김치에 최대 10~100억 개까지 증식하며 전성기를 구가하던 막대균조차 자신이 만든 젖산 환경을 견디지 못하고 사멸하는 사이에, 젖산을 먹어 치우는 효모가 마지막 '해결사'로 등장한다. '군내'가 나고 김치 국물에 허연 효모가 뜨기 시작하면 젖산 왕조는 최후를 맞이하는 것이다.

– 오철우, '김치는 과학이다!'

① 젖산균은 김치를 무르익게 만든다.
② 김치가 시큼털털해지는 것은 젖산균 때문이다.
③ 젖산균은 다른 미생물을, 효모는 젖산균을 먹어 치우면서 번식한다.
④ 김치 중기엔 주로 둥근 모양의 젖산균이, 김치 말기엔 막대 모양의 젖산균이 왕성하게 증식한다.

10

다음 글에 대한 이해로 적절하지 않은 것은?

전통적 의미에서 영화적 재현과 만화적 재현의 큰 차이점 중 하나는 움직임의 유무일 것이다. 영화는 사진에 결여되었던 사물의 운동, 즉 시간을 재현한 예술 장르이다. 반면 만화는 공간이라는 차원만을 알고 있다. 정지된 그림이 의도된 순서에 따라 공간적으로 나열된 것이 만화이기 때문이다. 만일 만화에도 시간이 존재한다면 그것은 읽기의 과정에서 독자에 의해 사후에 생성된 것이다. 독자는 정지된 이미지에서 상상을 통해 움직임을 끌어낸다. 그리고 인물이나 물체의 주변에 그려져 속도감을 암시하는 효과선은 독자의 상상을 더욱 부추긴다.

만화는 물리적 시간의 부재를 공간의 유연함으로 극복한다. 영화 화면의 테두리인 프레임과 달리, 만화의 칸은 그 크기와 모양이 다양하다. 또한 만화에는 한 칸 내부에 그림뿐 아니라, 말풍선과 인물의 심리나 작중 상황을 드러내는 언어적·비언어적 정보를 모두 담을 수 있는 자유로움이 있다. 그리고 그것이 독자의 읽기 시간에 변화를 주게 된다. 하지만 영화에서는 이미지를 영사하는 속도가 일정하여 감상의 속도가 강제된다.

① 읽기 과정 중 독자의 상상에 의해 만화의 움직임이 생성된다.
② 움직임의 유무에 따라 영화적 재현과 만화적 재현을 구분할 수 있다.
③ 만화는 칸의 크기나 모양, 칸에 포함된 정보 등에 따라 감상 속도가 달라진다.
④ 영화는 사진보다 사물의 움직임이나 사회 현실을 사실적으로 그려 낸 예술 장르이다.

11

다음 글의 내용과 부합하는 것은?

　세계 주요국의 정권 교체 이후 새로운 에너지 정책 이슈 등이 부상하였으나, 주요 국가별 에너지 정책 관련 거버넌스에 대한 파악이 미흡한 상황이다. 최근 에너지 정책 방향은 에너지 공급 중심에서 에너지 수요 관리 및 기후 변화 대응 위주로 변화되고 있다. 이에 따라 개인, 기업, 민간단체, 지역 사회, 지방자치 단체, 정부 등의 적극적이고 자발적인 참여를 필요로 하고 있다. 따라서 변화를 선도할 수 있는 정부 조직의 변화와 민간 부문과 산업 부문의 참여를 이끌어낼 수 있는 에너지 거버넌스의 역할이 매우 중요해지고 있다.
　최근 수년 사이 미국, 일본, 프랑스 등 주요국에서 정권 교체가 이루어져 오바마 재선 이후 에너지 및 기후변화정책 추진 경과, 아베 정권의 원전 재가동을 비롯한 일본 에너지 정책 변화, 프랑스 올랑드 정권의 에너지 정책 대응이 변화되었으며, 이와 관련하여 주요국의 에너지 정책 및 거버넌스 사례를 파악할 필요성이 제기되고 있다. 우리나라 에너지 정책의 거버넌스 관련 기존 계층적 정책 집행에서 벗어나 공동 목적을 향해 자발적으로 참여하는 네트워크 구성 등 구축 방식에 대한 이슈가 제기되고 있다.

① 올랑드 정권의 에너지 정책은 국민들에게 큰 호응을 얻었다.
② 에너지 거버넌스와 관련하여 민간단체의 역할이 가장 중요하다.
③ 기후 변화 대응 위주의 에너지 정책은 최근 변화된 정책 중 하나이다.
④ 한 나라의 정권 교체는 에너지 정책의 변화를 필연적으로 요구하는 것으로 밝혀졌다.

12

다음 글의 내용과 일치하지 않는 것은?

　바로크 시대의 건축물에는 열정적인 종교적 의지가 사회적 동기로 작용하였다. 이 시대에는 로마를 기독교의 중심지로 복원하려는 노력 아래 많은 교회 건물이 지어졌다. 또한 가톨릭의 종교적 열망이 절정에 달했던 때였기 때문에, 교회 건물에 이러한 열망을 자극할 만한 극적인 요소가 갖추어지기를 바라게 되었다. 그런데 당시 로마에서는 교회가 들어서는 부지가 오래된 시가 내 좁은 가로변이었다. 이처럼 건물 앞 도로 폭이 좁은 상태에서 건물에 극적인 긴장감을 만들려다 보니 자연스럽게 거리와 앙각(仰角)의 조작에서 얻어지는 착시 현상을 탐구하게 되었다. 건축물이 편안하게 느껴지려면 건축물이 차지하는 공간의 크기가 보는 사람의 시야에서 적정한 범위 안에 있어야 한다. 그런데 건물 사이의 거리를 좁히면 편안한 느낌은 사라지고 긴장감이 느껴지게 된다. 이렇게 하여 지어진 대표적 건축물이 프란체스코 보로미니의 성 카를로 교회이다. 이 교회의 앞길은 폭이 좁아 길에서 이 건물의 꼭대기를 보기 위해서는 고개를 많이 들어 올려야 했고, 건물의 전체 형태나 외부 장식물도 착시 현상을 거쳐서 볼 수밖에 없었다. 그 결과 길거리에서 올려다본 성 카를로 교회는 마치 하늘을 향해 치솟는 듯한 모습으로 사람들에게 종교적 열정을 상승하게 해 주었다.

– 임석재, '건축과 사회 의식'

① 종교적 열망은 바로크 시대의 건축물에 영향을 미쳤다.
② 성 카를로 교회는 극적인 긴장감이 느껴지는 공간으로 설계되었다.
③ 바로크 시대에는 로마를 기독교의 중심지로 복원하려는 노력이 있었다.
④ 보는 사람과 건축물 사이의 거리가 가까울수록 건축물은 편안하게 느껴진다.

13

다음 글의 내용과 일치하지 않는 것은?

> 요즈음 노인 문제가 부쩍 큰 관심을 끌고 있다. 도도한 핵가족화 추세를 누그러뜨리려는 노력이 보이고, 노인 학교들이 늘어나고, '노인 복지법'과 '노인 헌장'도 마련되었으며, 노년학도 상당한 학문적 성과를 얻고 있다. 인구에서 노인 계층의 몫은 점점 커질 터이므로, 노인 문제는 더욱 중요해질 것이다. 〈중 략〉
> 노인이 두드러진 계층으로 나타난 것은 더욱 근래의 일이다. 그것은 과학과 기술의 발달로 사회가 풍요해지고 그 구성원들이 의료 혜택을 입어 수명이 길어진 결과이다. 산업 혁명을 촉진시킨 리처드 아크라이트의 수력 방직기와 제임스 와트의 현대적 증기 기관이 1769년에 특허를 얻었고 현대 의술의 상징인 에드워드 제너의 종두가 1796년에 실험되었다는 사실을 생각하면, 노인 계층의 출현은 채 2백 년이 되지 않은 현상임을 깨닫게 된다. 〈중 략〉
> 여기서 우리는 이런 현상이 우리 시대에 처음 나타났다는 사실에 주목해야 한다. 다른 사회 문제들과는 달리, 노인 문제엔 우리가 대책을 세울 때 참고할 만한 역사적 자료가 거의 없다. 이 사실은 노인 문제에 대한 대책들이 많은 시행착오의 과정을 거쳐 힘들고 더디게 나오리라는 것을 뜻한다. 다른 편으로는, 우리가 처음 맞은 문제라는 사실은 우리에겐 창조적으로 대응할 기회가 있음을 뜻한다. 물려받은 문제들에 대응하는 데에선 앞선 시대의 대응 방식들에 의해 어쩔 수 없이 제약을 받는다. 우리의 책임은 그만큼 더 무겁다.
> — 복거일, '아무것도 바라지 않는 죽음 앞에서'

① 노인 문제가 가시적인 문제로 나타난 것은 얼마 되지 않았다.
② 노인 문제가 큰 관심을 끌게 되면서 이 문제가 해결되고 있다.
③ 우리는 노인 문제에 창조적으로 대응할 수 있는 기회를 부여받았다.
④ 노인 문제가 다른 사회 문제들과 다른 점은 참고할 역사적 자료가 부족하다는 것이다.

14

다음 글에서 알 수 있는 것은?

> 경제는 생산과 소비가 균형을 이룰 때 발전이 촉진된다. 속담에 '절약만 하고 쓸 줄 모르면 친척도 배반한다.'는 말이 있다. 이는 돈을 버는 것도 중요하지만 그것이 적절하게 쓰일 때 진정한 가치를 발휘한다는 의미로, 생산과 소비의 상호 작용을 염두에 둔 표현이라고 할 수 있다. 소비가 없는 생산이 지속되면 경기가 급격하게 침체되어 공황으로 이어질 수 있다. 소비는 '유효 수요(effective demand)'가 있을 때 발생하는데, 이때 유효 수요란 돈을 주고 물건을 살 수 있는 구매력이 뒷받침된 수요를 말한다. 유효 수요는 경제 발전을 위해 반드시 필요한 요소이다.
> 유효 수요의 중요성은 영국의 경제학자 케인스가 1930년대 경제 대공황의 해결책으로 제시한 유효 수요 이론에서 처음 제기되었다. 당시 현실을 무시하고 학문적 세계에만 빠져 있던 고전파 경제학자들은 실업이나 공황은 일시적 현상에 지나지 않으며, 시장 경제의 자동 조절 작용에 의해 경기가 곧 회복될 것이라고 주장했다. 그들은 '공급은 스스로 수요를 창출한다.'는 세이의 법칙에 입각하여, 생산된 상품이 판매되지 않아서 기업이 도산하고 그로 인해 실업이 발생하는 사태는 이론상 벌어질 수 없다고 확신했다. 하지만 고전파 경제학자들의 이러한 예측은 빗나갔고 그들은 공황을 해결할 아무런 대책도 세우지 못했다. 게다가 그들은 아담 스미스가 강조한 '완전한 자유 경쟁'과 '자유방임주의'를 중요하게 여겼기 때문에 시장에 대한 정부의 개입은 있을 수 없는 일로 생각했다.

① 유효 수요는 경기가 급격하게 침체될 때 발생하는 수요를 지칭한다.
② 경제학자 케인스는 영국의 고전파 경제학자로, 유효 수요의 중요성을 강조하였다.
③ 경제학자 케인스는 유효 수요의 중요성을 뒷받침하기 위해 세이의 법칙을 인용하였다.
④ 고전파 경제학자들은 아담 스미스가 강조한 경제 이론을 인정하여 정부의 시장 개입을 부정적으로 여겼다.

15

다음 글의 내용에 부합하지 않는 것은?

다음으로 역사가의 사관 형성에 도움이 되는 덕성은 금욕주의이다. 스토아 철학자들이 금욕 원리에서 정신의 평화를 찾았듯이 역사가는 현실적 욕망의 테두리를 벗어남으로써 대상을 관조할 수 있는 수준에 도달한다. 이러한 역사가의 관조의 위치는 잡다한 인간 사회의 모든 현상을 잘 관찰할 수 있도록 해준다. 역사학의 이런 '몰실리성'은 역사학을 진정한 기초 학문, 즉 인간 교양의 학문으로 승격시킨다. 역사가는 알렉산더 대왕 앞에서 태양볕을 즐기던 통나무 속의 디오게네스와 같다. 그는 권력자의 눈치를 살피지도 않으며 출세를 걱정하느라 눈이 어두워지지도 않을 것이기에 역사학이 진정한 아카데미시즘으로 승화될 수 있는 것이다.

그러나 역사학이 현실적 욕망의 테두리를 벗어나 관조하는 '몰실리성'을 지닌다고 해서 이것이 '현실 불감증'과 동일시될 수는 없다. 왜냐하면 역사학은 가장 현실에 민감하고 미래에의 전망과 결부되고 있기 때문이다. 바꾸어 말해서 역사학의 출발점은 현재에 있으며, 과거는 단순한 '죽은 과거'로 취급되는 데 있지 않다. 역사학에서의 객관성이란 과거 사실 그 자체를 정확하게 기술하는 것만을 일컫는 것이 아니라 현재와의 연관성 속에서 과거를 인식하는 것이다. 일찍이 드로이젠이 랑케의 객관성을 가리켜 '환관(宦官)의 객관성'이라고 비난한 바 있다.

① 역사는 '과거', '현재', '미래' 모두에 연관성이 있는 학문이다.
② 역사가가 관조의 자세에 도달하는 데에는 금욕주의가 도움이 된다.
③ 역사학의 객관성에서 가장 중요한 것은 과거 사실을 정확하게 입증하는 것이다.
④ 역사학이 인간 교양을 위한 기초 학문이 되기 위해서는 '몰실리성'이 갖추어져야 한다.

16

다음 글에 대한 설명으로 옳지 않은 것은?

화장실이 집 안으로 들어와 당당히 하나의 '실(室)'로 자리잡은 것은 그리 오래된 일이 아니다. 동양이나 서양이나 예전에는 악취 때문에 화장실을 집 밖에 설치할 수밖에 없었다. 그렇다면 화장실은 어떻게 이 악취를 물리치고 집 안의 한자리를 차지할 수 있었을까? 그것은 바로 '변기에 차 있는 물' 때문에 가능하였다. 일정한 높이의 물이 항상 차 있도록 하기 위해서 변기의 내부에는 'U'자를 뒤집어 놓은 형태의 관이 있다.

변기가 어떻게 작동하는지를 알아보기 위해 그 근본 원리에 대해 알아보자. 여기 물이 3분의 2 정도 담겨 있는 컵이 있다. 컵을 기울이지 않고 이 컵 안의 물을 밖으로 빼내기 위해 'U'자 모양의 굽은 관을 이용한다고 하자. 'U'자 모양의 굽은 관을 뒤집어 관의 한 쪽은 컵 안의 물 속에, 다른 쪽은 컵 바깥에 위치하게 한다. 관의 안쪽에 물이 완전히 채워지지 않아 공기가 남아 있는 경우에는 컵의 수면에 작용하는 대기압과 관 속의 대기압이 평형을 이루어 아무 일도 일어나지 않는다. 하지만 관 속에 남아 있는 공기를 빨아내어 인위적으로 관 속에 물이 채워지게 하면, 물은 중력의 법칙을 거스르고 관을 따라 컵을 넘어 바깥으로 흘러나오기 시작한다. 이는 관 속이 물로 채워지면서 관 속에 작용하던 대기압은 사라지지만 컵의 수면에 작용하는 대기압에는 변화가 없기 때문에 압력 차이가 생겨 일어나는 현상이다. 이와 같은 현상을 '사이펀의 원리'라고 한다. 그리고 이와 같은 경우에 사용되는 'U'자 모양의 굽은 관을 '사이펀'이라 한다. 〈중 략〉 변기의 내부에 'U'자를 뒤집어 놓은 형태의 관이 있는 것도 이 사이펀의 원리를 이용하기 위함이다.

① 변기에 차 있는 물은 화장실의 악취를 방지하는 역할을 한다.
② 사이펀의 원리는 압력 차이를 이용하여 액체를 이동시키는 과학 원리이다.
③ 변기 내부에 있는 사이펀 안의 압력과 사이펀 밖의 압력이 같아지면 물은 이동할 것이다.
④ 변기 내부에 있는 'U'자 모양의 굽은 관은 변기 내부의 물이 항상 차 있도록 돕는 역할을 한다.

[17~18] 다음 글을 읽고 물음에 답하시오.

　서양의 양력이 서양 사람들의 문화적인 때가 묻어 있는 것과 달리 동양의 음력에는 나름의 과학성이 있다. ㉠전자에서 7월의 'July'와 8월의 'August'는 원래 로마의 황제였던 율리우스(Julius Caesar)와 아우구스투스(Augustus)의 생일이 그달에 들어 있음을 기념하여 붙인 이름이다. 그리고 8월의 날수도 원래는 30일이었으나, 황제의 생일을 이왕 기념하는 바에 더 길게 하기 위하여 연말에서 하루 더 가져다가 31일로 만든 것이다. 그러나 ㉡후자에서는 달 이름에 사람 이름을 붙여 놓은 일은 없다. ㉢후자에서는 1월, 2월, 3월, 4월 등으로 차례대로 숫자를 붙여 달을 부르는 것이 보통이고, 혹시 다른 이름을 쓴다 해도 '꽃 피는 달', '새 우는 달' 등과 같이 운치 있는 이름을 만들었을 뿐이다. 또한 달의 날짜 수가 29일과 30일로 불규칙적으로 바뀌지만, 그 까닭은 순전히 자연 현상에 달려 있었던 것이지, ㉣전자와 같이 황제의 생월을 하루 더 연장하기 위하여 30일이었던 달을 31일로 만드는 인위적 조작은 하지 않았던 것이다.
　음력은 달마다 15일을 보름(望)이라 하여 달이 가장 둥글게 뜨는 날로 맞춰 놓았다. 그렇게 되면 초하루(朔)는 저절로 결정되고 그 전달의 크기가 29일이 될지 30일이 될지도 그에 따라 저절로 결정된다. 사람들의 뜻대로 29일이나 30일이 되는 일이 없다. 황제의 생월이라고 30일을 31일로 늘려 놓은 서양의 양력과 자연의 리듬에 따라 저절로 한 달의 길이가 결정되는 우리의 음력 중 어느 쪽이 과학적이고 객관적인지는 따져 볼 것도 없다.
　그러면 왜 음력은 날짜와 계절이 잘 맞지 않는 걸까? 그것은 너무나 당연하다. 원래 음력은 ㉤전자를 달 모양의 변화에 맞게 만든 것이지 ㉥후자에 맞춘 것이 아니기 때문이다. 춥고 더운 계절의 변화란 태양의 운동에 따라 좌우된다. 음력에서는 이런 태양 운동을 24절기(節氣)로 나타내고 있다. '입춘, 우수, 경칩, 춘분……'하며 이어지는 24절기란 바로 태양 운동을 24등분하여 붙여 놓은 이름이다. 당연히 24절기는 각각의 계절에 정확히 상응할 수밖에 없고, 이것은 음력 속에 들어 있는 양력인 셈이 된다.

17 고난도 문제

윗글의 내용을 잘못 이해한 사람은?

① 갑순: 로마의 황제였던 '율리우스'는 생월이 7월이었고 '아우구스투스'는 생월이 8월이었겠구나.
② 철수: 동양의 음력에서 매달 15일을 '보름(望)'이라고 지정한 것은 '달의 주기'를 고려한 것이구나.
③ 갑돌: 동양의 음력은 한 달의 날수가 불규칙적인 서양의 양력과 달리 매달의 날수가 30일로 동일하구나.
④ 영희: 서양의 양력이 동양의 음력보다 과학적일 줄 알았는데, 내가 생각한 것과 달리 동양의 음력이 더 과학적이라고 할 수 있겠구나.

18

윗글의 ㉠~㉥ 중 지시하는 바가 같은 것끼리 짝 지은 것은?

① ㉠, ㉣
② ㉡, ㉥
③ ㉢, ㉥
④ ㉣, ㉤

유형 03 주장 및 견해 파악하기

적중 문제풀이 전략

STEP 1 선택지를 훑어보며 글에 제시될 관점이나 견해를 파악한다.
글에서 주로 논의될 내용을 대략적으로 파악하고, 몇 가지의 관점이 제시될 것인지 확인한다.

STEP 2 선택지에 제시된 정보가 글에 나타난 관점이나 태도와 부합하는지 제시문과 비교하며 정답을 찾는다.
선택지에 제시된 정보와 글에 나타난 관점이나 태도의 일치 여부를 확인하며 답을 찾는다.

전략 적용하기

다음 대화를 분석한 내용으로 적절하지 않은 것은? [2025 국가직 9급]

보은: 기차가 달리고 있는 선로에 다섯 명의 인부가 일하고 있고, 그들에게 그 기차를 피할 시간적 여유는 없어. 그런데 스위치를 눌러서 선로를 변경하면 다섯 명의 인부 대신 다른 선로에 있는 한 사람이 죽게 돼. 이 선택의 딜레마 상황에서 너희들은 어떻게 할 거야?

소현: 이런 경우엔 행위에 따른 결과가 선택의 기준이 된다고 생각해. 그래서 나는 스위치를 눌러서 한 명이 죽더라도 다섯 명을 살리는 선택을 할 거야. 그건 결과적으로 봤을 때 불가피한 조치 아니겠어?

은주: 글쎄, 행위에 따른 결과보다 행위 자체의 도덕성을 기준에 두어야 하는 거 아니야? 행위 자체의 도덕성을 따진다면, 스위치를 눌러서 사람을 '죽이는 것'과 아무것도 하지 않고 '죽게 내버려 두는 것' 중에 당연히 살인에 해당하는 전자가 더 나쁘지.

보은: 나도 그렇게 생각해. 스위치를 누르면 살인이고, 누르지 않으면 방관일 텐데, 법적인 측면에서 보더라도 전자는 후자보다 무겁게 처벌되잖아. 게다가 생명의 가치는 수량화할 수 없으니 한 사람보다 다섯 사람이 가지는 생명의 가치가 더 크다고 말할 수 없어.

영민: 생명의 가치를 수량화할 수 없다는 데 원론적으로는 나도 동의해. 하지만 지금처럼 불가피한 선택의 상황에서 무엇보다 우선해야 할 것은 명확한 기준을 세우는 일이야. 나는 이 상황에서 어떻게 하면 죽는 사람의 수를 최소화하는가가 그 기준이 되어야 한다고 생각해.

① 스위치를 누르는 일을 살인으로 본다는 점에 대해 은주는 보은과 견해를 같이한다.
② 생명의 가치를 수량화할 수 없다는 점에 대해 영민은 원론적으로는 보은과 견해를 같이한다.
③ 선택의 딜레마 상황에서 소현은 행위에 따른 결과를, 은주는 행위 자체의 도덕성을 선택의 기준으로 삼는다.
④ 인명피해가 불가피한 선택의 상황에 놓인다면, 영민은 죽는 사람의 수를 최소화하는 선택을 하고, 소현은 그렇게 하지 않는다.

STEP 1 선택지를 훑어보며 글에 제시될 관점이나 견해를 파악한다.
선택지를 보면, 제시문에서 인명피해가 발생할 수 있는 딜레마 상황에서 어떤 선택을 할 것인지에 대해 논의될 것임을 예상할 수 있다.

STEP 2 선택지에 제시된 정보가 글에 나타난 관점이나 태도와 부합하는지 제시문과 비교하며 정답을 찾는다.
인명피해가 불가피한 선택의 상황에서 영민은 죽는 사람의 수를 최소화하는가가 기준이 되어야 한다고 주장한다. 소현 역시 행위에 따른 결과를 선택의 기준으로 보며 다섯 명을 살리는 선택을 할 것이라고 주장한다. 따라서 인명피해가 불가피한 선택의 상황에 놓인다면 영민과 소현은 죽는 사람의 수를 최소화하는 선택을 할 것이다. 따라서 답은 ④이다.

엄선기출문제

01 다음 대화를 분석한 내용으로 적절하지 않은 것은? [2025 지방직 9급]

> 갑: 언어는 인간의 지각과 사고, 세계관 등을 결정해. 인간 사고의 내용과 구조는 언어에 의해 형성되며, 이 때문에 동일한 언어를 쓰는 민족은 그 언어에 의해 형성된 공통의 세계관을 갖게 되지. 사고가 언어에 영향을 미치는 것이 아니라 실은 그 반대야.
> 을: 나는 동의할 수 없어. 언어는 인간의 사고를 표현하는 도구에 불과해서 사고가 언어에 영향을 미친다고 봐야 해. 따라서 사고의 차이가 언어의 차이를 낳지.
> 병: 그렇긴 하지. 사고의 깊이가 깊은 사람은 그렇지 않은 사람에 비해 구사하는 언어의 수준이 높아. 하지만 나는 언어가 사고에 영향을 미친다는 것도 동의해. 남미의 어떤 부족은 방향을 표현할 때 '왼쪽'이나 '오른쪽'이 아니라 '북서쪽'과 같이 절대 방위로 표현하는데, 이 언어를 쓰는 사람들의 공간 감각은 이 언어를 쓰지 않는 사람들보다 더 뛰어나다고 하거든.
> 갑: 언어가 다르면 세계를 다르게 인식해. 어떤 언어의 화자가 자기 언어의 색채어에 맞추어 색깔을 구별하는 것을 그 사례로 들 수 있어. 이런 점에서 언어가 없다면 인식하고 사고할 수 없다는 말도 성립해.
> 을: 언어가 미숙한 유아라든지 언어가 없는 동물들도 자신들이 직면한 문제에 대해 사고하고 판단하잖아. 이건 언어가 사고에 영향을 미치지 못한다는 증거이지.
> 병: 나는 언어와 사고의 관계가 어느 한쪽이 일방적으로 영향을 주는 게 아니라 서로 영향을 주고받으면서 발전한다고 생각해.

① 언어와 사고가 서로 영향을 주고받는 관계라는 점에 대해 갑과 을은 동의하지 않지만 병은 동의한다.
② 사고가 언어에 영향을 미친다는 점에 대해 갑은 동의하지만 을은 동의하지 않는다.
③ 언어가 다르면 세계를 다르게 인식한다는 점에 대해 갑과 병은 동의한다.
④ 사고의 차이가 언어의 차이를 낳는다는 점에 대해 을과 병은 동의한다.

해설 **주장 및 견해 파악하기** 갑의 첫 번째 발화에 의하면 갑은 언어가 인간의 지각과 사고, 세계관 등을 결정한다고 주장한다. 또한 을의 첫 번째 발화에 의하면 을은 사고가 언어에 영향을 미친다고 주장한다. 이에 따라 사고가 언어에 영향을 미친다는 점에 대해 갑은 동의하지 않고, 을은 동의한다는 것을 알 수 있다. 따라서 ②는 적절하지 않다.

오답 분석
① 갑의 첫 번째 발화에 의하면 갑은 사고가 언어에 영향을 미치지 않는다고 주장한다. 또한 을의 두 번째 발화에 의하면 을은 언어가 사고에 영향을 미치지 못한다고 주장한다. 반면 병의 두 번째 발화에 의하면 병은 언어와 사고가 서로 영향을 주고받으며 발전한다고 주장한다. 따라서 언어와 사고가 서로 영향을 주고받는 관계라는 점에 대해 갑과 을은 동의하지 않지만 병은 동의한다는 ①은 적절하다.
③ 갑의 두 번째 발화에 의하면 갑은 언어가 다르면 세계를 다르게 인식한다고 주장한다. 또한 병의 첫 번째 발화에 의하면 병은 '왼쪽'이나 '오른쪽'이 아닌 '북서쪽'과 같이 절대 방위로 표현하는 사람들이 그렇지 않은 사람들보다 공간 감각이 더 뛰어나다고 이야기한다. 이를 통해 병 역시 언어가 다르면 세계를 다르게 인식한다고 주장함을 알 수 있다. 따라서 언어가 다르면 세계를 다르게 인식한다는 점에 대해 갑과 병은 동의한다는 ③은 적절하다.
④ 을의 첫 번째 발화에 의하면 을은 사고의 차이가 언어의 차이를 낳는다고 주장한다. 또한 병의 첫 번째 발화에 의하면 병은 을의 주장에 동의하며 사고의 깊이가 깊은 사람은 그렇지 않은 사람에 비해 구사하는 언어의 수준이 높다고 주장한다. 따라서 사고의 차이가 언어의 차이를 낳는다는 점에 대해 을과 병은 동의한다는 ④는 적절하다.

정답 ②

01

갑~병의 주장을 분석한 내용으로 적절한 것만을 〈보기〉에서 모두 고르면?

> 갑: 과학 기술을 가치중립적인 것으로 간주해서는 안 된다. 과학 기술 연구 및 그 결과 활용에 대한 과학자의 공적인 책임 의식과 외부 규제가 없다면, 인류는 과학 기술에 종속당하여 제어할 수도 없고 돌이킬 수도 없는 불행한 미래에 봉착하게 된다.
>
> 을: 과학 기술 자체에 선악의 잣대를 적용할 수 없으며 연구 성과의 활용과 초래되는 결과에 대해 과학자에게 어떠한 책임도 물어서는 안 된다. 외부 간섭에서 벗어나 연구에만 전념할 때 과학 기술은 발전 가능하며, 그 결과 인류는 지속적으로 번영하게 된다.
>
> 병: 인간은 행위하는 존재이므로 윤리는 반드시 있어야 한다. 행위는 인과적 파급 효과를 산출하기 때문에 행위의 힘이 커질수록 윤리적 책임은 더욱 강조되어야 한다. 따라서 과학 기술로 인해 인간이 갖게 되는 새로운 행위 능력을 규제할 새로운 윤리가 요청되는 것이다. 이러한 새로운 윤리 없는 기술 능력을 실현시키고자 하는 압력으로 인해 심각한 윤리적 문제가 발생하게 될 것이다.

보기

ㄱ. 갑의 주장과 을의 주장은 대립하지 않는다.
ㄴ. 을의 주장과 병의 주장은 대립하지 않는다.
ㄷ. 갑의 주장과 병의 주장은 대립하지 않는다.

① ㄴ
② ㄷ
③ ㄱ, ㄷ
④ ㄴ, ㄷ

02

다음 대화를 분석한 내용으로 적절하지 않은 것은?

> 진수: 요즘 환경 보호를 위해 개인이 할 수 있는 일들이 많이 강조되고 있어. 분리배출, 대중교통 이용, 일회용품 사용 줄이기 같은 것들 말이야. 너희는 이런 개인의 노력이 얼마나 의미가 있다고 생각해?
>
> 수빈: 개인의 작은 실천들이 모이면 큰 변화를 만들 수 있다고 생각해. 나부터 실천하고 주변 사람들에게도 영향을 주는 것이 중요하다고 봐. 실제로 많은 사람들이 환경을 생각하며 소비 습관을 바꾸고 있잖아.
>
> 민재: 근본적인 해결책은 기업과 정부의 정책 변화에 있다고 생각해. 개인이 아무리 노력해도 대기업들이 환경을 파괴한다면 한계가 있어. 탄소 배출량만 봐도 개인보다 산업체의 비중이 압도적으로 커.
>
> 유진: 민재 말에 동감해. 환경 문제의 책임을 개인에게만 전가하는 건 옳지 않다고 봐. 시스템 자체가 바뀌어야 진정한 변화가 가능할 거야. 플라스틱 문제만 해도 생산 단계에서 확실한 대안이 나와야 해결되는 거지.
>
> 수빈: 시스템의 변화를 기다리기만 하는 자세로는 아무것도 달라지지 않아. 개인의 실천이 쌓여서 사회적 압력이 되고, 그것이 결국 정책 변화로 이어질 수 있다고 생각해. 소비자의 선택이 기업 정책을 바꾼 사례들도 많고 말이야.

① 사회 변화의 동력에 대해 수빈과 유진은 개개인의 행동에 의한 파급 효과를 믿는다.
② 환경 보호 방법에 대해 수빈은 개인의 실천을, 민재와 유진은 시스템 변화를 강조한다.
③ 환경 문제 해결에 장애가 되는 사항으로 민재는 개인 노력의 한계를, 수빈은 수동적인 자세를 지적한다.
④ 환경 문제의 책임 소재에 대해 유진은 개인에게 전가하는 것을 비판하고 민재는 기업과 정부 책임을 강조한다.

03

다음 글에 드러난 외래문화 수용에 대한 필자의 태도로 가장 적절한 것은?

> 겸재(謙齋) 정선(鄭敾)이나 단원(檀園) 김홍도(金弘道), 혹은 혜원(蕙園) 신윤복(申潤福)은 화보 모방주의(畵譜模倣主義)의 인습에 반기(反旗)를 들고, 우리나라의 정취(情趣)가 넘치는 자연을 묘사하였다. 〈중 략〉 이것은 당시에는 혁명과도 같은 사실이었다. 그러나 오늘날에는 이들의 그림이 민족 문화의 훌륭한 유산으로 생각되고 있는 것이다.
> 요컨대, 우리 민족 문화의 전통은 부단한 창조 활동 속에서 이어 온 것이다. 따라서 우리가 계승해야 할 민족 문화의 전통은 형상화(形象化)된 물건에서 받은 것도 있지만, 한편 창조적 정신 그 자체에도 있는 것이다.
> 이러한 의미에서, 민족 문화의 전통을 무시한다는 것은 지나친 자기 학대에서 나오는 편견에 지나지 않을 것이다. 따라서, 첫머리에서 제기한 것과 같이, 민족 문화의 전통을 계승하자는 것이 국수주의나 배타주의가 될 수는 없다. 오히려 왕성한 창조적 정신은 선진 문화 섭취에 인색하지 않을 것이다.
> 다만, 새로운 민족 문화를 창조하는 일이 단순히 과거를 묵수(墨守)하는 것이 아님과 마찬가지로, 또 단순히 외래문화를 모방하는 것도 아님은 스스로 명백한 일이다. 외래문화도 새로운 문화의 창조에 이바지함으로써 뜻이 있는 것이고, 그러함으로써 비로소 민족 문화의 전통을 더욱 빛낼 수가 있는 것이다. — 이기백, '민족 문화의 전통과 계승'

① 전통문화의 인습에서 벗어나기 위한 수단으로 외래문화를 수용해야 한다.
② 우리의 민족 문화가 손상되지 않는 선에서 조심스럽게 외래문화를 수용해야 한다.
③ 민족 문화의 전통을 계승함과 동시에 외래문화를 모방하여 과감하게 받아들여야 한다.
④ 우리의 민족 문화의 전통을 계승하는 노력과 함께 외래문화 섭취에 인색하지 않아야 한다.

04

다음 글에 나타난 필자의 견해로 가장 적절한 것은?

> 시골의 어떤 마을에 오랫동안 주민들을 치료해 온 의사가 있었다. 그는 같은 종류의 치료를 해 주고서도 부자에게는 돈을 많이 받는 반면, 가난한 사람에게는 돈을 적게 받는 독특한 방식을 고집해 왔다. 이와 같은 치료비 차등 방식은 마을 사람들이 그를 좋아하게 만드는 요인이 되었다.
> 그런데 여기서 한 가지 재미있는 점은 모든 사람에게 같은 치료비를 받는 경우보다 차등을 두는 경우 그의 수입이 더 커질 수도 있다는 사실이다. 방식을 바꿔 지금의 중간 정도 수준에서 모든 환자에게 똑같은 치료비를 받는다고 해 보자. 가난한 사람들은 지금까지보다 더 많은 치료비를 내게 될 것이다. 이들은 비싸진 치료비 때문에 웬만한 질병 정도로는 좀처럼 병원 문을 두드리지 않을 것이다. 한편, 부유한 사람들은 치료비를 조금 낮춰 준다고 해서 전보다 훨씬 더 자주 찾아오지도 않는다. 종전에 치료비가 너무 부담이 되어 아픈데도 찾아오지 못했던 것이 아니기 때문이다. 그러므로 모든 사람에게 똑같은 치료비를 받기로 하면 환자의 방문이 줄어들 것이고, 따라서 그의 수입도 예전보다 더 적어질 가능성이 크다.
> 물론 앞서 말한 이 의사가 정말로 수입을 늘리려는 의도로 치료비에 그와 같은 차등을 두었다고 생각하기는 어렵다. 마을 사람들이 믿고 있는 대로, 인술을 펴는 사람으로서 자비로운 마음에서 그런 방법을 쓰고 있는지도 모른다. 그러나 그가 쓰고 있는 방식은 독점자(獨占者)가 이윤을 늘리기 위해 사용하는 가격 정책의 특성을 그대로 가지고 있다. 시장을 독점하고 있는 공급자는 소비자를 몇 개의 그룹으로 나누고 그룹마다 다른 가격을 매기는 정책, 즉 가격 차별을 통해 이윤 극대화를 추구하는 경우가 있다.

① 시골 의사는 이윤 극대화를 이루기 위해 치료비에 차등을 두었다.
② 가난한 사람들은 병원 치료비 가격에 민감하게 반응하는 그룹이다.
③ 부유한 사람들의 병원 방문 횟수를 늘리기 위해서는 치료비를 낮춰야 한다.
④ 치료비를 모든 사람들에게 동일하게 적용할 경우, 마을 사람 모두가 불만을 가질 것이다.

05

다음 대화를 분석한 내용으로 적절하지 않은 것은?

> 갑: 교육의 목적은 인간의 이성을 계발하는 거야. 수학, 과학, 철학 같은 학문을 학습해서 논리적 사고력을 기르고 진리를 탐구하는 능력을 키우는 게 진정한 교육이지. 소크라테스가 말했듯이 '무지의 지'를 깨닫고 끊임없이 탐구하는 자세가 중요해.
>
> 을: 교육은 실용적이어야 해. 사회에서 필요한 기술과 능력을 길러주는 게 교육의 역할이야. 추상적인 이론보다는 직업 교육과 실무 능력 개발이 더 중요하지. 따라서 실생활에서 활용 가능한 실용적인 기술을 익히는 것이 필요해.
>
> 병: 나는 교육이 전인적이어야 한다고 생각해. 이성 계발도 중요하고 실용성도 무시할 수 없어. 하지만 더 중요한 건 도덕적 품성과 정서적 성숙, 창의성과 협동 능력까지 기르는 거야. 아리스토텔레스가 말한 것처럼 덕성을 갖춘 인간을 기르는 게 교육의 궁극적 목표지.
>
> 갑: 맞아, 기본적인 교양 교육이야말로 자유로운 시민을 기르는 진정한 교육이야. 인문학과 기초 과학을 통해 도덕성을 함양하고 비판적 사고력을 기르는 게 가장 중요해.
>
> 을: 하지만 4차 산업혁명 시대에는 코딩, 데이터 분석 같은 실무 기술이 더 절실해. 현실적으로 먹고살 수 있는 능력을 길러주는 게 우선이야.
>
> 병: 교육은 개인의 잠재력을 전면적으로 개발하는 과정이라고 봐. 이성과 실용성, 그리고 인성까지 모두 아우르는 통합적 접근이 필요해.

① 실용적 기술 교육이 필요하다는 점에 대해 을과 병은 동의한다.
② 도덕적 품성 함양이 교육의 목표라는 점에 대해 갑과 병은 동의한다.
③ 교육이 통합적 접근을 취해야 한다는 점에 대해 갑, 을, 병은 모두 동의한다.
④ 진리의 탐구가 교육의 중요한 목적이라는 점에 대해 갑은 동의하고 을은 동의하지 않는다.

06

다음 글에 나타난 필자의 생각과 부합하지 않는 것은?

> 오늘날 돈이 메마른 것[전황(錢荒)]은 중앙의 재력 있는 관청과 지방의 관가에서 많은 돈을 창고에 저장하고 있기 때문이다. 그리하여 논자(論者)들은 모두 관청의 돈을 풀어 내어 이를 시정하자고 말하고 있지만, 이는 어불성설(語不成說)이다. 쌀을 사들여 쌓아 둔다면 관리하기가 어렵고, 광목이나 베를 사들여 저축한다면 썩거나 좀이 슬어 사용하지 못하게 될 것이다. 오랫동안 보관하면서도 많이 저축하기에는 돈보다 편리한 것이 없으니, 논자들의 말이 시행되기 어려운 까닭이 여기에 있다. 〈중 략〉
>
> 예부터 국가 재정을 논하는 사람들은 3년 또는 9년의 저축을 말하고 있다. 그러나 이 저축은 저장물을 굳게 지키는 것을 뜻하는 것이 아니라, 나라에 필요한 자금을 순환시키는 가운데 저장하는 것이니, 국가가 저장한 돈으로써 군량을 구입하고 또 관리의 봉급을 지급한다면 돈이 관으로 들어왔으나 다시 민간에 흩어질 것이다. 이것이 국가가 돈을 헤아려 출입시키는 방법인바, 이에는 이를 전담하는 관청이 있어야 한다. 그런데 오늘날 각 관청이나 지방 관아에는 다만 굳게 저장하는 사법이 있을 뿐이니, 그 폐해가 어찌 돈이 마르는 데 이르지 않겠는가?
>
> 우리나라는 상업이 번성하지 못하여 많은 돈이 부잣집에 사장되고 있다. 이 폐단이 없어져야만 돈의 이용이 가능할 것이다. 〈중 략〉 선비만을 귀한 것으로 알고 공인이나 상인을 천한 것으로 생각하고 있기 때문에 돈을 많이 가지고 있으면서도 이를 빌려 주려고 하지도 않고, 또 물건을 사려고도 하지 않는다.
>
> – 이익, '논전폐'

① 논자(論者)들의 주장은 현실에 적합하지 않다.
② 전황(錢荒)을 해결하려면 돈을 순환시켜야 한다.
③ 사람들의 직업에 대한 편견 때문에 돈이 사장되고 있다.
④ 국가 재정에 관한 사법과 이를 전담하는 관청이 없어서 전황의 폐해가 더욱 커지고 있다.

07

다음 대화를 분석한 내용으로 적절하지 않은 것은?

> 갑: 경제 성장이 모든 사회 문제의 해결책이야. GDP가 늘어나면 일자리가 생기고 복지도 확대돼. 성장 없이는 분배할 몫 자체가 없으니까 성장이 우선이야. 역사적으로도 빠른 경제 성장을 이룬 국가들이 빈곤에서 벗어났고 국민 삶의 질이 향상됐잖아.
>
> 을: 그건 틀렸어. 무분별한 성장은 환경 파괴와 불평등만 심화시켜. 지속 가능한 발전을 위해서는 성장보다 분배와 환경 보호가 우선되어야 해. 지금 기후 위기와 양극화가 심각한 이유도 결국 성장만 추구했기 때문이라고 생각해.
>
> 병: 환경 보호도 중요하지. 하지만 적정 수준의 경제 성장은 필요해. 덴마크 같은 나라를 보면 경제 성장과 환경 보호를 동시에 달성하고 있거든. 그린 뉴딜처럼 환경 산업 자체가 새로운 성장 동력이 될 수도 있잖아.
>
> 갑: 친환경적 기술도 결국 경제 성장을 통해 개발되는 거야. 가난한 나라일수록 환경을 더 파괴하잖아. 경제적 여유가 생겨야 환경을 생각할 수 있어. 선진국들이 친환경 기술에 더 많이 투자하는 것만 봐도 알 수 있지.
>
> 을: 하지만 원시 부족들은 경제 성장 없이도 수천 년 동안 자연과 조화를 이루며 살았잖아. 이는 성장 중심 사고가 필수가 아니라는 증거야. 또한 북유럽 국가들은 무조건적인 성장보다는 국민 행복과 환경을 중시하는 정책으로 성공했어.
>
> 병: 경제 성장과 환경 보호가 상호 보완적으로 발전해야 한다고 봐. 둘 중 하나만 추구하면 지속 가능한 사회가 될 수 없어. 결국 우리에게 필요한 건 성장의 질을 높이고 그 혜택이 골고루 분배되는 새로운 경제 패러다임이 아닐까?

① 갑과 병은 경제 성장이 필요하다고 생각한다.
② 갑은 환경 보호를 위한 기술 개발이 경제 성장을 저해한다고 본다.
③ 경제적 여유와 환경 보호의 관계에 대해 갑과 을은 서로 다른 견해를 보인다.
④ 을은 무분별한 경제 성장이 양극화를 심화한다고 주장하지만, 갑은 경제 성장이 복지 확대로 이어진다고 본다.

08 고난도 문제

다음 글에서 필자의 견해로 볼 수 없는 것은?

> 국어사전에는 대개 표준어 외에도 그 시대의 방언이 함께 들어간다. 그런데 방언 어휘는 그 수효가 엄청나게 많아서 대사전이라고 해도 이를 다 수용한다는 것은 현실적으로 어려움이 많다. 대사전을 표방한다면 학계에서 검증된 방언 어휘는 모두 실어야 원칙이겠지만, 현실적으로는 그렇지 못하다. 더구나 상업적인 대사전으로서 방언 수록에 제한을 둔다면 올림말로 채택할 낱말을 고르는 작업이 필요한데, 그 취사의 기준은 만만하지 않다. 방언 낱말의 총합이 표준어의 그것보다 훨씬 적도록 올림말 수를 설정한다고 할 때 어떠한 방언 낱말 또는 어떠한 방언형만을 고를 것인가에 대한 기준과 범위를 가급적 뚜렷하게 설정하여야 한다.
>
> 우선 그것이 일상어이거나 일상어에서 비교적 멀지 않은 낱말부터 선택하여야 할 것이다. 어차피 모든 방언 낱말을 실을 수 없다면, 일상어가 버려지고 희귀어가 선택되는 것은 온당하지 않다. 이때 표준어에서는 희귀어라도 해당 방언에서는 자주 쓰이는 낱말이라면 선택해야 한다. 방언에서의 기준은 그 해당 방언 체계 안에서 찾아야 한다. 방언에서는 자주 쓰이는 낱말이지만 표준어에서 제대로 대응되는 말이 없는 경우도 많은 것이다.
>
> 다음으로는, 그것이 통용되는 지역이 어느 정도 넓은 범위를 가진 방언 낱말을 우선하여야 한다. 하나의 군(郡) 안에서만 쓰이는 말보다는 도(道) 전체에서 또는 여러 군에서 사용하는 말이 먼저 선택됨은 당연하다. 최소한 서너 개 이상의 군(郡)이나 시(市)에서 조사 보고된 방언형이라야 선택 논의의 대상이 될 만하다.

① 대사전이라고 해도 모든 방언 어휘를 실을 수는 없다.
② 통용되는 지역이 협소한 방언 낱말을 우선하여 사전에 등재해야 한다.
③ 방언에서는 일상어인 낱말이라도 표준어에 대응되는 낱말이 없을 수 있다.
④ 하나의 시(市) 전체에서 보고된 방언 낱말보다 하나의 도(道) 전체에서 보고된 방언 낱말이 올림말로 더 적합하다.

유형 04 글의 전략 및 전개 방식 파악하기

적중 문제풀이 전략

STEP 1 선택지에 제시된 '전략'과 '효과'를 파악한다.
하나의 선택지에 '전략'과 '효고-'와 관련된 정보가 동시에 제시되므로 선택지를 '전략'과 '효과'로 나누어 분석한다.

STEP 2 선택지에 제시된 '전략'이 제시문에 실제로 사용되었는지 확인하고 '효과'의 적절성을 판단한다.
- 글에서 주로 사용되는 논지 전개 방식이나 논증 방법이 무엇인지 확인한다.
- 선택지에 제시된 글의 '전략'에 따른 '효과'가 적절한지 확인한다.

─○ 전략 적용하기

다음 글의 글쓰기 방식에 대한 설명으로 가장 적절한 것은? [2024년 지방직 9급]

> 인간을 움직이게 하는 두 축은 당근과 채찍, 즉 보상과 처벌이다. 우리가 의욕을 갖는 것은 당근 때문이다. 채찍을 피하기 위해서 살아가는 것도 한 방법일 테지만, 그건 너무 가혹할 것이다. 가끔이라도 웃음을 주고 피로를 풀어주는 당근, 즉 긍정적 보상물이 있기에 고단한 일상을 감수한다. 어떤 부모에게는 아이가 꾹꾹 눌러 쓴 "엄마 아빠, 사랑해요."라는 카드가 당근이다. 어떤 직장인에게는 주말마다 떠나는 여행이 당근이다.

① 예시를 사용하여 독자의 이해를 돕고 있다.
② 전문가의 의견을 인용하여 글의 신뢰성을 높이고 있다.
③ 묻고 답하는 형식을 사용해 독자의 관심을 끌고 있다.
④ 비유를 사용하여 문제의 심각성을 강조하고 있다.

STEP 1 선택지에 제시된 '전략'과 '효과'를 파악한다.
① 예시 사용 → 독자의 이해를 돕는다.
② 전문가의 의견 인용 → 글의 신뢰성을 높인다.
③ 묻고 답하는 형식 사용 → 독자의 관심을 끈다.
④ 비유 사용 → 문제의 심각성을 강조한다.

STEP 2 선택지에 제시된 '전략'이 제시문에 실제로 사용되었는지 확인하고 '효과'의 적절성을 판단한다.
'아이의 카드'와 '직장인의 주말 여행' 등의 구체적인 사례를 통해 보상의 의미에 대한 독자의 이해를 돕고 있으므로 답은 ①이다.

오답 분석 ② ③ 전문가의 의견을 인용하거나 질문과 답변의 형식을 사용하지 않았다.
④ '당근과 채찍(보상과 처벌)'을 비유로 사용하였으나, 이는 문제의 심각성을 강조하려는 목적이 아니라, 행동 동기를 설명하기 위한 것이다.

엄선기출문제

01 다음 글에 대한 이해로 적절하지 않은 것은? [2022년 국가직 9급]

> △△시 시장님께
>
> 안녕하십니까? 저는 △△시에서 농장을 운영하는 ㅁㅁㅁ입니다. 이렇게 글을 쓰게 된 것은 우리 농장 근처에 신축된 골프장의 빛 공해 문제에 대해 말씀드리기 위함입니다. 빛이 공해가 될 수 있다는 말이 다소 생소하실 수도 있습니다. 하지만 지나친 야간 조명이 식물의 성장에 부정적인 영향을 끼쳐 작물 수확량을 감소시킬 수 있음은 이미 여러 연구를 통해 입증된 바 있습니다. 좀 늦었지만 △△시에서도 이 문제에 대해 경각심을 가질 필요가 있습니다. 실제로 골프장이 야간 운영을 시작했을 때를 기점으로 우리 농장의 수확률이 현저히 낮아졌음을 제가 확인했습니다. 물론, 이윤을 추구하는 골프장의 야간 운영을 무조건 막는다면 골프장 측에서 반발할 것입니다. 그래서 계절에 따라 야간 운영 시간을 조정하거나 운영 제한에 따른 손실금을 보전해 주는 등의 보완책도 필요합니다. 또한 ○○군에서도 빛 공해 문제를 해결하기 위해 야간 조명의 조도를 조정하는 프로젝트를 진행한 바 있으니 참고해 보시기 바랍니다. 모쪼록 시장님께서 이 문제에 관심을 가지고 농장과 골프장이 상생할 수 있는 정책을 펼쳐 주시기를 부탁드립니다.

① 시장에게 빛 공해로 농장이 겪는 어려움에 대해 관심을 촉구하고 있다.
② 건의에 대한 신뢰성을 높이기 위해 인용한 자료의 출처를 밝히고 있다.
③ 다른 지역에서 야간 조명으로 인한 폐해를 해결하기 위해 노력한 사례를 언급하고 있다.
④ 골프장의 야간 운영을 제한할 때 예상되는 문제점과 그 해결 방안에 대해 제시하고 있다.

해설 **글의 전략 및 전개 방식 파악하기** 제시문은 골프장의 조명으로 인한 빛 공해 문제를 해결할 수 있는 정책 수립을 촉구하는 건의문이다. 4~5번째 줄에서 필자는 지나친 야간 조명으로 인해 작물 수확량이 감소할 수 있음을 입증한 연구 자료가 있음을 밝히고 있을 뿐 자료의 출처를 밝히고 있지 않으므로 ②는 글에 대한 이해로 적절하지 않다.

오답분석 ① 6~7번째 줄에서 빛 공해로 인하여 농장의 수확률이 현저히 낮아지는 어려움에 대해 언급하며, 끝에서 1~2번째 줄에서 시장에게 빛 공해 문제에 대해 관심을 갖기를 촉구하고 있으므로 적절하다.
③ 끝에서 2~3번째 줄에서 공해 문제를 해결하기 위해 야간 조명의 조도를 조정하는 프로젝트를 진행한 ○○군의 사례에 대해 언급하고 있다.
④ 끝에서 4~5번째 줄에서 이윤을 추구하는 골프장의 야간 운영을 무조건 막는다면 골프장 측에서 반발할 것이라고 말하며, 계절에 따라 야간 운영 시간 조정 또는 운영 제한에 따른 손실금을 보전해 주는 등의 보완책이 필요함을 제시하고 있다.

정답 ②

적중문제

01

다음에서 제시한 글의 전개 방식의 예로 가장 적절한 것은?

> 어떤 목표나 특정한 결말, 결과를 야기하는 일련의 행동, 변화, 기능, 단계, 작용 등에 초점을 두어 설명하는 방법을 말한다. 즉 '어떻게'에 초점을 맞추어 내용을 전개하는 방식이다.

① 신체의 세포, 조직, 장기가 손상되어 더 이상 제 기능을 하지 못할 때에 이를 대체하기 위해 이식을 실시한다. 이때 이식으로 옮겨 붙이는 세포, 조직, 장기를 이식편이라 한다.
② 벤야민은 근대 도시의 복합적 특성이 영화라는 새로운 예술 형식에 드러난다고 주장했다. 19세기 말에 등장한 신기한 구경거리였던 영화는 벤야민에게 근대 도시의 작동 방식과 리듬에 상응하는 매체다.
③ 과거제는 여러 가지 사회적 효과를 가져왔는데, 특히 학습에 강력한 동기를 제공함으로써 교육의 확대와 지식의 보급에 크게 기여했다. 그 결과 통치에 참여할 능력을 갖춘 지식인 집단이 폭넓게 형성되었다.
④ 지구 내부의 마그마가 한 곳으로 모여들면 그곳의 압력이 높아진다. 높아진 압력으로 인해 약해진 지각을 마그마와 가스가 조금씩 뚫고 올라온다. 땅 위에까지 틈이 생기면 가스가 솟구치고 마그마가 따라 올라오면서 화산이 만들어진다.

02

다음 글에 대한 설명으로 가장 적절한 것은?

> 역사학자의 평가에 의하면 역사는 발전하는 동시에 퇴보한다. 이 상이한 평가는 역사학자의 시각에 따라서 나타나는 것으로, 어떤 이념을 축으로 삼고 조망하느냐에 따라 판이한 결과가 도출된다.
> 발전사관은 인간이 이룩한 물질 문명을 중심으로 역사를 바라본다. 18세기 서구의 계몽주의에 따라 인간은 모든 현상을 절대적 인과 법칙에 따른 현상이라고 생각했고, 그에 따라 이성이 지배하는 시대가 도래하게 된다. 세계의 중심은 신에서 인간으로 이동했다. 농업 기술의 발전을 통해 인간은 굶주림에서 해방되었고, 산업 혁명을 통한 기술의 발전은 기계의 양산을 통해 생산력의 증대를 이룩했다. 인간은 더욱더 편리한 문명을 탐했고 그에 따라 과학은 계속해서 발전해 왔다. 물질적 문명화의 측면에서 바라본 역사는 이처럼 계속해서 진보하는 것처럼 보인다.
> 그러나 정신적 측면에서 바라본 역사는 퇴보하고 있다. 제국주의 문명화를 빌미로 한 서구 열강의 식민지 정책은 수많은 피식민지 국가의 자연과 자연적 삶을 황폐하게 만들었다. 사유 재산이 법적으로 인정됨에 따라 모두 동등하게 존중받아야 할 인간에게 계급이 생성되었고, 인간의 끝없는 소유욕은 타인에 대한 질투나 시기와 같은 감정을 낳았다. 또한 정신적인 위안처가 되었던 신에 대한 믿음이 사라진 지금 우리는 의지할 곳이 없다. 문명이 성장하는 것과 반비례하여 윤리와 도덕을 토대로 한 정신세계는 붕괴되어 온 것이다.

① 설명할 개념을 명확히 규정하고 있다.
② 관점에 따른 대상의 속성을 대조적으로 나타내고 있다.
③ 유사한 속성을 가진 다른 대상에 빗대어 설명하고 있다.
④ 전문가의 말을 인용하여 주장에 대한 설득력을 높이고 있다.

03

다음 글의 서술상의 특징으로 적절하지 않은 것은?

> Spitzberg와 Cupach(1984)는 대인 의사소통 능력은 의사소통의 질에 관한 문제이기 때문에 적절성과 효율성을 모두 포함하고 있다고 주장한다. 능력 있게 행동하기 위해서 의사소통자는 반드시 주어진 상황에 적절하게 그리고 주어진 개인적 목적과 관계적 목적 달성에 효율적으로 말하고 행동해야 한다.
>
> 적절성이란 의사소통 행위가 그 상호 작용에 부여된 사회적 규칙에 의거 올바른 것을 가리킨다. 예를 들어, "고맙습니다."라고 할 때는 "별 말씀을."이라고 하는 것이 적절한 것이다. "고맙습니다."에 "별 말씀을."이라고 하지 않거나 다른 식으로 대꾸하는 것은 무례하거나 경박하게 비칠 것이다.
>
> 효율성이란 의사소통 행위가 개인적 목적과 관계적 목적을 달성하는 데 도움이 되는 정도를 가리킨다. 효율적인 행동이 적절한 행동과 상반될 때도 있다. 예를 들어, 다른 사람과 이야기를 나누고 있는 사람의 관심을 나에게 돌리는 것이 목적이라면 끼어드는 것이 효율적이기는 하겠지만 부적절한 행동이 될 것이다.
>
> — 임칠성, '대인 의사소통'

① 필요한 개념을 설명하고 있다.
② 구체적인 예를 들어 설명하고 있다.
③ 특정 이론을 바탕으로 현상의 원인을 분석하고 있다.
④ 권위자의 의견을 언급하여 내용에 신뢰성을 부여하고 있다.

04 고난도 문제

다음 글의 서술 방식으로 적절하지 않은 것은?

> "오늘은 날씨가 참 맑군요!"에서 '맑군요'를 어떻게 소리 내야 할까? [막꾸뇨], [말꾸뇨] 가운데 하나일 게다. 표준어의 발음 문제를 담당하는 어문 규정인 표준 발음법에 따르면 [말꾸뇨]만이 맞다. 위 문장에서 '맑군요'라는 올바른 표기를 모르는 사람은 거의 없겠지만, 그 표준 발음을 제대로 아는 사람은 상대적으로 적어 보인다. 더 나아가 표준 발음법이 존재한다는 사실조차 잘 알려져 있지 않다.
>
> 표준어는 "교양 있는 사람들이 두루 쓰는 현대 서울말로 정함을 원칙으로 한다."라고 규정하고 있다. 이에 따라 표준 발음법은 교양 있는 사람들이 두루 쓰는 현대 서울말의 발음을 표준어의 실제 발음으로 여기고서 일단 이를 따르도록 원칙을 정한 것이다. 예컨대 '값[價]'에 대하여 '값, 값이, 값을, 값에' 등은 [갑, 갑씨, 갑쓸, 갑쎄] 등으로 서울말에서 발음되는데, 바로 이러한 실제 발음에 따라 표준 발음을 정한다는 것이다.
>
> 그런데 현대 서울말에서조차 실제의 발음에서는 여러 형태로 발음하는 경우가 있어서, 그러한 경우에는 국어의 전통성과 합리성을 고려하여 표준 발음을 정한다는 조건을 이어서 제시하였다. 예컨대 서울의 어떤 젊은이나 어린이는 소리의 길이를 구별하지 않고서 '밤[夜]'과 '밤[栗]'을 모두 짧게 발음하기도 하는데, 대부분의 장년층 이상에서는 소리의 길이를 인식하면서 구별하여 발음한다. 역사적으로 보면 소리의 높이나 길이를 구별해 온 전통을 가지고 있다. 그리하여 표준 발음법에 소리의 길이에 대한 규정을 포함시키게 하였다.

① 역사적 사실을 들어 대상의 특징을 소개하고 있다.
② 물음을 통해 화제에 대한 호기심을 유발하고 있다.
③ 구체적인 사례를 제시하여 독자의 이해를 돕고 있다.
④ 대상에 대한 다른 견해를 들어 논지를 전환하고 있다.

유형 05 글의 순서 파악하기

적중 문제풀이 전략

STEP 1 접속 표현이나 지시 표현으로 시작하지 않는 문장 중에서 글의 첫 번째 문장(문단)을 파악한다.
- 글의 순서상 첫 번째 문장(문단)을 고르기 위해서는 접속 표현이나 지시 표현으로 시작하는 문장(문단)을 소거한다.
- 첫 번째 문장(문단)에는 주로 대상에 대한 정의가 제시되거나 독자의 관심을 유발하기 위한 사례나 질문이 제시된다.
- 첫 번째 문장(문단)이 글의 처음에 고정되어 있는 경우에는 해당 문장(문단)의 핵심어를 파악한다.

STEP 2 문장(문단)의 접속 표현이나 지시 표현, 반복되는 키워드를 중심으로 글의 흐름을 파악하며 답을 찾는다.
- 자주 사용되는 접속 표현이나 지시 표현의 종류와 기능을 떠올리며 이어질 내용을 예측한다.
- 문장(문단)에 접속 표현이나 지시 표현이 제시되어 있지 않은 경우 키워드에 대한 구체적인 설명이나 예시가 주어지는 경우가 많으므로, 앞뒤 내용의 연결성을 파악하며 이어질 내용을 예측한다.

전략 적용하기

(가)~(라)를 맥락에 맞추어 가장 적절하게 나열한 것은? [2025 지방직 9급]

(가) 픽셀 단위로 수치화된 이미지 데이터는 하나의 긴 데이터 형태로 컴퓨터에 저장된다. 초기 컴퓨터의 경우 흑백만 표현할 수 있었기 때문에 이미지는 하나의 픽셀에 대해 흑과 백이 0과 1로 표현되는 1비트로 저장되었다.
(나) 높은 해상도의 구현은 데이터 저장 용량의 문제를 일으켰고, 용량을 줄이기 위한 여러 방법도 함께 고안되었다. 이를 통해 고해상도의 이미지도 웹사이트를 비롯한 다양한 분야에서 활발하게 사용할 수 있게 되었다.
(다) 컴퓨터에서 이미지를 처리하기 위해서는 아날로그 영상 신호를 디지털로 변환하는 과정을 거쳐야 한다. 이미지를 디지털로 저장하는 가장 기본적인 방법은 픽셀 단위로 수치화하여 저장하는 것이다.
(라) 하지만 현재는 컴퓨터 비전 기술이 발달하면서 하나의 픽셀에 여러 색상의 정보를 담게 되었다. 초기 색상 표현은 하나의 픽셀이 흑과 백의 1비트였으나, 최근에는 높은 해상도를 구현하기 위해 픽셀 하나에 32비트까지 사용한다.

① (나) – (가) – (라) – (다)
② (나) – (다) – (가) – (라)
③ (다) – (가) – (라) – (나)
④ (다) – (라) – (가) – (나)

STEP 1 접속 표현이나 지시 표현으로 시작하지 않는 문장 중에서 글의 첫 번째 문단을 파악한다.
　(다)는 접속어나 지시어로 시작하지 않으며 글의 중심 화제인 '픽셀'에 대해 설명하고 있음

STEP 2 문단의 접속 표현이나 지시 표현, 반복되는 키워드를 중심으로 글의 흐름을 파악하며 답을 찾는다.
　첫 문단인 (다)의 뒤에는 '(가) – (라) – (나)'의 순서로 글이 이어지는 것이 적절하므로 답은 ③이다.
- (가) 키워드 '픽셀 단위로 수치화된', '초기 컴퓨터': (다)에서 언급된 '픽셀 단위로 수치화된' 이미지 데이터가 컴퓨터에 저장되는 형태에 대해 설명한 뒤 초기 컴퓨터의 저장 특성에 대해 설명함
- (라) 접속어 '하지만': (가)에서 언급된 초기 컴퓨터의 저장 특성과 대비되는 현재의 저장 방식에 대해 설명함
- (나) 키워드 '높은 해상도': (라)에서 언급된 '높은 해상도'의 사용에 따른 문제와 이에 대한 해결 방안을 설명함

엄선기출문제

01 (가)~(라)를 맥락에 따라 가장 적절하게 나열한 것은? [2025 국가직 9급]

> (가) 그 원리를 알려면 LCD와 OLED의 차이를 이해해야 한다. LCD는 다른 조명 장치의 도움을 받아 시각적 효과를 낸다. 다시 말해 스스로 빛을 내지 못한다는 것이다. 따라서 LCD는 화면 뒤에 빛을 공급하는 백 라이트가 필요하다는 특성을 갖는다.
>
> (나) 자유롭게 말았다 펼 수 있는 '롤러블 TV'가 개발되었다. 평소에는 말거나 작게 접어서 간편하게 가지고 다니다가 필요할 때 펴서 사용하는 태블릿이나 노트북이 상용화될 날도 머지않았다. 기존에 우리가 생각하는 텔레비전 화면이나 모니터는 평평하고 딱딱한 것인데, 어떻게 접거나 말 수 있을까?
>
> (다) OLED 기술은 모양을 자유롭게 변형할 수 있는 모니터 개발을 가능하게 하였다. 딱딱한 유리 대신에 쉽게 휘어지는 특수 유리나 플라스틱을 이용함으로써 둥글게 말았다가 펼 수 있는 화면을 생산할 수 있게 된 것이다.
>
> (라) 반면 OLED는 화소 단위로 빛의 삼원색을 내는 유기 반도체로 구성되어 있어 스스로 빛을 낼 수 있다. OLED 제품은 화면 뒤에 백라이트를 설치할 필요가 없기 때문에 얇게 만들 수도 있고 특수 유리나 플라스틱으로 제작할 수도 있다.

① (나) - (가) - (다) - (라)
② (나) - (가) - (라) - (다)
③ (다) - (가) - (라) - (나)
④ (다) - (나) - (라) - (가)

해설 글의 순서 파악하기 맥락에 맞추어 가장 적절하게 나열한 것은 ② '(나) - (가) - (라) - (다)'이다.
- (나) 지시어나 접속어로 시작하지 않으면서 '롤러블 TV'라는 중심 화제를 제시함과 동시에 그러한 기술이 가능한 것에 대한 의문을 제기함
- (가) 지시 표현 '그 원리': (나)에서 언급한 평평하고 딱딱한 모니터를 접거나 마는 것을 가리킴
- (라) 접속어 '반면': (가)에서 언급한 백라이트가 필요한 LCD와 달리 백라이트가 필요 없는 OLED의 상반된 특성을 제시함
- (다) 키워드 'OLED 기술': (라)에서 언급한 OLED가 적용된 OLED 기술에 대해 구체적으로 설명함

정답 ②

적중문제

01

다음 글의 전개 순서로 가장 자연스러운 것은?

> (가) 그런데 글로벌한 세계가 전개됨에 따라 정체성의 위기를 겪는 사람이나 집단이 점점 많아지고 있다. 사람, 상품, 정보 등이 국경을 자유롭게 넘나들면서 일정한 사회적, 지리적 경계로 형성되어 있던 공동체적 동질성을 유지하기가 어려워지기 때문이다.
> (나) 정체성이란 자신의 존재 의의를 부여해 주는 의미 체계라 할 수 있다. 그것은 대개 타인과의 관계를 통한 사회적 자아를 구성함으로써 획득된다. 거기서 얻어지는 소속감은 개개인의 안정된 삶과 사회적 통합에 매우 중요한 심리적 자원이 된다.
> (다) 우리는 5천 년 역사를 단일 민족으로 이어왔다. 지구촌 곳곳에서 수많은 민족 분규가 끊이지 않았지만 우리는 한민족이라는 민족의 동질성을 이어오고 있다. 한국은 7세기에 이미 현재의 지리적인 경계를 가진 통일 국가를 이루었고, 고려 시대에는 중국과 구분되는 독자적인 문화를 이룩했다. 특히 일제시대에는 나라 잃은 설움을 통감하면서 민족적 주체를 자각하였고 그것을 회복하려는 움직임이 저항적인 민족주의 형태로 등장했다.
> (라) 우리는 이러한 정체성을 바탕으로 해방 이후에 급속한 산업화를 달성하였다. 문화적 동질성을 토대로 사회적인 통합을 이루면서 눈부신 경제 성장을 일궈낼 수 있었던 것이다.

① (다) - (나) - (라) - (가)
② (다) - (가) - (나) - (라)
③ (나) - (가) - (다) - (라)
④ (나) - (다) - (라) - (가)

02

다음 글의 전개 순서로 가장 자연스러운 것은?

> (가) 항원-항체 반응은 항원과 그 항원에만 특이적으로 반응하는 항체가 결합하는 면역 반응을 말한다. 항체 제조 기술이 발전하면서 휴대성이 높고 분석 시간이 짧은 측면유동면역분석법(LFIA)을 이용한 다양한 종류의 키트가 개발되고 있다.
> (나) 건강 상태를 진단하거나 범죄의 현장에서 혈흔을 조사하기 위해 검사용 키트가 널리 이용된다. 키트 제작에는 다양한 과학적 원리가 적용되는데, 적은 비용으로 쉽고 빠르고 정확하게 검사할 수 있는 키트를 제작하는 것이 요구된다. 이러한 필요에 따라 항원-항체 반응을 응용하여 시료에 존재하는 성분을 분석하는 다양한 형태의 키트가 개발되고 있다.
> (다) LFIA 키트를 이용하면 키트에 나타나는 선을 통해, 액상의 시료에서 검출하고자 하는 목표 성분의 유무를 간편하게 확인할 수 있다. LFIA 키트는 가로로 긴 납작한 막대 모양인데, 시료 패드, 결합 패드, 반응막, 흡수 패드가 순서대로 나란히 배열된 구조로 되어 있다.

① (가) - (나) - (다)
② (나) - (가) - (다)
③ (나) - (다) - (가)
④ (다) - (가) - (나)

03

(가)~(바)를 논지 전개에 맞게 바르게 배열한 것은?

(가) 비디오 플레이어가 처음 만들어졌을 때, 비디오 테이프에는 두 가지 방식이 있었다. 베타 방식과 VHS 방식이 그것이다. 결국 두 기술이 경쟁을 하던 끝에 VHS 방식이 승리를 거두었다.

(나) 그런데 실패한 기술인 베타 방식이 기술적으로 열등하다고 생각하면 오산이다. 베타 방식은 1970년대 소니가 개발한 비디오 테이프 플레이어의 방식으로 화질이 뛰어나고 복사를 해도 화질의 저하가 거의 없었다.

(다) 그러나 기술 개발자들은 소비자의 이익보다는 개발자의 이익, 더 정확하게는 자신을 후원해 준 자본가의 이익을 먼저 고려한다는 사실을 잊어서는 안 된다.

(라) 반면에 VHS 방식은 베타 방식보다 기술적으로 떨어졌지만 시장 지배력이 큰 업체들이 VHS 방식의 기술에 합류하면서 결국 베타 방식과의 경쟁에서 승리하게 된다. 이 경우 베타 방식은 실패한 기술이다.

(마) 두 개의 기술이 시장에서 서로 경쟁을 하다가 그중 하나가 경쟁에서 도태되어 사라지게 될 때, 시장에서 도태된 기술을 '실패한 기술'이라고 한다.

(바) 그러나 이때의 실패란 시장에서의 실패이지 기술에서의 실패는 아니다. 베타 방식이 화질이 뛰어나고 복사를 할 때 화질의 저하가 거의 없다면 소비자들에게는 VHS 방식보다는 베타 방식이 사용상의 이익을 가져다 준다고 할 수 있다.

① (가) - (나) - (라) - (마) - (바) - (다)
② (가) - (다) - (마) - (나) - (라) - (바)
③ (마) - (가) - (나) - (라) - (바) - (다)
④ (마) - (바) - (다) - (가) - (나) - (라)

04

다음 글을 순서대로 알맞게 배열한 것은?

(가) 그래서 제품의 총 용량을 기준으로 영양 성분의 함량을 표시하는 것으로 바꾸었다. 단, 한 번에 먹기 힘든 대용량 제품은 별도의 표시 기준을 두기로 했다. 또한 영양 성분의 표시 순서에도 변화가 있다. 개정 전에는 에너지 공급원순으로 표시했는데, 소비자의 관심도가 높고 국민 건강상 중요해진 성분들은 순서를 위로 올려 표시하는 것으로 바뀌었다.

(나) 함량을 의무적으로 표시해야 하는 대상이 열량, 나트륨, 탄수화물, 당류, 지방, 트랜스지방, 포화지방, 콜레스테롤, 단백질인 점은 이전과 변함이 없다. 그러나 이를 표시하는 기준은 달라졌다. 개정 전에는 한 번에 섭취할 것으로 예상되는 양인 1회 제공량을 기준으로 영양 성분의 함량을 표시했다. 이는 업체마다 1회로 보는 양이 달라서 소비자에게 혼란을 야기할 수 있었다.

(다) 식품의약품안전처에서는 일부 가공 식품에 영양 정보를 표시하는 영양 성분 표시 제도를 운영하고 있다. 최근 소비자들이 쉽게 영양 정보를 확인하고, 건강한 식생활을 실천하는 데 도움이 되도록 영양 성분을 표시하는 방법이 개정되었다.

(라) 예를 들어 나트륨의 표시 위치가 개정 전보다 올라가게 되었다. 이는 우리나라 국민이 나트륨을 과도하게 섭취하고 있어 1일 나트륨 섭취량의 관리가 시급하기 때문이다. 질병관리본부 발표 자료에 따르면 우리나라 국민의 1일 나트륨 섭취량은 세계보건기구 권고량의 2배 수준이라고 한다.

① (가) - (라) - (나) - (다)
② (나) - (다) - (라) - (가)
③ (다) - (나) - (가) - (라)
④ (다) - (나) - (라) - (가)

05

〈보기〉 뒤에 이어질 문장을 순서대로 배열한 것은?

— 보기 —
1900년 경인철로가 개통되면서 인천은 서울로 들어가는 요충지로서의 지위를 점차 잃게 되었다.

ㄱ. 배로 인천에 도착한 사람들은 기차 시간을 잘 맞출 경우, 인천에서 굳이 하룻밤을 묵지 않고도 곧장 서울로 갈 수 있었다.
ㄴ. 다이부쓰 호텔 역시 인천의 쇠퇴와 같은 길을 걸었다. 결국 호텔은 문을 닫고 건물을 임대하려 했으나 들어오는 상점조차 없다가 1918년 혹은 1919년 무렵 중국인에게 팔렸다고 한다.
ㄷ. 이것이 바로 고급 중국 음식점 '중화루'의 시작이다.
ㄹ. 철로 개통으로 인해 인천의 근대적 번영에 빨간불이 켜진 것이다.
ㅁ. 게다가 1905년 서울과 부산을 잇는 경부철로가 개통되자, 이제 인천은 뒷전으로 물러날 수밖에 없는 처지가 되었다.

① ㄱ - ㄹ - ㅁ - ㄴ - ㄷ
② ㄴ - ㄷ - ㄱ - ㄹ - ㅁ
③ ㄷ - ㄴ - ㄹ - ㄱ - ㅁ
④ ㄹ - ㅁ - ㄴ - ㄷ - ㄱ

06

다음 글의 전개 순서로 가장 자연스러운 것은?

(가) 이웃이나 친구들 간의 선물 교환은 이 '통합 메커니즘'의 좋은 예라고 하겠다. 물론 준 사람이 받은 사람으로부터 꼭 보답을 기대하지는 않더라도 거기에 표현된 우정은 물건의 끊임없는 교환을 야기케 한다.
(나) '통합 메커니즘'으로서의 호혜 관계(互惠關係)는 상호 작용을 하는 두 사람(또는 집단)의 사회 경제적 지위가 비슷한, 다시 말하면 제도화된 주종 관계가 아닌 경우에 흔히 나타난다.
(다) 이런 점에서 볼 때 선물 교환이라는 것은 이 교환에 참여한 사람들 또는 집단에게 '사회 보험'의 역할을 하고 있다고 말해도 좋겠다. 어떤 어려운 일을 당했을 때나, 도움을 필요로 할 때 그가 이웃이나 친구들과 우정 관계를 지속하고 있는 한 그를 도울 것이다.
(라) 이때 양자 간의 물건의 교환은 그들을 통합시키고, 지속적인 관계를 유지시키는 기능을 하게 된다. 즉 한쪽이 다른 쪽에 선물을 줌으로써 그들 간의 관계를 새롭게 하고, 또 받은 사람은 이에 보답함으로써 준 사람에 대한 우정을 표시하게 된다.

① (나) - (가) - (다) - (라)
② (나) - (라) - (가) - (다)
③ (다) - (나) - (가) - (라)
④ (다) - (가) - (라) - (나)

07

다음 문장들을 논리적 순서로 배열할 때 가장 적절한 것은?

> ㉠ '논밭'이나 '큰형'과 같은 단어는 우리말의 정상적인 단어 배열과 같으므로 통사적 합성어라 하고, '날뛰다'와 같은 단어는 우리말의 정상적인 단어 배열인 '날고 뛰다'와 다르게 나타나므로 비통사적 합성어라고 한다.
> ㉡ 반면 후자는 접사(接辭)와 어근이 결합한 형태로 '풋사과, 선머슴, 개살구' 등이 있다.
> ㉢ 국어의 단어에는 하나의 어근으로 이루어진 단일어(單一語)와 어근이 둘 이상 결합하거나 어근과 접사가 결합하여 이루어진 복합어(複合語)가 있다.
> ㉣ 전자는 어근과 어근이 결합한 형태로, '논밭, 큰형, 날뛰다' 등을 예로 들 수 있다.
> ㉤ 복합어는 결합하는 구성 요소에 따라 다시 합성어(合成語)와 파생어(派生語)로 나뉜다.

① ㉡ - ㉣ - ㉢ - ㉠ - ㉤
② ㉢ - ㉠ - ㉤ - ㉡ - ㉣
③ ㉢ - ㉤ - ㉣ - ㉠ - ㉡
④ ㉤ - ㉠ - ㉢ - ㉣ - ㉡

08 고난도 문제

(가)~(라)를 문맥에 맞게 배열한 것은?

> (가) 세상에서는 흔히 학문밖에 모르는 상아탑 속의 연구 생활을 현실을 도피한 짓이라고 비난하기가 일쑤지만, 상아탑의 덕택이 큰 것임을 알아야 한다. 모든 점에서 편리해진 생활을 향락하고 있는 현대인이 있기 전에 그런 것이 가능하기 위해서도 오히려 그런 향락과는 담을 쌓고 진리 탐구에 몰두한 학자들의 상아탑 속에서의 노고가 앞서 있었던 것이다. 그렇다고 남의 향락을 위하여 스스로는 고난의 길을 일부러 걷는 것이 학자는 아니다.
> (나) 학자는 그저 진리를 탐구하기 위하여 학문을 하는 것뿐이다. 상아탑이 나쁜 것이 아니라, 진리를 탐구해야 할 상아탑이 제 구실을 옳게 다하지 못하는 것이 탈이다. 학문에 진리 탐구 이외의 다른 목적이 섣불리 앞장을 설 때, 그 학문은 자유를 잃고 왜곡될 염려조차 있다. 학문을 악용하기 때문에 오히려 좋지 못한 일을 하는 경우가 얼마나 많은가? 진리 이외의 것을 목적으로 할 때, 그 학문은 한때의 신기루와도 같아 우선은 찬연함을 자랑할 수 있을지 모르나, 과연 학문이라고 할 수 있을까부터가 문제다.
> (다) 학문의 궁극적 목적은 무엇인가? 학문이 실생활에 유용하고, 그 자체의 추궁이 즐거움을 가져오는 것은 모두가 학문이 다름 아닌 진리를 탐구하는 것이기 때문이다. 실용적이니까, 또는 재미가 나는 것이니까 진리요 학문인 것이 아니라, 그것이 진리이기 때문에 인간 생활에 유용한 것이요, 재미도 나는 것이다. 유용하다든지 재미가 난다는 것은 학문에 있어서 부차적으로 따라올 것이요, 그것이 곧 궁극적인 목적이라고까지 말하기는 어려울 것이다.
> (라) 학문의 목적은 진리 탐구 그것에 있다. 이렇게 말하면 또 진리의 탐구는 해서 무엇하나 할지 모르나, 학문의 목적은 그로써 족한 것이다. 진리 탐구로서의 학문의 목적이 현실 생활과 너무 동떨어져 우원(迂遠)함을 탓함직도 하다. 그러나 오히려 학문은 현실 생활로부터 유리(遊離)된 것처럼 보일 때, 가끔 그의 가장 풍성한 축복을 현실 생활 위에 내리는 수가 많다.

① (다) - (가) - (라) - (나)
② (다) - (라) - (가) - (나)
③ (가) - (나) - (다) - (라)
④ (가) - (나) - (라) - (다)

유형 06 숨겨진 내용 추론하기

적중 문제풀이 전략

STEP 1 선택지에서 파악한 주요 정보를 중심으로 글의 핵심 내용을 파악한다.
선택지의 정보를 먼저 파악한 후 글에서 필요한 정보를 선별하며 읽도록 한다.

STEP 2 글을 읽으며 정리한 정보들과 글의 흐름을 바탕으로 선택지에 제시된 추론 내용이 적절한지 판단한다.
친숙한 소재에 대한 글일지라도 상식에 근거하여 판단하지 않고 글에 제시된 내용만을 근거로 추론한다.

전략 적용하기

다음 글에서 추론한 내용으로 가장 적절한 것은? [2025년 국가직 9급]

> 이집트 벽화에서 신, 파라오, 귀족은 특이한 모습으로 표현된다. 신체의 주요 부위를 이상적으로 보여줄 수 있도록 눈은 정면, 얼굴은 측면, 가슴은 정면, 발은 측면을 향하게 조합하여 그린 것이다. 이는 단일한 시점에서 대상을 표현한 것이 아니라 여러 시점에서 바라본 모습을 하나의 형상에 집약한 것이다. 이렇게 그려진 그들의 모습은 이상적인 부분끼리의 조합을 통해 완전하고 완벽하며 장중한 형상을 보여 주고자 한 의도의 결과이다. 그런데 벽화에 표현된 대상들 중 신, 파라오, 귀족과 같은 고귀한 존재는 이렇게 그려지고, 평범한 일반인은 곧잘 이런 방식과 관계없이 꽤 사실적으로 그려졌다. 그들을 서로 다른 방식으로 표현하였다는 점은 이집트 미술이 특정한 이데올로기를 통해 양식화되어 있음을 선명하게 보여 준다.
>
> 이 이데올로기에 따르면, 신과 파라오, 나아가 귀족은 '존재하는 자'이고, 죽을 운명을 가진 평범한 사람들은 그저 '행위하는 자'이다. 평범한 사람들이 일하는 모습을 그릴 때 사실적으로, 그러니까 얼굴이 측면이면 가슴도 측면으로 자연스럽게 그리는 것은, 그들이 썩어 없어질 찰나의 인생을 살고 있기 때문이다. 그러기에 그들은 이 세상에서 실제로 행위하는 모습 그대로 그려진다. 반면 고귀한 존재는 삼라만상의 변화와 관계없이 영원한 세계의 이상을 반영한다. 그러기에 그들은 이상적 규범에 따라 불변의 양식으로 그려진다.
>
> 이렇게 같은 인간을 표현해도 위계에 따라 표현 방식을 달리한 것은 이집트 종교의 영향 때문이다. 이집트 종교는 수직적이고 이원적인 정신성에 그 토대를 두고 있다. 이런 이원론적인 정신성은 양식화된 이상주의적 미술로 표현되는 경향이 있다. 이집트의 벽화가 바로 그 대표적인 사례이다.

① 이집트의 벽화에서는 존재와 행위를 동등한 가치로 표현하고 있다.
② 이집트의 종교가 가지는 정신성은 이집트의 미술 양식에 영향을 끼쳤다.
③ 이집트의 이상주의적 미술에서는 평범한 사람들은 그리지 않고 고귀한 존재들만 표현하였다.
④ 이집트인들은 신체를 바라보는 독특한 시점을 토대로 예술에 관한 이데올로기를 형성하였다.

STEP 1 선택지에서 파악한 주요 정보를 중심으로 글의 핵심 내용을 파악한다.
이집트 벽화는 신분과 위계에 따라 인물 표현 방식을 다르게 했으며, 이집트 종교의 이원론적 정신성과 이상주의를 반영한다.

STEP 2 글을 읽으며 정리한 정보들과 글의 흐름을 바탕으로 선택지에 제시된 추론 내용이 적절한지 판단한다.
3문단에 의하면 이집트의 종교는 수직적이고 이원적인 정신성에 토대를 두고 있으며 그러한 이원론적인 정신성은 양식화된 이상주의적 미술로 표현되는 경향이 있다고 하였다. 따라서 이집트의 종교가 가지는 정신성이 이집트의 미술 양식에 영향을 끼쳤다는 ②의 추론은 적절하다.

엄선기출문제

01 다음 글에서 추론한 내용으로 가장 적절한 것은? [9급 출제기조 전환 2차 예시문제]

생물은 자신의 종에 속하는 개체들과 의사소통을 한다. 꿀벌은 춤을 통해 식량의 위치를 같은 무리의 동료들에게 알려주며, 녹색원숭이는 포식자의 접근을 알리기 위해 소리를 지른다. 침팬지는 고통, 괴로움, 기쁨 등의 감정을 표현할 때 각각 다른 소리를 낸다.

말한다는 것을 단어에 대해 소리 낸다는 의미로 보게 되면, 침팬지가 사람처럼 말하도록 하는 것은 불가능하다. 침팬지는 인간과 게놈의 98%를 공유하고 있지만, 발성 기관에 차이가 있다.

인간의 발성 기관은 아주 정교하게 작용하여 여러 소리를 낼 수 있는데, 초당 십여 개의 소리를 쉽게 만들어 낸다. 이는 성대, 후두, 혀, 입술, 입천장을 아주 정확하게 통제할 수 있기 때문에 가능한 것이다. 침팬지는 이만큼 정확하게 통제를 하지 못한다. 게다가 인간의 발성 기관은 유인원의 그것과 현저하게 다르다. 주요한 차이는 인두의 길이에 있다. 인두는 혀 뒷부분부터 식도에 이르는 통로로 음식물과 공기가 드나드는 길이다. 인간의 인두는 여섯 번째 목뼈에까지 이른다. 반면에 대부분의 포유류에서는 인두의 길이가 세 번째 목뼈를 넘지 않으며 개의 경우는 두 번째 목뼈를 넘지 않는다. 다른 동물의 인두에 비해 과도하게 긴 인간의 인두는 공명 상자 기능을 하여 세밀하게 통제되는 소리를 만들어 낸다.

① 개의 인두 길이는 인간의 인두 길이보다 짧다.
② 침팬지의 인두는 인간의 인두와 98% 유사하다.
③ 녹색원숭이는 침팬지와 의사소통을 할 수 있다.
④ 침팬지는 초당 십여 개의 소리를 만들어 낼 수 있다.

해설 **숨겨진 내용 추론하기** 3문단 끝에서 2~4번째 줄에 의하면 인간의 인두 길이는 여섯 번째 목뼈에까지 이르는 반면, 개의 경우 인두의 길이가 두 번째 목뼈를 넘지 않는다. 이를 통해 개의 인두 길이가 인간의 인두 길이보다 짧음을 추론할 수 있으므로 답은 ①이다.

오답분석
② 2문단 마지막 문장을 통해 침팬지가 인간과 게놈의 98%를 공유하고 있음을 알 수 있다. 하지만 이를 통해 침팬지의 인두가 인간의 인두와 98%로 유사한지는 추론할 수 없다.
③ 1문단 2~3번째 줄을 통해 녹색원숭이와 침팬지 모두 소리를 통해 의사소통함을 알 수 있다. 하지만 이는 개체가 각 종족 내에서 의사소통을 하기 위한 방법을 설명한 것일 뿐, 이를 통해 서로 다른 종족 간 의사소통이 가능한지는 추론할 수 없다.
④ 3문단 1~3번째 줄을 통해 인간이 초당 십여 개의 소리를 쉽게 만들 수 있는 것과 달리, 침팬지는 인간만큼 발성 기관을 정확히 통제하지 못함을 알 수 있다. 이를 통해 침팬지가 인간과 같이 소리를 만들지 못할 것임을 추론할 수 있으므로 ④의 추론은 적절하지 않다.

정답 ①

01

다음 글에서 추론한 내용으로 적절한 것은?

> 상품은 생산되자마자 물리적 마모를 시작한다. 현대에 오면서 더 중요한 마모는 사회적 마모이다. 사회적 마모를 촉진시키는 주범은 당연히 기업이다. 생산이 지속되어야 기업은 이윤을 남긴다. 늘 수요에 비해서 과잉 생산을 하는 기업이 살아남을 수 있는 길은 상품의 사회적 마모를 짧게 해서 소비를 계속 유발시키는 것이다. 자동차나 가구 같은 내구 소비재는 성능만이 아니라 디자인 또한 그에 못지않게 중요해진다. 이제는 성능의 향상 기간보다 디자인 변화 기간을 짧게 하는 것이 오히려 소비 촉진에는 더 효율적인 방법이 된다.

① 상품의 과잉 소비는 기업의 이윤을 오히려 떨어뜨릴 것이다.
② 상품의 디자인 변화는 상품의 물리적 마모 기간을 축소시킬 것이다.
③ 기업은 이윤을 위해 상품의 물리적 마모 기간을 연장시키지 않으려 할 것이다.
④ 기업은 이윤을 위해 생산해 낸 상품이 좀 더 짧은 기간만 유행하기를 바랄 것이다.

02

다음 글의 전제로 가장 적절한 것은?

> 광고 언어에서 송신자들은 '생략'을 통해 강조의 효과를 거두곤 한다. 이는 문장 내의 한 성분을 의도적으로 생략하여 그것을 대하는 수신자가 빈 부분을 채워 넣도록 유도하는 방법이다. 즉 수신자가 생략된 부분을 연상을 통해 복원하는 과정에 집중하게 함으로써, 강조의 효과를 거두는 것이다.

① 과한 생략은 모호성이나 오류를 양산한다.
② 광고는 쌍방향 의사소통을 하는 매체이다.
③ 시각 이미지를 일부 생략하는 것은 강조의 한 방법이다.
④ 광고 언어에서 송신자들은 생략의 기법을 많이 사용한다.

03

다음 글을 바탕으로 추론한 생각 중 적절하지 않은 것은?

> 언어는 정치·경제·문화 중심지로부터 그 주변 지역으로 퍼져 나간다. 전국 각 지역으로부터 사람들이 중심지로 모여들고 이들이 다시 각 지역으로 흩어져 가는 과정이 되풀이되면서 중심지의 언어가 주변 지역으로 퍼져 나가게 되는 것이다.
> 언어의 전파 과정에 대해 이와 같이 설명하는 것을 수면에 떨어진 물체로부터 파생된 물결이 주위로 퍼져 나가는 것과 같다 하여 '파문설(波紋說)'이라 한다. 이때 중심지로부터 주변 지역으로 퍼져 나가는 언어 세력을 '개신파(改新波)'라고 하고 세력의 중심지를 '방사 원점(放射原點)'이라고 한다. 일반적으로 도시나 저지대가 방사 원점이 되는데 개신파가 퍼져 나가는 속도는 지리적 제약에 따라 달라진다. 넓은 평야 지대나 도로가 발달한 지역은 그 속도가 높은 반면, 높은 산이나 강과 같은 장애물로 둘러싸인 지역은 그 속도가 느리다.

① '방사 원점'이 되기 위해서는 정치·경제·문화가 발달한 곳이어야겠군.
② 중심지와 주변 지역의 왕래가 잦아진다면 언어가 전파되는 속도가 빨라지겠군.
③ 도로가 많아지고 교통수단이 발전할수록 지역별로 개신파의 속도 차이가 줄어들겠군.
④ 주변 지역인 A지역과 B지역이 '개신파'가 퍼지는 속도가 같다면, 두 지역은 중심지로부터 떨어져 있는 거리가 같겠군.

04

다음 글에 드러난 필자의 주장은 ㉠의 어떤 원리에 기초한 것인가?

> 한국의 미래상에 관한 청사진은 여러 분야의 전문적 지식과 일반의 지혜, 그리고 소망 등을 광범위하게 수렴한 공동의 작품으로 만들어야 할 것이다. 우리가 ㉠'민주주의'를 전제로 한다면, 그것을 어떤 개인 단독의 힘으로 작성하기는 어려울 것이다. 개인이 할 수 있는, 또 해야 할 일은 이 공동의 과제에 참여하여 다소의 힘을 보태는 일이다.
> 한국의 미래상을 위한 청사진에 관해서 처음부터 광범위한 찬동을 기대할 수 있는 원안을 어떤 개인이 제시하기는 어려울 것이다. 우리의 작업은 많은 논쟁의 과정을 겪어야 할 것이며, 제창과 부정, 그리고 종합의 변증법적 연구를 거듭해야 할 것이다. 이 자리에서 필자가 시도할 수 있는 것도 그러한 논쟁을 위한 말문을 여는 일을 넘어서기 어렵다.
> — 김태길, '민주주의 한국의 청사진'

① 권력의 분산
② 조직의 투명성
③ 자유와 평등의 권리
④ 의사 결정 과정의 민주성

05

다음 글에서 추론한 내용으로 가장 적절한 것은?

> 심리학에서 '몰입(Flow)'은 개인이 어떤 활동에 깊이 몰두하여 시간의 흐름이나 자기 자신에 대한 인식을 완전히 잊게 되는, 지극히 긍정적이고 최적화된 경험 상태를 의미한다. 이 상태에 이르면 개인은 현재 수행하는 과제와 하나가 된 듯한 느낌을 받으며, 외부의 방해 요소로부터 자유로워진다. 이러한 몰입 경험은 단순히 일시적인 즐거움을 넘어선 깊은 만족감과 자아실현적인 성취감을 동반하며, 개인의 삶의 질을 향상시키는 중요한 요소로 작용한다. 몰입은 학습 효율을 극대화하고, 창의성을 증진시키며, 스트레스를 감소시키는 등 다양한 긍정적 효과를 가져온다.
>
> 몰입을 경험하기 위해서는 몇 가지 핵심적인 조건들이 충족되어야 한다. 첫째, 수행하는 활동에 대한 명확한 목표가 설정되어 있어야 한다. 목표가 불분명하면 방향성을 잃고 집중하기 어려워지기 때문이다. 둘째, 활동의 진행 상황에 대한 즉각적이고 명확한 피드백이 주어져야 한다. 이러한 피드백은 개인이 자신의 행동이 과제에 미치는 영향을 인지하고, 필요에 따라 전략을 수정하며 몰입 상태를 유지하는 데 필수적이다. 마지막으로, 가장 중요한 조건은 개인의 기술 수준과 당면한 과제의 난이도가 적절하게 균형을 이루어야 한다는 점이다. 과제가 개인의 기술 수준에 비해 너무 쉬우면 쉽게 지루함을 느끼게 되고, 반대로 과제가 너무 어려우면 좌절감이나 불안감을 느끼게 되어 몰입에 도달하기가 극히 어려워진다.

① 몰입 경험의 주된 목적은 현실로부터의 일시적인 도피이다.
② 분명한 목표 설정은 몰입을 경험하기 위한 필수적인 선행 조건 중 하나이다.
③ 몰입은 타고난 재능이 있는 소수의 사람만이 경험할 수 있는 특별한 심리 상태이다.
④ 몰입은 주로 개인의 능력을 훨씬 초월하는 극도로 어려운 과제를 수행할 때 발생한다.

06

다음 글에 대한 독자의 반응으로 적절하지 않은 것은?

> 현대인들은 일상생활 속에서 모르는 말을 발견하면 인터넷 검색 포털 사이트에서 검색하거나 사전을 찾아 뜻을 확인한다. 대부분의 말은 표준어로 등재가 되어 있기만 하면 확인이 되지만 확인이 불가능한 경우도 간혹 있다. 이때 검색되지 않는 말은 크게 두 가지로 나누어 설명할 수 있다. 〈중 략〉
>
> 요즘 어디서나 만날 수 있는 '웰빙(well-being)'이 바로 이러한 말에 해당하는 대표적인 예인데, 이 단어는 국어사전에는 올라 있지 않다. 이 단어가 외국어를 그대로 쓴 것일 뿐 아니라 계속 쓰인다는 보장이 없으므로, 이 단어가 국어사전에 오를 가능성은 희박하다. 우리가 현재 사용하는 말 중에는 이처럼 소위 '유행어'라고 해서 일시적인 시기에 주로 특정 연령층이나 집단에서 광범위하게 쓰이다 얼마 가지 않아서 사라지는 말들이 많다. 이러한 단어는 일정 기간 동안 아무리 많이 쓰였다 해도 사전에 오르지 않는다.
>
> 신어의 범위를 좀 더 확대하면 '옥탑방', '방울토마토', '제대혈' 등과 같은 말도 여기에 포함될 수 있다. '옥탑방'은 요즘 부동산과 관련해서 흔하게 접할 수 있는 말이지만 사전에 없다. 원래 건물 맨 위의 공간을 가리키는 '옥탑'이라는 말이 있었기 때문에 여기에 '방'이라는 말을 결합하여 사용한 것으로 볼 수 있다. 이는 앞서 언급한 '웰빙'과 같은 완전한 신어와는 차이가 나며, 이러한 말은 검토하여 사전에 오를 가능성이 높다.

① 사전에 등재되는 보편적인 기준은 같군.
② '왕자병'은 '웰빙'보다 '옥탑방'에 가까운 범주의 말이겠군.
③ 사전에 없는 말이라고 해서 그 말들이 모두 지위가 같은 것은 아니군.
④ 시대에 따라 특정 단어가 사전에 등재되기도 하고, 삭제되기도 하는군.

07

다음 글의 바로 뒤에 이어질 내용으로 가장 적절한 것은?

우선 새말이란 무엇인가. 새말은 어떤 것을 지칭하는 것인가 하는 것부터 생각해 보자. '새말'이란 이미 있었거나, 새로 생겨난 개념 혹은 사물을 표현하기 위해 지어낸 말, 그리고 이미 있던 말이라도 새 뜻이 주어진 것을 통틀어 일컫는다. 다른 언어로부터 사물과 함께 차용되는 외래어도 여기에 포함된다. 또, 새말은 전에 없던 개념이나 사물을 표현하기 위한 필요 때문에 대부분 생겨나지만, 이미 있던 개념이나 사물일지라도 그것을 표현하던 말들의 표현력이 감소됐을 때, 그것을 보강하거나 신선한 새 맛을 가진 말로 바꾸기 위한 대중적 욕구에 의해서도 생겨난다. 광복 후, 우리나라에서는 국어를 정화 혹은 순화하기 위해 많은 새말을 만들어 내기도 하였다.

새말은 그 구성 재료에 따라 완전히 새롭게 창조된 뿌리로 된 것과 이미 있던 말을 재료로 하여 만들어진 것이 있다. 또, 새말의 상당 부분을 차지하는 것으로서 외국어로부터의 차용어가 있다. 완전히 새로운 뿌리가 창조되는 일은 그리 흔하지 않다. 있다고 해도 의성어나 의태어 계통인 것이 많다. 6·25 때 처음으로 미군 제트 전투기가 등장했다. 이 제트기는 당시에 어느 비행기보다도 빨랐으며, 눈 깜짝할 사이에 '쌕쌕' 소리를 내며 사라져 갔다. 그때 사람들은 이 비행기를 '쌕쌕이'라고 했다. 예전에 노를 젓던 나룻배나 돛단배가 모터에 의해 추진되는 배로 바뀌고, 규모도 커졌다. 이 배가 움직일 때에 내는 소리를 본떠서 '똑딱이', '똑딱선' 혹은 '통통배'라는 말이 생겨났다. '깍두기'도 무를 써는 소리를 따서 만들어진 말일 것이다. '쌕쌕이', '똑딱이', '깍두기'의 '-이'는 예전부터 있던 접미사지만, '쌕쌕', '똑딱', '통통', '깍둑'은 의성어로서 새로 생긴 것이라 할 수 있을 것이다.

— 남기심, '새말의 탄생'

① 새말의 정착 과정
② 외국어를 이용한 새말의 예
③ 기존 어휘를 이용한 새말의 탄생
④ 국어 순화 과정에서 생기는 새말

08

다음 글의 시사점으로 가장 적절한 것은?

'뇌와 미술'이라는 주제에서 가장 오래된 접근 방식은 각종 질병이나 사고 때문에 뇌를 다친 화가들의 사례를 분석한 것이다. 사고 전후로 화가가 작품을 제작하는 방법이 변화하거나 혹은 화풍이 변화한 사례들은 지난 150여 년간 미술 제작의 신비를 밝히는 데 중요한 자료가 되는 동시에 뇌에 대한 궁금증을 풀어주는 데도 유용한 자료가 되어 왔다.

사고로 후두엽의 색채 지각 관련 영역이 손상되어 색을 보지 못하게 된 화가 조나단의 흥미로운 이야기는 1995년에 출판된 삭스Sacks의 책 『화성의 인류학자』에 자세히 적혀 있다. 또한 이탈리아의 거장 영화 감독이자 만화가이기도 한 펠리니가 뇌 질환으로 우뇌 두정엽에 손상을 입은 후 겪은 공간 지각의 문제에 대해서도 칸타갈로Cantagallo 등의 이탈리아 신경과학자들이 자세히 보고한 바 있다.

사고나 질병으로 인한 뇌 손상은 예술가 개인에게는 불행한 사건이다. 그렇다면 이러한 뇌 손상은 그의 예술 작품에도 역시 치명적인 악영향을 미치는 것일까? 아이러니하게도 그 대답은 '아니오'이다. 뇌 손상으로 상실한 능력이 오히려 예술적 표현성을 높일 수 있다는 것이다. 예를 들어 색을 잃어버린 조나단의 경우, 뇌 손상을 입은 후 첫 몇 년간은 원하는 대로 그림에 색을 사용할 수 없어 큰 혼란을 겪었다. 하지만 이후 흑백의 물감만을 사용한 그만의 새로운 작품 세계를 구축하게 되었다. 또한 우뇌 손상 때문에 공간과 형태에 대한 지각 능력을 잃은 화가 휴즈의 경우에도 뇌 손상을 입은 후 이전보다 더 뛰어난 추상적이고 자유로운 표현 때문에 평단의 큰 호평을 받게 되었다.

① 예술가는 자신만의 특별한 작품 세계를 구축하기 위하여 뇌 활성화 방안을 마련해야 한다.
② 예술가는 뇌가 손상되더라도 다른 예술적 표현성을 발휘하여 자신만의 작품 세계를 구축해야 한다.
③ 예술가는 뇌가 손상되면 예술적 능력을 상실하게 되므로 예술적 감각을 되살리기 위해 노력해야 한다.
④ 특정 시기를 전후로 화풍이 변화한 예술가의 작품은 화풍이 변하기 전의 상황을 고려하여 감상해야 한다.

09

다음 글을 읽은 독자의 반응으로 가장 적절한 것은?

컴퓨터의 엄청난 검색 능력과 통신 속도의 비약적인 발전으로 통신망 속에 존재하는 어떤 정보든 이러한 하이퍼링크에 의해 실시간 접근이 가능하다. 그것은 하나의 문장이나 글로 연결될 수 있으며, 사진이나 동영상 음향 자료, 나아가 한 편의 글이나 하나의 다른 인터넷의 사이트로 연결되기도 한다. 다매체 환경으로의 전환 과정에 나타난 다양한 변화 중에서 정보끼리의 하이퍼링크가 가능해졌다는 것이 가장 충격적인 변화로 지적되기도 한다. 하나의 정보에 대해 관련된 수많은 자료를 연결하여, 끊임없이 하이퍼링크를 통해 필요한 정보를 검색해 가면서 텍스트를 읽어 나가는 것이 다매체 시대의 글 읽기의 한 특징이 될 것이다.
하이퍼링크는 인터넷이라는 정보의 바다 속에서 필요한 정보를 찾아다니는 사람들에게 필요한 정보를 확인하면서 길을 잃지 않고 항해할 수 있도록 도와준다. 인터넷상에서 정보를 검색하고 확인할 때, 하이퍼링크를 통해 한 정보에서 다른 정보로 건너뛰다 보면 그 편리함에 감탄하지 않을 수 없다. 그러나 하이퍼링크는 글 읽기에 반드시 필요한 진지한 사고의 과정을 상실시킬 위험성이 있다. 이 정보에서 또 다른 정보로 엄청난 속도로 옮겨 다니다 보면 또 다른 곳에는 더 나은 정보가 존재하고 있을지 모른다는 강박 관념에 사로잡혀 확인된 정보를 진지하게 검토하기보다는 이것저것 뒤지고만 다니면서 건성으로 정보를 접하게 되기 쉽다. 즉, 정보의 바다 속에서 속도감 있게 돌아다니다 보면 알지 못하는 사이에 '하이퍼'의 다른 의미인 '흥분된', '병리적인' 상태로 나아갈 위험이 있다는 것이다.

① 최대한 많은 정보 텍스트를 읽기 위해 속독하는 훈련이 필요하겠구나.
② 정보화 시대에서는 단 하나의 정확한 정보만을 찾는 것이 중요하구나.
③ 통신 속도가 발전했더라도 다양한 정보에 실시간으로 접근하기 어렵구나.
④ 다양한 정보를 얻는 것보다 찾은 정보를 꼼꼼하게 검토하여 활용해야겠구나.

10

다음 글을 통해 추론할 수 없는 것은?

그 위대한 철학사를 아무리 뒤져보아도 고정된 철학적 진리는 없다. 그 위대한 철학자들이 주장한 진리들 가운데에 참된 진리, 즉 영원불변한 객관적 사실로서의 진리는 하나도 존재하지 않는다. 그들이 진리라고 주장한 것들은 하나의 상상력이 꾸며낸 이론적 실체일 뿐이었다. 철학자들이 주장한 진리는 우리가 느끼고, 보고, 듣고, 부딪치고 배워서 이미 알고 있는 사실을 개념화하여 논리적으로 정리한 것에 지나지 않는다는 생각을 하게 되었다. 한마디로 말해서 철학이 추구하는 진리란 우리를 지적으로 편하게 하고, 우리에게 실천적으로 쓸모 있는 기능을 하기 위해서 인간이 언어로 재구성한 관념적 세계에 지나지 않는다는 것이다.
지금까지 철학이 주장한 진리의 이러한 위상은 지금까지의 철학자의 사유에 어떤 지적 문제가 있어서가 아니라, 철학이란 바로 그런 진리를 발견하는 활동이고, 진리란 필연적으로 객관적 사실의 발견이 아니라 세계의 관념적 재구성물에 지나지 않기 때문이다. 철학적 진리, 철학적 체계는 겉보기와는 달리 소설, 즉 허구와 근본적으로 다르지 않다. 다른 점이 있다면 그것은 소설의 그 내용에 있어서가 아니라 소설의 내용을 대하는 우리들의 태도에 있을 뿐이다.

① 철학적 진리는 소설을 읽음으로써 터득할 수 있다.
② 철학자들은 과학자들과 달리 실제 삶의 경험을 개념화하여 진리로 주장한다.
③ 철학자들이 주장한 진리를 유용하게 사용한다면 우리의 삶에 도움이 될 것이다.
④ 철학적 진리는 세계를 관념적으로 재구성한 것이므로 항상 변화할 수밖에 없다.

11

(가)와 (나)를 통해서 추정하기 어려운 내용은?

> (가) 언어 지식이 전혀 없이 태어난 아기는 성장하면서 몇 개의 단어만을 사용하여 불완전한 형태로 자신의 의사를 표현하다가, 다양한 시행착오를 반복하는 과정을 거쳐 완전한 형태의 언어 표현을 구사할 수 있게 된다.
>
> (나) 19세기 학자 최한기는 본격적으로 지행론을 변화시켰다. 그는 행을 생리 반응, 감각 활동, 윤리 행동을 포함하는 일체의 경험으로 이해하고, 지를 경험을 통해 얻어지는 객관적인 지식으로 규정하였다. 그는 선천적인 지식이 따로 없고 모든 지식이 경험을 통해 산출된다고 보아 '선행후지(先行後知)'를 제시하고, 행이 지보다 우선적인 것임을 강조하였다.

① 최한기는 언어 지식이 선행되어야 시행착오도 겪을 것으로 생각할 것이다.
② 언어 지식이 전혀 없어도 성장하며 불완전한 방식으로 의사를 표현할 수 있다.
③ 아기가 성장하며 겪는 언어적 시행착오는 행동을 통해 지식을 습득하는 과정이다.
④ 최한기는 아기가 언어 지식을 선천적으로 가지고 태어나지 않았다고 생각할 것이다.

12

다음 글을 통해 추론한 것으로 적절하지 않은 것은?

> 등잔은 등경걸이·등잔받침 등으로 구성되는데, 종지형 등잔이 가장 기본적인 형태이다. 종지형 등잔은 지름 7cm, 높이 5cm 내외의 크기가 가장 많이 사용되었다. 그러다가 1876년경 석유의 도입으로 널리 쓰이면서 형태도 인화와 휘발을 막기 위한 심지가 붙은 뚜껑을 덮는 폐쇄형인 사기 등잔이 보급되었다. 이 등잔도 등경에 걸거나 좌등에 넣어 사용하였는데 1970년대 초기까지도 전기의 보급이 안 된 일부 산촌 지방에서 사용하였다.
>
> 우리나라에서 발견된 등잔 가운데 가장 오래된 것은 평양 낙랑 유적의 청동제 고배형 등잔이다. 고구려의 쌍영총 고분 벽화에는 낙랑 유적의 고배형 등잔과 매우 유사한 것이 그려져 있어 고구려 등잔 형태를 알 수 있는 좋은 예가 되고 있다. 신라의 유물로는 토기로 된 다등식 등잔(多燈式燈盞)이 있고, 백제의 것으로는 무녕왕릉 감실에서 출토된 종지형 백자 등잔을 들 수 있다.
>
> 낙랑 출토품의 등잔은 여러 개의 등잔이 나뭇가지 형태의 가지 위에 얹혀져 각기 독립된 형태를 유지하지만, 신라의 다등식 등잔은 4~6개의 등잔이 하나의 둥근 원통관(Pipe)에 연결되어 기름을 한 곳에 넣으면 여러 개의 등잔에 일정한 유량을 유지하면서 불을 밝힐 수 있도록 과학적으로 고안되었음을 알 수 있다.
>
> 백제 무녕왕릉에서 출토된 종지형 등잔은 이후 조선 시대에 이르기까지 등잔의 기본 형태로 정착되었다. 이는 실생활의 용기(그릇)를 이용한 것으로 광범위한 계층에 사용되었는데, 제작상의 간편함과 등잔에 사용되는 기름이 인화성이 약한 동·식물성 기름으로 일관되게 사용되었기 때문이다. 등경은 이와 같이 낮은 등잔을 일정한 높이에 올려 사용하기 위해 창안된 것이다.

① 청동제 고배형 등잔을 통해 그 이후 시대의 등잔 형태를 알 수 있다.
② 신라의 다등식 등잔과 낙랑 출토품의 등잔은 불을 밝히는 방식이 달랐음을 알 수 있다.
③ 1970년대 초기에 대부분의 가정에서는 사기 등잔을 사용하는 대신 전기를 사용하였음을 알 수 있다.
④ 기본 형태의 등잔 제작을 위해서는 등잔의 제작 과정을 간소화하고 인화성이 약한 기름을 등잔에 사용할 수 있도록 고안해야 했음을 알 수 있다.

13

다음 글에서 추론할 수 있는 내용으로 적절하지 않은 것은?

어떤 사진 속 물체의 색깔과 형태로부터 그 물체가 사과인지 아닌지를 구별할 수 있도록 인공 신경망을 학습시키는 경우를 생각해 보자. 먼저 학습을 위한 입력값들 즉 학습 데이터를 만들어야 한다. 학습 데이터를 만들기 위해서는 사과 사진을 준비하고 사진에 나타난 특징인 색깔과 형태를 수치화해야 한다. 이 경우 색깔과 형태라는 두 범주를 수치화하여 하나의 학습 데이터로 묶은 다음, '정답'에 해당하는 값과 함께 학습 데이터를 인공 신경망에 제공한다. 이때 같은 범주에 속하는 입력값은 동일한 입력 단자를 통해 들어가도록 해야 한다. 그리고 사과 사진에 대한 학습 데이터를 만들 때에 정답인 '사과이다'에 해당하는 값을 '1'로 설정하였다면 출력값 '0'은 '사과가 아니다'를 의미하게 된다.

인공 신경망의 작동은 크게 학습 단계와 판정 단계로 나뉜다. 학습 단계는 학습 데이터를 입력층의 입력 단자에 넣어 주고 출력층의 출력값을 구한 후, 이 출력값과 정답에 해당하는 값의 차이가 줄어들도록 가중치를 갱신하는 과정이다. 어떤 학습 데이터가 주어지면 이때의 출력값을 구하고 학습 데이터와 함께 제공된 정답에 해당하는 값에서 출력값을 뺀 값 즉 오차 값을 구한다. 이 오차 값의 일부가 출력층의 출력 단자에서 입력층의 입력 단자 방향으로 되돌아가면서 각 계층의 퍼셉트론별로 출력 신호를 만드는 데 관여한 모든 가중치들에 더해지는 방식으로 가중치들이 갱신된다.

이러한 과정을 다양한 학습 데이터에 대하여 반복하면 출력값들이 각각의 정답 값에 수렴하게 되고 판정 성능이 좋아진다. 오차 값이 0에 근접하게 되거나 가중치의 갱신이 더 이상 이루어지지 않게 되면 학습 단계를 마치고 판정 단계로 전환한다. 이때 판정의 오류를 줄이기 위해서는 학습 단계에서 대상들의 변별적 특징이 잘 반영되어 있는 서로 다른 학습 데이터를 사용하는 것이 좋다.

① '정답'에 해당하는 값과 함께 인공 신경망에 제공해야 하는 학습 데이터는 한 개의 학습 데이터로 묶인다.
② 서로 다른 범주에 속하는 입력값을 동일한 입력 단자를 통해 들어가도록 하는 경우의 결과는 알 수 없다.
③ 학습 단계는, 어떤 학습 데이터의 출력값을 구하고, 이 출력값에서 정답에 해당하는 값을 뺀 오차 값을 구하는 것이다.
④ 학습 단계에서 대상들의 변별적 특징이 잘 반영된 서로 다른 학습 데이터를 사용하는 것은 판정의 오류를 줄이기에 효과적이다.

14 고난도 문제

다음 글을 통해 추론한 생각으로 적절하지 않은 것은?

선물과 환대를 베푸는 사람은 그것을 받는 사람보다 항상 우위에 있게 된다. 다시 말해 재화를 낭비한 사람이 특권을 갖게 되고, 이 특권을 의식하여 사람들은 과시적 낭비를 하며, 결국 이 과시적 낭비를 통해 다른 사람보다 우월한 지위에 서게 된다. 그렇다면 모든 선물이나 환대는 표면적으로 조건 없고 후하게 보일지라도 결코 무사무욕(無私無慾)의 것이 아님을 알 수 있다.

인디언 추장들은 자신의 가치를 확인하기 위해 귀중한 물건들을 불태우거나 바다에 던졌다. 자기 재산의 소모와 파괴가 필연적으로 특권과 지위의 획득으로 이어진다면, 아무런 대가나 이득을 바라지 않는 절대적인 의미의 선물과 소모는 있을 수 없다. 동서고금의 모든 시대, 모든 사회의 귀족 계급들은 모두 쓸데없는 낭비를 통해 자신들의 우월성을 확인하였다.

현대의 문명된 사회에서도 마찬가지이다. 사람들은 남보다 우월한 지위를 얻기 위해 물건을 소비한다. 돈을 많이 갖고 있다는 것을 남들에게 증명하는 최선의 방법은 그 돈이 자신에게 아무 소용없다는 듯이 행동하는 것이다. 마치 포틀라치에서 인디언 추장들이 자신의 가장 귀중한 물건들을 마구 파괴하듯이 현대의 상류계급은 돈을 물 쓰듯 하며 낭비한다. 소위 과시적 소비이다.

이것이 베블런에서 출발하여 갤브레이스, 앙리 르페브르, 장 보드리야르로 이어지는 비판적 학자들의 주장이다. 베블런이 주로 상류 계급의 과소비만을 다루었다면 르페브르와 보드리야르는 상류계급을 흉내 내려는 중간층의 과시적 소비를 중점적으로 다루었다. 베블런이나 갤브레이스가 전통적인 방법으로 분석한 것에 비해 르페브르와 보드리야르는 구조언어학적 방법을 사용한 것이 다른 점이다.

① 현대 문명사회에서 남에게 선물이나 환대를 베푸는 것은 대가를 바라지 않는 호의에서 비롯한다.
② 다른 사람보다 우월한 지위에 있기 위해 과시적 낭비를 하는 사람들은 특권을 의식하는 경향이 있다.
③ 과시적 소비 분석의 대상으로 다루는 계급과 분석의 방법에 베블런과 보드리야르는 차이점이 존재했다.
④ 인디언 추장들은 자신의 귀중한 물건들을 불태우거나 바다에 던져 우월성을 확인하고자 했다.

유형 07 빈칸 내용 추론하기

적중 문제풀이 전략

STEP 1 선택지의 핵심 정보를 파악한다.
선택지의 정보를 먼저 파악한 후 글에서 필요한 정보를 선별하며 읽도록 한다.

STEP 2 빈칸의 위치와 빈칸의 앞뒤 내용을 파악한 후 빈칸에 들어가야 할 내용을 추론한다.
- 빈칸의 위치를 확인한 후 빈칸에 들어갈 내용을 1차로 예측한다.
- 그 후 빈칸의 앞뒤 내용을 확인하여 빈칸에 들어갈 내용을 구체화한다.

* 빈칸이 글이나 문단의 중간에 있는 경우 주로 '전제, 근거, 이유, 과정'의 내용이 들어가며, 빈칸이 글이나 문단의 끝에 있는 경우에는 '결론, 주장, 실험이나 원리를 적용했을 때 예상되는 결과, 사태나 현상의 종합적인 원인'의 내용이 들어간다.

전략 적용하기

다음 빈칸에 들어갈 말로 가장 적절한 것은? [9급 출제기조 전환 2차 예시문제]

로빈후드는 14세기 후반인 1377년경에 인기를 끈 작품 〈농부 피어즈〉에 최초로 등장한다. 로빈후드 이야기는 주로 숲을 배경으로 전개된다. 숲에 사는 로빈후드 무리는 사슴고기를 중요시하는데 당시 숲은 왕의 영지였고 사슴 밀렵은 범죄였다. 왕의 영지에 있는 사슴에 대한 밀렵을 금지하는 법은 11세기 후반 잉글랜드를 정복한 윌리엄 왕이 제정한 것이므로 아마도 로빈후드 이야기가 그 이전 시기로까지 거슬러 올라가지는 않을 것이다. 또한 이야기에서 셔우드 숲을 한 바퀴 돌고 로빈후드를 만났다고 하는 국왕 에드워드는 1307년에 즉위하여 20년간 재위한 2세일 가능성이 있다. 1세에서 3세까지의 에드워드 국왕 가운데 이 지역의 순행 기록이 있는 사람은 에드워드 2세뿐이다. 이러한 근거를 토대로 추론할 때, 로빈후드 이야기의 시대 배경은 아마도 [   ]일 가능성이 가장 크다.

① 11세기 후반   ② 14세기 이전
③ 14세기 전반   ④ 14세기 후반

STEP 1 선택지의 핵심 정보를 파악한다.
① 11세기 후반: 윌리엄 왕이 잉글랜드를 정복한 시기로, 로빈후드 이야기가 이 시기로 거슬러 올라가지는 않을 것이라는 내용이 제시됨
② 14세기 이전: 에드워드 2세와의 구체적 연결이 부족함
③ 14세기 전반: 에드워드 2세(1307~1327년)의 통치 시기와 관련 있으며, 셔우드 숲 순행 기록과 연결됨
④ 14세기 후반: 1377년경 작품 〈농부 피어즈〉에서 로빈후드 이야기가 인기를 끌었던 시기로 언급됨

STEP 2 빈칸의 위치와 빈칸의 앞뒤 내용을 파악한 후 빈칸에 들어가야 할 내용을 추론한다.
빈칸이 문단의 마지막에 위치하므로, 빈칸이 포함된 마지막 문장은 이전의 설명을 종합한 결론에 대한 내용일 가능성이 높다. 로빈후드 이야기는 사슴 밀렵 법이 제정(11세기 후반)된 이후에 형성되었으며, 이야기의 배경으로 셔우드 숲 순행 기록이 있는 에드워드 2세의 통치 기간(1307~1327년)이 유력하다. 따라서 로빈후드 이야기의 시대적 배경은 ③ '14세기 전반'이 가장 적절하다.

엄선기출문제

01 다음 글의 (가), (나)에 들어갈 말을 적절하게 나열한 것은? [2025 지방직 9급]

> 자아 개념이란 자신에 대한 주관적 견해로서 개인이 가지고 있는 능력, 성격, 태도, 느낌 등을 모두 포괄한다. 자아의 형성에 영향을 미치는 요인 중 하나로 타인에게서 듣게 되는 나와 관련된 메시지를 들 수 있다. 물론 타인 중에는 자신이 느끼기에 나에게 관련이 적은 사람도 있고 중요한 사람도 있다. 예를 들어 "너의 글은 인상적이야. 앞으로 좋은 작품을 쓸 수 있을 것 같아."라는 말을 누군가에게 들었을 때, 그 사람이 나에게 중요하다면 그 평가는 자아 개념 형성에 큰 영향을 미칠 수 있다. 그런 범주에 들어갈 수 있는 사람들로는 부모, 친구, 선생님 등이 있을 것이다. 나에게 ___(가)___ 의 말은 기억에 오래 남기 마련이다.
>
> 한편, 타인에게 영향을 받는 자아를 설명하는 개념 중에는 ___(나)___ 라는 것도 있다. 이 개념에 따르면 우리는 타인과 상호작용하는 과정에서 단순히 타인을 모범으로 삼아 따라 하거나 타인의 훈육을 통해 자아를 형성한다기보다는 타인에게 비치는 나의 모습을 상상하고 그 모습에 대한 타인의 판단을 추정한다. 그러한 추정을 통해 자기에게 생겨난 감정을 알아 가는 과정에서 성숙한 자아를 형성해 나간다.

	(가)	(나)
①	관련이 적은 타인	거울에 비친 자아
②	중요한 타인	모범적인 타인을 따르는 자아
③	관련이 적은 타인	모범적인 타인을 따르는 자아
④	중요한 타인	거울에 비친 자아

해설 빈칸 내용 추론하기 (가), (나)에 들어갈 말로 적절한 것은 '중요한 타인', '거울에 비친 자아'이므로 답은 ④이다.
- (가) 중요한 타인: 1문단 끝에서 2~3번째 줄에 의하면 부모, 친구, 선생님과 같이 **나에게 중요한 사람의 평가는 자아 개념 형성에 큰 영향을 미칠 수 있다**. 따라서 (가)에 들어갈 말로 적절한 것은 '중요한 타인'이다.
- (나) 거울에 비친 자아: (나)의 뒤 문장에 의하면 **우리는 타인에게 비치는 나의 모습을 상상하고 그 모습에 대한 타인의 판단을 추정하며 그 과정에서 자아를 형성한다.** 따라서 (나)에 들어갈 말로 적절한 것은 '거울에 비친 자아'이다.

정답 ④

01

다음 중 빈칸에 들어갈 내용으로 적절하지 않은 것은?

> 이 땅의 연극계에는 과학적 비평이 전무하다. 대부분의 비평이란 것이 신문사의 문화부 기자가 작성하는 해설 기사와 큰 차이가 없거나, 1930년대 수준의 인상 비평이 고작이다. 이럴 수밖에 없는 것은 연극 비평을 전공할 만한 체계적인 교육 장치가 전무하기 때문이며, 어렵게 외국에서 공부를 하고 돌아왔다고 하여도, 고작 8~15매의 지면으로는, 제대로 한 작품의 가치 평가의 작업에는 이르지 못하기 때문이다. 그러므로 우리의 연극 비평은 연극계의 활동 중에서도 가장 침체되어 있는 부분이며, 또한 연극인들로부터도 가장 신뢰받지 못하고 있는 분야이기도 하다. 이렇게 된 데에는 무엇보다도 비평가 자신의 책임이 가장 크다. 권위를 내세워 정실 비평을 일삼으면서도, 스스로의 이론 보충을 게을리하여 공연의 지도 비평은 아예 그 엄두를 내지 못한 채, 잠재적인 관객을 위한다는 핑계로 _____ 때문이다.

① 객관적인 입장에서 비평을 하기
② 꿀단지 겉 핥기식의 비평을 하기
③ 작품의 줄거리 위주의 비평을 하기
④ 비평가의 인상에 따라 비평을 하기

02

괄호 안에 들어갈 접속어를 순서대로 나열한 것은?

> 권력은 이념이나 지식을 통한 일상적인 지배 속에서 자연스럽게 자리를 잡는다. (　　) 아이들은 가족과 함께하는 생활에서 '어른에게 대들어서는 안 된다'라는 것을 반복적으로 행함으로써 어른들에게 복종하는 것을 자연스럽게 익힌다. 이러한 권위주의는 학교에서 교사와 학생의 관계를 통해 더욱 공고해진다. 학교는 학생들을 효과적으로 통제하기 위해 특정한 규율을 내면화시키는데 그 과정에는 늘 처벌이 뒤따른다. (　　) 이처럼 권위주의적인 지배와 종속의 관계는 학생들 사이에서도 재생산된다. 선배는 후배에게 멋대로 반말을 하거나 명령을 하고 어떤 경우에는 폭력까지 행사한다. 그럼에도 불구하고 후배는 선배에게 대들거나 복수할 수 없다. (　　) 후배들은 선배가 되어 그간 겪었던 과거의 억압을 후배들에게 고스란히 시도함으로써 이러한 권위주의는 대물림된다. 남성들의 경우 권위주의의 학습은 군대를 통해 강화되며, 성인들의 경우에도 직장 상사의 부당한 명령이나 개입이 있어도 저항하지 않는다. 결국 가족, 학교, 군대 등에서 자연스럽게 내면화된 권위주의는 윗사람에게 순종하면서 한편으로는 아랫사람을 억압하는 이중인격자를 키워 낸다.

① 그래서 – 더욱이 – 그런데
② 예컨대 – 더욱이 – 그런데
③ 그래서 – 그러나 – 그러므로
④ 예컨대 – 그러나 – 그러므로

03

〈보기〉의 ㉠에 들어갈 접속 부사로 가장 옳은 것은?

> ● 보기 ●
>
> 건축물을 구성하는 요소는 두 가지로 나눌 수 있는데, 하나는 건축물의 뼈대를 구성하는 골조이며, 다른 하나는 건축물의 표피를 만드는 내·외장이다. 요컨대 집을 짓는 일은 집이 영구히 지탱할 수 있도록 골조를 세운 후 골조 위에 내·외장을 덧씌우는 작업이다. (㉠) 건축 재료에 대해서는 이 두 가지 구성 요소에 따라서 나누어 생각해 보아야 한다.
>
> 건축 재료에 따라 건축 골조를 구성하는 방식은 크게 네 가지로 나뉜다. 첫째, 목조는 나무를 사용하여 집의 기본틀을 구성하는 방식이고, 둘째, 조적조는 돌과 흙을 벽돌형식으로 만들어 쌓아 올리는 방식이다. 셋째, 철골조는 철재를 사용하여 골조를 만드는 방법이며, 끝으로 현대에 와서 가장 많이 쓰이는 형태의 구조형식인 일체식 콘크리트 구조는 목재나 플라스틱으로 만든 거푸집에 콘크리트를 부어 골조를 만드는 방식이다.
>
> 건축을 완성하는 마감재는 외장재와 내장재로 나뉜다. 외장재는 바깥으로 직접 노출되기 때문에 외부환경의 변화에 버틸 수 있는 내구성이 요구된다. 내장재는 사람이 생활하는 공간과 직접 대면하는 내부공간 소재이므로 편의성과 안전성 그리고 인체에 미치는 영향에 대한 사항을 최우선적으로 고려해야 한다.
>
> 건축의 외부와 내부는 서로 독립적인 구성요소이다. (㉠) 이러한 각각의 독립요소를 구분하고 그들 사이에 연결고리의 역할을 하는 것이 개구부, 즉 문과 창이다.

① 그리고　　② 그러나
③ 그래서　　④ 따라서

04

다음 글의 빈칸에 들어갈 내용으로 적절하지 않은 것은?

> 19세기 중엽 영국의 철학자 존 스튜어트 밀은 원인을 찾아내는 방법을 밝혀내고자 했다. 연구 결과, 그는 원인을 찾아내는 몇 가지 방법을 제안하였는데 그 대표적인 방법이 '일치법'과 '차이법'이다.
>
> 먼저 일치법은 어떤 결과에 공통적으로 선행하는 요소를 원인으로 간주하는 방법이다. 예를 들어 같은 반 학생 3명이 배탈이 났다고 해 보자. 일치법을 적용하여 원인을 찾는 경우 담임은 3명의 학생들이 먹은 음식을 조사해, 학생들이 유일하게 공통적으로 먹은 음식이 우유였다는 것을 밝혀내고 배탈의 원인이 우유라고 결론을 내리게 된다. 즉, 일치법은 원인을 알고 싶은 결과에 해당하는 여러 선행 요소 중 유일하게 공통되는 요소가 원인이라고 결론을 내리는 방법을 말한다.
>
> 반면 차이법은 결과가 나타난 경우와 나타나지 않은 경우를 비교하여 선행 요소들 사이의 차이점을 원인으로 추론하는 방법이다. 예를 들어 각기병이 호전된 원인을 연구 중이라고 해 보자. 연구진들은 병이 호전된 사람과 호전되지 않은 사람의 식단을 비교해 나머지는 모두 같았으나 유일한 차이가 현미에 있음을 알게 되었다. 이에 연구진들은 각기병이 호전된 원인을 현미로 판단하였다면, 이는 차이법을 적용한 사례가 된다. 즉, 차이법은 어떤 현상이 일어난 사례와 그렇지 않은 사례를 비교하여 하나의 요소만 이질적으로 나타날 때 그 요소를 원인으로 판단하는 방법이라고 할 수 있다.
>
> 우리는 일상에서도 일치법과 차이법을 많이 사용해 원인을 식별한다. 그러나 이 방법을 사용할 때에는 몇 가지 주의해야 할 점이 있다. 이 방법을 통해 정확한 원인을 찾기 위해서는 '_____'를 확인해야 한다.

① 선행하는 요소들을 꼼꼼하게 검토하였는가
② 결과에 선행하는 요소들 간의 관계는 긴밀한가
③ 밝혀진 요소 이외에 드러나지 않거나 누락된 다른 요소는 없는가
④ 선후 관계가 우연히 일어난 일을 인과 관계로 오해하진 않았는가

05

밑줄 친 부분에 들어갈 말로 가장 적절한 것은?

　패러디란 창작과 비평을 융합하는 서사 전략으로 기존 작품의 형식이나 특정한 문체를 존속시키면서 이질적인 주제나 내용으로 치환하는 일종의 문학적 모방이다. 과거의 전형을 바탕으로 새로운 문학 전통을 향해 나아가려는 패러디는 예술 상호 간의 담론의 한 형식으로 과거의 재구성과 변형의 과정에 대한 새로운 모델을 제시하는 이중의 목소리라고 할 수 있다. 우선 그 어원적인 의미를 살펴보면 다음과 같다. 〈중 략〉
　패러디의 어원에서 살펴본 바와 같이 희랍어 parodia는 para + odia가 결합된 용어이다. paradia의 접두사 para는 '반대하는counter' 혹은 '반하는against'의 대비 혹은 대조란 의미와, '곁에beside' 혹은 '가까이close to'의 일치와 친밀함이란 의미를 동시에 갖는다. 어원에서 알 수 있듯이 패러디라는 용어는 ＿＿＿＿＿＿＿ 이러한 상반된 패러디의 성격은 수용자에게 인식의 전환과 비판의 능력을 확장시켜 준다.
　패러디는 논자에 따라 하나의 텍스트가 다른 텍스트를 조롱하고 희화하기 위해 모방하는 기법적인 장치라는 좁은 개념으로 사용되기도 하고, 텍스트와 텍스트 사이에 발생하는 모든 반복과 다름이라는 넓은 개념으로 사용되기도 한다. 전자의 협소한 개념은 과거 문학 작품에 대한 조롱이나 경멸을 위해 사용되었던 시적 장치로서 오랜 문학적 관습에 그 뿌리를 두고 있으며, 후자의 개념은 과거의 문학 작품이나 관습에 되비추어 봄으로써 문학 형식의 새로운 가능성을 찾고자 하는 보다 폭넓은 이해에 기반하고 있는 것이다. 그러나 패러디를 광의의 개념으로 받아들인다면 패러디가 아닌 텍스트가 없을 것이므로 감당하기 어려운 외연의 확장을 불러올 것이며, 단순한 조롱이나 풍자, 희화의 장치로 받아들인다면 텍스트간의 연계를 통해 문학적 영역을 확장해 나가는 패러디의 가능성을 위축시키는 결과를 초래하게 될 것이다.

① 이미 그 자체에 일체감과 비평적 거리라는 두 가지 성격이 공존한다.
② 창작과 비평을 융합하여 새로운 주제나 내용으로 바꾸는 문학적 모방이다.
③ 문학 작품에 대한 조롱과 문학 형식의 새로운 가능성을 찾고자 함이라는 두 가지 성격이 공존한다.
④ 하나의 텍스트가 다른 텍스트를 조롱하고 희화하기 위해 모방하는 기법적인 장치라는 의미로 사용됨을 나타낸다.

06

㉠~㉢에 들어갈 말로 가장 적절한 것은?

　경제학에서는 사람들이 가장 필요한 물건을 가장 적절한 가격에 구입하여 소비한다고 가정하지만, 사람이 언제나 효율적인 소비만을 하는 것은 아니다. 삶의 양상이 다양해지면서 소비의 기준 역시 다양해졌다.
　예를 들어 살펴보자. 자동차, 텔레비전, 전화 등은 과거 소수의 상류층만이 누리는 (㉠)이었다. 때문에 이러한 물품들은 상류층을 나타내는 (㉡)(으)로서 작용한다. 중하류층은 상류층이 향유하는 상품을 취득하여 사회적으로 그들과 (㉢)하다는 것을 나타내고 싶어 하는데, 이때 소비는 (㉣)보다는 사치성을 기준으로 삼는다.

	㉠	㉡	㉢	㉣
①	기호품	표지	대등	사회성
②	사치품	기호	동일	효율성
③	필수품	특징	요원	다양성
④	기성품	부호	막역	경제성

07

괄호 안에 들어갈 문장으로 가장 적절한 것은?

> 현대 사회에서 대중 매체는 중요한 정치적 기능을 수행한다. 대중 매체는 정부의 정책, 여러 정파의 정치적 견해, 국민의 여론을 보도함으로써 민주적 정치 질서를 유지하는 데 핵심 역할을 하고 있다. 또한 정치적 사안에 관해 공정하게 보도함으로써 국민의 건전한 비판 의식을 창출(創出)하고 관료주의의 병폐를 치유하는 데 이바지할 수 있다. 그러나 대중 매체는 정부의 정책을 일방적으로 홍보하고 특정 정파의 정치적 견해만을 대변하여 국민의 여론을 호도(糊塗)함으로써 민주적 정치 질서에 혼란을 초래할 수도 있다.
>
> 이와 같이 대중 매체는 순기능과 역기능을 함께 가지고 있다. 그렇다면 어떠한 방법으로 대중 매체의 역기능을 줄이고 순기능을 강화(强化)할 수 있을까? 이를 위해서는 무엇보다 ( ) 설사 대중 매체의 공급자들이 왜곡(歪曲)된 문화를 제공하더라도 수용자들이 건전한 비판 의식으로 이를 거부하면 대중 매체의 역기능은 줄어들 것이다.
>
> – 민경배, '대중 매체의 두 얼굴'

① 수용자들이 대중 매체를 적극적으로 거부해야 한다.
② 대중 매체가 자신의 입장을 확실히 하는 것이 중요하다.
③ 대중 매체로 문화를 수용하는 사람들 스스로 대중 매체를 감시해야 한다.
④ 대중 매체가 국민 가까이 다가가 수용적인 태도를 취하는 것이 선행되어야 한다.

08 고난도 문제

다음 글의 빈칸에 들어갈 말로 가장 적절한 것은?

> 한 어머니와 다섯 살배기 아이가 바다에 도착한다. 바다에서 놀던 아이는 튜브를 믿고 어머니가 경고한 것보다 더 멀리 나아가기를 원한다. 어머니가 잠시 한눈을 팔다가 정신을 차려 보니 아이는 이미 수평선 너머로 떠밀려 간 후이다.
>
> 이러한 상황을 두고 우리는 보통 아이가 아닌 어머니를 탓한다. 바다에 대해 아이가 가진 지식이 어머니의 그것에 비해 턱없이 적을 뿐 아니라, 아이의 자유 의지가 어떤 결과를 가져올 것인지 아이 자신보다 어머니가 더 잘 안다고 생각하기 때문이다.
>
> 그러나 아우구스티누스는 어머니가 아니라 아이, 즉 신이 아니라 인간의 잘못이라고 이야기한다. 아우구스티누스는 '( )'라고 말한다. 완전한 존재인 신에게서 창조된 인간은 신보다는 덜 완전한, 즉 결핍이 있는 존재이며, 이러한 결핍으로 인해 인간은 악을 저지르는 것이다. 따라서 아우구스티누스가 말하는 악은 어떤 적극성을 가진 실재가 아니라 소극적인 존재이다. 아우구스티누스는 자신의 이론을 설명하면서 자주 빛과 어둠, 소리와 침묵이라는 은유를 사용한다. 신은 빛이며, 피조물들은 신으로부터 멀리 떨어져있는 존재로 어둠이다. 이 어둠은 단지 빛의 부재일 뿐이며 침묵 또한 마찬가지로 소리의 한 형태가 아니라 단지 소리의 결핍에 불과하다. 요컨대 인간이 악을 저지르는 것도 역시 선의 실재가 결핍되어 있기 때문이라고 이야기하는 것이다.

① 완전한 존재인 신을 이기기 위해 인간은 잘못을 저지른다.
② 인간은 선이 결핍되어 있기 때문에 잘못을 저지르기 쉽다.
③ 결핍이 있는 존재인 인간은 신이 결핍을 채워줄 것이라고 믿는다.
④ 인간의 자유 의지에 의해 저질러진 악에 대해서는 인간 자신에게 책임이 있다.

유형 08 사례 추론하기

적중 문제풀이 전략

STEP 1 글에 제시된 원리, 이론의 내용을 정확히 파악한다.
원리, 이론의 내용이 복잡할 경우에는 기호를 통해 지문의 내용을 간략하게 정리하면 쉽게 이해할 수 있다.

STEP 2 글에서 파악한 원리, 이론을 선택지에 적용하여 적절성을 확인한다.
원리, 이론과 선택지에 제시된 사례의 내용을 일대일로 대조하며 사례의 적절성을 판단한다.

전략 적용하기

다음 글에서 추론한 내용으로 가장 적절한 것은? [2023년 국가직 9급]

> 공포의 상태와 불안의 상태를 구분하는 것은 쉽지 않다. 왜냐하면 두 감정을 함께 느끼거나 한 감정이 다른 감정을 유발할 때가 많기 때문이다. 가령, 무시무시한 전염병을 목도하고 공포에 빠진 사람은 자신도 언젠가 그 병에 걸릴지 모른다는 불안 상태에 빠지게 된다. 이처럼 두 감정은 서로 밀접하게 얽혀 있다는 점에서 혼동하기 쉽다. 하지만 두 감정을 야기한 원인을 따져 보면 두 감정을 명확하게 구분할 수 있다. 공포는 실재하는 객관적 위협에 의해 야기된 상태를 의미하고, 불안은 현재 발생하지 않았으며 미래에 일어날지 모르는 불명확한 위협에 의해 야기된 상태를 의미한다. 공포와 불안의 감정은 둘 다 자아와 관련되어 있지만 여기에서도 차이를 찾을 수 있다. 공포를 느끼는 것은 '나 자신'이 위험한 상황에 놓여 있다는 사실을 아는 것이고, 불안의 경험은 '나 자신'이 위해를 입을까 봐 걱정하는 것이다.

① 자신이 처한 위험한 상황을 정확히 인식하는 경우에는 공포감에 비해 불안감이 더 크다.
② 전기·가스 사고가 날까 두려워 외출하지 못하는 사람은 불안한 상태에 있는 것이다.
③ 시험에 불합격할 수 있다는 생각에 사로잡힌 사람은 공포감에 빠져 있는 것이다.
④ 과거에 큰 교통사고를 경험한 사람은 공포감은 크지만 불안감은 작다.

STEP 1 글에 제시된 원리, 이론의 내용을 정확히 파악한다.
- 공포: 실재하는 객관적 위협이 원인이며, '나 자신'이 위험한 상황에 처했음을 인식함
- 불안: 미래에 발생할지 모르는 불명확한 위협이 원인이며, '나 자신'이 위해를 입을까 봐 걱정함

STEP 2 글에서 파악한 원리, 이론을 선택지에 적용하여 적절성을 확인한다.
① 자신이 처한 위험한 상황을 정확히 인식하는 경우에는 공포감에 비해 불안감이 더 크다.
 → '위험한 상황을 정확히 인식'하는 것은 공포를 느끼는 것에 해당함: ① (×)
② 전기·가스 사고가 날까 두려워 외출하지 못하는 사람은 불안한 상태에 있는 것이다.
 → '전기·가스 사고'는 미래에 발생할 수 있는 불확실한 위협이며, '두려워 외출하지 못하는 것'은 불안을 느끼는 것에 해당함: ② (○)
③ 시험에 불합격할 수 있다는 생각에 사로잡힌 사람은 공포감에 빠져 있는 것이다.
 → '시험에 불합격할 가능성'은 미래의 불확실한 위협이므로 이는 불안 상태에 해당함: ③ (×)
④ 과거에 큰 교통사고를 경험한 사람은 공포감은 크지만 불안감은 작다.
 → 과거의 교통사고 경험은 공포와 관련 있지만, 그 사건이 재발할 가능성을 두고 걱정하면 불안이 생김. 과거의 경험으로 공포와 불안의 크기를 비교하는 것은 제시문 내용과 관련이 없음: ④ (×)

엄선기출문제

01 다음 글에서 추론한 내용으로 적절하지 않은 것은? [2025 지방직 9급]

> 모든 기호에는 정보성, 즉 의미가 있다. 다시 말해 정보성은 기호가 가진 필수 조건이다. 그런데 기호에는 정보성뿐 아니라 의사소통의 의도를 가지는 것도 있다. 즉 기호는 정보성만 가진 기호와 정보성도 가진 의사소통적 기호로 구분된다. 가령 개나리가 피는 것은 봄이 왔다는 신호이고 낙엽이 지는 것은 가을이 왔음을 의미한다. 그러나 계절을 알리기 위해 개나리가 피고 낙엽이 지는 것은 아니기 때문에 그러한 자연적 기호들은 의사소통적 기호로 볼 수 없다. 개인의 지문이나 필체 역시 사람을 식별하는 기호가 될 수 있다. 하지만 지문과 필체가 사람을 식별하기 위해 존재하는 것은 아니므로 이들은 정보성을 가진 기호일 뿐이다. 코넌 도일의 소설에서 셜록 홈스는 상대의 손톱, 코트의 소매, 표정 등을 근거로 그 사람의 직업이나 성격을 추리해 낸다. 홈스에게는 이런 것들이 모두 정보를 제공하는 기호들이다. 그러나 이들을 의사소통적 기호라고는 할 수 없다. 반면 인간이 관습적으로 사용하는 기호인 봉화, 교통 신호등, 모스 부호 등은 정보성뿐만 아니라 의사소통의 의도를 명백히 가진다. 모든 기호를 통틀어 인간의 언어는 가장 복잡하고 체계적인 관습적 기호이며 의사소통적 기호이다.

① 전쟁 중에 군대에서 사용하는 암호는 관습적 기호이다.
② 일기예보에서 흐린 날씨를 표시하는 구름 모양의 아이콘은 자연적 기호이다.
③ 특정 질병에 걸렸을 때 나타나는 얼굴색은 정보성만 가진 기호이다.
④ 이웃 마을과 구별하기 위해 마을의 명칭을 본떠 만든 상징탑은 의사소통적 기호이다.

해설 **사례 추론하기** 3~5번째 줄에 의하면 자연적 기호는 개나리가 피는 것과 낙엽이 지는 것같이 정보성만 가진 기호이다. 또한 2번째 줄과 끝에서 2~3번째 줄에 따르면 의사소통적 기호는 정보성뿐만 아니라 의사소통의 의도를 명백히 가진다. 이에 따라 ②의 '일기예보에서 흐린 날씨를 표시하는 구름 모양의 아이콘'은 날씨를 전달하고자 하는 의사소통의 의도를 가지므로, 자연적 기호가 아닌 의사소통적 기호에 해당함을 추론할 수 있다. 따라서 ②의 추론은 적절하지 않다.

오답분석
① 끝에서 1~3번째 줄에 의하면 인간이 관습적으로 사용하는 봉화, 교통 신호등, 모스 부호와 같이 정보성뿐만 아니라 의사소통의 의도를 명백히 가지는 것은 의사소통적 기호이다. 또한 모든 기호를 통틀어 인간의 언어는 관습적 기호이며 의사소통적 기호이다. 이에 따라 ①의 '군대에서 사용하는 암호'는 인간의 언어에 해당하며, 전쟁 중에 의사소통의 의도를 가지는 관습적 기호임을 추론할 수 있다. 따라서 ①의 추론은 적절하다.
③ 끝에서 4~6번째 줄에 의하면 상대의 손톱, 코트의 소매, 표정과 같이 정보를 제공하는 것들은 정보성만 가지는 기호이며, 의사소통적 기호라고는 할 수 없다. 이에 따라 ③의 '특정 질병에 걸렸을 때 나타나는 얼굴색'은 그 사람이 특정 질병에 걸렸다는 정보성만을 가지는 기호임을 추론할 수 있다. 따라서 ③의 추론은 적절하다.
④ 끝에서 1~3번째 줄에 의하면 봉화, 교통 신호등, 모스 부호와 같이 인간이 의사소통의 의도를 명백히 가지고 사용하는 것은 의사소통적 기호이다. 이에 따라 ④의 '마을의 명칭을 본떠 만든 상징탑'은 이웃 마을과 구별하기 위한 의사소통의 의도를 가지므로, 의사소통적 기호임을 추론할 수 있다. 따라서 ④의 추론은 적절하다.

정답 ②

적중문제

01

다음 글의 내용을 고려할 때 밑줄 친 부분의 예로 적절한 것은?

> 학문을 새롭게 한다는 것은 전에 모르고 있던 이치를 찾아낸다는 말이다. 논리적인 추구에서 하는 작업에 때로는 뜻하지 않은 비약이 있다. 미리 헤아리지 못한 깨달음이 어딘지 모르는 곳에서 닥쳐와 득도하는 것과 같은 과정을 겪게 한다. 감격을 느끼면서 들떠 있다가 정신을 차려, 논리를 초월한 발견을 논리로 나타내어 불가능한 것을 가능하게 한다. 이 경지에 이르러야 학문의 진면목을 알고 최대의 즐거움을 누린다.
>
> – 조동일, '학문을 왜 하는가?'

① 내가 연구한 내용을 엮어 책으로 출간하였다.
② 고서 수집과 분석에 바친 20년 세월을 생각하니 감개무량하다.
③ 교육학 책을 3년 만에 다시 펴 보았더니 잊었던 내용들이 다시 생각났다.
④ 식물의 잎이 붙은 모양을 보다가, 그 모양에 일정한 규칙이 있다는 것을 알아냈다.

02

다음 중 ㉠의 사례로 적절하지 않은 것은?

> 정신 분석학에선, 자기가 원하는 대로 하고 싶어 하는 욕망을 쾌락 원칙이라고 부르고, 그것을 규제하는 법규들은 현실 원칙이라고 부른다. ㉠쾌락 원칙이 현실 원칙에 의해 적절하게 규제되지 않으면 사회는 성립할 수 없다. 그 현실 원칙 중에서 제일 중요한 것은, 인간 윤리에 위배되는 일을 금하는 갖가지 금기(禁忌)들이다. 그 금기 때문에 욕망은 억압되고, 억압된 욕망은 원래의 욕망을 변형시켜 그 모습을 드러낸다. 이야기는 바로 그 욕망을 변형시켜 드러낸 것이어서 사람들의 한없는 호기심을 자극한다. 이야기에서 사람들은 자기 욕망의 원초적 모습을 감지할 수 있다.
>
> – 김현, '소설은 왜 읽는가'

① 길에서 지갑을 주웠지만 양심 때문에 경찰서에 가져다 준 이야기
② 소작료를 받지 못할 것 같자 농민들이 그해 수확물을 거두지 않았다는 이야기
③ 우연히 만나 사랑에 빠졌다가 여자가 이복동생임을 알고 이별을 택한 남자의 이야기
④ 살인을 저지르고 잠적했던 사람이 자신 대신 누명을 쓴 사람에 대해 죄책감을 느껴 자수한 이야기

03

다음 글에서 설명한 '가설 검증 바이어스'에 가장 적절한 사례는?

첫인상은 왜 바뀌기 어려운 것일까? 극히 제한된 정보에 바탕을 두고 형성된 첫인상을 사람들은 왜 바꾸려 들지 않을까? 여기에는 여러 가지 이유가 있을 수 있겠지만 첫인상이 바뀌지 않는 가장 중요한 이유는 우리들 마음속에 있는 가설 검증 바이어스란 편견 때문이다.

사람이란 누군가의 첫인상을 형성하고 난 다음에는 자신이 내린 판단이 옳다는 것을 증명하는 정보만을 선택적으로 받아들인다. 자신이 내린 판단에 들어맞지 않는 정보는 무시하거나 받아들이더라도 쉽게 잊어버린다. 뚱뚱한 사람은 절제 없는 사람이라고 생각하고 있는 사람을 생각해 보자. 이 사람은 뚱뚱한 사람들의 행동 가운데에서 자기의 생각에 부합하는 것만 기억하고 나머지는 아예 무시해 버린다. 이러한 과정을 거듭해 가면서 자기의 생각이 옳다고 제멋대로 확신해 버린다. 이러한 현상을 사회 심리학에서는 가설 검증 바이어스라고 부른다.

① 그를 처음 봤을 때는 자상한 줄 알았는데, 가족과 통화하는 걸 보니 사실은 엄격하고 근엄한 성격이었어.
② 담임선생님은 빼빼 마르시고 안경을 쓰셔서 예민할 줄 알았는데, 오늘 친구들의 질문에 친절하게 대답해 주시는 걸 보니까 상냥하신 분 같아.
③ 철수는 반에서 다른 친구의 물건을 훔친 적이 있는데, 알고 보니 철수가 사는 동네는 부자 동네였어. 역시 그때 물건을 훔친 사람은 철수가 아니었나봐.
④ 미영이는 혈액형이 A형이라고 했는데, 오늘 친구와 다투는 모습을 보니까 아무 말도 못하고 울기만 하더라고. 그러고 보면 A형들이 소심하다는 말이 정말 맞는 것 같아.

04 고난도 문제

다음 중 ㉠에 해당하는 사례로 적절하지 않은 것은?

몇 년 전 미국의 한 저명한 정치 지도자가 추수 감사절을 맞아 양로원으로 자신의 모친을 찾아갔다는 보도가 있었다. 이 보도를 접한 많은 한국 사람들이 "그런 정치 지도자가 자기 모친을 양로원에 맡겨 두다니 말도 안 된다."고 비난을 퍼부었다. 미국 사람들은 어떻게 생각했을까?

미국의 경우 양로원에 있는 노인들은 대부분은 자식들이 맡겨서가 아니라 자신들 스스로 노후 설계에 따라 그곳에 들어가 생활하고 있다. 그들은 자식들이나 다른 사람들에게 의지하면서 살아가는 것을 수치스럽고 불행한 것으로 생각한다.

그러나 한국 사람들은 자기 문화의 입장에서 부모를 양로원에 '맡겨 둔' 미국의 정치 지도자를 비난하였다. 거의 대부분의 사회에서 사람들은 자기 사회의 문화를 '당연'하고, '정상적'인 것으로 받아들이고, 자신들의 규범과 가치를 표준으로 삼아 다른 문화를 평가하려는 태도를 보인다. 이것을 우리는 자문화 중심주의(自文化中心主義), 또는 자민족 중심주의(自民族中心主義)라고 부른다. 물론, 자기 문화가 가장 좋다는 태도는 사회의 통합과 안정에 공헌한다. 그러나 오늘날에는 여러 방면에서 국제적인 교류와 협력이 사회의 존속을 위해서 필수적이다. 따라서 ㉠자문화 중심주의적인 편견은 오히려 세계화 시대에 장애가 될 수도 있다. 오랫동안 북한이 이른바 '우리식 사회주의'를 고집하면서 바깥 사회와는 담을 높게 쌓고 고립의 길을 걸어온 것은 자문화 중심주의의 좋은 본보기이다.

― 권태완 외, '문화란 무엇인가'

① 한국 보신탕 문화에 대해 비판하는 프랑스 신문의 기사
② 식민지의 문화를 미개하고 야만적이라고 본 19세기 유럽인
③ 자기 비하를 뜻하는 유행어 '엽전'을 사용한 한국 사람의 일화
④ 거위 간과 말고기를 먹는 프랑스의 식문화를 비판하는 미국 잡지의 칼럼

유형 09 말하기 전략 파악하기

적중 문제풀이 전략

STEP 1 선택지에 제시된 말하기 전략을 파악한다.
- 선택지에 발화자가 제시된 경우: 발화자와 발화자의 말하기 전략을 함께 파악한다.
- 선택지에 발화자가 제시되지 않은 경우: 선택지에 제시된 말하기 전략을 파악한다.

STEP 2 선택지에 제시된 말하기 전략이 제시문에 실제로 사용되었는지 비교하며 확인한다.
- 선택지에 발화자가 제시된 경우: 각 선택지에 명시된 말하기 전략의 일치 여부를 확인한다.
- 선택지에 발화자가 제시되지 않은 경우: 제시문을 처음부터 빠르게 훑어보며, 선택지에 언급된 말하기 전략이 적절히 사용되었는지 확인한다.

전략 적용하기

다음 대화를 분석한 내용으로 가장 적절한 것은? [9급 출제기조 전환 1차 예시문제]

> 갑: 전염병이 창궐했을 때 마스크를 착용하는 것은 당연한 일인데, 그것을 거부하는 사람이 있다니 도대체 이해가 안 돼.
> 을: 마스크 착용을 거부하는 사람들을 무조건 비난하지 말고 먼저 왜 그러는지 정확하게 이유를 파악하는 것이 필요해.
> 병: 그 사람들은 개인의 자유가 가장 존중받아야 하는 기본권이라고 생각하기 때문일 거야.
> 갑: 개인의 자유로운 선택이 타인의 생명을 위협한다면 기본권이라 하더라도 제한하는 것이 보편적 상식 아닐까?
> 병: 맞아. 개인이 모여 공동체를 이루는데 나의 자유만을 고집하면 결국 사회는 극단적 이기주의에 빠져 붕괴하고 말 거야.
> 을: 마스크를 쓰지 않는 행위를 윤리적 차원에서만 접근하지 말고, 문화적 차원에서도 고려할 필요가 있어. 어떤 사회에서는 얼굴을 가리는 것이 범죄자의 징표로 인식되기도 해.

① 화제에 대해 남들과 다른 측면에서 탐색하는 사람이 있다.
② 자신의 의견이 반박되자 질문을 던져 화제를 전환하는 사람이 있다.
③ 대화가 진행되면서 논점에 대한 찬반 입장이 바뀌는 사람이 있다.
④ 사례의 공통점을 종합하여 자신의 주장을 강화하는 사람이 있다.

STEP 1 선택지에 제시된 말하기 전략을 파악한다.
① 새로운 관점 또는 기존의 논의와 다른 측면을 제기함 → '을'의 마지막 발화에 드러남
② 반박에 직면한 발화자가 질문을 던져 논의 주제를 바꾸려 함 → 해당 전략을 사용한 발화자 없음
③ 대화 중간에 입장 변화가 발생함 → 해당 전략을 사용한 발화자 없음
④ 논의된 사례들을 연결하여 자기 주장을 뒷받침함 → 해당 전략을 사용한 발화자 없음

STEP 2 선택지에 제시된 말하기 전략이 제시문에 실제로 사용되었는지 비교하며 확인한다.
'을'의 마지막 발화에서 마스크 착용 문제를 윤리적 접근이 아닌 문화적 차원에서 고려해야 한다고 주장하고 있다. 이는 기존 논의와 다른 새로운 관점을 제시한 것으로, 답은 ①이다.

엄선기출문제

01 다음 대화를 분석한 내용으로 가장 적절한 것은? [2024년 국가직 9급]

> 갑: 고대 노예제 사회나 중세 봉건 사회는 타고난 신분에 따라 사회적 지위가 결정되는 계급사회였지만, 현대 사회는 계급사회가 아니라고 많이들 말해. 그런데 과연 그런지 의문이야.
> 을: 현대 사회는 고대나 중세만큼은 아니지만 귀속지위가 성취지위를 결정하는 면이 없다고 할 수 없어. 빈부 격차에 따라 계급이 나뉘고 그에 따른 불평등이 엄연히 존재하잖아. '금수저', '흙수저'라는 유행어에서 볼 수 있듯 빈부 격차가 대물림되면서 개인의 계급이 결정되고 있어.
> 병: 현대 사회가 빈부 격차로 인해 계급이 나누어지는 것처럼 보인다고 해서 계급사회라고 단정할 수는 없어. 계급사회라고 말하려면 계급 체계 자체가 인간의 생활을 전적으로 규정할 수 있어야 하는데, 오늘날 각종 문화나 생활 방식 전체를 특정한 계급 논리만으로는 설명할 수 없어. 따라서 현대 사회를 계급사회로 보기는 어려워.
> 갑: 현대 사회의 문화가 다양하다는 것은 맞아. 하지만 인간 생활의 근간은 결국 경제 활동이고, 경제적 계급 논리로 현대 사회의 문화를 충분히 설명하고 규정할 수 있어. 또한 현대 사회에서 인간의 사회적 지위는 부모의 경제력과 직결되기 때문에 계급사회라고 말할 수 있어.

① 갑은 을의 주장 중 일부는 수용하고 일부는 반박한다.
② 을의 주장은 갑의 주장과 대립하지 않는다.
③ 갑과 병은 상이한 전제에서 유사한 결론을 도출하고 있다.
④ 병의 주장은 갑의 주장과는 대립하지 않지만 을의 주장과는 대립한다.

해설 **말하기 전략 파악하기** 갑은 인간의 사회적 지위가 부모의 경제력과 직결되기 때문에 현대 사회를 계급사회라고 말한다. 또한 을은 현대 사회에서 귀속 지위가 성취지위를 결정하는 면이 있으며, 빈부 격차가 대물림되면서 개인의 계급이 결정되고 있다고 한다. 따라서 갑과 을의 주장은 유사하므로 ②는 적절하다.

오답분석 ① 갑이 일부는 수용하고 일부는 반박하는 것은 을의 주장이 아니라 병의 주장이다. 따라서 ①은 적절하지 않다.
③ 병은 각종 문화나 생활 방식 전체를 특정한 계급 논리만으로 설명할 수 없다고 보고, 갑은 경제적 계급 논리로 현대 사회의 문화를 설명할 수 있다고 본다는 점에서 둘은 상이한 전제를 가진다. 또한 병은 현대 사회를 계급사회로 보기는 어렵다고 하는 반면 갑은 현대 사회를 계급사회라고 말할 수 있다고 하므로 둘은 서로 다른 결론을 도출하고 있다. 따라서 ③은 적절하지 않다.
④ 갑은 현대 사회를 계급사회라고 말할 수 있다고 한다. 또한 을은 현대 사회에서 귀속지위가 성취지위를 결정하는 면이 있고, 빈부 격차가 대물림되면서 개인의 계급이 결정되고 있다고 한다. 반면 병은 현대 사회를 계급사회로 보기는 어렵다고 한다. 따라서 갑과 을의 주장이 유사하고, 병의 주장은 이들의 주장과 대립하므로 ④는 적절하지 않다.

정답 ②

적중문제

○△× 를 체크하여 실력을 점검해 보세요.
○: 알고 푼 문제 △: 헷갈린 문제 ×: 모르는 문제

01 ○△×
다음 글에 대한 설명으로 가장 적절한 것은?

> 사회자: 오늘은 '교내에 CCTV를 설치해야 하는가?'를 논제로 하여 찬반 양측 토론자 각 두 분씩과 배심원들을 모시고 토론해 보겠습니다. 먼저, 찬성 측부터 의견을 말씀해 주십시오.
> 찬성 측 토론자 1: 요즘은 교내 폭력 및 집단 따돌림 등 학교 안에서 많은 사건이 발생하고 있습니다. 그래서 학교 측이나 선생님들이 학생들을 지도하는데 어려움을 겪고 있습니다. 최근 우리 학교에서 발생한 사건의 횟수만 확인해도 몇 년 전에 비해 크게 증가하였음을 알 수 있습니다. 따라서 저는 문제를 해결하기 위해 교내에 반드시 CCTV를 설치해야 한다고 생각합니다.
> 반대 측 토론자 1: 아닙니다. 다른 나라에서 보도한 결과에 따르면, CCTV를 설치한 학교에서 폭력 사건이 크게 줄어들지 않았다고 합니다. 즉 CCTV 설치는 학교에서 벌어지는 문제 상황을 해결하는 데 도움이 되지 않습니다.
> 사회자: 네, 양측의 주장을 모두 들어 보았습니다. 이번에는 반대 측 의견 먼저 들어 보겠습니다.
> 반대 측 토론자 2: 교실이나 화장실 등 학생들이 생활하는 공간에 CCTV를 설치한다면 이는 인권 침해 문제가 될 수 있다고 생각합니다. 학생들은 학교에 있는 시간 내내 감시당한다는 느낌을 받을 것이고, 행동에 제약을 받을 것이 분명합니다.
> 찬성 측 토론자 2: 학교에서 발생하고 있는 문제들의 해결 방안을 찾아야 하는 것 아닙니까? 학교 내에서 발생하는 문제뿐 아니라 외부인이 학교에 들어와 생기는 범죄를 예방하기 위해서라도 CCTV는 반드시 설치되어야 합니다.
> 사회자: 네, 양측의 의견에 모두 타당한 점이 있는 것 같습니다. 그렇다면 학생들이 개인적으로 사용하는 공간인 교실, 화장실 등을 제외하고 CCTV를 설치하는 것에 대해서는 어떻게 생각하시나요? 특히 범죄가 발생하기 쉬운 학교 뒷문, 주차장 등에 CCTV를 설치하는 것에 대해 어떻게 생각하시는지 양측의 의견을 발표해 주시기 바랍니다.

① 사회자는 흐려진 논점을 바로잡아 다시 알려 주고 있다.
② 반대 측은 찬성 측의 의견을 들은 후 상대방의 의견 중 일부를 수용하고 있다.
③ 사회자는 양측의 의견에 타당한 점이 있음을 인정하며 새로운 논의에 대해 제안하고 있다.
④ 찬성 측은 학교 내에서 발생한 사건을 구체적 사례로 들어 주장의 타당성을 강조하고 있다.

02 ○△×
다음의 말하기 방식과 가장 유사한 것은?

> 아파서 조별 활동에 올 수 없었다는 네 입장은 이해해. 그런데 아팠다는 사실을 미리 말해줬다면 일이 이렇게 커지지는 않았을 거야.

① 죄송하지만 잠시 지나가겠습니다.
② 우물거리면서 말하니까 못 알아듣겠어. 다시 말해 봐.
③ 그 점은 내가 잘못했어. 하지만 내게도 피치 못할 사정이 있었어.
④ 우아, 정말 네가 그린 그림이야? 당장 화가로 데뷔해도 되겠는걸.

03

다음 대화에서 밑줄 친 표현 효과에 대한 설명으로 가장 적절한 것은?

> 윤 대리: 과장님, 지난주에 말씀하셨던 사업 보고서입니다. 검토해 주시고 결재 부탁드립니다.
> 최 과장: 윤 대리, 수고했어요. 제가 이 제안 내용을 잘 이해하지 못해서 그러는데, 이 부분만 다시 설명해 주시겠어요?
> 윤 대리: 네, 과장님. 제가 이해하기 어렵게 제안드린 것 같습니다. 해당 부분만 다시 정리하여 재보고 드리겠습니다.
> 최 과장: 그래요. 짧은 시간이었는데 훌륭한 보고서가 나온 것 같아요. 그 부분만 다시 정리해서 제출해 줘요.
> 윤 대리: <u>혼자 힘으로는 어려웠을 겁니다. 과장님께서 많이 도와주신 덕분이에요.</u> 얼른 정리하여 보고드리겠습니다.

① 상대방에 대한 비방을 최소화하고 칭찬을 극대화한다.
② 화자 자신에 대한 칭찬은 최소화하고 비방은 최대화한다.
③ 상대방에게 부담을 주는 표현은 최소화하고 혜택을 주는 표현을 최대화한다.
④ 자신의 의견과 상대방의 의견 사이의 차이점을 최소화하고 일치하는 부분을 최대화한다.

04 고난도 문제

다음은 라디오 방송이다. 방송 진행자의 말하기 방식에 대한 설명으로 가장 적절한 것은?

> 오늘의 사연을 읽어 드리도록 하겠습니다.
>
>> 저는 △△에 사는 중학생 ○○○ 입니다. 제 친구 □□는 자꾸 자신이 못났다고 생각해요. □□는 손재주도 좋고, 말주변도 좋은 친구인데 스스로를 그렇게 생각하는게 안타까워요. 또 작은 실수에도 "내가 항상 이런 식이지 뭐."라며 자책하고 슬퍼해요. 저는 □□가 그런 생각을 하지 않도록 돕고 싶은데 방법을 모르겠어요.
>
> ○○ 님은 자기가 못났다고 생각하는 친구 □□를 도와주고 싶은데, 그 방법을 모르겠다는 사연이네요. 친구를 생각하는 마음이 저에게도 전해집니다. 저도 ○○ 님처럼 안타까운 마음이 들어요.
> 이러한 경우에는 '감정 헤아려주기', '장점 말해주기'가 도움이 될 수 있어요. 먼저 친구가 실수해서 자책을 하고 있으면 "많이 속상하겠다. 누구나 그런 실수를 해. 괜찮아."라며 친구의 감정을 헤아려 주세요. 그러면 친구도 스스로 괜찮다고 느낄 거예요. 또한 친구의 장점과 긍정적인 면들을 자주 이야기해 주세요. 그러면 친구가 자신의 장점을 스스로 깨닫게 될 거예요.
> 오늘 방송 어떠셨나요? 저에게 하고 싶은 말, 청취 소감, 사연 등을 언제든 게시판에 올려 주세요. 그럼 강산에의 노래 '넌 할 수 있어'를 들으며 오늘 방송 마치겠습니다.

① 사연 내용을 정리하고 사연 신청자의 마음에 공감하고 있다.
② 상담과 관련된 자신의 과거 경력을 소개하여 전문성을 부각하고 있다.
③ 사연 내용을 선정하게 된 동기를 밝히고 청취자의 사연 신청을 독려한다.
④ 사연에 대한 상담 중 질문을 던져 사연을 다양한 관점에서 생각해 보도록 유도한다.

유형 10 공문서·개요·글 고쳐쓰기

적중 문제풀이 전략

STEP 1 발문을 보고 문제의 세부 유형을 파악한다.

STEP 2 문제의 세부 유형에 따라 제시된 선택지의 적절성을 판단한다.
- 문맥에 맞게 수정하는 문제: 앞뒤 맥락을 파악하며 내용의 적절성을 판단한다.
- 문법에 맞게 수정하는 문제: 자주 출제되는 문법상의 오류를 떠올리며 선택지의 적절성을 판단한다.
- 개요를 수정하는 문제: 하위 항목이 상위 항목을 뒷받침하는지, 제재들이 글의 구성에 맞게 대응되는지(현상-대책, 원인-결과), 통일성과 일관성을 갖추고 있는지 판단한다.

전략 적용하기

〈공공언어 바로 쓰기 원칙〉에 따라 수정한 것으로 적절하지 않은 것은? [2025 지방직 9급]

〈공공언어 바로 쓰기 원칙〉

○ 표현의 정확성
  ㉠ 의미에 맞는 정확한 단어 쓰기.
  ㉡ 부적절한 피·사동 표현에 유의함.
○ 여러 뜻으로 해석되는 표현 삼가기
  ㉢ 하나의 뜻으로 해석되는 문장을 사용함.
○ 대등한 것끼리 접속
  ㉣ '-고', '-(으)며', '와/과' 등으로 접속되는 말에는 구조가 같은 표현을 사용함.

① "납세자의 결정세액이 기납부세액보다 적은 경우 그 차이만큼 납세자에게 환급할 예정이다."를 ㉠에 따라 "납세자의 결정세액이 기납부세액보다 적은 경우 그 차이만큼 납세자에게 환수할 예정이다."로 수정한다.
② "경제 성장에 방해가 되는 요소를 배제시켜야 한다."를 ㉡에 따라 "경제 성장에 방해가 되는 요소를 배제해야 한다."로 수정한다.
③ "시의회는 관련 단체와 시민들을 초청하기로 결정하였다."를 ㉢에 따라 "시의회는 관련 단체와 협의하여 시민들을 초청하기로 결정하였다."로 수정한다.
④ "사업 전체 목표 수립과 세부 사업별 추진 전략을 제시한다."를 ㉣에 따라 "사업 전체 목표를 수립하고 세부 사업별 추진 전략을 제시한다."로 수정한다.

STEP 1 발문을 보고 문제의 세부 유형을 파악한다.
〈공공언어 바로 쓰기 원칙〉 지침에 맞춰 각 선택지에 제시된 문장을 문법에 맞게 수정하는 문제이다.

STEP 2 문제의 세부 유형에 따라 제시된 선택지의 적절성을 판단한다.
공공언어 바로 쓰기 원칙에 따르면 의미에 맞는 정확한 단어를 써야 한다. 이때 ①의 문장은 납세자의 결정세액이 미리 납부한 조세의 액수인 기납부세액보다 적은 경우 그 차이만큼 돌려줄 예정임을 나타내고 있다. 따라서 '도로 거두어들이다'를 의미하는 '환수(還收)하다'가 아닌 '도로 돌려주다'를 의미하는 '환급(還給)하다'를 사용하는 것이 적절하므로 ①은 ㉠에 따라 수정한 것으로 적절하지 않다.

엄선기출문제

01 〈공공언어 바로 쓰기 원칙〉에 따라 〈공문서〉의 ㉠~㉢을 수정한 것으로 적절하지 않은 것은?

[2025 국가직 9급]

〈공공언어 바로 쓰기 원칙〉
○ 생소한 외래어나 외국어는 우리말로 다듬을 것.
○ 주어와 서술어의 관계를 명확하게 표현할 것.
○ 문맥에 맞는 정확한 어휘를 사용할 것.
○ 지나친 명사 나열을 피하고 적절한 조사와 어미를 활용하여 문장을 구성할 것.

〈공문서〉
□□개발연구원

수신 수신처 참조
제목 종합 성과 조사 협조 요청

1. 귀 기관의 무궁한 발전을 기원합니다.
2. 본원은 디지털 교육 ㉠ 마스터플랜 수립을 위해 종합성과 조사를 실시합니다. 본 조사의 대상은 지난 3년간 □□개발연구원의 주요 사업을 수행한 ㉡ 기업을 대상으로 합니다.
3. 별도의 전문 평가 기관에 조사를 ㉢ 위탁하며, 이 조사 결과를 바탕으로 ㉣ 학교 현장 교수 학습 환경 개선 정책 개발 및 디지털 교육 문화를 정착시키는 데에 기여하고자 합니다. 귀 기관의 협조를 부탁드립니다.

① ㉠: 기본 계획
② ㉡: 기업입니다
③ ㉢: 수주하며
④ ㉣: 학교 현장의 교수 학습 환경을 개선하는 정책을 개발하고

해설 공공언어 바로 쓰기 위탁하며(×) → 수주하며(○): 세 번째 지침에 의하면 공문서를 작성할 때는 문맥에 맞는 정확한 어휘를 사용해야 한다. ㉢이 포함된 문장에 의하면 개발연구원이 조사를 전문 평가 기관에 의뢰함을 알 수 있다. 따라서 ㉢에는 '남에게 사물이나 사람의 책임을 맡기다'를 뜻하는 '위탁(委託)하다'가 쓰이는 것이 적절하다. 따라서 답은 ③이다.

오답분석
① 마스터플랜(×) → 기본 계획(○): 첫 번째 지침에 의하면 공문서를 작성할 때는 생소한 외래어나 외국어는 우리말로 다듬어야 한다. ㉠ '마스터플랜'은 외래어에 해당한다. 따라서 이를 우리말인 '기본 계획'으로 다듬은 것은 적절하다.
② 기업을 대상으로 합니다(×) → 기업입니다(○): 두 번째 지침에 의하면 공문서를 작성할 때는 문장에서 주어와 서술어의 관계를 명확하게 표현해야 한다. ㉡이 포함된 문장은 주어부인 '본 조사의 대상은'과 서술부인 '기업을 대상으로 합니다'의 호응이 적절하지 않다. 따라서 주어부와 서술부가 적절히 호응할 수 있도록 ㉡을 '기업입니다'로 수정한 것은 적절하다.
④ 학교 현장 교수 학습 환경 개선 정책 개발 및(×) → 학교 현장의 교수 학습 환경을 개선하는 정책을 개발하고(○): 네 번째 지침에 의하면 공문서를 작성할 때는 지나친 명사 나열을 피하고 적절한 조사와 어미를 활용하여 문장을 구성해야 한다. ㉣ '학교 현장 교수 학습 환경 개선 정책 개발 및'은 명사가 지나치게 나열되어 있고 조사와 어미가 과도하게 생략되어 문장의 의미를 정확히 파악하기 어렵다. 따라서 '학교 현장의 교수 학습 환경을 개선하는 정책을 개발하고'와 같이 수정한 것은 적절하다.

정답 ③

적중문제

○△✕를 체크하여 실력을 점검해 보세요.
○: 알고 푼 문제 △: 헷갈린 문제 ✕: 모르는 문제

01 ○△✕

〈공공언어 바로 쓰기 원칙〉에 따라 〈공문서〉의 ㉠~㉣을 수정한 것으로 적절하지 않은 것은?

──── •〈공공언어 바로 쓰기 원칙〉• ────
○ 의미에 맞는 정확한 단어를 사용할 것.
○ 어문 규정을 준수한 표현을 사용할 것.
○ 고압적이거나 권위적인 표현은 피할 것.
○ 대등한 것끼리 접속할 때는 구조가 같은 표현을 사용할 것.

──── •〈공문서〉• ────
□□시 환경정책과
수신: 수신처 참조
제목: '지구의 날' 기념행사 시행 ㉠통보

1. '지구의 날'을 맞이하여 ㉡4월 10일(월)부터 4월 22일(토)까지 우리 시에서는 환경 보호의 중요성을 널리 알리는 행사를 진행합니다.
2. 환경 보호에 대한 시민의 참여 및 관심을 증대하고자 합니다.
3. 시내 공직자는 ㉢시민 참여 독려와 관련 자료를 배포하여, 행사 홍보에 적극적으로 협조해 주시기 바랍니다.
4. 행사와 관련하여 질의 사항이 있다면 환경 정책과로 ㉣지시해 주시기 바랍니다.

① ㉠: 안내
② ㉡: 4월 10일(월)부터 4월 22일(토)까지
③ ㉢: 시민들의 참여를 독려하고 관련 자료 배포
④ ㉣: 문의해

02 ○△✕

〈공공언어 바로 쓰기 원칙〉에 따라 〈공문서〉의 ㉠~㉣을 수정한 것으로 적절하지 않은 것은?

──── •〈공공언어 바로 쓰기 원칙〉• ────
○ 이중 피동 표현의 사용을 삼갈 것.
○ 어렵고 상투적인 한문 투의 표현은 피할 것.
○ 주어와 서술어의 관계를 명확하게 표현할 것.
○ 불필요한 외래어 및 외국어 사용을 지양할 것.

──── •〈공문서〉• ────
□□시 도청
수신: △△시청
제목: 독감 대응 복무 지침 이행 철저 요청

1. 최근 전국적으로 독감 환자가 급격하게 증가함에 따라 정부는 위기 단계를 경계에서 최고 단계인 ㉠심각 단계로 조정(20○○.12. 4.)되었습니다.
2. 우리 도는 지난 11월부터 도내 재난안전대책본부를 구성하여 독감 확산 방지에 전력을 기울이고 있습니다.
3. □□도 예하의 모든 기관은 공유된 복무 지침을 철저히 숙지하여 ㉡감염 확산 방지에 철저를 기하여 주시기 바랍니다.
4. 아울러 □□도 예하의 지자체에서는 독감 예방 접종을 적극적으로 홍보하고, 관할 구역의 독감 예방 접종률을 매달 ㉢업데이트하여 매뉴얼에 따라 보고해 주시기 바랍니다.
 * 확진된 독감 환자의 1/2가량은 예방 접종을 하지 않은 것으로 ㉣보여짐

① ㉠: 심각 단계가 조정(20○○.12. 4.)되었습니다
② ㉡: 감염 확산 방지를 철저히 해 주시기 바랍니다
③ ㉢: 갱신하여 지침에 따라
④ ㉣: 보임

03

<공공언어 바로 쓰기 원칙>에 따라 수정한 것으로 적절하지 않은 것은?

──────〈공공언어 바로 쓰기 원칙〉──────
㉠ 명료한 수식어구를 사용할 것
㉡ 외국어 번역 투 표현은 삼갈 것
㉢ 대등한 것끼리 접속할 때는 구조가 같은 표현을 사용할 것
㉣ 조사, 어미, '-하다' 등을 과도하게 생략하지 않을 것

① "담당자는 신속하게 처리한 민원 결과를 상부에 보고했다."를 ㉠에 따라 "담당자는 처리한 민원 결과를 상부에 신속하게 보고했다."로 수정한다.
② "이번 정책 설명회에 있어서 노후 공공시설 점검 대책을 말씀드릴 예정입니다."를 ㉡에 따라 "이번 정책 설명회에서 노후 공공시설 점검 대책을 말씀드릴 예정입니다."로 수정한다.
③ "홍수 피해 복구와 주민의 생활을 안정시키기 위해 최선을 다하겠습니다."를 ㉢에 따라 "홍수 피해를 복구하고 주민의 생활을 안정시키기 위해 최선을 다하겠습니다."로 수정한다.
④ "농촌진흥원에서는 친환경 농업 기술 개발, 올해 안으로 도입하기로 하였다."를 ㉣에 따라 "농촌진흥원에서는 친환경 농업 기술 개발하여, 올해 안으로 도입하기로 하였다."로 수정한다.

04

<공공언어 바로 쓰기 원칙>에 따라 수정한 것으로 적절하지 않은 것은?

──────〈공공언어 바로 쓰기 원칙〉──────
○ 표현의 정확성
  ㉠ 어문 규범에 맞는 용어를 사용해야 함.
○ 여러 뜻으로 해석되는 표현 삼가기
  ㉡ 하나의 뜻으로 해석되는 문장을 사용해야 함.
○ 영어 번역 투 삼가기
  ㉢ 불필요한 피동 표현 사용을 삼가야 함.
  ㉣ 능동적으로 행동할 수 없는 대상이 능동적 행위의 주어로 나오는 것에 유의해야 함.

① "공직자는 법이 정한 원칙을 엄격이 준수해야 한다."를 ㉠에 따라 "공직자는 법이 정한 원칙을 엄격히 준수해야 한다."로 수정한다.
② "간담회에 참석하기로 한 시민분들이 아직 다 오지 않으셨습니다."를 ㉡에 따라 "간담회에 참석하기로 한 시민분들이 아직 다 안 오셨습니다."로 수정한다.
③ "감사원에 의해 공공기관 운영 실태가 점검되었다."를 ㉢에 따라 "감사원이 공공기관 운영 실태를 점검하였다."로 수정한다.
④ "이 통계 자료는 농촌 지역의 인구 감소 추세가 심각하다는 것을 보여준다."를 ㉣에 따라 "농촌 지역의 인구 감소 추세가 심각하다는 것을 이 통계 자료에서 알 수 있다."로 수정한다.

05

〈지침〉에 따라 〈개요〉를 작성할 때 (가)~(라)에 들어갈 내용으로 적절하지 않은 것은?

─────〈지침〉─────
○ 서론은 보고서의 작성 배경과 정책의 필요성을 포함할 것.
○ 본론은 제목에서 밝힌 내용을 2개의 장으로 구성하되, 2장의 하위 항목과 3장의 하위 항목이 서로 대응하도록 할 것.
○ 결론은 기대 효과와 향후 과제를 순서대로 제시할 것.

─────〈개요〉─────
○ 제목: 전통 시장의 현대화 현황과 그 활성화를 위한 지원 방안
  1장 서론
    1. 대형 마트와 온라인 쇼핑몰 증가에 따른 전통 시장의 위기
    2. ㉠
  2장 전통 시장의 현대화 현황
    1. ㉡
    2. 전통 시장 내 키오스크 기기의 저조한 설치율
  3장 전통 시장의 활성화를 위한 지원 방안
    1. 전통 시장의 특성을 반영한 시설 현대화 사업 추진
    2. ㉢
  4장 결론
    1. ㉣
    2. 현장 적용을 위한 정책 실행의 단계적 평가

① ㉠: 전통 시장의 침체에 대응하기 위한 현대화 정책의 필요성
② ㉡: 국내 전통 시장의 현대화 시설 구축 미비
③ ㉢: 전통 시장 내 위생 점검 및 가격 담합 특별 단속 강화
④ ㉣: 전통 시장 현대화로 인한 지역 경제 활성화 및 일자리 창출 효과

06

다음 글의 ㉠~㉣ 중 문맥상 어색한 곳을 수정한 것으로 가장 적절한 것은?

조선시대 서원은 지방 사림들의 교육 기관으로, 관학인 향교와는 달리 사립 교육 기관이었다. 서원은 성리학적 이념을 연구하고 교육하는 장소에서 시작되었으며, 향촌 사회에서 중요한 역할을 담당했다. ㉠<u>향촌 사회에서 유교적 질서를 강화하고, 사림들의 결집력을 높이는 역할을 한 것이다.</u> 이를 통해 서원을 중심으로 유교 기반의 향촌 공동체 문화가 발전하였다. 서원은 유학자를 추모하는 제향 공간의 기능도 담당했는데, ㉡<u>이로 인해 유교적 전통과 학맥은 끊어지고 말았다.</u>

그러나 조선 후기로 접어들어 전국적으로 서원이 무분별하게 설립되면서 본래의 역할이 희석되고 여러 문제점이 발생하게 되었다. 먼저 서원에 소속된 유생들은 군역과 세금을 면제받는 특권이 부여되었는데, 그 수가 급증하자 ㉢<u>이는 국가 재정에 큰 부담이 되었다.</u> 또한 서원의 주변에 거주하는 백성들을 착취하는 일도 빈번해졌으며, 당파 싸움의 정치적 도구로 이용되기도 하면서 사회적 혼란을 가중했다. 이러한 서원의 폐단이 심각해지자 ㉣<u>영조와 정조는 서원에 대한 통제를 강화하는 정책을 펼쳤으며,</u> 이어서 흥선대원군 역시 전국의 서원을 대대적으로 철폐하며 서원의 폐단을 바로잡기 위해 노력하였다.

① ㉠: 향촌 사회에서 유교적 인습을 혁파하고, 사람들을 계몽하는 역할을 한 것이다
② ㉡: 이를 통해 유교적 전통과 학맥을 이어 나갔다
③ ㉢: 이는 국가 재정에 큰 도움이 되었다
④ ㉣: 영조와 정조는 서원 설립을 적극 권장하는 정책을 펼쳤으며

07

〈개요〉의 빈칸에 들어갈 내용으로 적절하지 않은 것은?

─────────〈개요〉─────────
○ 제목: 식품 폐기물 증가 문제와 해결 방안
Ⅰ. 식품 폐기물 발생 현황
   1. 가정 및 식품업계의 폐기물 배출량 증가 추세
   2. 식품 폐기물 처리 비용 및 환경 부담 증가
Ⅱ. 식품 폐기물 증가 원인
   1. 과도한 식품 구매와 비효율적 식품 관리
   2. 대량 조리로 인한 식품 업체의 잔반 처리 문제
   3. 식품 유통기한에 대한 소비자들의 오해
Ⅲ. 식품 폐기물 문제 개선 방안
   [   ]

① 대형 유통 업체의 묶음 판매 활성화
② 식품 업체 대상 잔반 저감 프로그램 도입
③ 소비기한과 유통기한의 차이 홍보 및 식자재별 보관법 안내
④ 개인별 적정 구매량 계산 앱 개발 및 가정 내 식품 관리 교육 확대

08

〈공공언어 바로 쓰기 원칙〉에 따라 수정한 것으로 적절하지 않은 것은?

─────〈공공언어 바로 쓰기 원칙〉─────
㉠ 주어와 서술어를 호응시킬 것.
㉡ 하나의 뜻으로 해석되는 문장 사용할 것.
㉢ 이해하기 쉬운 용어를 사용할 것.
㉣ 필요한 문장 성분이 생략되지 않도록 할 것.

① "비와 바람이 분다."를 ㉠에 따라 "비가 내리고 바람이 분다."로 수정한다.
② "그는 어제 한국에 온 외교부 장관을 만났다."를 ㉡에 따라 "그는 어제 한국으로 온 외교부 장관을 만났다."로 수정한다.
③ "서식이 있는 내규 일체 개정 완료 후 개정 전문 송부 요망"을 ㉢에 따라 "서식이 있는 내규 모두를 개정하고 나서 개정 전문을 보내주시길 바랍니다."로 수정한다.
④ "정책의 투명성과 책임성을 높이고자 7년째 시행 중이다."를 ㉣에 따라 "정책의 투명성과 책임성을 높이고자 7년째 이 제도를 시행 중이다."로 수정한다.

09

〈공공언어 바로 쓰기 원칙〉에 따라 〈공문서〉의 ㉠~㉣을 수정한 것으로 적절하지 않은 것은?

―― •〈공공언어 바로 쓰기 원칙〉• ――
○ 대등한 것끼리 접속할 때는 구조가 같은 표현을 사용할 것.
○ 중복되는 표현을 사용하지 않도록 할 것.
○ 능동과 피동의 관계를 정확하게 사용할 것.
○ 조사, 어미, 접사를 지나치게 생략하지 않을 것.

―― •〈공문서〉• ――
제목: 「장보고 수산물 축제」 참가 업체 모집

1. 사업개요 및 신청접수
  가. 행사명: 장보고 수산물 축제
  나. 모집 대상: 금산군 내 소재한 영농법인 및 생산자 단체
  다. 접수 기간: 2023. 4. 14.(금) 17:00까지
  라. 신청 방법: ㉠이메일로 보내거나 혹은 방문 제출
  마. 신청 서류: 장보고 수산물 축제 참가 신청서 1통(붙임)

2. 신청 제외 업체
  가. 부정 및 불량 인삼 유통으로 행정처분을 받은 업체
  나. 금산군 또는 진흥원으로부터 ㉡비슷한 유사 사업 지원을 받은 업체

3. 유의 사항
  가. 행사장에서 불미스러운 분쟁, 다툼 발생으로 인한 민원 발생 시 해당 업체의 진흥원 사업 ㉢참가가 1년간 제한함.
  나. ㉣참가 업체 배정 부스 양도 불가

① ㉠을 '이메일 혹은 방문 제출'로 수정한다.
② ㉡을 '비슷하고 유사한 사업'으로 수정한다.
③ ㉢을 '참여가 1년간 제한됨'으로 수정한다.
④ ㉣을 '참가 업체는 배정된 부스를 양도할 수 없음'으로 수정한다.

10

〈지침〉에 따라 〈개요〉를 작성할 때 ㉠~㉣에 들어갈 내용으로 적절하지 않은 것은?

―― •〈지침〉• ――
○ 서론은 중심 소재의 개념과 문제의 심각성을 각각 1개의 장으로 작성할 것.
○ 본론은 제목에서 밝힌 내용을 2개의 장으로 구성하되, 각 장의 하위 항목끼리 대응하도록 작성할 것.
○ 결론은 기업과 정부 차원의 향후 과제를 각각 1개의 장으로 작성할 것.

―― •〈개요〉• ――
○ 제목: ㉠
Ⅰ. 서론
  1. 미세먼지에 대한 정의와 특징
  2. ㉡
Ⅱ. 미세먼지의 발생 원인
  1. 산업 단지에서의 미세먼지 배출
  2. 교통으로 인한 미세먼지 배출
Ⅲ. 미세먼지 예방 대책
  1. 공장의 미세먼지 발생량 측정과 대기오염 저감 시설 설치 지원
  2. ㉢
Ⅳ. 결론
  1. ㉣
  2. 미세먼지 발생 예방 및 문제 해소를 위한 다양한 정책 수립

① ㉠: 미세먼지의 심각성과 예방 대책
② ㉡: 미세먼지 농도의 증가 추세와 피해 사례
③ ㉢: 전기차 보급, 에코 도로 등 친환경 교통 기반의 확대
④ ㉣: 기업의 환경친화적 산업 구조로의 전환 및 기술 개발

11

다음은 '청년 실업 문제의 원인과 그 해결 방안'이라는 주제로 글을 쓰기 위한 개요이다. 수정·보완하기 위한 방안으로 적절하지 않은 것은?

> I. 서론: 경제 불황과 함께 청년 실업이 증가하는 현실
> II. 본론
>   1. 청년 실업 문제의 원인
>   가. 양질의 일자리 부족 ················ ㉠
>   - 대기업의 채용 규모 감소
>   - 중소기업의 인력난 심화 ········ ㉡
>   나. 대기업 선호 인식, 계속된 취업 실패로 인한 자신감 하락 ················ ㉢
>   2. 해결 방안
>   가. 기업의 일자리 창출 도모를 위한 정책
>   - 대기업에서 직원 채용 시 보조금 지급
>   - 중소기업 육성책 마련
>   나. 청년 구직자의 의식 변화 유도
>   - 장래가 유망한 중소기업 홍보
>   - 취업 관련 상담 프로그램 참여 권장 ················ ㉣
> III. 결론: 청년 실업 문제를 해결하기 위한 다양한 계층의 노력 촉구

① ㉠의 하위 항목으로 '일자리 창출 역량이 우수한 고성장 중소기업군 부족'을 추가한다.
② ㉡은 'II-1-가'와 관련된 내용이 아니므로 삭제한다.
③ ㉢에 '구직자의 의식'을 추가하고 기존 내용은 '구직자의 의식'의 하위 항목으로 옮긴다.
④ ㉣은 'II-2-나'의 내용과 어울리지 않으므로 'II-2-가'의 하위 항목으로 옮긴다.

12

다음의 개요를 기초로 하여 글을 쓸 때 세부 내용으로 가장 적절하지 않은 것은?

> I. 서론: 최근 공교육에 대한 만족도 하락 경향 ················ ㉠
> II. 본론: 공교육의 위기 분석 및 공교육의 만족도 향상 방안 모색
>   1. 공교육의 위기 분석
>   ㄱ. 공교육 문제 파악 시스템 부족 ······ ㉡
>   ㄴ. 교원의 자율성 및 전문성 부족
>   ㄷ. 교원과 학생 간의 소통 부재
>   2. 공교육의 만족도 향상 방안 모색
>   ㄱ. 공교육 문제의 위기를 진단하고 정상화 방안을 구상하는 협의체 구성
>   ㄴ. 현장 교원들에 자율성 부여 및 전문 교원 연수 실시 ················ ㉢
>   ㄷ. 교직 사회에 대한 단계별 평가 체제 구축 ················ ㉣
> III. 결론: 분석 결과 요약 및 차후 상황 예측

① ㉠ ② ㉡
③ ㉢ ④ ㉣

13

㉠~㉣ 중 통일성을 해치는 문장은?

전쟁을 겪은 후의 인간은 기존의 모든 삶의 방식이나 가치관이 송두리째 흔들린다. 때문에 전쟁으로 인한 허무·절망·무력·회의 등의 정서가 사회에 팽배하게 되는데, 특히 제1·2차 대전으로 모든 것을 상실한 채 원점부터 다시 시작해야 했던 독일인들에게는 이러한 경향이 더욱 강했다. ㉠<u>그러나 그들은 폐허를 오히려 새 출발의 계기로 삼고자 했다.</u> ㉡<u>그래서 독일 전후 문학을 '폐허문학 Trümmerliteratur'이라고 일컫기도 한다.</u> 또한 전쟁 후 독일 문학이 새로운 모습으로 다시 태어나기 위해서는 단순히 작가들의 새로운 집필 활동에만 의지할 것이 아니라, 나치 시대에 더럽혀진 언어를 '벌채'하여 순수한 언어로 돌아오는 것이 필요하다고 생각했다. ㉢<u>그리하여 독일 전후 문학은 나치에 의해 오염된 언어와 문학의 유습을 잘라내자는 의미의 '벌채문학 Kahlschlag'으로 불리기도 한다.</u> ㉣<u>따라서 전후 문학은 문학 형식상 전쟁 문학의 하위 장르에 속하며, 전쟁 그 자체를 크게 문제 삼지 않는다.</u>

① ㉠
② ㉡
③ ㉢
④ ㉣

14

㉠~㉣을 고쳐 쓰기 위한 방안으로 적절하지 않은 것은?

한국 전통 건축의 여러 특징 중 하나는 구도의 비대칭성에 있다. 궁궐, 서원, 향교, 한옥 모두 전체 배치를 놓고 보면 좌우 대칭인 경우가 거의 없을 정도로 ㉠<u>어줍게</u> 비대칭으로 구성되어 있다. 궁궐은 정전(正殿) 앞에, 서원과 향교는 대성전(大成殿) 앞마당에 부분적으로 대칭 구도가 나타나긴 하지만, 이 경우도 역시 전체의 배치를 놓고 보면 누군가가 일부러 ㉡<u>건물들이</u> 조금씩 옮겨 놓은 듯 주변으로 가면서 대칭 구도는 여지없이 깨지고 있다.

궁궐같이 전각의 수가 많고 영역의 규모가 큰 경우에는 대칭을 지키기가 어려운 것이 사실이다. ㉢<u>그리고</u> 그렇게 큰 규모임에도 불구하고 대칭 구도로 지어진 건축물은 얼마든지 있다. 서양의 베르사유 궁전이나 루브르 궁전 등이 이에 해당한다. ㉣<u>이들은 서양 건축의 미학을 가장 잘 보여 준다.</u> 이는 궁궐같이 큰 규모의 건축물일지라도 대칭 구도로 짓는 것이 가능하다는 것을 잘 보여 준다.

비대칭에는 좌우 모습이 거울에 비치듯 똑같지는 않지만 전체적으로 보았을 때는 큰 균형감이 느껴지는 경우도 있다. 이것은 산만한 혼란으로 나타나는 무질서적 비대칭과 달리 그 나름대로 고도의 질서를 구성하는 또 하나의 대칭이다. 한국 전통 건축에 나타나는 비대칭이 바로 이런 경우에 해당한다.

① ㉠은 잘못된 의미의 어휘를 사용하였으므로 '철저하게'로 고친다.
② ㉡은 문장 성분의 호응이 적절하지 않으므로 '건물들은'으로 고친다.
③ ㉢은 앞 뒤 내용을 자연스럽게 연결하지 못하므로 '그러나'로 고친다.
④ ㉣은 내용 전개상 맞지 않는 의미의 문장이므로 삭제한다.

15

다음 글의 고쳐 쓸 부분을 지적한 것으로 가장 적절하지 않은 것은?

> 독서는 우리 삶에 긍정적인 영향을 끼친다. ㉠그 긍정적인 영향은 독서를 통해 사고력, 표현력, 창의력뿐만 아니라 올바른 인성을 성장시킬 수 있다. ㉡그리고 현대인들은 독서에 할애하는 시간이 매우 적다. 이는 통계청의 '2019 생활시간조사'를 통해 알 수 있는데, 이 조사에 따르면 우리 국민은 책 읽기에 하루 8분을 사용한다고 한다. ㉢하지만 최근 1인 출판의 발달로 일반인들도 직접 글을 써서 자신만의 책을 출간하는 일이 쉬워졌다. 우리는 독서의 중요성을 ㉣다시 재고해 보며 독서에 시간을 더 투자해야 한다.

① ㉠: 문장의 호응이 맞지 않으므로 '성장시킬 수 있다'를 '성장시킬 수 있기 때문이다'로 고친다.
② ㉡: 앞뒤 문장을 자연스럽게 연결하기 위해 '그런데'로 고친다.
③ ㉢: 글의 통일성을 해치는 문장이므로 삭제한다.
④ ㉣: 의미가 중복되므로 '재고해 보며'로 수정한다.

16 고난도 문제

다음 글의 ㉠~㉣ 중 문맥상 어색한 곳을 수정한 것으로 가장 적절한 것은?

> 태풍은 북서태평양에서 발생하는 강력한 열대 저기압이다. 따뜻한 해수면에서는 수증기가 활발하게 증발하여 대기 중으로 상승한다. ㉠바다 표면의 따뜻한 공기는 상승한 뒤 냉각되어 저기압을 형성한다. 기체가 온도 저하에 의해 액체로 변화하는 응결 과정에서는 열이 방출되는데, 이를 '잠열'이라고 한다. 그리고 이 잠열은 태풍이 형성될 때 주요 에너지원으로 이용된다.
> 태풍의 구조는 특징적이다. 중심에는 눈이라고 불리는 구역이 형성되는데, 이 부분은 상대적으로 맑고 바람이 약하다. 반면에 ㉡눈 주변의 눈벽에서는 풍속이 매우 약해 비교적 잔잔한 날씨가 나타난다. 기상 관측 자료에 따르면, 태풍의 세력은 눈벽에서 가장 강력하게 나타나며 폭우와 강한 바람으로 인한 피해가 가장 심각하게 발생한다.
> 태풍의 생존과 발달에는 해양의 열에너지가 필수적이다. 그래서 ㉢태풍은 에너지원을 공급받을 수 있는 따뜻한 해수면을 지날 때 세력이 강해지고, 육지에 도달하면 약해진다. 역사적으로 관측된 태풍 자료를 보면, 모든 태풍은 육지에 상륙한 후 세력이 점차 약화되는 경향을 보인다.
> 한편 태풍은 단순히 재해를 일으키기만 하는 것이 아니라, ㉣지구 남반구와 북반구의 에너지 불균형을 해소하는 중요한 역할도 수행한다. 기후학 연구에 따르면, 태풍은 적도 지역의 과도한 열을 고위도로 운반함으로써 지구의 열수지 균형에 기여한다.

① ㉠: 바다 표면의 따뜻한 공기가 상승한 뒤 가열되어 저기압을 형성한다
② ㉡: 눈 주변의 눈벽에서는 풍속이 매우 강해 극심한 폭풍우가 발생한다
③ ㉢: 태풍은 에너지원이 되는 따뜻한 해수면을 지날 때 세력이 약해지고, 육지에 도달하면 강해진다
④ ㉣: 지구 남반구와 북반구 간의 에너지 불균형을 심화하는 악영향도 끼친다

유형 11 문학 제재 글을 읽고 추론하기

적중 문제풀이 전략

STEP 1 발문을 보고 문제의 세부 유형을 파악한다.

STEP 2 문제의 세부 유형에 따라 제시된 선택지의 적절성을 판단한다.
- 숨겨진 내용 추론하기 문제: 글을 읽으며 정리한 정보들을 바탕으로 선택지에 제시된 추론 내용이 적절한지 판단한다.
- 빈칸 내용 추론하기 문제: 빈칸의 앞뒤 내용을 확인하여 빈칸에 들어갈 내용을 구체화한다.

─○ 전략 적용하기

다음 글을 이해한 내용으로 가장 적절한 것은? [9급 출제기조 전환 1차 예시문제]

> 이육사의 시에는 시인의 길과 투사의 길을 동시에 걸었던 작가의 면모가 고스란히 담겨 있다. 가령, 「절정」은 크게 두 부분으로 나누어지는데, 투사가 처한 냉엄한 현실적 조건이 3개의 연에 걸쳐 먼저 제시된 후, 시인이 품고 있는 인간과 역사에 대한 희망이 마지막 연에 제시된다.
>
> 우선, 투사 이육사가 처한 상황은 대단히 위태로워 보인다. 그는 "매운 계절의 채찍에 갈겨 / 마침내 북방으로 휩쓸려" 왔고, "서릿발 칼날진 그 위에 서" 바라본 세상은 "하늘도 그만 지쳐 끝난 고원"이어서 가냘픈 희망을 품는 것조차 불가능해 보인다. 이러한 상황은 "한발 제겨디딜 곳조차 없다"는 데에 이르러 극한에 도달하게 된다. 여기서 그는 더 이상 피할 수 없는 존재의 위기를 깨닫게 되는데, 이때 시인 이육사가 나서면서 시는 반전의 계기를 마련한다.
>
> 마지막 4연에서 시인은 3연까지 치달아 온 극한의 위기를 담담히 대면한 채, "이러매 눈감아 생각해" 보면서 현실을 새롭게 규정한다. 여기서 눈을 감는 행위는 외면이나 도피가 아니라 피할 수 없는 현실적 조건을 새롭게 반성함으로써 현실의 진정한 면모와 마주하려는 적극적인 행위로 읽힌다. 이는 다음 행, "겨울은 강철로 된 무지갠가보다"라는 시구로 이어지면서 현실에 대한 새로운 성찰로 마무리된다. 이 마지막 구절은 인간과 역사에 대한 희망을 놓지 않으려는 시인의 안간힘으로 보인다.

① 「절정」에는 투사가 처한 극한의 상황이 뚜렷한 계절의 변화로 드러난다.
② 「절정」에서 시인은 투사가 처한 현실적 조건을 외면하지 않고 새롭게 인식한다.
③ 「절정」은 시의 구성이 두 부분으로 나누어지면서 투사와 시인이 반목과 화해를 거듭한다.
④ 「절정」에는 냉엄한 현실에 절망하는 시인의 면모와 인간과 역사에 대한 희망을 놓지 않으려는 투사의 면모가 동시에 담겨 있다.

STEP 1 발문을 보고 문제의 세부 유형을 파악한다.
글에 제시된 작품에 대한 정보를 파악한 뒤 이를 토대로 숨겨진 내용을 추론하는 문제이다.

STEP 2 문제의 세부 유형에 따라 제시된 선택지의 적절성을 판단한다.
3문단 내용에 따르면, 마지막 4연에서 시인은 3연까지 치달아 온 극한의 위기(냉엄한 현실적 조건)를 담담히 대면해 눈을 감으며 현실을 새롭게 규정하고, 현실의 진정한 면모와 마주한다. 따라서 「절정」에서 시인은 투사가 처한 현실적 조건을 외면하지 않고 새롭게 인식(규정)한다고 볼 수 있으므로 답은 ②이다.

엄선기출문제

01 다음 글을 이해한 내용으로 적절하지 않은 것은?

[2025 지방직 9급]

> 천상계와 지상계로 나누어진 영웅 소설의 세계 구조에서 서사적으로 중요한 것은 지상계의 일이지만 인과론적 구도로는 천상계가 우위에 있다. 천상계의 의지나 그 대리자의 개입에 의해서 지상계의 서사가 결정되기 때문이다. 천상계는 지상에서 일어나는 모든 사건의 발생과 귀결을 지배하는 초월적 세계로서, 일시적으로 고난에 빠졌던 주인공이 세상에 창궐한 악을 물리치고 승리하도록 해주는 근거로 작용한다. 지상의 혼란이나 세계 질서의 모순은 일시적인 것일 뿐 현실의 구체적 갈등에 뿌리를 둔 것이 아니어서 초월적 세계가 이미 설계한 바에 따라 쉽사리 해소된다. 이런 모습의 세계 구조를 '이원적 세계상'이라고 부른다.
>
> 반면에 판소리계 소설의 세계상은 대체로 일원적이고 경험적이다. 판소리계 소설에는 초월적 세계가 지배적 장치로 나타나는 경우가 극히 드물며, 현실의 경험적 인과 관계에 의해 서사가 전개된다. 예컨대 변학도의 횡포로 인한 춘향의 수난, 흥부의 가난과 고난, 심청과 심봉사의 불행, 유혹에 넘어간 토끼의 위기 탈출, 배비장의 욕망과 봉변, 장끼의 죽음 등은 초월적 세계의 의지나 그 대리자의 개입 없이 현실적 삶의 인과에 따라 이루어지는 것이다.

① 영웅 소설은 이원적 세계상을 잘 보여 주는 문학적 갈래이다.
② 판소리계 소설에서 서사의 인과 관계는 경험적 현실에 바탕을 둔 경우가 많다.
③ 천상계의 대리자가 지상계의 서사를 결정하는 작품에서는 이원적 세계상이 발견된다.
④ 영웅 소설에 비해 판소리계 소설에서는 초월적 세계가 현실의 문제를 해결하는 양상이 두드러진다.

해설 문학 제재 글을 읽고 추론하기 2문단에 따르면 판소리계 소설에는 초월적 세계가 지배적 장치로 나타나는 경우가 극히 드물며, 현실의 경험적 인과 관계에 의한 서사가 전개된다. 또한 판소리계 소설은 초월적 세계의 의지나 그 대리자의 개입 없이 현실적 삶의 인과에 따라 이루어진다. 반면 1문단에 의하면 영웅 소설에서는 초월적 세계인 천상계가 설계한 바에 따라 지상의 혼란이나 세계 질서의 모순이 해소된다. 이를 통해 판소리계 소설에 비해 영웅 소설에서 초월적 세계가 현실의 문제를 해결하는 양상이 두드러짐을 알 수 있으므로, ④의 설명은 적절하지 않다.

오답분석 ① 1문단에 의하면 이원적 세계상이라고 불리는 세계 구조는 영웅 소설에서 나타난다. 따라서 영웅 소설은 이원적 세계상을 잘 보여주는 문학적 갈래라는 ①의 설명은 적절하다.
② 2문단 1~3번째 줄에 의하면 판소리계 소설에는 초월적 세계가 지배적 장치로 나타나는 경우가 극히 드물며, 현실의 경험적 인과 관계에 의해 서사가 전개된다. 이는 판소리계 소설에서 서사의 인과 관계가 경험적 인과 관계에 바탕을 두고 있음을 의미하므로 ②의 설명은 적절하다.
③ 1문단 2~3번째 줄에 의하면 영웅 소설에서는 천상계의 의지나 그 대리자의 개입에 의해서 지상계의 서사가 결정된다. 또한 1문단 마지막 문장에 의하면 이런 모습의 세계 구조에서는 이원적 세계상이 나타난다. 따라서 천상계의 대리자가 지상계의 서사를 결정하는 작품에서는 이원적 세계상이 발견된다는 ③의 설명은 적절하다.

정답 ④

01

빈칸에 들어갈 내용으로 가장 적절한 것은?

> 전후 소설은 주로 6.25 전쟁을 배경으로 하며 전쟁 체험을 작품으로 형상화한 것을 말한다. 1950년대에는 인간성 상실을 극복하기 위한 인간주의 문학과 전후의 사회 현실을 비판하는 문학이 대거 등장하였다. 대표적으로 황순원의 「카인의 후예」, 김동리의 「귀환 장정」, 손창섭의 「비 오는 날」, 하근찬의 「수난이대」 등이 있다. 이 작품들은 전쟁의 상처를 안고 있는 전후의 사회 현실을 바탕으로, 민족 분단의 비극적 상황, 전후의 가치관 혼란 등을 형상화하는 경향을 보였다.
> 그중 「수난이대」는 전쟁의 상처를 치유하려는 염원을 담은 작품이다. 일제 강점기 태평양 전쟁에 강제 동원되어 한쪽 팔을 잃은 아버지와 6.25 전쟁에 참전해 한쪽 다리를 잃은 아들의 이야기를 통해 2대에 걸친 수난을 보여 주며 우리 민족이 겪었던 불행의 역사와 그 극복을 나타낸다. 두 부자가 겪는 시련은 우리 민족이 겪은 수난을 형상화한 것이며, 작품 속 '외나무다리'는 우리 민족 앞에 닥친 현실을 상징적으로 나타내는 것이다. 아버지가 한쪽 다리를 잃은 아들을 업고 외나무다리를 건너는 장면을 통해 ☐☐☐☐☐을 보여 준다.

① 전쟁 상황이 아니더라도 개인에게 찾아올 수 있는 시련이 많음
② 전쟁 상황에서 찾아볼 수 있는 가치관의 혼란과 인간성 상실의 모습
③ 어떤 시련이 닥쳐도 서로 의지하여 살아간다면 각자의 아픔과 상처를 극복할 수 있음
④ 전쟁으로 비롯된 개인의 상처는 국가의 도움 없이 회복할 수 없다는 현실적 한계와 좌절감

02

다음 글 다음에 이어질 내용으로 가장 적절한 것은?

> 정말 공지 ― 참말이지 이 세상에 인제는 공지라고는 없다. 아스팔트를 깐 뻔질한 길도 공지가 아니다. 질펀한 논밭, 임야, 석산, 다 아무개의 소유답(所有畓)이요, 아무개 소유의 산깎이요, 아무개 소유의 광산인 것이다. 생각하면 들에 나는 풀 한 포기가 공지에 뿌리를 내리지 못한다. 이치대로 하자면 우리는 소유자의 허락이 없이 일보(一步)의 반보(半步)를 어찌 옮겨 놓으리오. 오늘 우리가 제법 교외로 산보도 할 수 있는 것은 아직도 세상인심이 좋아서 모두들 묵허(默許)를 해 주니까 향유할 수 있는 사치다.

① 현대 사회에서 느끼는 고독
② 성실한 삶의 자세에 대한 예찬
③ 자유와 여유를 잃어버린 삶에 대한 아쉬움
④ 이웃 간 인심이 넘치던 옛 공동체에 대한 그리움

03

다음 글을 이해한 내용으로 가장 적절한 것은?

> 윤동주의 시에는 절박한 시대 상황에서 순교자적 신앙의 길을 택한 청년의 자기 성찰의 자세가 반영되어 있다. 「참회록」의 경우 자신의 모습을 비추어 주는 '구리거울'이 이러한 자기 성찰의 상징적 의미를 지닌다.
>
> 「참회록」은 어려운 시대를 살았던 시인의 삶과 그에 대한 시인의 태도가 잘 드러나 있다. 1연에서 망국민으로서 지금까지 살아온 자신의 과거 역사 속 삶을 '욕되다'라고 표현하며 무기력한 자신에 대한 혐오를 나타낸다. 2연에서는 현재에 이르기까지 망국민으로서 아무 기쁨 없이 무기력하고 괴롭게 살아온 자신의 삶 전체를 참회한다. 3연에서는 미래의 시점에서 현재의 참회를 다시 참회한다. 미래에 찾아올 '어느 즐거운 날', 즉 광복이 이루어지는 날에 치욕스러운 역사적 현실에 적극적으로 대응하지 못하고 소극적 참회에만 그친 현재의 참회를 부끄러운 것으로 생각하는 것이다. 4연에서는 앞서 참회를 통해 얻은 깨달음을 바탕으로 자기 성찰의 의지를 보인다. 마지막 5연에서는 끊임없는 자기 성찰의 자세로 잘못된 현실과 맞서는 삶을 선택한 사람이 필연적으로 맞게 될 미래의 비극적인 모습을 전망한다. 화자가 보여주는 자기 성찰의 자세는 치열하지만, 현실에 맞서 싸우기엔 개인은 작고 힘없는 존재일 뿐이기 때문이다. 하지만 이는 비관적 체념이 아닌, 시대적 양심의 실천을 바탕으로 한 자기 성찰의 자세에서 비롯된 것이라 볼 수 있다. 또한 화자가 자신의 모습을 비추어 보며 스스로의 삶을 성찰했던 '구리거울'이 역사적 유물이란 점을 고려해 보면, 자아의 성찰에서 더 나아가 역사와 민족에 대한 성찰로까지 나아갔다고 볼 수 있다.

① 「참회록」은 시상 전개 과정에서 시간의 흐름이 드러나지 않는다.
② 시인은 현실에 맞서기에 나약한 자신의 모습을 보며 체념한다.
③ 구리거울은 자아를 비춰 볼 수 있는 대상으로 자기 성찰의 매개체가 되는 시어이다.
④ 화자는 스스로의 삶에 대해 반성했던 현재의 적극적인 참회를 훗날 자랑스러워할 것이라 생각한다.

04

다음 글을 이해한 내용으로 가장 적절한 것은?

> 1960년대에는 현실 인식과 사회적 실천성을 중시하는 참여 문학이 성행하며 부조리한 현실을 비판하고 고발하는 참여시가 주목받았다. 특히 김수영은 현실에 대한 비판적 성찰, 민주주의와 자유에 대한 열망 등을 형상화한 참여시의 대표 시인이다.
>
> 「어느 날 고궁을 나오면서」는 부조리한 권력과 사회 현실에 대해 저항하지 못하는 소시민적 삶에 대한 반성을 담은 작품이다. 작품 속 화자는 자신의 행동을 고백하고 이를 성찰한다. '이발쟁이', '야경꾼'과 같은 힘없는 자에게 사소한 일로 분개하지만 '땅 주인', '구청 직원', '동회 직원' 등 힘 있는 자에겐 반항하지 못하는 자신의 모습을 자조적으로 돌아보며 자책한다. 화자가 분개하는 '조그마한 일'은 비본질적인 사소한 일들이지만 실제로 목소리를 내야 하는 중요한 일은 '언론의 자유 요구', '월남 파병 반대' 등의 부조리한 현실이다. 부정한 권력과 힘 있는 자들로 인해 자유가 억압당하고 불합리한 일들이 행해지는 현실 상황이 그대로 드러나 있으며 이와 같이 중요하고 본질적인 일들에는 저항하지 못하는 소시민적 모습의 화자는 이를 고백하며 극단적으로 자기 비하를 보인다. 이러한 화자의 자조적 표현은 독자들로 하여금 화자를 책망하기보다 자신의 삶을 돌아보게끔 만든다.

① 「어느 날 고궁을 나오면서」의 '야경꾼'은 화자가 대항하지 못한 힘 있는 자로 불의를 상징한다.
② 「어느 날 고궁을 나오면서」의 화자는 자신의 모습을 돌아보며 자기합리화를 통해 자신의 행동을 정당화한다.
③ 「어느 날 고궁을 나오면서」의 화자는 작품 속 대조적인 상황을 설정해 자신의 소시민적 모습을 형상화한다.
④ 「어느 날 고궁을 나오면서」는 화자의 시선에서 소시민적 삶의 태도를 지닌 현대인들을 바라보며 비판하는 작품이다.

05

다음 글을 이해한 내용으로 가장 적절한 것은?

조선 전기에는 자연을 임금에 대한 충의(忠義)와 연결 지어 노래한 '강호 한정가'가 주로 창작되었다. 권호문의 「한거십팔곡」은 자연을 즐기고 싶은 은자(隱者)의 삶과 현실 세계에서 뜻을 펼쳐 입신양명(立身揚名)을 이루고 싶은 사대부로서의 삶 사이에서 갈등하는 화자의 모습이 인상적인 연시조이다.

화자의 내적 갈등은 제4수에서 잘 나타나는데, 화자는 '강호(江湖)'를 즐기고자 하니, 임금인 '성주(聖主)'를 버려야 하고, '성주(聖主)'를 섬기려고 하니 자연에서 느끼는 즐거움인 '소락(所樂)'을 어기게 된다고 말한다. 시인은 이러한 복잡한 자신의 심정을 '기로(岐路)', 즉 '갈림길'로 표현하며 자신의 정치적 이상과 개인적 욕망 사이의 갈등을 문학적으로 형상화한다.

화자의 갈등은 제8수에서도 이어진다. 그는 정계에 '출(出)'하면 '치군택민(致君澤民)'하여 임금을 섬기며, 백성을 윤택하게 할 수 있고, 자연에 '처(處)'하면 자연을 벗 삼아 한가로운 삶을 살 수 있음을 두고 고뇌한다. 하지만 당대 정치 현실을 불완전한 것으로 인식한 화자는 '부귀(富貴)'는 '위기(危機)'를 불러온다고 보고, 자연에서 소박하게 살아가는 '빈천거(貧賤居)'의 삶을 택하며 안빈낙도에 대한 의지를 드러낸다.

이후 제19수에서 화자는 자신이 자연에서 보낸 10여 년의 세월을 떠올린다. 자연에서 은자의 삶을 이어온 그는 속세에 대한 집착을 의미하는 '진세 일념(塵世一念)'이 마치 얼음이 녹아내리듯 사라져버렸음을 느낀다. 이 과정에서 그의 내적 갈등은 마침내 해소되며 속세에 대한 미련도 완전히 끊어지게 된다.

① 「한거십팔곡」은 공간의 이동에 따라 화자의 심리가 변화한다.
② 「한거십팔곡」은 사대부로서의 삶에 대해 긍정적 가치를 부여하지 않는다.
③ 「한거십팔곡」에서 화자의 내적 갈등은 은자의 삶을 선택함으로써 해소된다.
④ 「한거십팔곡」은 일반적인 강호 한정가와 달리 임금에 대한 충절이 드러나지 않는다.

06

다음 글을 이해한 내용으로 가장 적절하지 않은 것은?

한용운이 살았던 시대는 고통과 결핍의 시대였다. 한용운이 살아온 시대 환경을 살펴볼 때 그는 한국사의 가장 참혹한 시대에서 활동한 시인이라고 평할 수 있다. 그러한 역사적 사실을 살펴볼 때 한용운 시 세계에 시대적인 맥락이 깊숙이 관여되고 있음을 당연히 짐작할 수 있다. 한용운의 시에 다양한 국면의 비탄과 절망이 함의되어 있는 것은 이 때문이며, 그의 작품 『논개의 애인이 되어 그의 묘에』에서 이를 확인할 수 있다.

이 시의 화자는 1연에서 논개가 조선 역사의 가장 의미 있는 꽃이므로 자신은 논개의 애인이 되었노라고 선언적으로 말한다. 2연에서는 "나는 황금의 칼에 베어진, 꽃과 같이 향기롭고 애처로운 그대의 당년(當年)을 회상(回想)한다."에서 보이듯 논개의 삶에 대한 구체적인 발화가 나타난다. 논개의 삶과 정신의 고귀함을 회상하는 화자가 그녀의 삶이 지닌 의로움을 적극 따르고자 하는 것은 당연한 일이다. 3연은 논개에 대한 사랑과 존경의 정서가 심화한다. "그대의 집에 피어 있는 꽃을 꺾으려면, 나의 창자가 먼저 꺾어지는 까닭입니다.", "그대의 집에 꽃을 심으려면, 나의 가슴에 가시가 먼저 심어지는 까닭입니다."라고 표현한 것처럼 논개의 집에 있는 꽃을 꺾을 수도 없고, 논개의 집에다 꽃을 심을 수도 없는 화자는 다다를 수 없는 정신의 경지 앞에서 경외심을 느끼게 된다. 4연은 논개의 삶을 따르지 못한 죄의식과 비통한 심정이 강하게 나타난다.

이 시는 역사적인 실존 인물인 논개를 소재로 하여 일제 강점기라는 당대 현실에 대한 개탄과 비통을 표현하고 있다. 식민지 조선의 고통과 모순은 한용운 시의 근본적 배경이라는 점을 일깨워 주고 있는 작품이다.

① 『논개의 애인이 되어 그의 묘에』는 논개의 삶에 대한 추모의 마음에서 시작된다.
② 한용운 시의 비탄과 절망은 근본적으로 역사적인 상황 혹은 시대적인 문제와 연결되어 있다.
③ 『논개의 애인이 되어 그의 묘에』는 역사적 삶과 연결된 고통과 치유의 과정을 다루고 있다.
④ 한용운이 논개의 삶과 그의 무덤을 소재로 삼은 이유는 자신이 처한 시대와 논개가 살았던 시대의 유사성 때문이다.

07 고난도 문제

다음 글을 이해한 내용으로 가장 적절하지 않은 것은?

일제 강점기 시인 중에서 윤동주만큼 반성적 시의식을 다분히 가진 시인은 드물 것이다. 윤동주는 이 세계가 모순과 불의에 가득 차게 된 이유를 스스로에게 돌리는 반성적 자의식을 통하여 고뇌와 절망을 지닌 스스로를 연민하고 위로한다. 이러한 사유를 지닌 대표적인 작품이 『서시』이다. "하늘을 우러러 한 점 부끄럼"이 없는 삶을 살기란 근본적으로 불가능하나, 불가능한 지평을 향한 반성을 하고자 할 때 시인은 "잎새에 이는 바람" 같은 사소한 일에도 과도하게 괴로워하는 자의식을 보이게 된다. 미련하기까지 해 보이는 시인의 자의식이 관념을 뛰어넘는 지점에 『자화상』이 있다.

『자화상』에서 화자가 처해 있는 "외딴 우물가"는 주변적 속성을 지닌 고독한 공간이다. 고독하고 소외된 공간에서 화자는 자신을 솔직하게 돌이켜본다. 우울 속에 깃든 달과 구름과 하늘과 바람과 가을이라는 자연물은 낭만적 동경의 대상이지만 그들과 이어져 있는 "한 사나이" 즉 자아의 모습은 불편함을 주고 있었다. 그 불편함 속에서 화자는 자아 성찰을 하게 되는데 그것은 다분히 반성적인 태도를 지향한다. 반성의 대상은 주로 현실에 안주하고자 하는 자신의 과오이기에 "어쩐지 그 사나이가 미워져" 돌아간다. 자기 증오에서 자기 동정, 자기 동정에서 자기 동경으로 이어지는 내면의식은 자신에 대한 증오와 애정 사이에서 길항하고* 있었다. 연민과 동정으로 인해 다시 돌아와서 들여다본 우물 속에는 아름다운 자연의 세계가 여전히 펼쳐져 있고 사나이는 추억 속에 쌓인 낭만적 면모로 존재하고 있다. "추억"은 과거적 속성을 지닌 어휘이다. 퇴행적인 시간의식을 통해서 도피적 낭만성을 추구한 점은 자화상의 특징적 면모인 동시에 시의식의 한계로 지적될 수 있다.

*길항하다: 서로 버티어 대항하다.

① 『자화상』의 화자는 자아 반성을 통해서 미래를 전망하고 있다.
② 『자화상』에서 화자의 반성은 잘못을 저지른 자신에 대한 미움에서 출발한다.
③ 『자화상』에서 우물은 자신을 비춰 볼 수 있는 대상으로 거울과 같은 기능을 한다.
④ 『서시』와 『자화상』의 화자는 모두 자신의 삶을 성찰하며 내면을 고백하고 있다.

공무원시험전문 해커스공무원
gosi.Hackers.com

해커스공무원 국어 유형별 출제예상문제집

2편 논리

유형 12 명제의 전제 및 결론 추론하기
유형 13 논증의 종류 및 오류 판단하기
유형 14 논증의 강화 및 약화 평가하기

유형 12 명제의 전제 및 결론 추론하기

적중 문제풀이 전략

STEP 1 제시된 명제를 기호화한다.
- 제시된 명제의 핵심어를 찾는다.
- 명제 사이의 관계가 잘 드러나도록 기호화한다.

STEP 2 명제 간 연결 관계를 파악한다.
- 동일한 대상, 범주, 항목에 주목하여 명제 간 연결 관계를 파악한다.
- 명제 간 연결 관계를 확인하기 위해 대우를 활용하는 경우도 빈번하므로 제시된 명제들의 대우도 함께 확인한다.

전략 적용하기

(가) ~ (다)를 전제로 할 때 빈칸에 들어갈 결론으로 가장 적절한 것은? [2025 국가직 9급]

> (가) 인공일반지능이 만들어지거나 인공지능 산업이 쇠퇴한다.
> (나) 인공일반지능이 만들어지면, 인간의 생활이 편리해지는 동시에 많은 사람이 직장을 잃는다.
> (다) 인공지능 산업이 쇠퇴하면, 많은 사람이 직장을 잃는 동시에 세계 경제가 침체된다.
> 따라서 [　　　　].

① 세계 경제가 침체된다
② 인간의 생활이 편리해진다
③ 많은 사람이 직장을 잃는다
④ 인간의 생활이 편리해지고 세계 경제가 침체된다

STEP 1 제시된 명제를 기호화한다.
- (가) 인공일반지능 ∨ 인공지능 산업 쇠퇴
- (나) 인공일반지능 → (인간 생활 편리 ∧ 직장 잃음)
- (다) 인공지능 산업 쇠퇴 → (직장 잃음 ∧ 세계 경제 침체)

STEP 2 명제 간 연결 관계를 파악한다.
(가)에 의하면 '인공일반지능'과 '인공지능 산업 쇠퇴' 중 하나는 반드시 참이다. '인공일반지능'이 참인 경우 (나)에 의해 '인간 생활 편리'와 '직장 잃음'이 참이 된다. 반면 '인공지능 산업 쇠퇴'가 참인 경우 (다)에 의해 '직장 잃음'과 '세계 경제 침체'가 참이 된다. 이때 두 경우 모두에서 '직장 잃음'이 참이 되므로 (가)~(다)를 전제로 할 때 '직장 잃음'은 항상 참이다. 따라서 빈칸에 들어갈 결론으로 가장 적절한 것은 ③ '많은 사람이 직장을 잃는다(직장 잃음)'이다.

오답 분석
① (다)에 의하면 '세계 경제 침체'는 '인공지능 산업 쇠퇴'가 참일 때만 도출되는 결론으로, '인공일반지능'이 참인 경우에는 도출되지 않는다. 이때 제시된 전제를 통해 '인공지능 산업 쇠퇴'가 참인지는 알 수 없으므로 ①은 빈칸에 들어갈 결론으로 적절하지 않다.
② (나)에 의하면 '인간 생활 편리'는 '인공일반지능'이 참일 때만 도출되는 결론으로, '인공지능 산업 쇠퇴'가 참인 경우에는 도출되지 않는다. 이때 제시된 전제를 통해 '인공일반지능'이 참인지는 알 수 없으므로 ②는 빈칸에 들어갈 결론으로 적절하지 않다.
④ (나)와 (다)에 의하면 '인간 생활 편리'와 '세계 경제 침체'가 동시에 성립하려면 '인공일반지능'과 '인공지능 산업 쇠퇴'가 모두 참이어야 하는데, 제시된 전제를 통해 이 둘이 모두 참임을 도출할 수 없으므로 ④는 빈칸에 들어갈 결론으로 적절하지 않다.

엄선기출문제

01 다음 빈칸에 들어갈 말로 가장 적절한 것은? [9급 출제기조 전환 2차 예시문제]

> 갑, 을, 병, 정 네 학생의 수강 신청과 관련하여 다음과 같은 사실들이 알려졌다.
> ○ 갑과 을 중 적어도 한 명은 〈글쓰기〉를 신청한다.
> ○ 을이 〈글쓰기〉를 신청하면 병은 〈말하기〉와 〈듣기〉를 신청한다.
> ○ 병이 〈말하기〉와 〈듣기〉를 신청하면 정은 〈읽기〉를 신청한다.
> ○ 정은 〈읽기〉를 신청하지 않는다.
> 이를 통해 갑이 ☐☐☐☐ 를 신청한다는 것을 알 수 있게 되었다.

① 〈말하기〉
② 〈듣기〉
③ 〈읽기〉
④ 〈글쓰기〉

해설 **명제의 결론 추론하기** 제시된 전제를 기호화하면 다음과 같다.

- 전제 1: 갑〈글쓰기〉 ∨ 을〈글쓰기〉
- 전제 2: 을〈글쓰기〉 → (병〈말하기〉 ∧ 병〈듣기〉)
- 전제 3: (병〈말하기〉 ∧ 병〈듣기〉) → 정〈읽기〉
- 전제 4: ~정〈읽기〉

전제 4에 의하면 '~정 〈읽기〉'가 확정이므로 **전제 3의 후건을 부정할 수 있다.** 그에 따라 '~(병 〈말하기〉∧병 〈듣기〉)'가 성립한다. 마찬가지로 **전제 2의 후건을 부정할 수 있으므로** '~을 〈글쓰기〉'가 성립한다. '~을 〈글쓰기〉'가 확정이므로 **선언지 제거에 의해 '갑 〈글쓰기〉'가 성립**한다. 따라서 갑이 ④ '〈글쓰기〉'를 신청한다는 것을 알 수 있다.

보충 내용

1. **후건 부정**: 가언 명제(조건문)의 후건을 부정하여 전건의 부정을 도출하는 방법이다.
   [전제 1] P이면 Q이다. (P → Q)
      예 사람이면 그것은 포유류이다.
   [전제 2] Q가 아니다. (~Q)
      예 그것은 포유류가 아니다.
   [결 론] 따라서 P가 아니다. (~P)
      예 따라서 그것은 사람이 아니다.

2. **선언지 제거(선언 삼단 논법)**: 선언 명제를 통해 결론을 도출하는 방법으로, 어느 하나의 명제를 부정하여 다른 하나를 긍정하는 방식이다.
   [전제 1] P이거나 Q이다. (P∨Q)
      예 해가 뜨거나 달이 뜬다.
   [전제 2] P가 아니다. (~P)
      예 해가 뜨지 않았다.
   [결 론] 따라서 Q이다. (Q)
      예 따라서 달이 뜰 것이다.

정답 ④

02 다음 대화의 (가)에 들어갈 말로 적절한 것은?　　　　　　　　　　　　　　　　　　　　　　　　[2025 지방직 9급]

> 갑: 공무원은 공직자이고 공직자는 그 직책만으로 국가나 사회에 영향을 미치는 공인이야. 모든 공무원은 공인이니까 공인으로서의 사명감을 가질 의무가 있어. 하지만 공무원이 아닌 사람이라면 그게 누구든 그런 사명감을 가질 의무는 없지.
>
> 을: 모든 사람이 죽는다고 죽는 것들이 모두 사람인 것은 아니잖아. 네가 "공무원이 아닌 모든 사람은 공인으로서의 사명감을 가질 의무가 없다."라는 주장을 하려면 "　(가)　."가 참이어야 해.

① 몇몇 공인은 공인으로서의 사명감을 가질 의무가 없다
② 모든 공무원은 공인으로서의 사명감을 가질 의무가 없다
③ 공인으로서의 사명감을 가질 의무가 있는 사람은 모두 공무원이다
④ 공인으로서의 사명감을 가질 의무가 없는 사람은 모두 공무원이 아니다

해설 **명제의 전제 추론하기** 갑의 진술을 기호화하면 다음과 같다.

- 진술 1: 공무원 → 공직자 → 공인 → 사명감
- 진술 2: (가)
- 결론: ~공무원 → ~사명감 = 사경감 → 공무원 (대우)

진술 1을 통해 '모든 공무원은 사명감을 가질 의무가 있다(공무원 → 사명감)'는 것을 알 수 있다. 하지만 결론으로 제시한 '~공무원 → ~사명감'은 '공무원 → 사명감'의 전건을 부정하여 후건의 부정을 도출한 전건 부정의 오류를 범한 것이다. 이때 ③ '공인으로서의 사명감을 가질 의무가 있는 사람은 모두 공무원이다(사명감 → 공무원)'가 추가되면, 이것의 대우인 '공무원이 아닌 모든 사람은 공인으로서의 사명감을 가질 의무가 없다(~공무원 → ~사명감)'를 결론으로 도출할 수 있다. 따라서 (가)에 들어갈 말로 적절한 것은 ③이다.

오답분석 ① '몇몇 공인은 공인으로서의 사명감을 가질 의무가 없다(공인 ∧ ~사명감)'가 전제로 추가되더라도 결론은 도출할 수 없으므로 ①은 (가)에 들어갈 말로 적절하지 않다.
② 진술 1에 따르면 '모든 공무원은 사명감을 가질 의무가 있다(공무원 → 사명감)'는 것을 알 수 있다. 이때 ② '모든 공무원은 공인으로서의 사명감을 가질 의무가 없다(공무원 → ~사명감)'는 '공무원 → 사명감'과 모순되는 내용으로, 추가되더라도 결론을 도출할 수 없다. 따라서 ②는 (가)에 들어갈 말로 적절하지 않다.
④ 진술 1에 따르면 '모든 공무원은 사명감을 가질 의무가 있다(공무원 → 사명감)'는 것을 알 수 있다. 이때 ④ '공인으로서의 사명감을 가질 의무가 없는 사람은 모두 공무원이 아니다(~사명감 → ~공무원)'는 '공무원 → 사명감'의 대우로, 추가되더라도 결론을 도출할 수 없다. 따라서 ④는 (가)에 들어갈 말로 적절하지 않다.

정답 ③

03 (가)와 (나)를 전제로 할 때 빈칸에 들어갈 결론으로 가장 적절한 것은? [9급 출제기조 전환 1차 예시문제]

> (가) 노인복지 문제에 관심이 있는 사람 중 일부는 일자리 문제에 관심이 있는 사람이 아니다.
> (나) 공직에 관심이 있는 사람은 모두 일자리 문제에 관심이 있는 사람이다.
> 따라서 _____.

① 노인복지 문제에 관심이 있는 사람 중 일부는 공직에 관심이 있는 사람이 아니다
② 공직에 관심이 있는 사람 중 일부는 노인복지 문제에 관심이 있는 사람이 아니다
③ 공직에 관심이 있는 사람은 모두 노인복지 문제에 관심이 있는 사람이 아니다
④ 일자리 문제에 관심이 있지만 노인복지 문제에 관심이 없는 사람은 모두 공직에 관심이 있는 사람이 아니다

해설 **명제의 결론 추론하기** 제시된 전제를 기호화하면 다음과 같다.

- (가): 노인복지 ∧ ~일자리
- (나): 공직 → 일자리 ≡ ~일자리 → ~공직 (대우)

(가)는 '노인복지 문제에 관심이 있는 사람 중 일부는 일자리 문제에 관심이 있는 사람이 아니다(노인복지 ∧ ~일자리)'이고, (나)의 대우는 '일자리 문제 관심이 없는 사람은 모두 공직에 관심이 없는 사람이다(~일자리 → ~공직)'이다. 이를 통해 '**노인복지 문제에 관심이 있는 사람 중 일부는 공직에 관심이 있는 사람이 아니다(노인복지 ∧ ~공직)**'가 도출되므로 ①은 빈칸에 들어갈 결론으로 적절하다.

오답 분석
② 제시된 전제를 벤다이어그램으로 표현했을 때, 공직에 관심이 있는 사람이 모두 노인복지 문제에 관심이 있는 경우가 있으므로 ②는 결론으로 적절하지 않다.

③ 제시된 전제를 벤다이어그램으로 표현했을 때, 공직에 관심이 있는 사람이 노인복지 문제에 관심이 있는 경우가 있으므로 ③은 결론으로 적절하지 않다.

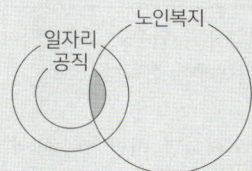

④ 제시된 전제를 벤다이어그램으로 표현했을 때, 일자리 문제에 관심이 있으면서 노인복지 문제에 관심이 없는 사람이 공직에 관심이 있는 경우가 있으므로 ④는 결론으로 적절하지 않다.

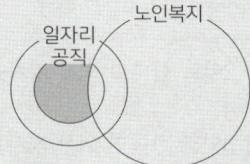

정답 ①

적중문제

○△✕를 체크하여 실력을 점검해 보세요.
○: 알고 푼 문제 △: 헷갈린 문제 ✕: 모르는 문제

01 ○△✕

(가)와 (나)를 전제로 결론을 이끌어 낼 때, 빈칸에 들어갈 말로 가장 적절한 것은?

> (가) 위조된 문서는 모두 신뢰할 수가 없다.
> (나) 이 문서는 신뢰할 수 있다.
> 따라서 _____.

① 이 문서는 위조되었다.
② 이 문서는 신뢰할 수 없다.
③ 이 문서는 위조되지 않았다.
④ 이 문서는 위조되지 않았고 신뢰할 수 없다.

02 ○△✕

다음 진술이 모두 참일 때 반드시 참인 것은?

> ○ A회사가 입찰에 성공하거나, B회사가 프로젝트에 참여한다.
> ○ B회사가 프로젝트에 참여하면, C회사는 기술 지원을 한다.
> ○ C회사는 기술 지원을 하지 않는다.

① A회사는 입찰에 성공하지 않았다.
② B회사는 프로젝트에 참여한다.
③ A회사는 입찰에 성공했고, B회사는 프로젝트에 참여하지 않는다.
④ A회사는 입찰에 성공하지 않았고, C회사는 기술 지원을 하지 않는다.

03 ○△✕

(가)~(다)를 전제로 할 때 빈칸에 들어갈 결론으로 가장 적절한 것은?

> (가) 원태는 저축을 늘리거나 투자를 시작할 것이다.
> (나) 저축을 늘리는 사람은 모두 재정적 안정감이 높아진다.
> (다) 원태는 투자를 시작하지 않는다.
> 따라서 원태는 _____.

① 투자를 시작할 것이다
② 저축을 늘리지 않을 것이다
③ 재정적 안정감이 높아질 것이다
④ 재정 안정감이 높아지지 않을 것이다

04 ○△✕

다음 대화의 빈칸에 들어갈 말로 가장 적절한 것은?

> 김 부장: 이번 신입사원 연수는 1박 2일이나 2박 3일로 진행해야 합니다.
> 정 차장: (   )
> 박 대리: 예산을 고려하면 이번 연수에서는 외부 강사를 섭외할 수 없습니다.
> 이 국장: 그렇다면 이번 신입사원 연수는 1박 2일로 진행해야겠군요.

① 연수 일정을 1박 2일로 한다면 외부 강사를 섭외해야 합니다.
② 연수 일정을 2박 3일로 한다면 외부 강사를 섭외해야 합니다.
③ 연수 일정을 1박 2일로 한다면 외부 강사를 섭외하지 않아도 됩니다.
④ 연수 일정을 2박 3일로 한다면 외부 강사를 섭외하지 않아도 됩니다.

05

다음 진술이 모두 참일 때 반드시 참인 것은?

> ○ 민수가 축구나 농구를 하면, 민수는 구두를 신지 않았다.
> ○ 민수는 축구나 테니스를 했다.
> ○ 민수는 구두를 신었다.

① 민수는 축구를 했다.
② 민수는 농구를 했다.
③ 민수는 테니스를 했다.
④ 민수는 테니스와 농구를 모두 했다.

06

다음 글의 밑줄 친 결론을 이끌어 내기 위해 추가해야 할 것은?

> 여행을 자주 하는 사람들은 모두 외국어 공부를 하거나 문화 체험을 즐긴다. 개방적인 성격이 아닌 사람들은 모두 문화 체험을 즐기지 않는다. 현우는 여행을 자주 한다. 따라서 현우는 <u>개방적인 성격이다</u>.

① 개방적인 성격인 사람은 모두 문화 체험을 즐긴다.
② 외국어 공부를 하는 사람은 모두 개방적인 성격이다.
③ 문화 체험을 즐기는 사람들은 모두 여행을 자주 하지 않는다.
④ 외국어 공부를 하는 사람 중에 문화 체험을 즐기는 사람이 있다.

07

다음 논증이 타당하다고 할 때 암묵적으로 전제하고 있는 것은?

> 판사는 모두 사법부에 소속되어 있고, 사법부에 소속된 사람은 모두 중립성을 유지할 의무가 있다. 그러므로 판사가 아닌 사람은 모두 중립성을 유지할 의무가 없다.

① 중립성을 유지할 의무가 있는 사람은 모두 판사다.
② 판사가 아니면서 사법부에 소속된 사람은 존재하지 않는다.
③ 중립성을 유지할 의무가 있는 사람은 모두 사법부에 소속되어 있다.
④ 사법부에 소속되지 않은 사람은 모두 중립성을 유지할 의무가 없다.

08

(가)와 (나)를 전제로 할 때 빈칸에 들어갈 결론으로 가장 적절한 것은?

> (가) 철학 수업을 듣지 않는 사람 중 일부는 공과대학 학생이다.
> (나) 올해 입학한 신입생들은 모두 철학 수업을 듣는다.
> 따라서 _____.

① 공과대학 학생은 모두 철학 수업을 듣지 않는다
② 공과대학 학생 중 일부는 올해 입학한 신입생이 아니다
③ 올해 입학한 신입생이 아닌 사람은 모두 철학 수업을 듣지 않는다
④ 올해 입학한 신입생이면서 철학 수업을 듣는 사람은 모두 공과대학 학생이 아니다

09

다음 글의 밑줄 친 결론을 이끌어 내기 위해 추가해야 할 것은?

> 아침을 먹는 어떤 사람은 간식을 먹지 않는 사람이다. 야식을 먹는 모든 사람은 아침을 먹지 않는 사람이다. 따라서 간식을 먹는 어떤 사람은 야식을 먹지 않는 사람이다.

① 아침을 먹는 어떤 사람은 간식을 먹는 사람이다.
② 간식을 먹는 모든 사람은 야식을 먹는 사람이다.
③ 야식을 먹는 어떤 사람은 간식을 먹는 사람이다.
④ 야식을 먹지 않지만 간식을 먹는 모든 사람은 아침을 먹는 사람이다.

10

(가)~(다)를 전제로 결론을 이끌어 낼 때, 빈칸에 들어갈 말로 가장 적절한 것은?

> (가) 음악 수업을 듣는 모든 학생은 수학 수업을 듣지 않는다.
> (나) 음악 수업을 듣는 어떤 학생은 체육 수업을 듣지 않는다.
> (다) 수학 수업을 듣지 않는 학생은 모두 영어 수업을 듣지 않는다.
> 따라서 _____.

① 영어 수업을 듣는 어떤 학생은 체육 수업을 듣는다.
② 수학 수업을 듣는 어떤 학생은 체육 수업을 듣지 않는다.
③ 체육 수업을 듣는 모든 학생은 음악 수업을 듣지 않는다.
④ 체육 수업을 듣지 않는 어떤 학생은 영어 수업을 듣지 않는다.

11

(가)와 (나)를 전제로 결론을 이끌어 낼 때, 빈칸에 들어갈 말로 가장 적절한 것은?

> (가) 장미를 좋아하는 사람은 모두 백합을 좋아한다.
> (나) 장미를 좋아하는 어떤 사람은 꽃꽂이를 잘한다.
> 따라서 _____.

① 꽃꽂이를 잘하는 사람은 모두 백합을 좋아한다.
② 꽃꽂이를 잘하는 어떤 사람은 백합을 좋아한다.
③ 백합을 좋아하는 사람은 모두 장미를 좋아한다.
④ 백합을 좋아하는 어떤 사람은 꽃꽂이를 잘하지 못한다.

12

다음 글의 내용이 참일 때, 갑이 반드시 수강해야 할 과목은?

> 갑은 국어, 수학, 사회, 과학, 음악 과목에 대해 수강신청을 준비하고 있다. 갑이 수강하기 위해 충족해야 하는 조건은 다음과 같다.
> ○ 국어를 수강하면 수학을 수강하지 않고, 수학을 수강하지 않으면 사회를 수강하지 않는다.
> ○ 과학을 수강하지 않으면 사회를 수강하고, 국어를 수강하지 않으면 음악을 수강하지 않는다.
> ○ 음악을 수강하지 않으면 사회를 수강하지 않는다.

① 국어   ② 수학
③ 사회   ④ 과학

13

다음 진술이 모두 참일 때 반드시 참인 것은?

> ○ 갑이 동아리에 가입하면, 을도 동아리에 가입한다.
> ○ 병이 동아리에 가입하면, 을과 정도 동아리에 가입한다.
> ○ 갑이 동아리에 가입하지 않으면, 정도 동아리에 가입하지 않는다.

① 갑이 동아리에 가입하면, 병도 동아리에 가입한다.
② 정이 동아리에 가입하지 않으면, 갑도 동아리에 가입하지 않는다.
③ 을이 동아리에 가입하지 않으면, 갑과 병도 동아리에 가입하지 않는다.
④ 병이 동아리에 가입하면, 갑은 동아리에 가입하지 않고 을은 동아리에 가입한다.

14

(가)와 (나)를 전제로 할 때 빈칸에 들어갈 결론으로 가장 적절한 것은?

> (가) 글쓰기를 좋아하지 않는 사람 중 일부는 이과 출신이다.
> (나) 매일 일기를 쓰는 사람은 모두 글쓰기를 좋아하는 사람이다.
> 따라서 [　　　　　　].

① 이과 출신인 사람은 모두 글쓰기를 좋아하지 않는다.
② 이과 출신인 사람 중 일부는 매일 일기를 쓰지 않는다.
③ 매일 일기를 쓰지 않는 사람은 모두 글쓰기를 좋아하지 않는다.
④ 매일 일기를 쓰면서 글쓰기를 좋아하는 사람은 모두 이과 출신이 아니다.

15 고난도 문제

다음 글의 밑줄 친 결론을 이끌어 내기 위해 추가해야 할 것은?

> 주식 투자를 하는 모든 사람은 위험을 감수한다. 고수익을 추구하는 사람 중 일부는 도전적인 사람이다. <u>따라서 고수익을 추구하는 사람 중 일부는 위험을 감수한다.</u>

① 도전적인 사람은 모두 고수익을 추구한다.
② 위험을 감수하는 사람 중 일부는 도전적인 사람이다.
③ 주식 투자를 하지 않는 사람은 모두 도전적이지 않은 사람이다.
④ 고수익을 추구하지 않는 사람 중 일부는 도전적이지 않은 사람이다.

유형 13 논증의 종류 및 오류 판단하기

적중 문제풀이 전략

STEP 1 글이나 선택지에 제시된 정보를 파악한다.

STEP 2 제시문이나 선택지에 제시된 정보를 파악하고 정보의 연관성 및 타당성을 확인한다.
- 연역적 논증에서 타당하지 않은 형식을 지닌 논증을 사용하지는 않았는지 확인한다.
- 주장의 전제나 논거가 되는 자료를 잘못 판단하였음에도 이로부터 결론을 이끌어 내고 있지는 않은지 확인한다.
- 주장에 대한 논리적 근거를 제시하지 않고, 심리적인 면에 호소하여 상대를 설득하고 있지는 않은지 확인한다.
- 언어를 잘못 이해하거나 사용하여 오류가 발생하지는 않았는지 확인한다.

전략 적용하기

㉠~㉣의 예를 추가할 때 가장 적절한 것은? [2018년 국가직 9급]

논리학에서 비형식적 오류 유형에는 우연의 오류, 애매어의 오류, 결합의 오류, 분해의 오류 등이 있다.
우선 ㉠<u>우연의 오류</u>란 거의 대부분의 경우에 적용되는 일반적인 원리나 규칙을 우연적인 상황으로 인해 생긴 예외적인 특수한 경우에까지도 무차별적으로 적용할 때 생기는 오류이다. 그 예로 "인간은 이성적인 동물이다. 중증 정신 질환자는 인간이다. 그러므로 중증 정신 질환자는 이성적인 동물이다."를 들 수 있다. ㉡<u>애매어의 오류</u>는 동일한 한 단어가 한 논증에서 맥락마다 서로 다른 의미를 지니는 것으로 사용될 때 생기는 오류를 말한다. "김 씨는 성격이 직선적이다. 직선적인 모든 것들은 길이를 지닌다. 고로 김 씨의 성격은 길이를 지닌다."가 그 예이다. 한편 각각의 원소들이 개별적으로 어떤 성질을 지니고 있다는 내용의 전제로부터 그 원소들을 결합한 집합 전체도 역시 그 성질을 지니고 있다는 결론을 도출하는 경우가 ㉢<u>결합의 오류</u>이고, 반대로 집합이 어떤 성질을 지니고 있다는 내용의 전제로부터 그 집합의 각각의 원소들 역시 개별적으로 그 성질을 지니고 있다는 결론을 도출하는 경우가 ㉣<u>분해의 오류</u>이다. 전자의 예로는 "그 연극단 단원들 하나하나가 다 훌륭하다. 고로 그 연극단은 훌륭하다."를, 후자의 예로는 "그 연극단은 일류급이다. 박 씨는 그 연극단 일원이다. 그러므로 박 씨는 일류급이다."를 들 수 있다.

① ㉠ - 모든 사람은 죽는다. 소크라테스는 사람이다. 그러므로 소크라테스는 죽는다.
② ㉡ - 부패하기 쉬운 것들은 냉동 보관해야 한다. 세상은 부패하기 쉽다. 고로 세상은 냉동 보관해야 한다.
③ ㉢ - 미국 아이스하키 선수단이 이번 올림픽에서 금메달을 차지했다. 그러므로 미국 선수 각자는 세계 최고 기량을 갖고 있다.
④ ㉣ - 그 학생의 논술 시험 답안은 탁월하다. 그의 답안에 있는 문장 하나하나가 탁월하기 때문이다.

STEP 1 글이나 선택지에 제시된 정보를 파악한다.
㉠ 우연의 오류 ㉡ 애매어의 오류 ㉢ 결합의 오류 ㉣ 분해의 오류

STEP 2 제시문이나 선택지에 제시된 정보를 파악하고 정보의 연관성 및 타당성을 확인한다.
① ㉠ 우연의 오류(×): 연역법에 따라 적절하게 논리를 전개하였으므로 오류의 예시에 해당하지 않는다.
② ㉡ 애매어의 오류(○): 첫 번째 문장과 두 번째 문장에 쓰인 '부패하다'의 의미가 다른데도 같은 의미로 잘못 사용하였다.
③ ㉢ 결합의 오류(×): '선수단'의 기량이 뛰어나다는 전제를 통해 '선수 개인'의 실력이 뛰어나다는 잘못된 결론을 도출하였다.
④ ㉣ 분해의 오류(×): '답안 속 각 문장'이 탁월하다는 전제를 통해 '시험 답안'이 탁월하다는 잘못된 결론을 도출하였다.

엄선기출문제

01 전제를 바탕으로 결론을 논증하고 다시 결론을 바탕으로 전제를 논증하는 오류의 예시로 가장 적절한 것은?

[2025 군무원 7급]

① 12는 5와 7로 나뉜다. 그러므로 5와 7도 짝수다.
② 이 옷은 값이 싸다. 값이 싼 것은 쉽게 떨어진다. 그러므로 이 옷은 쉽게 떨어진다.
③ 김 선생의 의견도 틀렸다. 민 선생의 의견도 틀렸다. 그러므로 선생들의 의견은 틀렸다.
④ 그는 덕망이 높다. 그는 인격자이니까. 그러므로 그가 인격자인 것은 덕망이 높기 때문이다.

해설 **논증의 오류 판단하기** 전제를 바탕으로 결론을 논증하고 다시 결론을 바탕으로 전제를 논증하는 오류는 '순환논증의 오류'에 해당하며, ④의 제시된 논증은 아래와 같이 분석할 수 있다.

> (1) 그는 덕망이 높다(결론). 그는 인격자이니까(전제).
> (2) 그러므로 그가 인격자인 것은(결론) 덕망이 높기 때문이다(전제).

이때 (1)에서는 '그는 인격자'라는 것을 전제로 삼아 '그는 덕망이 높다'라는 결론을 내리고 있고, (2)에서는 '그가 덕망이 높다'라는 것을 전제로 삼아 '그가 인격자'라는 결론을 내리고 있다. 즉, 해당 논증은 (1)의 결론을 (2)의 전제로 사용하고, (1)의 전제를 (2)의 결론으로 사용하는 '순환논증의 오류'를 범하고 있다. 따라서 답은 ④이다.

오답 분석
① ①은 전체인 12가 짝수이므로, 이를 구성하는 5와 7이 같은 짝수일 것이라고 추론하고 있다. 이는 부분이 전체와 같은 성질을 가지고 있다고 추론하는 분할의 오류에 해당하므로, 순환논증의 오류에 해당하는 예시로 적절하지 않다.
② ②는 '이 옷은 값이 싸다', '값이 싼 것은 쉽게 떨어진다'라는 명제를 전제로 '그러므로 이 옷은 쉽게 떨어진다'라는 결론을 도출하는 삼단 논법의 예시이다. 이는 올바른 논증이므로, 순환논증의 오류에 해당하는 예시로 적절하지 않다.
③ ③은 '김 선생의 의견도 틀렸다', '민 선생의 의견도 틀렸다'라는 부분적인 사례를 근거로 '그러므로 선생들의 의견은 틀렸다'라는 결론을 내리고 있다. 이는 대표성이 결여된 사례를 근거로 삼아 성급하게 일반화하는 성급한 일반화의 오류에 해당하므로, 순환논증의 오류에 해당하는 예시로 적절하지 않다.

보충 내용 **논리적 오류의 유형**
- 성급한 일반화의 오류: 불충분한 자료, 또는 대표성이 결여된 사례 등을 근거로 삼아 성급하게 일반화함으로써 발생하는 오류
- 흑백 논리의 오류: 어떤 주장에 대한 선택지가 두 가지밖에 없다고 생각하거나 다른 가능성이 허용됨에도 불구하고 그를 인정하지 않음으로써 발생하는 오류
- 무지에의 호소: 반증된 적이 없으므로 어떤 주장을 받아들여야 한다고 말하거나 증명된 적이 없으므로 어떤 결론이 타당하지 않다고 주장하는 오류
- 논점 일탈의 오류: 논점과 관련이 없는 내용을 이야기하여 논점을 흐리는 오류
- 의도 확대의 오류: 의도하지 않은 결과에 대해 본래부터 의도가 있었다고 판단하여 발생하는 오류
- 분할의 오류: 부분이나 원소가 전체 또는 집합과 같은 성질을 가지고 있다고 추론함으로써 발생하는 오류
- 합성의 오류: 부분이나 원소의 성질을 전체의 속성으로 보는 것에서 발생하는 오류
- 순환 논의의 오류: 결론에서 주장한 내용을 다시 근거로 제시하는 오류
- 인신 공격의 오류: 주장하는 이의 인품, 성격, 과거의 정황, 직업 등을 비난하여 그 사람의 주장이 옳지 않다고 비판하는 오류
- 부적합한 권위에의 호소: 논점과 직접적인 상관관계가 없는 권위자의 견해를 근거로 하여 자신의 주장을 받아들이도록 하는 오류
- 전건 부정의 오류: 참인 명제의 전건을 부정하여 후건의 부정을 결론으로 도출하는 오류
- 후건 긍정의 오류: 참인 명제의 후건을 긍정하여 전건의 긍정을 결론으로 도출하는 오류
- 선언지 긍정의 오류: 선언 명제로 제시된 두 명제 중 하나를 긍정하여 다른 하나의 부정을 결론으로 도출하는 오류

정답 ④

02 <보기>와 같은 유형의 논리적 오류에 해당하는 것은? [2018년 서울시 9급 (3월)]

<보기>
네가 내게 한 약속을 지키지 않은 것은 곧 나를 사랑하지 않는다는 증거야.

① 항상 보면 이등병들이 말썽이더라.
② 내 부탁을 거절하다니, 넌 나를 싫어하는구나.
③ 김씨는 참말만 하는 사람이다. 왜냐하면 그는 거짓말을 하지 않는 사람이기 때문이다.
④ 거짓말을 하는 것은 죄악이다. 그러므로 의사가 환자에게 거짓말을 하는 것은 당연히 죄악이다.

해설 **논증의 오류 판단하기** <보기>는 논증의 오류 중 '의도 확대의 오류'에 해당한다. 의도 확대의 오류란, 의도하지 않은 결과에 대해 본래부터 의도가 있었다고 판단하여 발생하는 오류를 말한다. 이와 같은 논리적 오류에 해당하는 것은 ②이다.
- <보기>: 약속을 지키지 않았다는 결과에 대해 나를 사랑하지 않기 때문이라는 의도가 본래부터 있었다고 판단함
- ②: 부탁을 거절했다는 결과에 대해 나를 싫어하기 때문이라는 의도가 본래부터 있었다고 판단함

오답 분석
① 성급한 일반화의 오류: 제한되거나 불충분한 자료, 또는 대표성이 결여된 사례 등을 근거로 삼아 성급하게 일반화함으로써 발생하는 오류
③ 순환 논증의 오류: 결론에서 주장하는 내용을 다시 근거로 제시함으로써 발생하는 오류
④ 원칙 혼동의 오류: 일반적인 원칙을 특수한 경우에도 그대로 적용하여 발생하는 오류

정답 ②

03 다음 글과 논증 방식이 가장 가까운 것은? [2017년 국가직 7급]

> 기존의 틀을 벗어나려면 새로운 가치가 필요하다. 운동 선수가 뜀틀을 넘으려면 도약대가 있어야 하듯, 낡은 사고, 인습, 그리고 변화에 저항하는 틀을 뛰어넘기 위해서는 믿고 따를 분명한 디딤판이 필요하다. 또한, 기존의 틀을 벗어나려면 운동선수가 뜀틀을 향해 달려가는 것처럼 변화하고자 하는 의지도 필요하다. 도전하려는 의지가 수반될 때에 뜀틀 너머의 새로운 사회를 만날 수 있다.

① 미국 헌법은 미국 시민의 투표권을 보장한다. 미국 여성은 미국 시민이다. 그러므로 미국 헌법은 미국 여성의 투표권을 보장한다.
② 나는 유해한 모든 일을 피하려고 한다. 전자파가 유해하다는 것은 널리 알려진 사실이다. 전자레인지는 전자파를 방출하는 대표적인 기기이다. 따라서 나는 전자레인지 사용을 자제하려고 한다.
③ 전선을 통한 전기의 흐름은 도관을 통한 물의 흐름과 유사하다. 지름이 큰 도관은 지름이 작은 도관에 비해 많은 양의 물을 전달할 수 있다. 따라서 큰 지름의 전선은 작은 지름의 전선보다 많은 양의 전기를 전달할 수 있을 것이다.
④ 주말이면 동네에서 크고 작은 문화 행사를 한다. 박물관에는 다양한 문화재들이 항상 전시되어 있으며, 대학로의 소극장이나 예술의 전당 같은 문화 공간에서는 다양한 공연이 열리고 있다. 문화는 우리 생활 구석구석에 스며들어 있다.

해설 **논증의 종류 판단하기** 제시문과 ③은 모두 두 사물 간의 유사성에 근거하여 결론을 이끌어 내는 '**유비 추론**'의 논증 방식을 사용하였다.
- 제시문: 기존의 틀을 벗어나는 것과 운동 선수가 뜀틀을 넘는 것의 유사성에 근거하여 기존의 틀을 벗어나려면 새로운 가치가 필요하다는 결론을 이끌어 냈다.
- ③: 전선을 통한 전기의 흐름과 도관을 통한 물의 흐름의 유사성에 근거하여 큰 지름의 전선이 작은 지름의 전선보다 많은 양의 전기를 전달할 수 있을 것이라고 판단하였다.

오답 분석
① '연역 추론'의 논증 방식을 사용하였다.
  - 미국 헌법은 미국 시민의 투표권을 보장한다. (대전제)
  - 미국 여성은 미국 시민이다. (소전제)
  - 그러므로 미국 헌법은 미국 여성의 투표권을 보장한다. (결론)
② '연역 추론'의 논증 방식을 사용하였다.
  - 전자파가 유해하다는 것은 널리 알려진 사실이다. (대전제)
  - 전자레인지는 전자파를 방출하는 대표적인 기기이다. (소전제)
  - 따라서 나는 전자레인지 사용을 자제하려고 한다. (결론)
④ 동네의 박물관, 소극장, 예술의 전당과 같은 곳에서 크고 작은 문화 행사가 열렸던 경험을 통해 '문화는 우리 생활 구석구석에 스며들어 있다'라는 결론을 내린 것으로 보아 '귀납 추론'의 논증 방식을 사용하였음을 알 수 있다.

정답 ③

적중문제

○△X 를 체크하여 실력을 점검해 보세요.
○: 알고 푼 문제 △: 헷갈린 문제 X: 모르는 문제

01 ○△X

다음 중 전제가 참인 경우 결론이 항상 참이 되는 것은?

① 자전거를 타고 출근하면 지각을 하지 않는다. 동호는 오늘 자전거를 타지 않았다. 그러므로 동호는 지각을 할 것이다.
② 20살이 되면 대학에 진학하거나 취업을 한다. 20살이 된 민수는 대학에 진학했다. 따라서 민수는 취업을 하지 않을 것이다.
③ 달콤한 과일을 좋아하는 사람은 신 과일도 좋아한다는 연구 결과가 밝혀졌다. 동생은 신 과일을 좋아한다. 따라서 내 동생은 달콤한 과일도 좋아할 것이다.
④ 눈이 오는 날 제설 작업을 하지 않으면 도로를 이용할 수 없다. 도로를 이용하지 못하면 교통이 마비된다. 그러므로 눈이 오는 날 제설 작업을 하지 않으면 교통이 마비되고 말 것이다.

02 ○△X

다음 중 제시문과 동일한 논증 방법이 사용된 것은?

> 많은 역사학자들이 사료를 근거로 한 논증 방법을 사용함으로써 과거에 발생한 하나의 사실을 규명한다. 때문에 사료의 수가 적으면 결론의 정확도 역시 감소한다.

① 지금까지 보아 온 백조는 모두 희다. 따라서 모든 백조는 희다.
② 모든 여자는 꽃을 좋아한다. 어머니께서는 여자이므로 꽃을 좋아하실 것이다.
③ 지구에는 생명체가 존재하므로, 지구와 비슷한 환경을 가진 화성에도 생명체가 존재할 것이다.
④ 병에 걸렸을 때는 약을 먹어야 낫는다. 하지만 약물의 남용은 건강을 해친다. 따라서 병에 걸렸을 때는 적당한 양의 약을 먹어야 한다.

03

논리적 오류의 유형이 다른 것은?

① 닭보다 달걀이 먼저다. 왜냐하면 닭이 달걀을 낳기 때문이다.
② 지각을 하지 않는 사람은 성실하다. 성실한 사람은 지각을 하지 않기 때문이다.
③ 선생님은 똑똑하다. 똑똑하지 않았다면 선생님이 되지 못했을 것이기 때문이다.
④ 외계인은 존재하지 않는다. 왜냐하면 아직까지 외계인이 존재한다는 증거가 발견되지 않았기 때문이다.

04 고난도 문제

㉠~㉣의 예를 추가할 때 가장 적절한 것은?

> 논증의 오류에는 논리적인 측면에서 발생하는 오류뿐만 아니라, 비논리적인 측면에서 유발되는 오류도 있다. 대표적인 것이 '심리적 오류'인데, 심리적 오류는 동정, 공포, 증오, 사랑 등과 같은 심리적인 요인으로 인해 발생하는 오류를 말한다.
> 심리적 오류에는 '공포(협박)에의 호소', ㉠'동정(연민)에의 호소', '인신공격의 오류', ㉡'부적합한 권위에의 호소', ㉢'원천 봉쇄의 오류', '대중(여론)에의 호소', ㉣'정황에의 호소' 등이 있다. 먼저, 공포(협박)에의 호소는 강제적인 수단을 상대에게 동원하여 자신의 주장을 받아들이게 하는 오류이고, 동정(연민)에의 호소는 상대방의 동정심이나 연민에 호소하여 자신의 주장을 받아들이게 하는 오류이다. 인신공격의 오류는 주장하는 이의 인품, 성격, 과거의 정황, 직업 등을 비난하여 그 사람의 주장이 옳지 않다고 비판하는 오류이며, 부적합한 권위에의 호소는 논점과 직접적인 상관관계가 없는 권위자의 견해를 근거로 하여, 자신의 주장을 받아들이도록 하는 오류이다. 원천 봉쇄의 오류는 반론의 가능성이 있는 요소를 원천적으로 비난하거나 봉쇄하여, 반론의 제기 자체를 불가능하게 하는 오류이다. 대중(여론)에의 호소는 타당한 근거 없이 대중의 감정 또는 군중 심리에 호소하거나, 여러 사람이 동의한다는 점을 앞세워 자신의 주장에 동조하도록 하는 오류이다. 마지막으로, 정황에의 호소는 상대방이 처한 상황이나 사정을 근거로 하여, 상대의 주장과 논지를 비판하는 오류이다.

① ㉠: 전교생의 72%가 고교 학점제 도입에 찬성했다. 그러므로 고교 학점제의 도입은 필수적이다.
② ㉡: 이 콘 아이스크림은 요즘 가장 유명한 축구 선수가 광고하는 아이스크림이니까 당연히 맛있을 것이다.
③ ㉢: 저는 반드시 월급 인상을 받아야만 합니다. 왜냐하면 저에게는 부양해야 할 어린 자식들이 있기 때문입니다.
④ ㉣: 이번에도 내가 제시한 계약 조건과 요구 사항을 받아들이지 않는다면 더 이상 이곳에 남아서 함께 일할 생각이 없다.

유형 14 논증의 강화 및 약화 평가하기

적중 문제풀이 전략

STEP 1 문단 또는 글의 처음과 끝 부분에 주목하여 필자의 견해·관점·주장을 파악한다.

하나의 글에 둘 이상의 견해·관점·주장이 제시되는 경우, 각 관점이 서로 대조적인 경우가 많으므로 글을 읽을 때 견해·관점·주장의 차이점에 주목하며 읽는다.

STEP 2 선택지나 <보기>에 제시된 사례가 필자의 견해·관점·주장을 강화하는지 약화하는지 평가한다.

제시된 사례와 필자의 견해·관점·주장의 관계를 파악한다. 이때 사례가 제시문에 나타난 필자의 견해·관점·주장을 반박하는 근거가 되면 '약화'하는 예가 되고, 뒷받침하는 근거가 되면 '강화'하는 예가 된다.

전략 적용하기

다음 글의 논지를 강화하는 것으로 가장 적절한 것은? [2025 국가직 9급]

　A국은 도시 이외 지역의 초중고 교사가 부족하다. 이 상황을 심각하게 받아들인 A국 정부는 도시 이외 지역의 교사 충원율을 높이기 위해, 도시 이외 지역의 교사 연봉을 10% 인상하고 교사 양성 프로그램을 확대하는 정책을 제시했다. 하지만 이 정책은 근본적인 해결책이 되기 어렵다. 문제를 해결하기 위해서는, 단기간에 교사의 수를 늘리거나 교사의 연봉을 인상하기보다는 도시 이외의 지역에서 근무할 수 있는 충분한 교육 환경과 사회 기반 시설을 확보하는 것이 급선무이다. 현직 교사들뿐 아니라 교사를 지망하는 대학 졸업 예정자들 다수는 교육 환경과 사회 기반 시설이 열악한 도시 이외의 지역에서 일하기를 꺼리기 때문이다.

① A국은 정부의 교육 예산이 풍부해서 도시 이외 지역의 교육 환경과 도시의 교육 환경에 별 차이가 없다는 것이 밝혀졌다.
② A국에서 도시 이외의 지역에 근무하던 사회 초년생들이 연봉을 낮추어서라도 도시로 이직한 주된 이유는 교통 시설의 부족으로 밝혀졌다.
③ A국과 유사한 상황이었던 B국에서는 교사 연봉을 5% 인상한 후, 도시 이외 지역의 학생 1인당 교사 비율이 크게 증가했다.
④ A국과 유사한 상황이었던 C국에서는 교사 양성 프로그램을 확대한 이후에 도시뿐 아니라 도시 이외의 지역에서 교사의 수가 크게 증가했다.

STEP 1 문단 또는 글의 처음과 끝부분에 주목하여 필자의 견해·관점·주장을 파악한다.
　필자는 도시 이외의 지역에서 교사 충원율을 높이기 위해서는 도시 이외의 지역에서 근무할 수 있는 충분한 교육 환경과 사회 기반 시설을 확보할 것을 주장하고 있다.

STEP 2 선택지나 <보기>에 제시된 사례가 필자의 견해·관점·주장을 강화하는지 약화하는지 평가한다.
　A국에서 도시 이외의 지역에 근무하던 사회 초년생들이 연봉을 낮추어서라도 도시로 이직한 주된 이유가 교통 시설의 부족 때문이었다면, 이는 교통 시설과 같은 사회 기반 시설의 부족이 인력 부족의 주요 요인이라는 필자의 주장을 뒷받침하는 사례에 해당한다. 따라서 ②는 제시문의 논지를 강화한다.

엄선기출문제

01 다음 글의 논지를 약화하는 것으로 가장 적절한 것은?

[2025 지방직 9급]

> 인간이 지닌 대부분의 지적 능력을 상회하는 기능을 발휘하는 인공지능 컴퓨터 프로그램이나 이 프로그램을 사용해 작동하는 기계 장치를 '인공일반지능'이라고 부른다. 이론적으로 인공일반지능은 현재까지 개발된 모든 인공지능 프로그램의 기능을 전부 갖게 될 것이다. 인공일반지능의 등장이 인간의 본질적 가치를 훼손할 것이라고 우려하는 사람들이 있다. 그렇다면 인공일반지능의 개발은 허용되어야 하는가?
>
> 인공일반지능의 개발이 허용된다면 머지않아 인공일반지능은 개발된다. 이로 인해, 인공일반지능은 대부분의 직업 영역에서 인간을 대신해 업무를 수행할 것이고 많은 사람들이 직업을 잃고 소외감을 느낌으로써 인간의 본질적 가치가 훼손된다. 또한 인공일반지능이 개발된다면 인간은 더 이상 지구상에서 특별하고 우월한 존재가 아니게 된다. 이는 인간이 지닌 특별하고 우월한 존재론적 지위, 즉 인간의 본질적 가치가 훼손된다는 것이다. 인간의 본질적 가치는 어떠한 경우에도 훼손되어서는 안 되므로 인공일반지능의 개발은 허용될 수 없다.

① 인공일반지능의 수준에 미치지 못하는 특정 분야에 특화된 인공지능 프로그램만으로도 많은 사람이 일자리를 잃고 소외감을 느끼고 있다.
② 인공지능 연구로 노벨 물리학상을 받은 H는 인공지능 기술이 인간의 존재론적 지위에 위협이 될 것이라며 인공지능개발 연구를 멈춰야 한다고 주장한다.
③ 현재 상용화되어 있는 대화형 인공지능은 마음의 상처를 입은 사람들에게 위안을 주어 사람들이 본질적 가치를 회복하는 데 도움을 주고 있음이 입증되었다.
④ 유관 학회 전문가들을 대상으로 한 설문에서, 인공일반지능의 개발이 인간의 본질적 가치를 훼손할 가능성이 높아 개발을 허용해서는 안 된다고 응답한 사람들이 그렇지 않은 사람들보다 압도적으로 많았다.

해설 논증의 강화 및 약화 평가하기 2문단에 의하면 인공일반지능이 개발된다면 인간이 지닌 특별하고 우월한 본질적 가치가 훼손될 것이다. 또한 이러한 인간의 본질적 가치는 어떠한 경우에도 훼손되어서는 안 되므로, 이를 훼손하는 인공일반지능의 개발은 허용될 수 없다. 따라서 이 글의 논지는 '인간의 본질적 가치를 훼손하는 인공일반지능의 개발은 허용될 수 없다'이다. 이때 현재 상용화되어 있는 대화형 인공지능이 인간의 본질적 가치를 회복하는 데 도움을 주고 있음이 입증된 것은 인공일반지능이 인간의 본질적 가치를 훼손하지 않는다는 근거가 된다. 따라서 ③은 제시문의 논지를 약화하는 것으로 적절하다.

오답분석 ① 인공일반지능의 수준에 미치지 못하는 인공지능 프로그램만으로도 많은 사람이 일자리를 잃고 소외감을 느끼고 있다는 것은 인공지능 프로그램이 인간의 본질적 가치를 훼손하고 있음을 보여 준다. 이는 인공일반지능이 인간의 본질적 가치를 훼손하므로 개발을 허용하면 안 된다는 제시문의 논지를 뒷받침하는 사례에 해당한다.
② 인공지능 연구가가 인공지능 기술은 인간의 존재론적 지위에 위협이 될 것이므로 인공지능 개발 연구를 멈춰야 한다고 주장한 것은 인공일반지능이 인간의 본질적 가치를 훼손하므로 개발을 허용하면 안 된다는 글의 논지를 뒷받침하는 사례에 해당한다.
④ 인공일반지능의 개발이 인간의 본질적 가치를 훼손할 가능성이 높아 개발을 허용해서는 안 된다고 응답한 유관 학회 전문가들이 압도적으로 많았다는 설문 결과는 글의 논지와 동일한 주장을 하는 전문가들이 많다는 것을 의미하므로 글의 논지를 뒷받침하는 사례에 해당한다.

정답 ③

적중문제

○△✕를 체크하여 실력을 점검해 보세요.
○: 알고 푼 문제 △: 헷갈린 문제 ✕: 모르는 문제

01

다음 글의 ㉠과 ㉡에 대한 평가로 올바른 것은?

> 선거 기간 동안 여론 조사 결과의 공표를 금지하는 것이 사회적 쟁점이 되고 있다. ㉠조사 결과의 공표가 유권자 투표 의사에 영향을 미쳐 선거의 공정성을 훼손한다는 주장과, ㉡공표 금지가 선거 정보에 대한 언론의 접근을 제한하여 알 권리를 침해한다는 주장이 맞서고 있기 때문이다. 우리나라 현행 선거법은 선거일 전 6일부터 선거 당일까지 조사 결과의 공표를 금지하고 있다. 선거 기간 내내 공표를 제한했던 과거와 비교해 보면 금지 기간이 대폭 줄었음을 알 수 있다. 이 점은 공표 금지에 대한 찬반 논쟁에 시사하는 바가 크다.

① 열세에 있는 후보자에 대한 동정심이 발동해 표심이 움직이게 된다는 열세자 효과는 ㉠을 약화한다.
② 후보자의 지지도나 당선 가능성 등에 관한 여론의 동향은 알 권리에 해당한다는 전문가의 주장은 ㉡을 약화한다.
③ 선거 기간 동안 여론 조사 결과를 공표했을 때와 그렇지 않았을 때 투표의 결과가 23% 달라졌다는 실험 결과는 ㉠을 강화한다.
④ 선거일 전 여론 조사 결과가 공표되면 사표 방지 심리로 지지도가 높은 후보 쪽으로 표심이 이동하게 된다는 밴드왜건 효과는 ㉡을 강화한다.

02

다음 글의 논지를 약화하는 것으로 가장 적절한 것은?

> 시장 점유율이 높은 기업일수록 장기적 생존 가능성이 높다는 것은 경영학계의 오랜 통념이다. 이는 높은 시장 점유율이 규모의 경제를 가능하게 하여 생산 원가를 낮추고, 기업의 협상력을 강화해 공급망에서 유리한 위치를 차지할 수 있게 하기 때문이다. 또한 소비자들은 시장 점유율이 높은 기업의 제품을 더 신뢰하는 경향이 있어 브랜드 가치가 자연스럽게 상승한다.
> 국내 소비재 시장을 분석한 최근 연구에 따르면, 지난 30년간 시장 점유율 상위 20% 기업들의 평균 생존 기간은 하위 80% 기업들보다 3배 이상 길었다. 특히 소비재 분야에서는 상위 기업들이 평균 35년간 운영되었지만 하위 기업들은 평균 11년에 그쳤다. 이러한 현상은 서비스업과 제조업 전반에 걸쳐 일관되게 나타났다.
> 시장 점유율이 높은 기업들은 경기 침체기에도 상대적으로 안정적인 성과를 보였다. 2008년 금융위기 당시 시장 점유율이 높았던 기업들의 매출 감소율은 평균 7%에 그친 반면, 중소기업들은 평균 23%의 매출 감소를 기록했다. 이는 대형 기업들이 보유한 풍부한 자본과 다양한 사업군이 위기 상황에서 완충 역할을 했기 때문이다. 따라서 시장에서의 점유율 확보는 기업의 장기적 생존과 성공을 위한 핵심 전략이라 할 수 있다.

① 국내 1위 유제품 생산업체는 다른 기업보다 최대 30% 저렴한 가격으로 원재료를 구매한다.
② 대부분의 소규모 맞춤 양복점은 대규모 의류 회사에 비해 매출액은 적지만 업계 내 생존 기간이 더 길다.
③ 상품을 구매할 때 사람들은 처음 본 회사의 제품보다 알고 있는 회사의 제품을 선택하는 경향이 있다.
④ 경기 침체기에 한 생명보험사의 매출이 급감했으나 계열사인 대형 마트의 매출이 증가하여 파산하지 않았다.

03

다음 글의 논지를 강화하는 것만을 〈보기〉에서 모두 고르면?

현대 의학에서 장기 이식은 말기 환자들에게 생명의 희망을 주는 중요한 치료법이다. 그러나 이식용 장기가 절대적으로 부족하여 매년 수많은 환자가 적절한 치료를 받지 못하고 있다는 한계가 있다. 이러한 상황에서 동물의 장기를 인간에게 이식하는 이종이식(異種移植)이 새로운 대안으로 주목받고 있다.

이종이식의 가장 유력한 공급원은 돼지이다. 돼지의 장기는 크기와 기능 면에서 인간과 유사하며, 사육이 용이해서 안정적인 공급이 가능하다. 최근에는 유전자 편집 기술을 통해 인간의 면역 체계와 더 잘 맞는 돼지를 개발하여 거부 반응을 최소화하고 있다.

이종이식 기술이 상용화되면 장기 부족 문제를 근본적으로 해결할 수 있을 것이다. 환자들은 더 이상 오랜 대기 시간으로 고통받지 않아도 되며, 적시에 장기를 이식받아 건강한 삶을 되찾을 수 있다. 따라서 이종이식 연구에 대한 투자를 확대하고 관련 규제를 완화하여 기술의 임상 적용을 적극 추진해야 한다.

• 보기 •

ㄱ. 유전자가 편집된 돼지로부터 신장을 이식받은 환자가 거부 반응 없이 정상적인 생활을 하는 것으로 확인되었다.
ㄴ. 최신 연구에 따르면 돼지의 장기에는 인간에게 전파될 수 있는 바이러스의 위험성이 여전히 존재하는 것으로 밝혀졌다.
ㄷ. 세계적으로 장기 이식 대기자가 매년 10% 이상 증가하고 있으나, 이식용 장기의 수는 전체 대기자 수의 3%에 불과한 것으로 나타났다.

① ㄱ, ㄴ
② ㄱ, ㄷ
③ ㄴ, ㄷ
④ ㄱ, ㄴ, ㄷ

04

다음 대화에 대한 평가로 적절한 것만을 모두 고르면?

갑: 인간 자본론의 관점에서 보면, 교육은 지식을 전달하는 수단이자 생산성 향상을 위한 투자라고 볼 수 있어. 사람들이 교육을 받으면 기술과 능력을 발전시키면서 생산성을 향상하고, 이것이 임금 상승으로 이어진다는 게 핵심이지. 그러니까 학력이 높을수록 더 많은 임금을 받게 되지.

을: 교육 자체가 생산성을 높인다고 보기는 어려워. 학위는 능력이나 성실성 등을 짐작하게 해주는 신호 역할을 할 뿐이야. 고용주들은 지원자들에 대해 알지 못하기 때문에 학위를 선발의 근거로 삼아. 즉 학력은 상징적인 지표에 불과하고, 실제 그 사람의 생산성이나 능력을 대변하지는 못해. 그러니까 높은 학력이 높은 임금을 보장하지는 않아.

갑: 아니야. 여러 실증 연구를 보면 교육을 받은 햇수가 증가할수록 소득이 높아지는 것은 분명해. 특히 직무 관련 전문 교육은 실제 노동 생산성을 높여서 임금 상승으로 이어지는 경우가 많아.

을: 그렇다 해도 모든 상황에 해당하지는 않아. 학력 인플레이션 현상처럼, 너무 많은 사람이 고학력을 가지면 교육 투자의 수익률은 감소할 수 있어.

ㄱ. 동일한 직종에서 근무하는 사람을 비교했을 때, 석사 학위 소지자가 학사 학위 소지자보다 많은 임금을 받는다는 사례는 갑의 주장을 강화한다.
ㄴ. 지원자의 학력을 가린 후 실무 시험을 시행한 결과, 고학력자와 저학력자 간의 유의미한 차이가 없었다는 사례는 을의 주장을 강화한다.
ㄷ. 경제 대공황 시기에 저임금을 받거나 실업한 박사 출신의 노동자가 급증했다는 기록은 갑의 주장은 약화하고, 을의 주장은 강화한다.

① ㄱ, ㄴ
② ㄱ, ㄷ
③ ㄴ, ㄷ
④ ㄱ, ㄴ, ㄷ

05

다음 글의 논지를 약화하는 것으로 가장 적절한 것은?

> 대중문화에서의 향수는 과거 특정 시대에 대한 긍정적 감정과 동경을 불러일으키는 중요한 요소로 기능한다. 오늘날 레트로 열풍은 단순한 유행을 넘어 현대 사회의 불안정성에 대한 심리적 대응이라고 볼 수 있다. 빠르게 변화하는 디지털 환경과 불확실한 미래에 대한 두려움으로, 사람들은 과거의 안정적이고 단순했던 시대를 그리워하게 된다.
>
> 레트로 문화의 확산은 소비자들이 과거와의 정서적 연결을 통해 현재의 혼란스러운 정체성을 보완하려는 시도이다. 특히 자신이 직접 경험하지 않은 시대에 대한 향수마저 느끼는 '대리 향수' 현상은 과거에 대한 미화된 이미지가 매체를 통해 재생산되면서 형성된다. 실제로 여러 연구에 따르면, 경제적 불황기나 사회적 불안이 높은 시기에 레트로 문화의 소비가 증가하는 경향을 보인다.
>
> 이러한 현상은 문화 산업이 과거의 이미지와 콘텐츠를 재활용하여 안전하고 검증된 방식으로 이윤을 창출하려는 전략과도 맞닿아 있다. 결과적으로, 레트로 열풍은 불안정한 현대 사회에서 심리적 안정을 찾으려는 대중의 욕구와 산업적 이해관계가 맞물려 지속적으로 강화되는 문화 현상이라고 할 수 있다.

① 2008년 세계 금융 위기 이후 1950년대 패션과 음악이 유행하는 레트로 문화의 부흥이 관찰되었다.
② 심리학 연구에 따르면 향수를 자극하는 콘텐츠를 접한 사람들은 일시적으로 자아 연속성과 삶의 의미를 더 강하게 느끼는 경향이 있다.
③ 레트로 열풍을 경험한 소비자들을 대상으로 한 조사에서 많은 이들이 자신이 실제로 경험하지 않은 과거에 대한 향수를 느낀다고 응답했다.
④ 디지털 환경에 익숙한 젊은 세대가 레트로 문화를 적극적으로 수용하는 현상은 미래 지향적 성향이 강한 집단에서도 레트로 문화가 인기를 얻을 수 있음을 보여준다.

06

다음 글의 논지를 강화하는 것으로 가장 적절한 것은?

> 수행평가는 학생들의 실질적인 능력과 창의성을 평가하는 방법이다. 전통적인 평가 방식인 객관식 시험이 단편적 지식의 암기와 재생에 초점을 맞춘다면, 수행평가는 객관식 시험에서 측정 불가능한 학생들의 문제 해결 능력과 실생활 적용 능력을 측정하는 데 더 효과적이다. 특히 수행평가는 결과만을 평가하는 것이 아니라 학습의 전 과정을 평가하는 과정 평가의 성격을 가지고 있어, 학생들이 자신의 학습 과정을 스스로 성찰하게 함으로써 상위 인지 능력을 향상시킨다.
>
> 특히 획일적인 답을 요구하는 객관식 시험과 달리, 수행평가는 학생 개개인의 독특한 관점과 창의적 사고를 존중한다. 과정 중심 평가의 측면에서 교사는 학생들의 문제 해결 과정에서 보이는 사고방식과 접근법의 차이를 관찰할 수 있다. 또한 이를 통해 학생들의 인지적 능력뿐만 아니라 정의적 능력과 협동 능력 같은 사회적 측면까지 종합적으로 평가하고 계발시킬 수 있다.
>
> 이처럼 교육 현장에서 수행평가의 도입은 전인적 교육 실현에 기여할 수 있다. 또한 이는 교사와 학생 간 상호작용 증진에도 긍정적인 영향을 미친다. 교사는 학생의 수행 과정에 대한 즉각적인 피드백을 제공할 수 있고, 학생은 이를 통해 자신의 부족한 점을 인식하고 개선할 기회를 얻는다.

① A 고등학교의 내부 감사 자료에 따르면 협동 수행평가를 매 학기마다 필수적으로 진행한 이후 학교 폭력 발생률이 현저히 감소한 것으로 보고되었다.
② B 중학교에서 진행한 설문조사에 따르면 학생들은 객관식 시험을 준비할 때보다 수행평가를 준비할 때 더 많은 스트레스와 불안을 경험한다는 것으로 나타났다.
③ 교육학 교수 C가 발표한 연구 결과에 따르면 잦은 수행평가는 교사들의 업무 부담을 증가시켜 학생들의 인지 및 정서 능력 향상에 기여하지 못하게 한다.
④ D 지역 교육청이 실시한 학업 능력 조사에 따르면 수행평가는 창의성과 같은 주관적인 부분의 점수 산정 기준이 불분명해 교사별로 점수 편차가 큰 것으로 밝혀졌다.

07

다음 글의 논지를 약화하는 것으로 가장 적절한 것은?

외계 생명체 탐사에서 '골디락스 존(Goldilocks Zone)'의 개념은 생명체 발견 가능성을 높이는 핵심 지표로 여겨진다. 이는 스스로 열과 빛을 내는 항성으로부터 적당한 거리에 위치하여 액체 상태의 물이 존재할 수 있는 위치 범위를 의미한다. 너무 가까우면 물이 증발하고, 너무 멀면 물이 얼어버리기 때문에 생명체가 존재하기 어렵다는 것이다. 지구의 경우 태양으로부터 약 1억 5천만 킬로미터 떨어진 거리에 위치해 골디락스 존의 중앙에 해당하여 생명체가 살 수 있다. 반면 금성의 경우 태양과 너무 가까워 표면 온도가 460도에 달하기 때문에 생명체가 살 수 없다.

최근 천문학자들은 이 골디락스 존 내에 위치한 외계 행성들을 집중적으로 관측하고 있다. 특히 케플러 우주 망원경과 제임스 웹 우주 망원경을 통해 발견된 수많은 외계 행성 중에서도 골디락스 존에 있는 행성들은 생명체 존재 가능성이 높다는 평가를 받고 있다.

따라서 향후 외계 생명체에 대한 탐사 예산과 관측 시간을 골디락스 존 내 행성들에 우선적으로 배정하는 것이 가장 효율적인 전략이 될 것이다. 한정된 자원을 고려할 때, 생명체 발견 확률이 높은 지역에 집중하는 것이 합리적 접근법이기 때문이다.

① 골디락스 존 밖에 있는 행성에서 지하 바다의 존재와 생명체 구성에 관여하는 화학적 증거들이 발견되었다.
② 케플러 우주 망원경으로 발견한 행성 중 골디락스 존의 내부에 있는 행성들에서 생명체 반응 신호가 지속적으로 관측되고 있다.
③ 생명 활동의 부산물이 높게 검출된 행성들을 조사한 결과, 골디락스 존에 있는 행성들의 비율이 상대적으로 높은 것으로 나타났다.
④ 천문학자들이 골디락스 존에 있는 행성들만을 관측하기 시작한 후, 기존 대비 탐사 시간이 3배 이상 줄고 생명체 발견 확률이 5배 이상 증가하였다.

08

㉠을 평가한 내용으로 적절한 것만을 〈보기〉에서 모두 고르면?

옛 성인(聖人)이 세금 제도를 만든 것은 백성으로부터 거두어 자기를 봉양하자는 것이 아니었다. 백성들이 모여 살면서 갈등과 투쟁이 생겨 서로 죽이기까지 하거니와, 통치자가 법으로 다스려 평화롭게 해 주어야만 민생이 편안해진다. 그러나 이 일은 농사를 지으면서 함께할 수 없으므로, 백성은 수확의 10분의 1을 세(稅)로 바쳐 통치자를 공양(供養)하는 것이다. 통치자가 백성으로부터 거두어들인 것이 큰 만큼, 백성에 대한 보답도 무거운 것이다. 그러나 시간이 흐른 뒤 후세의 통치자는 '백성이 나를 공양하는 것은 당연하다'라고 말하며 ㉠백성이 통치자에게 수확한 곡물을 바치는 것은 공공의 이익을 위한 일이라고 주장한다.

─● 보기 ●─

ㄱ. 통치자의 수취가 가혹해질수록 백성들 사이 갈등이 생기고 서로의 재산을 탐하는 등 사회가 혼란해졌다면 ㉠은 약화된다.
ㄴ. 통치자가 오직 거두어들이는 데만 급급하고 백성을 기를 줄은 몰라 이 때문에 백성이 여위고 병들어 쓰러졌다면 ㉠은 강화된다.
ㄷ. 통치자가 조세에 대한 대가로 국방이나 치안 등의 서비스를 제공해 민생이 편안해졌다면 ㉠은 강화된다.

① ㄱ
② ㄱ, ㄷ
③ ㄴ, ㄷ
④ ㄱ, ㄴ, ㄷ

09

㉠을 평가한 내용으로 적절한 것만을 <보기>에서 모두 고르면?

> 19세기 후반 영국 빅토리아 여왕 시대의 주요 소설가들은 산업화에 따르는 사회 변화를 우려하며, ㉠산업화에 대하여 저항적인 태도를 취해야 한다고 주장하였다. 그들은 산업화가 가져다주는 물량적인 풍요보다는 기존 질서의 파괴와 과거와의 단절에 대하여 더욱 민감한 반응을 보였다. 또한, 전시대에 있을 것 같은 본래적인 삶의 질에 대한 낭만적인 향수도 그들의 저항 의식을 고조시켰음이 사실이다. 근대화와 산업화가 인간성의 상실만이 아니라 새로운 인간해방의 가능성을 내포하고 있음이 사실일 터인데도 문학가들의 감수성은 긍정적인 면보다는 부정적인 면에 대해 더 예민하다는 인상이다.

• 보기 •
ㄱ. 공장 시스템이 도입되면서 노동자들은 긴 노동 시간, 낮은 임금, 그리고 비위생적인 작업 환경으로 인해 삶의 질이 떨어졌다. 이렇듯 노동자가 단순히 생산 도구로 전락한 현상은 ㉠을 약화한다.
ㄴ. 산업 사회가 요구하는 기술적, 경제적, 사회적 변화에 대응하기 위해 교육의 중요성이 부각되었고, 1870년 포스터 교육법이 제정되어 초등교육이 의무화되었다. 이는 계급 이동의 가능성을 열어 주었는데, 이렇듯 교육을 통해 자기계발과 사회적 참여가 실현되었다는 사실은 ㉠을 강화한다.
ㄷ. 산업화 이후 농업 중심의 전통적 공동체가 붕괴되고, 도시 중심의 익명적 사회로 변화하면서 사람들 간의 유대감이 약화되었다. 이와 함께 농촌 인구가 도시로 이주하며 공동체가 해체되었다는 사실은 ㉠을 강화한다.

① ㄱ
② ㄷ
③ ㄱ, ㄷ
④ ㄴ, ㄷ

10

다음 글의 ㉮를 강화하는 것으로 가장 적절한 것은?

생물의 멸종은 자연계에서 오랫동안 지속되어 온 현상이지만, 최근 들어 그 양상이 달라지고 있다. 과거의 멸종은 주로 화산 폭발, 소행성 충돌, 기후 변화와 같은 자연적 요인에 의해 발생했다. 특히 과거에는 생물의 멸종이 긴 시간에 걸쳐 점진적으로 진행되며, 생태계가 새로운 환경에 적응할 수 있는 충분한 시간을 제공했다. 따라서 과거에는 일부 종이 사라지더라도 전체 생태계의 균형은 비교적 잘 유지될 수 있었다.

그러나 현재의 생물 멸종은 과거와는 전혀 다른 특성을 보인다. ㉮인간의 활동이 직접적인 원인이 되어 발생하는 현재의 멸종은 자연적 멸종보다 훨씬 빠른 속도로 진행되며 생태계 전체에 심각한 위험을 초래하고 있다. 서식지 파괴, 남획, 외래종 도입 등 인간의 다양한 활동들이 복합적으로 작용하여 생물종들이 적응할 시간적 여유 없이 급속히 사라지고 있는 것이다. 이는 생태계의 안정성을 근본적으로 위협하며, 궁극적으로는 인간 자신에게도 돌이킬 수 없는 피해를 가져올 수 있다.

이처럼 인간의 활동으로 인한 인위적 멸종의 특성을 분석한 학자들은 현재의 멸종 위기를 해결하기 위해서는 자연적 회복력에만 의존하지 않고, 인간이 적극적으로 개입해야 한다고 주장한다. 자연적 멸종과 달리 인위적 멸종은 그 원인과 속도 모든 면에서 생태계의 자연적 회복 능력을 초과하기 때문에 보전 노력을 기울여야 한다는 것이다.

① 인류가 등장한 후에 멸종한 생물 종보다 인류가 등장하기 전에 멸종한 생물 종이 더 많다.
② 도시 개발로 인해 서식지를 잃은 동물 종들 중 일부가 십 년 만에 완전히 멸종하여 생태계 먹이사슬에 심각한 공백이 발생했다.
③ 관광 상품이 운영되지 않는 지역보다 관광 상품이 운영되는 지역에서 멸종 위기에 놓인 생물의 개체 수 증가율이 평균적으로 더 높았다.
④ 외래종이 인입된 생태계에서는 토종 생물들이 외래종의 위협에 대처하는 방향으로 진화하여 생태계 내 생물다양성이 증가하는 경향이 있다.

11

다음 글의 ㉠과 ㉡에 대한 평가로 올바른 것은?

사회복지 서비스의 민영화와 관련하여 최근 사회적으로 많은 논쟁이 있다. 공공 서비스를 민간 부문에 넘겨 효율성을 높이고 경쟁을 촉진한다는 주장과 함께, 공공성을 훼손하고 취약 계층에 대한 지원이 부족해질 수 있다는 우려가 공존하며 끊임없는 논쟁을 촉발하고 있다.

민영화 찬성 측은 ㉠민영화를 통해 사회복지 서비스의 질을 향상시키고, 경쟁을 유발하여 서비스 다양성을 확보할 수 있다고 주장한다. 민간 기업은 정부보다 더 효율적으로 서비스를 제공할 수 있으며, 수요자 중심의 맞춤형 서비스를 개발할 수 있다는 것이다. 또한 민영화는 정부의 재정 부담을 줄이고, 사회복지 시장을 활성화하여 새로운 일자리를 창출할 수 있다고 주장한다.

반면, 민영화 반대 측은 ㉡민영화가 사회복지 서비스의 공공성을 훼손하고, 취약 계층에 대한 지원을 소홀히 할 수 있다고 주장한다. 민간 기업은 이윤 추구를 목표로 하기 때문에 수익성이 낮은 서비스 제공을 꺼리고, 취약 계층에 대한 서비스 질이 저하될 수 있다는 것이다. 또한, 민영화는 사회적 책임보다는 경제적 효율성을 우선시하여 사회 불평등을 심화시킬 수 있다는 우려도 제기된다.

사회복지 서비스 민영화에 대한 논쟁은 단순히 경제적 효율성과 공공성의 문제를 넘어, 우리 사회가 어떤 가치를 중시하고 어떤 사회를 만들어 나갈 것인가에 대한 근본적인 질문과 연결된다. 단순히 찬성과 반대를 선택하는 문제가 아니라, 다양한 사회적 가치와 이해관계가 충돌하는 복잡한 문제다. 사회복지 서비스의 공공성을 유지하면서도 효율성을 높일 수 있는 최적의 모델을 찾기 위해 지속적으로 논의가 필요할 것이다.

① 민영화 이후 아동 학대 신고 건수가 10% 이상 증가했으며, 아동 보호 시설의 퇴소 아동 재입소율이 높아졌다는 연구 결과는 ㉠을 강화한다.
② 민간 노인 돌봄 기업을 이용하는 노인들의 경우 우울증 증상이 감소하고, 사회 참여도가 증가하는 등 긍정적인 효과가 나타났다는 연구 결과는 ㉡을 강화한다.
③ 민영화 이후 장애인 시설의 인력 감축으로 인해 개인별 맞춤형 지원이 부족해졌으며, 안전사고 발생률이 증가했다는 영국 장애인 인권위원회의 발표는 ㉡을 강화한다.
④ 1980년대부터 대규모 사회복지 서비스 민영화를 추진한 영국 정부에서 민영화 이후 행정 비용이 15%~20% 감소하고, 서비스 이용자 만족도가 향상되었다는 보고서를 발표했다면 ㉠을 약화한다.

12

다음 글의 ㉮를 강화하는 것만을 〈보기〉에서 모두 고르면?

> ㉮이 지구에 살고 있는 사람들 중 다수가 책을 읽지 않는다. 그들은 평생 동안 살아 있는 자연만을 마주하고 살아간다. 퍼덕퍼덕 움직이는 세계가 있으니 죽어 있는 글자 따위는 눈에 담지 않는다. 책이 그들의 삶에 파고들 여지는 전혀 없으며 그런 까닭에 '내 인생을 바꾼 한 권의 책'과 같은 게 있을 리 없다. 책을 읽지 않는 그들은 자연과 자신의 일치 속에서 살아가므로 원초적으로 행복하다. 또한 그들은 지구에게도 행복을 준다. 지구가 원하는 것은 한 치의 어김도 없이 순환의 바퀴가 맞물려 돌아가는 것인데 그들은 나무를 베어 그걸로 책을 만들고 한쪽 구석에 쌓아놓는, 이른바 순환의 톱니바퀴에서 이빨을 빼내는 짓을 하지 않기 때문이다. 그들은 평생을 아프리카 초원의 사자나 얼룩말처럼 살다가 어머니인 대지의 품에 안겨서 잠든다. 나서 죽을 때까지 단 한 번의 자기반성도 하지 않는다. 마치 사자가 지금까지의 얼룩말 잡아먹기를 반성하고 남은 생을 풀만 뜯어 먹으면서 살아가기로 결심하지 않는 것처럼.

• 보기 •

ㄱ. 성인을 대상으로 한 설문에서 작년에 비해 올해 전자책 독서율이 대폭 증가했다는 조사 결과가 나타났다.
ㄴ. 1년어 단 한 권이라도 종이책을 읽었는지에 대한 질문에 성인의 32.3%만이 그렇다는 응답을 하였다.
ㄷ. 초중고교 학생의 독서 현황을 조사한 결과 종합 독서율은 95.8%, 연간 종합 독서량은 36.0권으로 드러났다는 보도 자료가 공개되었다.

① ㄱ
② ㄴ
③ ㄱ, ㄷ
④ ㄴ, ㄷ

13

다음 글의 ㉮를 강화하는 것만을 〈보기〉에서 모두 고르면?

> '1인 가구'란 말 그대로 혼자서 먹고, 자고, 생활하는 가구를 말한다. 1970년대까지만 하더라도 우리나라는 대가족이 많았다. 그러다 1980년대부터 핵가족으로 변하더니, 1997년 외환 위기 이후부터 1인 가구가 늘기 시작했다. 가구를 구성하는 단위가 점점 작아져 왔음을 알 수 있다. 지금은 3가구 중 1가구가 1인 가구인데, 이 비중은 앞으로 더 늘어날 전망이다. 이런 상황을 보면, 사회의 파편화는 이제 올 데까지 온 것 아닌가 하는 생각도 든다. 1인 가구 이상의 파편화는 더 이상 있을 수 없기 때문이다.
>
> 대체 왜 이렇게 1인 가구가 많아지는 것일까? 그 답으로는 여러 가지가 제시되고 있다. 여성의 경제활동 증가, 가족 가치의 약화, 개인주의 심화, 기러기 가족의 증가, 결혼관의 변화, 경제적 빈곤, 고령화 등이 그것이다. 하지만 이 가운데 핵심적인 원인을 하나만 꼽으라고 하면, 무엇보다 '경제적 빈곤'이다. 외환 위기 이후 1인 가구가 대폭 늘기 시작했다는 점, 1인 가구의 빈곤율이 50%에 달한다는 점, 빈곤율이 특히 높은 20~30대 청년층과 노년층에서 1인 가구의 비중 역시 높다는 점이 이를 잘 보여 준다. 화려한 싱글 생활을 즐기는 '골드족'도 있긴 하지만, 그 수는 매우 적다. ㉮1인 가구의 대부분은 빈곤에 시달리고 있으며, 빈곤에 시달리기 때문에 1인 가구가 되었다.

• 보기 •

ㄱ. 국내 1인 가구 빈곤율은 47.2%로 전체 가구 평균 빈곤율 30%보다 높았다는 통계 자료가 발표되었다.
ㄴ. 1인 가구 중 전문직 등 고소득 직업에 종사하는 고소득층 비율이 지속적으로 증가하고 있다는 조사 결과가 발표되었다.
ㄷ. 성인 남녀를 대상으로 한 설문 조사에서 1인 가구를 선택한 이유로 응답자의 70% 이상이 개인의 가치관이나 삶의 방식 등을 선택했다.

① ㄱ
② ㄴ
③ ㄱ, ㄷ
④ ㄴ, ㄷ

14 고난도 문제　　○ △ ✕

㉠을 평가한 내용으로 적절한 것만을 〈보기〉에서 모두 고르면?

> 물고기는 태어나면서부터 헤엄을 칠 수 있고 새는 태어나면서부터 하늘을 날 수 있다. 물고기가 헤엄치고 새가 나는 현상은 태어난 후 배운 게 결코 아니다. 말하자면 후천적이 아니라 선천적인 자질이라는 얘기다. 인간의 말하는 능력도 천부적이라 할 수 있으니 이를 두고 ㉠<u>합리주의 이론</u> 혹은 생득설(生得說)이라 이름한다.
> 　우리가 외국어를 배울 때 하나의 언어를 습득하는 일이 얼마나 어려운가를 생각해 보면 어린이의 언어습득에 관한 이 합리주의 이론이 얼마나 합리적으로 설명될 수 있는지 잘 알 수 있다. 가장 지능이 발달한 시절인 중학생 때부터 대학까지 약 10여 년간 기초로부터 점점 높은 수준에 이르기까지 가장 체계적인 방법으로 영어를 배우더라도, 대학을 졸업한 후 과연 만족스럽게 영어를 구사할 수 있는가를 물으면 결코 그렇지 않다.

---- 보기 ----
ㄱ. 어린이가 언어에 관한 한 백지상태에서 출발하여 시행착오와 반복 연습, 수많은 교정에 의해서 말을 배워 왔다고 여기는 것은 ㉠을 약화한다.
ㄴ. '트이다'는 본래부터 내재하던 것이 어느 순간 밖으로 드러나는 현상을 말하는데, 어린이가 말을 하기 시작하는 때를 가리켜 우리 조상들은 '말문이 트인다'라고 표현했던 것은 ㉠을 강화한다.
ㄷ. 언어를 가르치는 부모나 선생님이 우수하지 않을 수 있고 가르치는 내용이 체계적이지 않을 수 있음에도 불구하고 모든 어린이들이 유사한 시기에 거의 완전한 모어를 구사할 수 있다는 사실은 ㉠을 약화한다.

① ㄱ
② ㄱ, ㄴ
③ ㄴ, ㄷ
④ ㄱ, ㄴ, ㄷ

공무원시험전문 해커스공무원
gosi.Hackers.com

해커스공무원 국어 유형별 출제예상문제집

3편 문법 / 어휘

유형 15 문법 개념을 활용해 추론하기
유형 16 어휘의 문맥상 의미 파악하기

유형 15 문법 개념을 활용해 추론하기

적중 문제풀이 전략

STEP 1 글에 제시된 문법 개념 및 이론을 파악하고 이에 해당하는 사례를 정리한다.
글에 제시된 문법 개념 및 어문 규정에 대한 정보를 파악한 뒤, 이에 해당하는 사례에는 무엇이 있는지 정리한다.

STEP 2 글에서 파악한 개념 및 이론을 선택지에 적용하여 적절성을 확인한다.
문법 개념 및 어문 규정의 내용과 선택지에 제시된 사례를 일일이로 대조하며 사례의 적절성을 판단한다.

전략 적용하기

다음 중 ㉠에 해당하는 사례로 적절한 것은? [2025 지방직 9급]

하나의 단어는 하나의 품사에 속하는 것이 일반적이지만 어떤 단어는 두 가지 이상의 품사에 속할 수 있다. 예를 들어 '밝다'의 경우 '날이 밝았다.'에서는 '밤이 지나고 환해지며 새날이 오다'라는 의미의 동사이지만, '햇살이 밝은 날'에서는 '불빛 따위가 환하다'라는 의미의 형용사이다. 이렇듯 하나의 단어가 둘 이상의 품사로 사용되는 것을 품사 통용이라고 한다. 품사 통용은 동음이의 현상과 구별된다. 즉 품사 통용은 서로 관련된 두 의미가 같은 형태로 나타난 것인 반면, ㉠ 동음이의 현상은 먹는 '배'와 타는 '배'가 구별되는 것과 같이 서로 무관한 두 의미가 우연히 같은 형태로 나타난 것이다.

① 그는 여러 문화를 비교적 관점에서 연구했다. / 삼촌은 교통이 비교적 편리한 곳에 산다.
② 내가 언니보다 키가 더 크다. / 이번 여름에는 비가 많이 와서 마당의 풀이 잘 큰다.
③ 오늘이 드디어 기다리던 시험일이다. / 친구는 국립 박물관에 오늘 갈 것이라 한다.
④ 나는 어제 산 모자를 쓰고 나갔다. / 형님은 시를 쓰고 누님은 그림을 그렸다.

STEP 1 글에서 제시된 문법 개념 및 이론을 파악하고 이에 해당하는 사례를 정리한다.
- 동음이의 현상: 서로 무관한 두 의미가 우연히 같은 형태로 나타나는 것 - 예 먹는 '배', 타는 '배'
- 품사 통용: 하나의 단어가 둘 이상의 품사로 사용되는 것 - 예 날이 '밝았다', 햇살이 '밝은' 날

STEP 2 글에서 파악한 개념 및 이론을 선택지에 적용하여 적절성을 확인한다.
④ '나는 어제 산 모자를 쓰고 나갔다'에서 '쓰고'의 기본형 '쓰다'는 문맥상 '모자 따위를 머리에 얹어 덮다'를 의미하고, '형님은 시를 쓰고 누님은 그림을 그렸다'의 '쓰다'는 '머릿속의 생각을 종이 혹은 이와 유사한 대상 따위에 글로 나타내다'를 의미한다. 이는 서로 무관한 두 의미가 우연히 '쓰다'라는 같은 형태로 나타난 것으로 동음이의 현상의 사례에 해당한다. 따라서 ㉠에 해당하는 사례로 적절한 것은 ④이다.

오답 분석 ① '그는 여러 문화를 비교적 관점에서 연구했다'에서 '비교적'은 명사인 '관점'을 수식하는 관형사로, 문맥상 '다른 것과 견주어서 판단하는'을 의미한다. 반면 '삼촌은 교통이 비교적 편리한 곳에 산다'에서 '비교적'은 형용사인 '편리한'을 수식하는 부사로, 문맥상 '일정한 수준이나 보통 정도보다 꽤'를 의미한다. 이는 하나의 단어가 둘 이상의 품사로 사용되는 품사 통용의 사례에 해당한다.

② '내가 언니보다 키가 더 크다'에서 '크다'는 문맥상 '사람이나 사물의 외형적 길이, 넓이, 높이, 부피 따위가 보통 정도를 넘다'를 의미하는 반면 '이번 여름에는 비가 많이 와서 마당의 풀이 잘 큰다'에서 '크다'는 문맥상 '동식물이 몸의 길이가 자라다'를 의미한다. 이는 하나의 단어가 둘 이상의 품사로 사용되는 품사 통용의 사례에 해당한다.

③ '오늘이 드디어 기다리던 시험일이다'에서 '오늘'은 조사 '이'와 함께 사용된 명사로, 문맥상 '지금 지나가고 있는 이날'을 의미한다. 반면 '친구는 국립 박물관에 오늘 갈 것이라 한다'에서 '오늘'은 동사 '갈'의 기본형 '가다'를 수식하는 부사로, 문맥상 '지금 지나가고 있는 이날에'를 의미한다. 이는 하나의 단어가 둘 이상의 품사로 사용되는 품사 통용의 사례에 해당한다.

엄선기출문제

01 다음 글에서 추론한 내용으로 적절하지 않은 것은? [2025 국가직 9급]

국어의 표준 발음법 규정에서는 이중모음의 발음과 관련한 여러 조항들을 찾을 수 있다. 이중모음은 기본적으로 글자 그대로 발음해야 하지만, 글자와 다르게 발음하는 원칙이 덧붙은 경우도 있다. 이중모음 'ㅢ'의 발음에는 세 가지 원칙이 적용된다. 첫째, 초성이 자음인 음절의 'ㅢ'는 단모음 [ㅣ]로 발음해야 한다. 둘째, 첫음절 이외의 음절에서 'ㅢ'는 이중모음 [ㅢ]로 발음하는 것이 원칙이나 단모음 [ㅣ]로도 발음할 수 있다. 셋째, 조사 '의'는 이중모음 [ㅢ]로 발음하는 것이 원칙이나 단모음 [ㅔ]로도 발음할 수 있다.

이 세 가지 원칙을 적용하여 발음하려 할 때 원칙 간에 충돌이 발생할 때가 있다. '무늬'의 경우, 첫째 원칙에 따르면 [무니]로 발음해야 하는데 둘째 원칙에 따르면 [무늬]도 가능하고 [무니]도 가능하게 된다. 이렇게 첫째와 둘째가 충돌할 때에는 첫째 원칙을 따른다. 하지만 물어본다는 뜻의 명사 '문의(問議)'처럼 앞 음절의 받침이 뒤 음절의 초성으로 오게 되는 경우에는 첫째 원칙이 적용되지 않고 둘째 원칙이 적용된다. '문의 손잡이'에서의 '문의' 역시 받침이 이동하여 발음되기는 하지만 조사 '의'가 포함되어 있다. 이처럼 둘째와 셋째가 충돌하는 상황에서는 셋째 원칙을 따른다.

① '꽃의 향기'에서 '꽃의'는 두 가지 발음이 가능하다.
② '거의 끝났다'에서 '거의'는 한 가지 발음만 가능하다.
③ '편의점에 간다'에서 '편의점'은 두 가지 발음이 가능하다.
④ '한 칸을 띄고 쓴다'에서 '띄고'는 한 가지 발음만 가능하다.

해설 문법 개념을 활용해 추론하기 1문단에 따르면 이중모음 'ㅢ'는 첫음절 이외의 음절에서 나타나는 경우 두 번째 원칙에 따라 [ㅢ]로 발음하는 것이 원칙이나, 단모음 [ㅣ]로도 발음할 수 있다. 이때 '거의'에서 '의'는 첫음절 이외의 음절에서 'ㅢ'가 나타났으므로, 두 번째 원칙에 따라 [ㅢ]로 발음하는 것이 원칙이나, 단모음 [ㅣ]로도 발음할 수 있다. 따라서 '거의'는 [거의], [거이]의 두 가지 발음이 가능하므로, '거의'가 한 가지로만 발음이 가능하다는 ②의 추론은 적절하지 않다.

오답분석 ① 1문단에 따르면 이중모음 'ㅢ'는 조사로 나타나는 경우 세 번째 원칙에 따라 [ㅢ]로 발음하는 것이 원칙이나, 단모음 [ㅔ]로도 발음할 수 있다. 또한 2문단에 따르면 두 번째와 세 번째 원칙이 충돌하는 경우 세 번째 원칙을 따른다. 이때 '꽃의'에서 'ㅢ'는 첫음절 이외의 음절에서 나타났으므로 두 번째 원칙에 따라 [ㅢ]와 [ㅣ]로 발음할 수도 있고, 조사 '의'에 해당하므로 세 번째 원칙에 따라 [ㅢ]와 [ㅔ]로 발음할 수도 있다. 이는 두 번째 원칙과 세 번째 원칙이 충돌하는 경우이므로, 세 번째 원칙을 적용해야 한다. 따라서 '꽃의'는 [꼬치], [꼬체]의 두 가지 발음이 가능하므로 ①의 추론은 적절하다.
③ 1문단에 따르면 이중모음 'ㅢ'는 첫음절 이외의 음절에서 나타나는 경우 두 번째 원칙에 따라 [ㅢ]로 발음하는 것이 원칙이나, 단모음 [ㅣ]로도 발음할 수 있다. 또한 2문단에 따르면 앞 음절의 받침이 뒤 음절의 초성으로 오게 되는 경우에는 두 번째 원칙이 적용된다. 이때 '편의점'에서 '의'는 첫음절 이외의 음절에서 '의'가 나타났으며, 앞 음절 '편'의 받침 'ㄴ'이 뒤 음절의 초성으로 나타나므로 두 번째 원칙을 적용해야 한다. 따라서 '편의점'은 [펴늬점], [펴니점]의 두 가지 발음이 가능하므로, ③의 추론은 적절하다.
④ 1문단에 따르면 이중모음 'ㅢ'는 초성이 자음인 경우 첫 번째 원칙에 따라 단모음 [ㅣ]로 발음해야 한다. 이때 '띄고'에서 'ㅢ'는 자음 'ㄸ'를 음절의 초성으로 가지고 있으므로 첫 번째 원칙에 따라 [ㅣ]로 발음해야 한다. 따라서 '띄고'는 [띠고]의 한 가지 발음만 가능하므로, ④의 추론은 적절하다.

정답 ②

01

다음 중 ㉠에 해당하는 사례로 적절한 것은?

> 국어에서 연음과 ㉠ 평파열음화는 상호 배타적인 관계에 있다. 우선 연음은 두 형태소가 결합할 때, 앞선 형태소의 끝소리가 뒤 형태소의 초성으로 옮겨 가서 발음되는 현상이다. '먹이'가 [머기]와 같이 발음되는 것이 그 예이다. 평파열음화는 음절의 끝소리에서 발음될 수 없는 장애음이 [ㅂ], [ㄷ], [ㄱ] 중 하나로 발음되는 현상이다. 국어의 음절 끝소리에 올 수 있는 자음은 [ㄱ, ㄴ, ㄷ, ㄹ, ㅁ, ㅂ, ㅇ]으로 총 7개이기 때문에 받침 'ㅍ'은 [ㅂ]으로, 받침 'ㅌ, ㅅ, ㅆ, ㅈ, ㅊ, ㅎ'은 [ㄷ]으로, 받침 'ㅋ, ㄲ'은 [ㄱ]으로 발음된다.
>
> 연음과 평파열음화가 상호 배타적인 관계에 있다는 것은 평파열음화가 일어나는 환경에서는 연음이 일어나지 않고, 연음이 일어나는 환경에서는 평파열음화가 일어나지 않는다는 것에서 기인한다. 연음은 자음으로 끝나는 형태소가 모음으로 시작하는 형식 형태소인 조사, 어미, 접사와 결합할 때 일어나는데, '삼촌이[삼초니]', '먹어서[머거서]', '길이[기리]'와 같이 발음해야 한다. 한편 평파열음화는 '밭[받]'과 같이 자음으로 끝나는 형태소 단독으로 사용할 때 일어난다. 또한 자음으로 끝나는 형태소가 '밖도[박또]'와 같이 자음으로 시작하는 형태소와 결합하거나, '젖어미[저더미]'와 같이 모음으로 시작하는 실질 형태소와 결합할 때도 일어난다.

① 겉으로는 멀쩡한 사람이다. / 앞에 있는 장애물을 치웠다.
② 시장에서 빗과 거울을 샀다. / 창문을 닦지 않은 지 두 달이 넘었다.
③ 지푸라기를 대충 덮어 놓고 나왔다. / 부엌만 들어가면 넘어지기 일쑤였다.
④ 그는 옷을 제대로 입지도 못한 채 출근했다. / 끝에 가서 포기하지 말아라.

02

다음 글에서 추론한 내용으로 적절하지 않은 것은?

> 국어에서 동사는 사람이나 사물의 움직임을 나타내는 말로, 움직임이나 작용을 과정적으로 드러낸다. 형용사는 사람이나 사물의 성질이나 상태를 나타내는 말이다. 그런데 '있다'의 의미에 따라 품사가 동사 또는 형용사로 구분된다. '있다'가 '어떤 곳에 있음. 또는 있는 곳'을 뜻하는 '소재(所在)'의 의미로 쓰이는 경우에는 '(방에) 있는다, 있는구나, 있는, 있자, 있어라'와 같이 동사의 활용형과 일치하므로 동사로 분류한다. 이와 달리 '가지고 있음'을 뜻하는 '소유(所有)'의 의미로 쓰이는 경우에는 '(돈이) *있는다, *있는구나, 있는, *있자, *있어라'와 같이 형용사의 활용형과 일치하므로 형용사로 분류한다. 한편 '있다'가 동사인지, 형용사인지에 따라 높임 표현도 달라진다. '있다'가 소재를 나타내는 동사일 경우에는 '계시다'를, 소유를 나타내는 형용사일 경우에는 '있으시다'를 사용해야 한다.

* 비문(非文) 표시임.

① '그는 자식이 셋이나 있는 가장이다'에서 '있는'은 형용사이다.
② '거기 가면 항상 안전한 곳에 있어라'에서 '있어라'는 형용사이다.
③ '아버지께서는 사랑방에 계신다'에서 '계시다'는 동사 '있다'의 높임 표현이다.
④ '할머니께서는 평생 먹고 살 만큼의 재산이 있으시다'에서 '있으시다'는 형용사 '있다'의 높임 표현이다.

03

다음 글의 ㉠의 사례가 포함되어 있지 않은 것은?

합성어는 세 가지 분류 기준에 의해 여러 방식으로 나누어진다. 가장 일반적인 분류 방식으로는 합성어의 품사에 따른 것이고, 합성어 형성 과정에서 국어의 배열 방식에 따라 통사적 합성어와 비통사적 합성어로 나누기도 한다. 또 하나는 구성 요소들 간의 의미상 결합 방식에 따라 종속 합성어와 대등 합성어로 나눌 수가 있다.

앞 어근이 뒤의 어근을 수식하는 '돌다리, 쌀밥'의 경우 종속 합성어이고, '논밭, 앞뒤'는 두 어근이 대등한 관계를 이루고 있으므로 대등 합성어에 해당한다. 종속 합성어와 대등 합성어 이외에 ㉠<u>융합 합성어</u>를 따로 두기도 하는데, 이는 '강산, 갈등'과 같이 각각의 어근이 원래 의미를 잃고 완전히 새로운 의미를 획득한 것을 말한다.

① 할아버지께선 <u>연세</u>가 어떻게 되십니까?
② 우리나라는 <u>산수</u>가 아름답기로 유명하다.
③ 경희가 벌써 대학생이라니 <u>세월</u> 참 빠르다.
④ 구청에서 우리 식당에 <u>춘추</u>로 1년에 두 번씩 위생 검사를 나온다.

04

밑줄 친 단어 중 다음의 한글 맞춤법 규정이 바르게 적용된 것은?

제21항 명사나 혹은 용언의 어간 뒤에 자음으로 시작된 접미사가 붙어서 된 말은 그 명사나 어간의 원형을 밝히어 적는다. 다만, 겹받침의 끝소리가 드러나지 아니하는 것은 소리대로 적는다.

① 단추를 꿰매기엔 실이 너무 <u>굵다랗다</u>.
② 새로 이사 간 곳은 방이 모두 <u>넓다랗다</u>.
③ 그는 근방에서 키가 <u>짧다랗다</u>고 소문나 있다.
④ 지붕에 이어져 있는 함석판들은 모두 <u>얇다랗다</u>.

05

다음 글에서 추론한 내용으로 가장 적절한 것은?

단어를 공통된 성질에 따라 분류한 것을 '품사'라 한다. 품사 분류의 기준으로는 일반적으로 '형태, 기능, 의미'가 있다. '형태'는 단어가 활용하느냐 활용하지 않느냐에 관한 것이고 '기능'은 단어가 문장에서 하는 역할과 관련된다. '의미'는 단어의 구체적인 의미가 아니라 단어 부류가 가지는 추상적인 의미를 말한다. 이러한 기준의 전체 혹은 일부를 적용하여 활용하지 않으며 사물의 이름을 나타내는 말, 활용하고 사물의 동작이나 작용을 나타내는 말, 활용하지 않으며 수량이나 순서를 나타내는 말, 활용하지 않으며 앞말에 붙어 앞말과 다른 말의 문법적 관계를 나타내거나 특수한 의미를 덧붙이는 말, 활용하지 않으며 뒤에 오는 체언을 수식하는 말 등으로 개별 품사를 분류할 수 있다.

그런데 실제로 단어의 품사를 분류할 때에는 분류가 쉽지 않은 것들도 있다. 동사와 형용사의 구별이 대표적인데 사물의 속성이나 상태를 나타내는 형용사와 사물의 작용의 일종인 상태 변화를 나타내는 일부 동사는 의미상 매우 밀접하여 좀 더 세밀하게 구분하여야 한다. 가령 '햇살이 밝다'에서의 '밝다'는 상태를 나타내는 형용사이고, '날이 밝는다'에서의 '밝다'는 상태의 변화를 나타내는 동사이다. 동사와 형용사를 구별하는 또 다른 기준으로 활용 양상을 내세우기도 한다. 동사와 달리 형용사는 원칙적으로 선어말 어미 '-ㄴ/-는-', 관형사형 어미 '-는', 명령형·청유형 종결 어미, 의도나 목적을 나타내는 연결 어미 등과 결합하여 쓰이지 않는다.

① '이/가'는 활용하지 않으며 사물의 이름을 나타내는 말이다.
② '행복하다'는 형용사이므로 '행복하세요', '행복하자' 등으로 쓰이지 않는다.
③ '읽다'는 동사이므로 현재 시제 선어말 어미 '-는-'과 결합하여 쓰이지 않는다.
④ '활용하지 않으며 수량이나 순서를 나타내는 말'은 품사의 분류 기준 중 '형태'는 고려하지 않은 분류이다.

06

다음 글의 ㉠의 사례에 해당하는 것은?

> 홑문장은 '주어-서술어'의 관계가 한 번 성립하는 문장인 반면 겹문장은 '주어-서술어'의 관계가 두 번 이상 성립하는 문장이다. 겹문장은 안은문장과 이어진문장으로 나눌 수 있는데 이는 구성 방식에 따른 구분이다. 전자는 문장 속 한 성분이 되는 절을 안는 방식, 후자는 절과 절이 이어지는 방식으로 이루어진다.
> 그중 이어진문장은 둘 이상의 문장이 대등하거나 종속적으로 이어진다. 대등하게 이어진문장은 앞 절과 뒤 절이 대등한 관계로 결합한 문장이고, ㉠종속적으로 이어진 문장은 앞 절과 뒤 절이 동등하지 않은 자격으로 접속된 문장이다. 대등하게 이어진 문장은 앞 절과 뒤 절이 구조상, 의미상 대칭성이 있으며 앞 절과 뒤 절의 순서 바꿈이 가능하다. 반면 종속적으로 이어진 문장은 앞 절과 뒤 절의 순서를 바꾸면 문장의 의미가 달라지거나 비문이 된다는 특징이 있다.

① 하늘이 매우 파랗다.
② 겨울이 되면 눈이 온다.
③ 나는 그가 돌아오기를 기다렸다.
④ 나는 빵을 좋아하지만 오빠는 빵을 좋아하지 않는다.

07

다음에서 설명하는 음운 현상이 일어나지 않은 것은?

> 구개음이 아닌 자음 'ㄷ', 'ㅌ'이 모음 'ㅣ'나 반모음 'ㅣ'로 시작되는 형식 형태소를 만나 구개음 [ㅈ], [ㅊ]으로 바뀌는 현상

① 편지 봉투에 우표를 단단히 붙였다.
② 시험 마치고 우리 같이 영화 보러 갈래?
③ 굳이 어려운 길로 돌아갈 필요가 있을까?
④ 책이 너무 많아 새로운 책꽂이가 필요하다.

08

다음 글의 내용에 부합하지 않는 것은?

> 유명한 언어학자이면서 동시에 인류학자였던 사피어(Sapir)는 "인간은 우리가 보통 생각하듯이 객관적인 세계에 살고 있는 것이 아니다. 우리는 언어를 매개로 하여 살고 있는 것이다. 언어는 단순히 표현의 수단만은 아니다. 실세계(實世界)라고 하는 것은 언어 관습의 기초 위에 세워져 있다. 우리는 언어가 노출시키고 분절시켜 놓은 세계를 보고 듣고 경험하는 것이다."라고 했다. 또한 그의 제자이며 유명한 인류 언어학자인 워프(Whorf) 역시 "언어는 우리의 행동과 사고의 양식을 결정하고 주조한다."라고 하였다. 그것은 우리가 실세계를 있는 그대로 보고 경험하는 것이 아니라, 언어를 통해서 비로소 인식한다는 것이다. 〈중 략〉
> 우리 국어에서도 초록, 청색, 남색을 모두 푸르다(혹은 파랗다)고 한다. '푸른(파란) 바다', '푸른(파란) 숲', '푸른(파란) 하늘' 등의 표현이 그것을 말해 준다. 따라서 어린이들이 흔히 이 세 가지 색을 혼동하고 구별하지 못하는 일도 있다. 분명히 다른 색인데도 한 가지 말을 쓰기 때문에 그 구별이 잘 안 된다는 것은, 말이 우리의 사고를 지배한다는 뜻이 된다. 이와 같은 이론을 가리켜 '언어의 상대성 이론'이라고 한다.
> 그러나 실제로는 언어가 그만큼 우리의 사고를 철저하게 지배하는 것은 아니다. 물론, 언어상의 차이가 다른 모양의 사고 유형이나 행동 양식으로 나타나는 것은 사실이지만, 이것이 절대적인 것은 아니다.

① 언어는 인간의 단순한 표현 수단이 아니라, 언어가 나타내는 세계를 인간이 경험하는 것이다.
② '언어의 상대성 이론'은 절대적인 이론으로, 실제로 언어는 우리의 사고를 철저하게 지배한다.
③ 인간은 언어를 통해 그들이 실제 살고 있는 이 세상을 제대로 인식할 수 있다는 의견이 존재한다.
④ 언어의 상대성 이론 때문에 종종 어린이들은 서로 다른 색이라도 하나의 단어로 표현되면 그 구별을 어려워 한다.

09

다음 글을 참고할 때 〈보기〉의 (　)에 들어갈 말로 가장 적절한 것은?

다의 관계(多義關係)는 한 단어가 두 가지 이상의 뜻으로 쓰일 때, 그 뜻이 서로 비슷해야 성립한다. 예를 들어 '무슨 소리를 하는 거니?'에서 말을 뜻하는 '소리'와 '아이들 사이에 이상한 소리가 돌고 있다'에서 소문을 뜻하는 '소리'는 단일한 언어 기호를 가지며, '음파가 귓청을 울려 들리는 것'이라는 동일한 속성을 공유하고 있기 때문에 다의 관계에 해당한다. 하지만 작은 이익을 뜻하는 '소리(小利)'는 적는 형태가 동일하더라도 의미에서 연관되는 지점을 찾을 수 없으므로, 다른 단어로 간주하여 동음이의어로 구별한다.

● 보기 ●
한 단어의 여러 가지 의미가 (㉠)과 (㉡)을 지니고 있을 때 다의 관계에 있다고 볼 수 있다.

	㉠	㉡
①	관련성(關聯性)	보완성(補完性)
②	다의성(多義性)	차별성(差別性)
③	유사성(類似性)	공통성(共通性)
④	통일성(統一性)	상관성(相關性)

10

다음 글의 ㉠~㉢에 들어갈 말을 적절하게 나열한 것은?

국어의 자음은 조음 위치와 조음 방법을 기준으로 삼아 분류할 수 있다. 먼저 조음 위치에 따라서는 'ㅂ, ㅍ, ㅃ, ㅁ'과 같이 입술에서 내는 양순음, 'ㄷ, ㅌ, ㄸ, ㅅ, ㅆ, ㄴ, ㄹ'과 같이 혀끝을 치조 부위에 대거나 접근해서 내는 치조음, 'ㅈ, ㅊ, ㅉ'과 같이 혀의 앞부분을 경구개 부위에 대어 내는 경구개음, 'ㄱ, ㅋ, ㄲ, ㅇ'과 같이 혀의 뒷부분을 연구개 부위에 대어 내는 연구개음, 'ㅎ'과 같이 성문에서 내는 후음으로 분류할 수 있다. 한편 조음 방법에 따라서는 'ㅂ, ㅍ, ㅃ, ㄷ, ㅌ, ㄸ, ㄱ, ㅋ, ㄲ'과 같이 공기를 막았다가 터뜨리는 파열음, 'ㅅ, ㅆ'과 같이 좁은 틈으로 공기를 마찰하여 내는 마찰음, 'ㅈ, ㅊ, ㅉ'과 같이 공기를 막았다가 마찰하여 내는 파찰음, 'ㅁ, ㄴ, ㅇ'과 같이 코로 공기를 보내어 내는 비음, 'ㄹ'과 같이 공기의 흐름을 거의 받지 않으면서 내는 유음으로 분류할 수 있다.
 이러한 자음의 분류 방식을 이해하면 국어의 음운 현상을 더욱 쉽게 설명할 수 있다. 비음화는 받침 'ㄱ(ㄲ, ㅋ, ㄳ, ㄺ), ㄷ(ㅅ, ㅆ, ㅈ, ㅊ, ㅌ, ㅎ), ㅂ(ㅍ, ㄼ, ㄿ, ㅄ)'이 비음 'ㄴ, ㅁ' 앞에서 [ㅇ, ㄴ, ㅁ]으로 발음되는 현상으로, 국물[궁물], 닫는[단는], 밥물[밤물]과 같이 발현된다. 이때 'ㄱ'은 [ㅇ], 'ㄷ'은 [ㄴ], 'ㅂ'은 [ㅁ]으로 발음된다는 것을 보면 비음화는 ㉠ 이/가 그대로이고, ㉡ 이/가 바뀌는 음운 현상임을 알 수 있다. 또한 비음화는 적용되는 범위가 다소 독특하단 특징이 있는데, 바로 '밥 먹어[밤머거]'와 같이 ㉢ 에서도 적용될 수 있다는 점이다.

	㉠	㉡	㉢
①	조음 방법	조음 위치	한 단어 내
②	조음 위치	조음 방법	한 단어 내
③	조음 방법	조음 위치	단어와 단어 사이
④	조음 위치	조음 방법	단어와 단어 사이

11

다음 글을 이해한 내용으로 가장 적절한 것은?

형태소는 뜻을 지닌 가장 작은 말의 단위이다. 이러한 정의에 근거하면, '돌다리'는 '돌'과 '다리'로 나눌 수 있는데, 이때 '돌'과 '다리'는 각각의 뜻을 가지고 있으므로, 형태소라고 할 수 있다. 하지만, '다리'를 '다'와 '리'로 나누었을 때는 그 의미를 파악하기 어려우므로, '다'와 '리'는 형태소가 아니다.

형태소는 문장에서 단독으로 쓰일 수 있는지에 따라 '자립 형태소'와 '의존 형태소'로 나눌 수 있고, 형태소가 가진 의미가 실질적인 개념을 나타내는지, 형식적인 관계를 나타내는지에 따라 '실질 형태소'와 '형식 형태소'로 나눌 수 있다.

먼저, 자립 형태소는 문장에서 단독으로 쓰일 수 있는 형태소로, 명사, 대명사, 수사, 관형사, 부사, 감탄사가 포함된다. 이때 자립 형태소는 홀로 띄어 쓸 수 있다는 점에서 의존 형태소와 구별된다. 의존 형태소는 반드시 다른 말과 결합해서 써야 하는 형태소로, 조사, 동사와 형용사의 어간과 어미, 접사가 이에 해당한다.

한편 실질 형태소는 어휘 형태소라고도 하는데, 이는 실질 형태소가 어휘적인 의미를 나타내기 때문이다. 실질 형태소에는 명사, 대명사, 수사, 관형사, 부사, 감탄사뿐만 아니라, 동사와 형용사의 어간도 포함된다. 형식 형태소는 문법 형태소라고 칭하기도 하는데, 이는 실질 형태소에 결합하여 말과 말 사이의 문법적 관계나 문법적 기능을 나타내기 때문이다. 형식 형태소에는 조사, 동사와 형용사의 어미, 접사가 포함된다.

① '토끼가 앞발을 들었다'에는 자립 형태소가 2개 있다.
② '아기가 바로 잠에 들다'에는 의존 형태소가 4개 있다.
③ '민수는 곧 어른이 될 것이다'에는 형식 형태소가 3개 있다.
④ '그는 나에게 밥을 차려 주었다'에는 실질 형태소가 3개 있다.

12

다음 중 ㉠에 해당하는 사례로 적절한 것은?

피동은 주체가 제힘으로 어떤 행위를 일으키는 것이 아닌 다른 대상이나 힘에 의해 이루어지는 동작이나 행동을 의미하며, 사동은 주체가 제3의 대상에게 어떤 동작이나 행동을 하게 하는 것을 의미한다. 이러한 피동과 사동이 문장으로 표현된 것을 각각 피동문, ㉠사동문이라고 한다.

피동문은 능동문과 밀접한 관련을 맺고 있다. '경찰이 도둑을 잡다'라는 능동문은 '도둑이 경찰에게 잡히다'라는 피동문으로 바꿀 수 있는데, 이때 능동문의 주어는 피동문의 부사어가 되고, 능동문의 목적어는 피동문의 주어가 된다. 사동문은 주동문과 관련이 있다. '아이가 책을 읽다'라는 주동문을 '엄마가 아이에게 책을 읽히다'라는 사동문으로 바꿀 때에는, 주동문에 존재하지 않던 새로운 주어가 추가되고, 주동문의 주어는 사동문의 목적어나 부사어가 된다.

피동문과 사동문을 형성하는 방법은 크게 두 가지로, 파생적 피동과 통사적 피동, 파생적 사동과 통사적 사동이 있다. 파생적 피동은 어간이나 명사에 피동 접미사를 결합하는 방식이다. 어간에 결합하는 피동 접미사는 '-이-', '-히-', '-리-', '-기-'가 있고, 명사에 결합하는 피동 접미사는 '-되다', '-받다', '-당하다'가 있다. 통사적 피동은 피동의 의미를 나타내는 피동 표현인 '-아/어지다', '-게 되다'를 사용하는 것이다. 한편 파생적 사동은 어간이나 명사에 사동 접미사를 결합하는 것으로 어간에 결합하는 사동 접미사는 '-이-', '-히-', '-리-', '-기-', '-우-', '-구-', '-추-', '-이키-', '-으키-', '-이우'가 있고, 명사와 결합하는 접미사는 '-시키다'가 있다. 통사적 사동은 사동의 의미를 나타내는 사동 표현인 '-게 하다'를 사용하는 것이다.

① 형이 동생에게 옷을 입혔다. / 나는 친구에게 머리카락이 뽑혔다.
② 범인은 형사에게 꼬리가 밟혔다. / 선생님은 학생들에게 책을 읽혔다.
③ 우리는 적군으로부터 공격당했다. / 공장 폐수가 하천을 오염시켰다.
④ 그는 직원들에게 복도를 청소하게 했다. / 택시 기사가 손님을 차에 태웠다.

13

다음 중 ㉠에 해당하는 사례로 적절하지 않은 것은?

높임 표현은 화자가 어떠한 대상에 대하여 높고 낮은 정도를 언어적으로 나타낸 것으로, 국어의 높임법에는 주체 높임법, 상대 높임법, 객체 높임법이 있다. 주체 높임법은 문장의 주체인 주어에 해당하는 대상을 높이는 것이고, 상대 높임법은 청자를 높이거나 낮추는 것이다. 마지막으로 ㉠객체 높임법은 문장의 객체인 부사어와 목적어에 해당하는 대상을 높이는 것이다.

주체 높임법은 '선생님께서 들어오신다'와 같이 주체를 높이는 선어말 어미 '-으시-', '-시-'와 주격 조사 '께서'를 사용함으로써 실현된다. 상대 높임법은 어떤 종결 어미를 사용하였는지에 따라 그 등급이 결정된다. 상대 높임법은 격식체와 비격식체로 나눌 수 있는데, 격식체는 공식적이고 예의를 갖춘 상황에서 사용하며, 비격식체는 청자와 가까운 사이에서 친밀감을 드러내기 위해 사용한다. 격식체로는 하십시오체(가십시오), 하오체(가오), 하게체(가게), 해라체(가라)가 있고, 비격식체로는 해요체(가요)와 해체(가)가 있다. 객체 높임은 주로 특수 어휘와 높임의 부사격 조사 '께'를 통해 실현된다. 객체 높임의 특수 어휘로는 '데리다'의 높임말인 '모시다', '주다'의 높임말인 '드리다', '묻다'의 높임말인 '여쭙다/여쭈다', '만나다'의 높임말인 '뵙다'가 있다. 이와 같이 높임법은 종류별로 실현하는 방법이 다양하며, 높임 표현을 적절히 사용할 때, 원만한 인간관계를 유지할 수 있다.

① 신입 사원들은 회장님을 뵙기를 희망하였다.
② 여러분, 이 사안은 부장님께 여쭈어 해결합시다.
③ 우리는 교수님께 퇴직 선물을 드리기로 결정했다.
④ 군인들은 피난민을 데리고 다리를 건너기 시작했다.

14

다음 글을 이해한 내용으로 가장 적절한 것은?

먹는 '밤〈栗〉'과 낮과 반대되는 말인 '밤〈夜〉'은 발음은 동일하지만 각각이 가리키는 의미는 전혀 다르다. 이처럼 서로 다른 의미를 가지면서 우연히 음성 형식이 동일한 관계를 동음 관계라고 한다. 동음 관계는 일상생활에서 쉽게 찾아볼 수 있다. 먹는 '배〈梨〉' 타는 '배〈船〉', 신체의 일부인 '배〈腹〉' 역시 동음 관계에 있다고 할 수 있다.

동음 관계는 크게 완전 동음어, 부분 동음어, 이철자 동음어로 구분할 수 있다. 완전 동음어는 소리뿐 아니라 철자까지 같지만 의미가 다른 동음어로, 앞서 언급한 '밤'과 '배' 등이 여기에 속한다. 이 경우 단어의 어형이 모든 형태에서 동일하며, 문법적인 지위도 같다. 부분 동음어는 일부 형태에서만 동음성을 유지하고 그 외의 환경에서는 동음성을 유지하지 못하는 것을 말한다. 예를 들어 '나이를 묻다'와 '뼈를 묻다'에서 '묻다'는 기본형의 경우 동음성을 유지하지만, '나이를 물어서', '뼈를 묻어서'와 같이 활용하는 경우에는 동음성이 유지되지 않는다. 부분 동음어의 또 다른 예시는 품사가 다른 경우이다. 앞서 언급한 바와 같이 완전 동음어는 문법적 지위가 동일하다. 하지만 '새 신발', '하늘을 나는 새'의 '새'는 각각 관형사와 명사로 그 문법적 지위가 동일하지 않다. 이러한 관점에서 두 단어는 부분 동음어 관계에 있다고 할 수 있다. 마지막으로 이철자 동음어는 철자는 다르지만 소리가 같은 경우이다. '반듯이 앉아라', '반드시 해낸다'에서 '반듯이'와 '반드시'는 모두 [반드시]로 발음하므로 이철자 동음어 관계에 해당한다. 동음어는 의사소통에 있어 혼란을 줄 수 있으므로 의미를 파악할 때 문맥에 비추어 단어의 의미를 해석해야 한다.

① 동음어는 의사소통에서 의미 전달의 명확성을 더해 준다.
② 철자는 동일하나 품사가 다른 두 단어는 부분 동음어 관계로 볼 수 없다.
③ 이철자 동음어 관계는 철자는 동일하나, 소리가 다른 단어 간의 관계이다.
④ 완전 동음어 관계는 발음과 철자, 어형, 문법적 지위가 동일하고 의미가 다른 단어 간의 관계이다.

15

다음 글을 이해한 내용으로 적절하지 않은 것은?

유음화는 비음 'ㄴ'이 유음 'ㄹ'의 앞이나 뒤에서 [ㄹ]로 발음되는 현상을 의미하는데, 'ㄹ'과 인접한 'ㄴ'이 'ㄹ'과 같아진다는 점에서 동화의 일종에 해당한다. 유음화는 'ㄹ'이 'ㄴ'의 앞에 있느냐, 뒤에 있느냐에 따라 순행 유음화와 역행 유음화로 나누어 볼 수 있다.

순행 유음화는 'ㄹ'로 끝나는 형태소와 'ㄴ'으로 시작하는 형태소가 결합할 때 나타나는 음운 현상으로 후행하는 'ㄴ'이 [ㄹ]로 바뀌게 된다. 하지만 'ㄹ'과 'ㄴ'이 연쇄할 때 순행 유음화가 반드시 발생하는 것은 아니다. 예를 들어 'ㄹ'로 끝나는 어간 '살-'과 'ㄴ'으로 시작하는 어미 '-느냐'가 결합하는 경우에는 유음화가 적용된 [살르냐]가 아닌 [사느냐]로 발음된다. 이를 통해 'ㄹ'로 끝나는 어간 뒤에 'ㄴ'으로 시작하는 어미가 결합할 때는 순행 유음화가 발생하지 않고 어간의 'ㄹ'이 탈락한다는 것을 알 수 있다.

역행 유음화는 동화의 방향이 순행 유음화와는 반대이다. 'ㄴ'으로 끝나는 형태소와 'ㄹ'로 시작하는 형태소가 결합할 때 선행하는 'ㄴ'이 [ㄹ]로 발음되는 현상이다. 특이한 점은 역행 유음화는 주로 한자어와 외래어에서 일어난다는 것인데, 이는 국어의 고유어에는 'ㄴ'과 'ㄹ'이 연쇄하는 단어를 찾아보기 어렵기 때문이다.

① '칼날'을 [칼랄]로 발음하는 것은 순행 유음화의 결과이다.
② '신라(新羅)'를 [실라]로 발음하는 것은 역행 유음화의 결과이다.
③ '물난리'를 [물랄리]로 발음하는 것은 순행 유음화가 두 번 적용된 결과이다.
④ '알다'의 어간 '알-'에 어미 '-는'이 결합한 활용형은 [알른]이 아닌 [아는]으로 발음해야 한다.

16

다음 글을 이해한 내용으로 적절한 것은?

관형사는 부사와 함께 수식언으로 분류되며, 체언의 앞에 놓여서 그 체언의 내용을 제한해 주는 품사이다. 관형사의 형태론적, 통사론적, 의미론적 특징을 살펴보면 다음과 같다.

첫째, 형태론적으로 '먹어, 먹니'와 같이 활용을 하는 용언과 달리 관형사는 불변어에 해당하므로 그 형태가 변화하지 않는다. 또한 '잘도 먹는구나'와 같이 보조사의 결합이 가능한 부사와는 다르게, 관형사는 격조사는 물론 보조사도 결합이 불가능하다. 관형사는 체언의 수식적인 용법이나, 용언의 관형사형이 굳어진 것이 많다. 이때 용언의 활용형과 용언의 관형사형이 굳어진 관형사는 구별되어야 한다. '이것은 낡았으니 다른 옷을 가져오세요'와 '너와 생각이 다른 사람을 무시해서는 안 된다'에서 전자의 '다른'은 체언인 '옷'을 수식하는 관형사이지만, 후자는 '너와는 생각이 다르다'와 같이 풀어 쓸 수 있으므로 이때의 '다른'은 형용사의 활용형이다.

둘째, 통사론적으로 관형사는 체언을 수식하는 자리에만 위치한다. 그리고 관형사가 체언의 내용을 제한해 준다는 기능에 비춰 볼 때, 관형사는 반드시 수식을 받는 피수식어를 요구한다.

셋째, 의미론적으로 체언의 뜻을 제한해 준다. 이때 체언의 성질이나 상태를 제한하기도 하고, 화자와 청자의 거리를 제한해 주기도 하며, 수량을 제한하기도 한다. 이를 각각 성상 관형사, 지시 관형사, 수 관형사라고 부른다. 이 세 관형사는 결합하는 순서가 정해져 있는데, 지시 관형사 – 수 관형사 – 성상 관형사 순서로 결합한다. 따라서 '저 모든 새 집이 내 것이다'와 같은 양상을 보인다.

① 관형사는 가변어에 해당하므로 용언과 같이 활용을 하는 품사이다.
② '이런 헌 옷은 너나 입어라'는 지시 관형사와 성상 관형사가 순서대로 결합한 것이다.
③ 용언의 관형사형이 굳어진 관형사는 문장 내에 피수식어가 없을 때도 사용이 가능하다.
④ 수 관형사는 부사와 달리 보조사가 결합하는 것은 불가능하지만 격조사가 결합하는 것은 가능하다.

17

다음 글의 ㉠~㉢에 들어갈 말을 적절하게 나열한 것은?

단어의 의미가 변화하는 양상은 크게 세 가지로 정리할 수 있다. 먼저 확대는 단어가 보다 넓은 의미 영역을 가지게 되는 현상으로, 의미가 일반화되는 현상이라고 볼 수 있다. 예를 들어, '식구(食口)'는 본래 '입(口)'을 뜻하였으나, 오늘날에는 '가족'이나, '사람'을 뜻하게 되었다. 확대는 단어가 다양한 문맥에서 쓰이면서 다의성을 획득하게 된 결과이다. 이와 반대로 의미의 축소는 단어의 의미 영역이 좁아지는 현상으로, 의미가 특수화되는 현상이라고 볼 수 있다. '중생(衆生)'은 원래 '생물 일반'을 의미하는 단어였으나, 이것이 '동물'을 뜻하게 되고, 다시 '사람'을 지시하는 것으로 그 의미가 축소되었다. 의미의 축소는 원래 다의성을 갖고 있었던 단어가 모호한 의미를 명확한 의미로 바꾸는 과정에 의해 발생한 것이다. 마지막으로 전이는 단어의 의미 영역이 확대나 축소 없이 단어의 의미가 바뀌는 현상이다. 과거에 '어리다'는 '어리석다'라는 의미로 사용되었으나, 오늘날에는 원래 뜻과는 상관없는 '나이가 적다'라는 의미로 변화한 것을 예로 들 수 있다.

단어의 의미 변화는 우리 생활 곳곳에서 찾아볼 수 있다. '얼굴'은 본래 '형체(身)'를 뜻하였으나, 오늘날에는 눈, 코, 입이 있는 머리의 앞면을 지칭하는 단어로 의미가 바뀌었다는 점에서 의미의 ㉠ 가 일어난 사례라고 할 수 있다. 한편 '겨레'는 오늘날 '민족', '동족'을 지칭하는 말이나, 과거에는 '친족', '종친'에 한정되어 쓰이던 말이었다. 이는 의미의 ㉡ 가 일어난 것이라고 할 수 있다. '싸다'는 원래 '얼마만큼의 값이 있다'의 의미로 사용되었으나, 오늘날에는 원래 뜻과는 전혀 다른 '저렴하다'의 의미로 사용된다는 점에서 의미의 ㉢ 가 일어난 것으로 볼 수 있다.

	㉠	㉡	㉢
①	확대	전이	축소
②	확대	축소	전이
③	축소	전이	확대
④	축소	확대	전이

18 고난도 문제

다음 글을 이해한 내용으로 적절한 것은?

현재 시제는 발화시와 사건시가 동일한 시제이다. 동사에서 현재 시제의 종결형은 상대 높임법에 따라 달라지는데, 해라체의 경우 현재 시제는 '먹는다', '달린다'와 같이 현재 시제 선어말 어미 '-는-'과 '-ㄴ-'을 통해 실현된다. 하지만 해요체, 해체, 하십시오체에서는 '달려', '달려요', '달립니다'와 같이 현재 시제 선어말 어미의 결합 없이 현재 시제가 실현된다. 한편 형용사의 현재 시제 역시 선어말 어미의 결합 없이 실현된다. 관형사절에서는 현재 시제의 실현 양상이 동사인지 형용사인지에 따라 다르게 나타난다. 동사의 경우 관형사형 어미 '-는'이 사용되며 '달리는 영수'와 같이 실현된다. 한편 형용사의 경우에는 '-ㄴ', '-은'이 사용되며, '예쁜 인형을 받았다', '그가 나에게 큰 선물을 주었다'와 같이 실현된다.

과거 시제는 사건시가 발화시에 앞서는 시제이다. 과거 시제는 '먹었다', '컸다', '공부하였다'와 같이 과거 시제 선어말 어미 '-았/었/였-'을 통해 실현된다. 관형사절에서 과거 시제는 '-ㄴ', '-은', '-던'에 의해 실현되는데, 동사에서는 '달린 영수', '먹은 빵', '먹던 빵'과 같이 '-ㄴ', '-은', '-던'이 모두 사용될 수 있고, 형용사에서는 '-던'만 쓰일 수 있다.

마지막으로 미래 시제는 사건시가 발화시보다 나중인 시제이다. 미래 시제는 '먹겠다', '먹으리라'와 같이 미래 시제 선어말 어미 '-겠-'과 '-리-', '-으리-'를 통해 실현된다. 관형사절에서 미래 시제는 '-ㄹ', '-을'에 의해 실현되는데, '먹을 빵', '예쁠 모습'과 같이 동사와 형용사 모두 사용이 가능하다.

① '비가 올 날에는 집에 있는다'에서 '있는다'는 현재 시제이고, '올'은 과거 시제이다.
② '동생이 형이 읽은 책을 **빼앗았다**'에서 '빼앗았다'는 과거 시제이고, '읽은'도 과거 시제이다.
③ '박사는 다가올 미래를 걱정했다'에서 '걱정했다'는 현재 시제이고, '다가올'도 현재 시제이다.
④ '우편을 배달하는 집배원이 멋지다'에서 '멋지다'는 과거 시제이고, '배달하는'은 현재 시제이다.

유형 16 어휘의 문맥상 의미 파악하기

적중 문제풀이 전략

STEP 1 밑줄 친 어휘의 문맥적 의미를 파악한다.
밑줄 친 표현의 사용 맥락을 통해 구체적 의미를 도출한다.

STEP 2 밑줄 친 어휘와 문맥적 유사성이 가장 큰 선택지를 고른다.
- 밑줄 친 어휘와 동일한 의미로 쓰인 다의어를 찾는다.
- 선택지에 제시된 고유어나 한자어를 밑줄 친 어휘와 바꿔 쓸 수 있는지 확인해 본다.

전략 적용하기

밑줄 친 표현이 문맥상 ㉠의 의미와 가장 가까운 것은? [9급 출제기조 전환 2차 예시문제]

방각본 출판은 책을 목판에 새겨 대량으로 찍어내는 방식이다. 이 경우 소수의 작품으로 많은 판매 부수를 올리는 것이 유리하다. 즉, 하나의 책으로 500부를 파는 것이 세 권의 책으로 합계 500부를 파는 것보다 이윤이 높다. 따라서 방각본 출판업자는 작품의 종류를 늘리기보다는 시장성이 좋은 작품을 집중적으로 출판하였다. 또한 작품의 규모가 커서 분량이 많은 경우에는 생산 비용이 ㉠<u>올라</u> 책값이 비싸지기 때문에 자연스럽게 분량이 적은 작품을 선호하였다. 이에 따라 방각본 출판에서는 규모가 큰 작품을 기피하였으며, 일단 선택된 작품에도 종종 축약적 윤색이 가해지고는 하였다.

일종의 도서대여업인 세책업은 가능한 여러 종류의 작품을 가지고 있는 편이 유리하고, 한 작품의 규모가 큰 것도 환영할 만한 일이었다. 소설을 빌려 보는 독자들은 하나를 읽고 나서 대개 새 작품을 찾았으니, 보유한 작품의 종류가 많을수록 좋았다. 또한 한 작품의 분량이 많아서 여러 책으로 나뉘어 있으면 그만큼 세책료를 더 받을 수 있으니, 세책업자들은 스토리를 재미나게 부연하여 책의 권수를 늘리기도 했다. 따라서 세책업자들은 많은 종류의 작품을 모으는 데에 주력했고, 이 과정에서 원본의 확장 및 개작이 적잖이 이루어졌다.

① 습도가 <u>올라가는</u> 장마철에는 건강에 유의해야 한다.
② 내가 키우던 반려견이 하늘나라로 <u>올라갔다</u>.
③ 그녀는 승진해서 본사로 <u>올라가게</u> 되었다.
④ 그는 시험을 보러 서울로 <u>올라갔다</u>.

STEP 1 밑줄 친 어휘의 문맥적 의미를 파악한다.
㉠이 포함된 문장의 문맥을 살펴보면 '작품의 규모가 큼 → 생산 비용 증가'라는 결과를 발생한다. 따라서 ㉠은 문맥상 '양적·수치적 증가'를 뜻한다.

STEP 2 밑줄 친 어휘와 문맥적 유사성이 가장 큰 선택지를 고른다.
① 습도가 <u>올라가는</u>: 습도의 수치적 증가를 의미하므로 ㉠의 의미와 문맥적 유사성이 크다.

오답 분석
② 하늘나라로 <u>올라갔다</u>: 문맥상 공간적·추상적 이동을 의미한다.
③ 승진해서 본사로 <u>올라가게</u> 되었다: 문맥상 직급의 상승을 의미한다.
④ 서울로 <u>올라갔다</u>: 문맥상 물리적 위치의 이동을 의미한다.

엄선기출문제

01 다음 글의 ㉠~㉢과 바꿔 쓸 수 있는 유사한 표현으로 적절하지 않은 것은? [2025 지방직 9급]

> 이광수와 김동인은 한국 근대 문학 초기의 대표적인 소설가로, 이 둘의 작품은 표준어와 사투리의 사용에서 두드러진 차이를 보인다. 이광수의 대표작「무정」에서는 작중 배경과 등장인물의 출신지가 서울이 아닌데도 인물들이 주고받는 대화가 표준어로 되어 있다. 반면 김동인의 대표작「배따라기」에서 인물들의 대화는 출신지와 작중 배경에 ㉠맞는 사투리로 이루어진다. 작품의 리얼리티를 얼마나 잘 구현했는가를 기준으로 본다면,「무정」보다「배따라기」가 더 뛰어나다고 볼 수 있다.
> 그러나 이광수의「무정」을 리얼리티의 구현 정도를 기준으로 낮잡아 평가하는 것은 곤란하다. 근대 국민국가 형성 과정에서 다양한 지방의 사투리를 통일하는 것은 중요한 화두였다. 이로 인해 표준어와 사투리의 위계가 공고해졌다. 당대의 지식인들은 표준어가 교양, 문화, 지식, 과학, 공적 영역 등의 근대적 가치를 나타내는 것으로, 사투리는 야만, 비문화, 무지, 비과학, 사적 영역 등의 전근대적인 가치를 ㉡나타내는 것으로 인식하였다. 이광수가 계몽주의의 신봉자였음을 ㉢떠올리면, 그가「무정」에서 표준어를 사용한 것은 근대적 가치를 실현하기 위한 의도적인 선택이었다.
> 이처럼 표준어의 사용은 작가의 의도를 드러내는 기능을 한다. 이는 현대 문학 안에서도 찾아볼 수 있다. 박경리의「토지」에서 대부분의 인물들은 경상도나 함경도 사투리를 사용한다. 하지만 주인공 '서희'는 사투리를 구사하지 않는다. 이는 작품의 리얼리티 형성에 방해가 되지만 해당 인물의 고고함과 차가움을 드러내는 데에 더할 수 없이 적절한 기능을 한다.「토지」에 사용된 표준어는 인물의 성격을 ㉣뚜렷하게 보여 주는 효과를 지닌다.

① ㉠: 영합(迎合)하는
② ㉡: 표상(表象)하는
③ ㉢: 상기(想起)하면
④ ㉣: 분명(分明)하게

해설 어휘의 문맥상 의미 파악하기 ㉠의 기본형 '맞다'는 문맥상 '모습, 분위기, 취향 따위가 다른 것에 잘 어울리다'를 의미하며, ① '영합하는'의 기본형 '영합(迎合)하다'는 '사사로운 이익을 위하여 아첨하며 좇다' 또는 '서로 뜻이 맞다'를 의미한다. 따라서 문맥상 바꿔 쓰기에 적절하지 않은 것은 ①이다. 참고로 ㉠과 유사한 표현으로는 '부신(符信)이 꼭 들어맞듯 사물이나 현상이 서로 꼭 들어맞다'를 의미하는 '부합(符合)하다'가 있다.

- 맞다: 모습, 분위기, 취향 따위가 다른 것에 잘 어울리다.
- 영합(迎合)하다: 1. 사사로운 이익을 위하여 아첨하며 좇다. 2. 서로 뜻이 맞다.

오답 분석
② • 나타내다: 어떤 일의 결과나 징후를 겉으로 드러내다.
  • 표상(表象)하다: 추상적이거나 드러나지 아니한 것을 구체적인 형상으로 드러내어 나타내다.
③ • 떠올리다: 기억을 되살려 내거나 잘 구상되지 않던 생각을 나게 하다.
  • 상기(想起)하다: 지난 일을 돌이켜 생각하여 내다.
④ • 뚜렷하다: 엉클어지거나 흐리지 않고 아주 분명하다.
  • 분명(分明)하다: 모습이나 소리 따위가 흐릿함이 없이 똑똑하고 뚜렷하다.

정답 ①

적중문제

01
밑줄 친 표현이 문맥상 ㉠의 의미와 가장 가까운 것은?

> 철학은 시대의 산물이다. 시대의 가장 근본적인 문제를 고민하는 사상이 한 시대의 철학일 수밖에 없다는 뜻이다. 내일 당장 직장에서 쫓겨날 처지인 사람에게 '이 꽃의 존재 이유는 무엇인가?'라는 물음은 어처구니없을뿐더러 우스꽝스럽기까지 하다. 그에게 닥친 시급한 문제는 꽃의 존재가 아니라 해고되지 않을 방법이다.
> 마찬가지로, 대부분 사람들이 비참하게 살아가는 사회에서 '아름다움이란 무엇인가?'와 같은 고상한 철학적 고민은 별 호소력이 없다. 왜 이런 가난과 사회 갈등이 ㉠<u>생기는지</u>, 어떻게 하면 이를 해결할지가 바로 그 시대에 맞는 철학의 고민거리이다. 바로 이 점에서 마르크스는 '시대의 철학자'였다. 그는 관념적이고 추상적인 철학적 논의 속에 머물기를 거부하고, 현실의 문제가 어디서 생겨나는지 적극적으로 밝히고 해결하려 했다. 그는 자신의 철학 이론을 무기로 삼아 도순에 찬 현실을 변혁하려 한 혁명가였다.

① 새 옷에 얼룩이 <u>생겼다</u>.
② 그들의 계획에 큰 차질이 <u>생겼다</u>.
③ 나에게도 공짜 돈이 <u>생겼다</u>는 것이다.
④ 상처에 염증이 <u>생겨</u> 급히 병원에 다녀왔다.

02
밑줄 친 말과 바꾸어 쓸 수 있는 단어로 가장 적절한 것은?

> 그 소문의 <u>참과 거짓</u>을 알 수가 없었다.

① 진실(眞實)   ② 진리(眞理)
③ 진부(眞否)   ④ 진가(眞價)

03
㉠~㉢과 바꿔쓸 수 있는 유사한 표현으로 적절하지 않은 것은?

> 키위하면 떠오르는 나라는 뉴질랜드다. 키위(kiwifruit 또는 줄여서 kiwi)라는 이름도 과일 생김새가 뉴질랜드의 새 키위의 몸통이 떠올라 ㉠<u>붙여졌다고</u> 한다. 국내 시장에 수입 과일이 개방되면서 처음 한동안은 그린키위가 들어왔고 따라서 녹색 과육에 새콤달콤한 맛이 키위의 정체성으로 ㉡<u>여겨졌다</u>. 그 뒤 신맛은 덜하고 단맛은 더하면서 열대과일 향이 강한 골든키위가 등장해 소비자의 눈길을 사로잡았다. 값이 더 비쌈에도 사람들이 점점 더 많이 찾는 것 같다. 골든키위는 덜 시고 더 달아 비타민C 함량이 낮을 것 같지만 100g 기준 152mg으로(제스프리썬골드 기준) 그린키위의 1.7배다. 한 개만 ㉢<u>먹어도</u> 하루 권장량을 훌쩍 ㉣<u>뛰어넘는다는</u> 말이다.

① ㉠: 명명되었다고   ② ㉡: 간주되었다
③ ㉢: 섭취해도   ④ ㉣: 경신한다는

04
다음 중 '드러내다'의 뜻을 내포하지 않는 단어는?

① 노출(露出)하다   ② 경질(更迭)하다
③ 극명(克明)하다   ④ 규명(糾明)하다

05
밑줄 친 단어의 의미와 가장 가까운 것은?

> 공연이 끝나자 관객들이 손뼉을 <u>쳤다</u>.

① 주먹으로 남자의 얼굴을 <u>쳤다</u>.
② 친구들과 모여서 화투를 <u>쳤다</u>.
③ 그녀는 아침마다 테니스를 <u>쳤다</u>.
④ 나는 노래를 부르며 피아노를 <u>쳤다</u>.

06

다음 글의 ㉠~㉣과 바꿔 쓸 수 있는 유사한 표현으로 적절하지 않은 것은?

나비의 변태 과정은 완전변태의 대표적인 예로, 알, 애벌레, 번데기, 성충의 네 단계를 거친다. 이 과정에서 각 단계의 형태와 생활 방식이 완전히 달라진다. 알에서 부화한 애벌레는 주로 잎을 먹으며 급속히 ㉠자라는데, 그 과정에서 여러 번 탈피를 ㉡되풀이한다. 애벌레 시기는 나비의 일생에서 가장 많은 영양분을 ㉢쌓는 중요한 시기이다. 애벌레가 충분히 자라면 번데기가 되는데, 이때 몸 전체가 단단한 껍질로 덮인다. 번데기 시기에는 겉으로는 아무런 활동을 하지 않는 것처럼 보이지만, 내부에서는 몸의 구조가 완전히 재편되는 복잡한 과정이 일어난다. 이를 '조직 분해와 재구성'이라고 하며, 애벌레의 조직이 분해되고 성충의 기관들이 새롭게 ㉣만들어진다. 번데기 기간은 종에 따라 다르지만 대개 1~2주 정도 지속되며, 이후 완전한 형태의 성충이 우화한다.

① ㉠: 성장(成長)하는데 ② ㉡: 반복(反復)한다
③ ㉢: 적선(積善)하는 ④ ㉣: 창조(創造)된다

07

〈보기〉의 밑줄 친 부분과 문맥적 의미가 가장 가까운 것은?

• 보기 •
민지는 고향에 집을 <u>짓기</u> 위해 열심히 일하고 있다.

① 양복을 <u>지어</u> 입은 지도 오래 되었군.
② 실장님은 은퇴하신 후 농사를 <u>짓고</u> 계신다.
③ 창민이는 몸이 허한 것 같아 보약을 <u>지었다</u>.
④ 지영이는 그 일을 빨리 마무리 <u>짓고</u> 싶어 한다.

08

다음 글의 ㉠~㉣과 바꿔 쓸 수 있는 유사한 표현으로 적절하지 않은 것은?

전염병의 전파는 다양한 경로를 통해 이루어지며, 이를 정확히 이해하는 것이 효과적인 방역 대책 수립의 핵심이다. 전파 경로는 크게 직접 접촉을 통한 전파, 기침이나 재채기로 인한 비말 전파, 곤충이나 동물을 매개로 하는 간접 전파, 그리고 에어로졸을 통한 공기 전파로 ㉠나눌 수 있다.
전염병의 확산 유형은 초기 단계에서 기하급수적인 증가를 보이다가, 일정 비율의 인구가 감염되어 집단 면역이 ㉡이루어지면 전파 속도가 ㉢뚜렷이 감소하는 특징을 나타낸다. 이러한 확산 양상은 인구 밀도, 교통망의 발달 정도, 지역의 기후 조건 등에 따라 상당한 차이를 보인다.
전염병을 효과적으로 예방하기 위해서는 개인적 차원에서 손씻기, 마스크 착용 등의 기본 위생 수칙을 준수해야 하고, 사회적 차원에서는 사회적 거리두기를 통한 접촉 빈도 감소, 백신 접종을 통한 집단 면역 형성, 그리고 감염자 및 접촉자에 대한 철저한 격리 조치가 필수적이다.
전염병의 확산은 단순히 보건 의료적 문제에 ㉣그치지 않고 경제 활동 제한으로 인한 광범위한 경제적 타격, 의료진의 과중한 업무 부담과 의료 자원 부족 문제, 그리고 사회 구성원들의 심리적 불안감 증가 등 사회 전반에 걸쳐 복합적인 영향을 미친다. 따라서 전염병에 대한 대응은 의료적 접근뿐만 아니라 사회 경제적 측면을 종합적으로 고려한 통합적 접근이 반드시 필요하다.

① ㉠: 분류(分類)할 ② ㉡: 형성(形成)되면
③ ㉢: 현저(顯著)히 ④ ㉣: 고취(鼓吹)되지

09

다음 글의 문맥상 ㉠의 의미와 가장 가까운 것은?

'수요의 법칙'은 경제학의 기본 원리 중 하나로, 다른 조건이 일정할 때 재화의 가격이 오르면 수요량이 감소하고, 가격이 내리면 수요량이 증가한다는 법칙이다. 이는 소비자들이 가격 변화에 반응하여 구매 행동을 조절하기 때문이다. 예를 들어, 커피 가격이 오르면 사람들은 커피 구매를 줄이고 차나 다른 음료로 대체하려 할 것이다.

하지만 수요의 법칙에는 몇 가지 예외가 있다. 첫째, 필수품인 '기펜재'의 경우 가격이 오를 때 오히려 수요량이 증가한다. 이는 소득 중 많은 부분을 차지하는 필수재의 가격이 오르면, 소비자가 다른 재화 구매를 포기하고 해당 필수재를 더 많이 구매하게 되기 때문이다. 둘째, '베블런재'는 가격이 높을수록 과시 효과 때문에 수요가 증가하는 사치재를 의미한다. 명품 가방이나 고급 시계 등이 이에 해당한다.

수요의 법칙은 시장 경제에서 가격 결정 메커니즘을 이해하는 데 핵심적인 역할을 한다. 기업들은 이 법칙을 바탕으로 가격 전략을 ㉠세우고, 정부는 정책의 효과를 예측할 수 있다.

① 다가올 태풍에 대한 대비책을 세워야 한다.
② 그는 올림픽에서 신기록을 세운 사나이이다.
③ 마을 주민들은 각자 돈을 모아 양로원을 세웠다.
④ 아버지께서는 체면을 세우는 일에만 몰두되어 있었다.

10

다음 글의 문맥상 ㉠의 의미와 가장 가까운 것은?

품목별 예산제도는 정부가 예산을 편성할 때 구입할 물품이나 서비스의 세부 항목별로 예산을 분류하여 배정하는 제도이다. 예를 들어, 교육부 예산을 책상, 의자, 컴퓨터, 교재비, 인건비 등으로 세분화하여 각각에 정확한 금액을 할당하는 방식이다. 이 제도는 19세기 말부터 20세기 초까지 대부분의 국가에서 채택되었던 전통적인 예산 편성 방법이다.

품목별 예산제도의 가장 큰 장점은 예산 통제의 용이성이다. 각 항목별로 정확한 금액이 정해져 있어 공무원들이 예산을 남용하거나 불필요한 지출을 하는 것을 방지할 수 있다. 또한 예산 집행 과정에서 어느 항목에 얼마의 돈이 사용되었는지 쉽게 파악할 수 있어 회계 투명성을 높이는 효과가 있다.

하지만 이 제도는 융통성 부족이라는 치명적인 단점을 가지고 있다. 예산이 세부 항목별로 고정되어 있어 갑작스러운 상황 변화에 대응하기 어렵다. 예를 들어, 컴퓨터 예산은 ㉠남았지만 교재비가 부족한 상황에서도 예산을 옮겨 사용할 수 없어 효율적인 업무 수행에 제약이 생긴다.

① 사과를 팔아도 내게는 이익이 남지 않는다.
② 지갑에는 오직 밥 한끼 사 먹을 돈만 남아 있었다.
③ 그는 시험장에서 마지막까지 남아 있는 사람이었다.
④ 잃어버린 동생의 얼굴이 아직도 내 머릿속에 남아 있다.

11

밑줄 친 어휘와 바꾸어 쓸 수 있는 말로 가장 적절한 것은?

> 그 역사적 사건의 <u>연유(緣由)</u>를 이해하려면 당시의 정치적, 사회적 배경을 심도 있게 살펴 보아야만 한다.

① 연고(緣故) ② 상고(詳考)
③ 의견(意見) ④ 인연(因緣)

12

다음 중 문장의 의미가 적절하게 풀이되지 않은 것은?

① 합격(合格)으로 가는 첩경(捷徑)이다. → 합격으로 가는 지름길이다.
② 원호(援護) 기금(基金)을 마련하다. → 남을 돕기 위한 돈을 마련하다.
③ 정상(情狀)을 참작(參酌)하겠다. → 일체의 사정을 참고하여 헤아리겠다.
④ 배빈(排擯)하는 경향(傾向)이 있다. → 손님을 함부로 대하는 일이 종종 있다.

13

밑줄 친 어휘와 바꾸어 쓸 수 있는 말로 적절하지 않은 것은?

① 부하 직원의 사표를 <u>받아들였다</u>. → 수취(受取)했다
② 내 동생과 나는 체구가 <u>비슷하다</u>. → 완연(宛然)하다
③ 그 경우에 <u>맞는</u> 예를 찾기 위해 동분서주했다. → 적실(適實)한
④ 천의 길이를 <u>재서</u> 내 한복을 만들기로 했다. → 척량(尺量)해서

14

다음 중 이해하기 쉽게 풀어 쓴 것으로 바르지 않은 것은?

① 가을날에 느껴지는 삭연은 → 가을날에 느껴지는 쓸쓸함은
② 친구의 췌언이 가일층 심해졌다. → 친구의 잔소리가 한층 더 심해졌다.
③ 성하에 작열하는 태양으로 인해 그 건물이 노화해서, 고식적으로 익년에 고칠 예정이다. → 한여름에 뜨겁게 타는 태양으로 인해 그 건물이 노화해서, 임시변통으로 다음 해에 고칠 예정이다.
④ 그 장군은 부하들을 책려하며 상황을 재단했고, 결국 적공하여 존영한 위치에 올랐다. → 그 장군은 부하들을 격려하며 상황의 옳고 그름을 가려 결정했고, 결국 공을 쌓아서 영화로운 위치에 올랐다.

15 고난도 문제

밑줄 친 ㉠과 의미가 가장 잘 통하는 말은?

> 내 적성과 실력에 ㉠<u>알맞은</u> 일자리를 찾기가 쉽지 않다.

① 온당(穩當)하다 ② 적실(的實)하다
③ 적당(適當)하다 ④ 타당(妥當)하다

정답·해설 p.179

공무원시험전문 해커스공무원
gosi.Hackers.com

해커스공무원 국어 유형별 출제예상문제집

[부록]
실전모의고사

잠깐! 모의고사 전 확인사항
- ☐ 휴대전화의 전원을 꺼 주세요.
- ☐ 연필과 지우개를 준비하세요.
- ☐ 손목시계를 준비하세요.

* 위 사항을 점검하고 시험에 임하세요.

실전모의고사

제한시간: 25분   시작 _____시 _____분 ~ 종료 _____시 _____분

01 〈공공언어 바로 쓰기 원칙〉에 따라 수정한 것으로 적절하지 않은 것은?

> ● 공공언어 바로 쓰기 원칙 ●
> ○ 주어와 서술어의 호응
>   - ㉠능동과 피동의 관계를 명확히 표현함.
> ○ 여러 뜻으로 해석되는 표현 삼가기
>   - ㉡조사, '-하다' 등을 지나치게 생략하지 않음.
> ○ 명료한 수식어구 사용
>   - ㉢수식어와 피수식어의 관계를 분명하게 표현함.
> ○ 표현의 정확성
>   - ㉣문맥에 맞는 정확한 단어를 사용함.

① "모름지기 공직자는 법규를 잘 이해되어야 한다."를 ㉠에 따라 "모름지기 공직자는 법규를 잘 이해해야 한다."로 수정한다.
② "보고서 내용 검토 결과, 몇 가지 오류 발견 수정 요청드립니다."를 ㉡에 따라 "보고서의 내용을 검토한 결과, 몇 가지 오류가 발견되어 수정을 요청드립니다."로 수정한다.
③ "빨간 신발 상자가 눈에 띄었다."를 ㉢에 따라 "신발을 담은 빨간 상자가 눈에 띄었다."로 수정한다.
④ "생산성을 제고할 수 있는 방안을 마련합시다."를 ㉣에 따라 "생산성을 재고할 수 있는 방안을 마련합시다."로 수정한다.

02 다음 중 ㉠에 해당하는 사례로 적절한 것은?

> 의문문은 화자가 청자에게 질문을 하여 그 해답을 요구하는 문장으로, 종결 어미에 의해 실현된다. 의문문은 판정 의문문과 설명 의문문 등으로 구분할 수 있다. 판정 의문문은 화자의 물음에 대해 '네', 또는 '아니오'의 대답을 요구하는 의문문이다. 예를 들어 "오늘 밥 먹었니?"라는 화자의 물음에 대해, 청자는 긍정의 대답인 경우 '네', 부정의 대답인 경우에는 '아니오'로 답하게 된다. 반면 ㉠설명 의문문은 화자가 청자에게 구체적인 설명을 요구하는 의문문이다. 설명 의문문의 특징은 '누구', '무엇', '왜', '어떻게', '언제'와 같은 의문사가 사용된다는 점이다. 청자는 이 의문사가 가리키는 부분에 대해 설명을 해야 한다. "어떻게 그렇게 빨리 집에 도착했니?"라는 화자의 물음에 대해 청자는 '어떻게'에 초점을 맞춰 답을 해야 한다.

① 지금 앞문이 잠겨 있나요?
② 이 가게에 빈자리가 있습니까?
③ 여러분, 누가 창문을 열어 놨나요?
④ 철수야, 내일 모임에 참석할 수 있겠니?

[03~04] 다음 글을 읽고 물음에 답하시오.

> 포스트모더니즘의 주요 사상가인 미셸 푸코는 지식과 권력의 관계에 대한 독창적인 통찰을 제시하였다. 그는 "아는 것이 힘이다"라는 베이컨의 명제를 재해석하여, 지식이 권력을 얻는 수단이 아니라 권력 그 자체와 불가분의 관계에 있음을 주장하였다. 근대 이후 신체적 형벌과 같은 직접적인 통제 방식이 효율성을 잃어가면서, 권력이 지식을 통한 내면적 통제 방식으로 변화하였다는 점에서 푸코의 주장은 눈여겨볼 만하다.
>
> 푸코가 제시한 '규율적 권력'은 개인의 행동과 신체적 능력을 효율적으로 통제하는 권력의 특수한 기술이다. 이는 최대의 경제성과 동작의 정련화를 목표로 하며, 사람들에게 "감시당하고 있다"는 인식을 심어 자발적 통제를 유도한다. 이러한 특성으로 인해 규율적 권력은 감옥에만 국한되지 않고 학교, 병원, 군대 등 다양한 사회 제도에서 작동한다.
>
> 규율적 권력의 작동 원리를 가장 잘 보여주는 예는 벤담의 '원형 감옥(판옵티콘)'이다. 원형 감옥에서 감시자는 중앙의 감시탑에서 모든 감방을 관찰할 수 있지만 죄수들은 자신이 언제 감시되는지 알 수 없다. 이러한 불균형은 실제 감시 여부와 관계없이 죄수들이 감시 받는다는 생각을 하게 만들어 자발적으로 행동을 규제하게 만든다.
>
> 푸코는 이 원리가 현대 사회 제도에 내재해 있다고 보았다. 푸코에 따르면 규율적 권력은 주로 세 가지 방법을 통해 작동한다. 첫째, 관찰(감시)로 사람들이 눈에 잘 ㉠뜨이게 하는 공간 구조를 만든다. 둘째, 규범적 판단을 통해 시간, 행위, 언어 등에 관한 벌칙 제도를 시행한다. 셋째, 검사(시험)를 통해 은밀한 방식으로 권력을 행사한다. 이처럼 푸코의 권력 이론은 현대 사회의 감시와 통제 메커니즘을 이해하는 데 중요한 통찰을 제공하며, 우리가 자유롭다고 느끼는 순간에도 작동하는 보이지 않는 권력의 실체를 드러내고 있다.

03 윗글을 이해한 내용으로 적절하지 않은 것은?

① 근대 이후 권력은 신체적 형벌에서 내면적 통제 방식으로 변화하였다.
② 푸코는 규율적 권력이 감옥뿐만 아니라 다양한 사회 제도에서 나타난다고 보았다.
③ 원형 감옥은 실제 감시 여부와 관계없이 감시 받는다는 생각을 통해 자기 통제를 유도한다.
④ 푸코는 지식과 권력이 서로 독립적으로 존재하며 지식이 권력을 획득하는 도구라고 주장했다.

04 윗글의 문맥상 ㉠의 의미와 가장 가까운 것은?

① 어제 늦게 잤더니 점심이 다 되어서야 눈이 뜨였다.
② 야생 동물들은 밤에 활동해 사람들의 눈에 잘 뜨이지 않는다.
③ 그는 예상치도 못한 이야기에 귀가 뜨였는지 이쪽으로 돌아앉았다.
④ 오랫동안 낙후되어 있던 마을이 최근 들어 눈에 뜨이는 발전을 이루었다.

05 다음 진술이 모두 참일 때 반드시 참인 것은?

> ○ 갑이 출근하지 않거나 을이 출근하지 않는다.
> ○ 갑이 출근하지 않으면, 병이 출근한다.
> ○ 정이 출근하지 않으면, 을이 출근한다.
> ○ 병은 출근하지 않는다.

① 을과 정이 출근한다.
② 갑과 정이 출근한다.
③ 갑이 출근하지 않는다.
④ 갑과 을과 정이 출근한다.

06 다음 글의 ㉠ ~ ㉣ 중 문맥상 어색한 곳을 찾아 가장 적절하게 수정한 것은?

> 뮌하우젠 증후군은 의학적 관심이나 동정을 받기 위해 자신이 질병에 걸린 것처럼 꾸미는 정신적 장애를 의미한다. 이 질환은 18세기 독일의 허풍쟁이 남작 뮌하우젠의 이름에서 따온 것으로, ㉠환자들은 의료진의 관심과 치료를 갈망한다. 이에 따라 환자들은 의료진의 관심을 끌기 위한 증상들을 다양한 방식으로 조작한다. 대표적으로는 체온계를 조작해서 열이 나는 것처럼 보이게 하거나, 일부러 상처를 내서 감염을 유발하는 행위들이 있다. 그러나 이러한 행동들은 ㉡환자 자신에게 신체적 해를 가할 수 있어 매우 위험하다.
>
> 한편 대리 뮌하우젠 증후군은 보호자가 자신이 돌보는 사람에게 의도적으로 해를 가하여 의학적 관심을 받으려는 질환이다. 이 경우 보호자는 피해자를 아프게 만들거나 증상을 조작하며 반복적으로 병원을 찾고, 피해자는 자신에게 가해지는 해의 원인을 알지 못한 채 고통을 당하게 된다. ㉢이로 인해 피해자는 보호자로부터 안정감을 느끼게 된다.
>
> ㉣뮌하우젠 증후군을 치료하는 것은 쉽지 않다. 환자들이 자신의 증상을 스스로 만든다는 사실을 인정하지 않고, 의료진이 자신의 거짓을 의심한다고 느끼면 즉시 다른 병원으로 옮겨가는 경우가 많기 때문이다. 또한 치료 과정에서 환자들은 방어적이고 적대적인 태도를 보이며, 정신과 치료나 상담을 강력히 거부하는 모습을 보이기도 한다.

① ㉠: 환자들은 의료진의 관심과 치료를 거부한다
② ㉡: 환자 자신에게 신체적 해를 가하지는 않아 심각하게 받아들일 필요가 없다
③ ㉢: 이로 인해 피해자는 보호자로부터 고통과 혼란스러움을 느끼게 된다
④ ㉣: 뮌하우젠 증후군을 치료하는 것은 쉽다

07 다음 글의 (가) ~ (라)를 가장 자연스러운 순서로 배열한 것은?

> (가) 소화 과정은 입에서 시작된다. 우리가 음식을 씹을 때 타액에 포함된 아밀라아제 효소가 탄수화물의 분해를 시작한다. 또한 씹는 행위 자체가 음식물을 작게 부수어 표면적을 넓히고 이후의 소화 과정을 돕는다. 이때 씹힌 음식은 삼킴 반사를 통해 식도로 내려가게 된다.
>
> (나) 십이지장을 지나 소장의 공장과 회장에 도달한 음식물은 이제 충분히 분해되어 본격적인 영양소 흡수가 이루어진다. 소장의 내벽은 융모라는 돌기로 덮여 있어 흡수 표면적이 매우 넓다. 탄수화물은 포도당으로, 단백질은 아미노산으로, 지방은 지방산과 글리세롤로 분해된 후 융모를 통해 혈액과 림프관으로 흡수된다. 이렇게 흡수된 영양소는 우리 몸의 각 세포에 공급되어 에너지원이나 구성 성분으로 사용된다.
>
> (다) 위에서 부분적으로 소화된 음식물은 십이지장으로 들어가면서 췌장에서 분비된 소화액과 간에서 생성된 담즙과 만나게 된다. 췌장액에는 단백질, 탄수화물, 지방을 분해하는 다양한 효소가 포함되어 있으며, 담즙은 지방을 유화시켜 지방 분해 효소가 더 효율적으로 작용하도록 돕는다. 이렇게 십이지장에서 본격적으로 분해된 음식물은 점차 소장으로 이동하게 된다.
>
> (라) 식도를 통과한 음식물은 위에 도달하게 된다. 위에서는 위산과 펩신이라는 효소가 분비되어 단백질의 분해가 진행된다. 특히 위는 근육을 반복적으로 수축하고 이완하면서 음식물을 잘게 부수는데, 이로 인해 위산과 효소가 더 효과적으로 작용하게 된다. 또한 위는 음식물을 일정 시간 동안 저장하는 역할도 한다.

① (가) - (라) - (다) - (나)
② (나) - (다) - (가) - (라)
③ (다) - (가) - (라) - (나)
④ (라) - (가) - (나) - (다)

08 다음 글을 이해한 내용으로 가장 적절한 것은?

> 꿀벌은 높은 수준의 사회성을 지닌 곤충으로, 체계적인 분업 시스템을 통해 군집 생활을 유지한다. 꿀벌 사회는 여왕벌, 일벌, 수벌로 구성되는데, 이들은 각자의 역할을 수행하며 공동체의 생존을 보장한다. 여왕벌은 산란을 담당하고, 수벌은 여왕벌과의 교미를 통해 종의 번식을 돕는다. 한편 일벌은 가장 다양한 역할을 맡는데, 이때 일벌이 담당하는 임무는 나이에 따라 달라진다. 어린 일벌은 주로 벌집 내부에서 청소, 여왕벌 돌보기, 유충 먹이기 등의 임무를 수행하지만, 나이가 들면 벌집 방어와 꿀 수집을 위한 외부 활동을 담당하게 된다.
>   꿀벌의 가장 놀라운 특성 중 하나는 정교한 의사소통 방식이다. 일벌은 꿀이나 꽃가루를 발견했을 때 '8자 춤'이라는 독특한 행동을 통해 다른 벌들에게 그 위치를 알린다. 춤의 방향과 속도, 지속 시간으로 먹이의 방향과 거리, 풍부함의 정도를 전달하는 것이다. 또한 꿀벌은 식물의 수분*을 돕는 생태계의 핵심 구성원이다. 꿀벌이 꿀을 수집하는 과정에서 꽃가루가 몸에 묻은 채 다른 꽃으로 이동하며 식물의 생식이 가능해지기 때문이다. 이를 통해 꿀벌은 전 세계적으로 식용 작물을 생산하는 데 크게 기여한다. 그러나 최근 농약 사용, 서식지 파괴, 질병 등으로 인해 꿀벌의 개체 수가 급격히 감소하면서 생태계와 식량 안보에 심각한 위협이 되고 있다.
>
> * 수분(受粉): 종자식물에서 수술의 화분(花粉)이 암술머리에 옮겨붙는 일

① 일벌은 나이와 상관없이 모두 동일한 임무를 수행한다.
② 꿀벌의 8자 춤은 주로 위험 신호를 전달하는 데 사용된다.
③ 수벌의 주요 역할은 꿀을 수집하고 벌집을 방어하는 것이다.
④ 꿀벌 개체 수의 감소는 전 세계 식용 작물 생산에 영향을 미칠 수 있다.

09 〈지침〉에 따라 〈개요〉를 작성할 때 ㉠~㉣에 들어갈 내용으로 적절하지 않은 것은?

> • 지침 •
> ○ 서론은 중심 소재의 개념을 정의하고, 문제의 현황을 제시할 것.
> ○ 본론은 제목의 하위 내용으로 구성하되, 각 장의 하위 항목끼리 대응하도록 작성할 것.
> ○ 결론은 향후 과제와 기대 효과로 구성할 것.

> • 개요 •
> ○ 제목: 저출산 현상의 발생 원인과 정책적 해결 방안
> Ⅰ. 서론
>   1. 저출산 현상의 정의
>   2. ㉠
> Ⅱ. 저출산 현상의 발생 원인
>   1. ㉡
>   2. 직장 생활과 가정생활의 병행으로 인한 육아 부담의 증가
> Ⅲ. 저출산 현상의 정책적 해결 방안
>   1. 청년층의 경제적 안정을 위한 주거·고용 지원 정책 강화
>   2. ㉢
> Ⅳ. 결론
>   1. ㉣
>   2. 육아 친화적 사회 환경을 조성하기 위한 지속적인 정책 개발

① ㉠: 세계 최저 수준에 머무는 우리나라의 합계출산율
② ㉡: 청년층의 취업난과 높은 주거 비용으로 인한 경제적 불안정
③ ㉢: 육아 휴직 제도 및 보육 인프라의 확충
④ ㉣: 저출산 정책 예산 확대를 통한 지원 범위 증가

[10~11] 다음 글을 읽고 물음에 답하시오.

문학에서 비유와 상징은 작품의 의미와 깊이를 더해 주는 주요한 표현 기법이다. 비유와 상징은 근본적인 차이가 있는데, 비유는 사물이나 관념을 다른 대상에 빗대어 표현하는 방법이고, 상징은 추상적인 내용을 감각 기관을 통해 ㉠느낄 수 있는 구체적인 대상으로 표현하는 방법이다. 또한 비유에는 원관념과 보조 관념의 개념이 존재해 원관념과 보조 관념이 일대일의 관계를 이룬다. 반면 상징에는 보조 관념만 존재하고, 그것의 의미에 해당하는 원관념은 직접 제시되지 않아, 대상을 여러 의미로 해석할 수 있어 일대다의 관계를 이룬다.

비유에도 여러 종류가 있는데, 주로 직유법과 은유법이 있다. 직유법은 비슷한 성질을 가진 두 대상을 '같이', '처럼', '듯이'와 같은 연결어를 통해 직접 빗대어 표현하는 방법이다. 은유법은 이와 같은 연결어 없이 원관념과 보조 관념을 동일한 것처럼 간접적으로 ㉡이어 'A는 B이다'와 같이 표현하는 방법이다.

상징은 크게 관습적 상징, 개인적 상징, 원형적 상징으로 구분할 수 있다. 관습적 상징은 오랫동안 사용되며 보편화된 상징으로, 한국 문학에서 '국화'가 '절개'를 상징하고, '대나무'가 '충심'을 상징하는 것이 대표적인 예이다. 한편 개인적 상징은 윤동주가 「자화상」에서 '우물'을 자아 성찰의 매개체로 나타낸 것과 같이, 개인이 창조적으로 만들어 내며 의미를 ㉢바꾼 것이다. 마지막으로 원형적 상징은 역사나 종교 등에서 되풀이되어 ㉣쓰이며 유사한 감정이나 의미를 불러일으키는 상징이다. 원형적 상징은 '물'이 생명력이나 탄생, 생성 등을 상징하는 것을 예로 들 수 있다.

10 윗글을 이해한 내용으로 가장 적절한 것은?

① 원형적 상징은 독자에게 유사한 의미로 이해되기 어렵다.
② 직유법은 연결어 없이 원관념과 보조 관념을 연결하는 표현 방법이다.
③ 원관념과 보조 관념은 비유에서 일대다의 관계를 이루는 반면 상징에서는 일대일의 관계를 이룬다.
④ 개인적 상징은 개인이 독창적으로 만들어 낸 상징으로 개인에 따라 그 의미가 다를 수 있다.

11 윗글의 ㉠~㉣과 바꿔 쓸 수 있는 유사한 표현으로 적절하지 않은 것은?

① ㉠: 감수(甘受)할
② ㉡: 연결(連結)하여
③ ㉢: 변경(變更)한
④ ㉣: 통용(通用)되며

[12~13] 다음 글을 읽고 물음에 답하시오.

태평양 적도 부근의 해수 온도 변화는 전 세계 기후에 상당한 영향을 미친다. 특히 적도 부근 동태평양의 해수면 온도가 평년보다 0.5℃ 이상 높아지는 현상을 '엘니뇨'라고 하며, 반대로 0.5℃ 이상 낮아지는 현상을 '라니냐'라고 부른다. 이러한 해양-대기 상호 작용은 지구 기후 시스템의 자연적 변동 중 가장 강력한 요소 중 하나로 인식된다.

엘니뇨가 발생하면 무역풍이 약화되어 따뜻한 해수가 동쪽으로 이동한다. ㉠이것으로 인해 페루 연안의 해수면 온도는 상승하고, 동남아시아와 호주 지역은 평소보다 건조한 기후를 경험한다. 반면 라니냐가 발생하면 무역풍이 강화되어 서태평양으로 따뜻한 해수가 더 많이 운반된다. 동남아시아와 호주에서 ㉡이것이 발생하면, 강수량이 증가하고 남미 서부 해안에서는 건조한 날씨가 나타난다.

이러한 해양 온도의 변화는 해양 생물의 분포에도 중대한 영향을 끼친다. 특히 ㉢이것이 일어나면 해수면 온도가 상승하기 때문에 냉수성 플랑크톤의 번식이 저해되는데, 이는 어획량의 감소와 연결된다. 또한 엘니뇨와 라니냐는 농업 생산성과도 밀접한 관계가 있는데, 특정 지역의 가뭄이나 홍수를 유발하여 작물 수확량에 직접적인 타격을 준다.

기상학자들은 위성 데이터와 해양 부표 네트워크를 활용하여 이러한 현상을 예측하려고 노력한다. 그러나 복잡한 해양-대기 상호 작용으로 인해 장기적인 예측에는 여전히 한계가 존재한다. 주목할 점은 지구 온난화가 본격화된 1980년대 이후 엘니뇨와 라니냐 현상의 발생 빈도가 이전보다 약 30% 증가했다는 것이다. 특히 강도가 높은 극단적 사례들이 더 자주 관측되고 있으며, ㉣이것은 기후 변화와의 연관성을 시사한다.

12 윗글에서 추론한 내용으로 가장 적절한 것은?

① 무역풍과 해수 이동은 서로 무관하다.
② 엘니뇨가 발생하면 동태평양 어민들의 어획량은 증가한다.
③ 기후 변화로 인해 엘니뇨와 라니냐의 영향력이 증대될 가능성이 있다.
④ 기후 변화가 심화될수록 엘니뇨와 라니냐 현상의 예측은 더 정확해질 것이다.

13 윗글의 ㉠~㉣ 중 문맥상 지시 대상이 같은 것만으로 묶인 것은?

① ㉠, ㉢
② ㉡, ㉣
③ ㉠, ㉡, ㉣
④ ㉠, ㉢, ㉣

14 다음 글에서 추론한 내용으로 적절하지 않은 것은?

크레스피 효과는 1942년 미국 심리학자 레오 크레스피가 동물 실험을 통해 발견한 현상으로, 보상 강도의 변화에 따른 행동 수행력의 변동을 설명한다. 그는 쥐를 대상으로 한 실험에서, 큰 보상을 받던 쥐가 작은 보상을 받게 되자 처음부터 작은 보상만 받던 쥐보다 수행 능력이 더 급격히 저하되는 현상을 관찰했다. 이에 따라 크레스피는 작업 수행 후 받는 보상의 크기가 이전 보상과 비교했을 때 어떻게 변화하는지에 따라 수행 능력이 영향을 받는다고 보았다.

이러한 효과는 다양한 행동 영역에 시사점을 제공한다. 교육 환경에서는 학습자에게 제공되는 칭찬이나 보상이 일정하게 유지되거나 점진적으로 증가할 때 학습 동기와 성취도가 최적화된다. 반면, 초기에 과도한 보상을 주다가 보상을 감소하는 것은 학습 의욕을 급격히 저하시킨다. 조직 관리 측면에서도 회사가 높은 보너스를 지급한 후 이를 대폭 축소하면, 직원들의 사기와 생산성이 보너스를 받지 못했던 이전보다 더 저하될 수 있다. 또한 소비자 행동에서도 제품 출시 초기에 과도한 할인을 제공한 후 정상가로 전환하면 소비자들은 더 큰 불만족을 느끼게 된다. 물론 인간의 행동에는 다양한 변인이 개입하기 때문에, 크레스피의 실험에서 나타나는 동물 실험의 결과는 유사한 심리 메커니즘 정도로 이해해야 한다. 그러나 크레스피 효과는 보상의 절대적 크기보다 이전 경험과의 상대적 비교가 동기 부여와 만족도에 영향을 미칠 수 있다는 것을 시사한다는 점에서 의의가 있다.

① 상시적으로 50% 할인 행사를 진행하던 가전제품을 정상가로 판매하면 소비자들이 큰 불만을 표시할 것이다.
② A 기업이 사원들에게 복지 혜택으로 제공하던 탄력 근무 제도를 1년 후 폐지한다면 직원들의 직무 만족도가 크게 하락할 것이다.
③ 학생들이 수업에 열심히 참여할 때 보상으로 작은 과자를 주다가 점차 큰 과자를 준다면 학생들의 학습 동기가 지속적으로 유지될 것이다.
④ 신입 사원들에게 첫 달 성과급을 월급의 100% 수준으로 지급한 후 다음 달부터 월급의 30% 수준으로 지급하면 사원들의 업무 의욕이 지속적으로 향상될 것이다.

15 다음 글의 (가), (나)에 들어갈 말을 적절하게 나열한 것은?

광물 자원은 인류 문명 발전의 근간이 되어왔으나, 그 희소성과 분포의 불균형으로 인해 국제 관계에 큰 영향을 미치고 있다. 특히 첨단 산업에 필수적인 희토류 금속은 전 세계적으로 매장량이 제한되어 있어, '현대 산업의 비타민'이라고 불리며 전략 자원으로서의 가치가 날로 높아지고 있다. 그러나 이러한 중요성에도 불구하고, 희토류 금속의 채굴과 정제 과정은 복잡하고 환경에 미치는 영향이 크기 때문에 생산국은 제한적일 수밖에 없다는 한계가 있다.

이러한 상황에서 최근 국제적으로 자국의 광물 자원에 대한 통제권을 강화하려는 정책적 움직임이 나타나고 있다. 특정 국가가 자국 내 희귀 광물의 수출을 제한하거나 채굴권을 자국 기업에만 부여하는 것은 (가) 의 전형적인 예이다. 이는 유럽에서 유래한 근대적 민족주의의 개념을 차용한 것으로, 자국 자원의 주권을 보호하려는 국가 정책이라는 맥락을 가진다. 이러한 정책은 단기적으로는 해당 국가의 경제적 이익을 증대할 수 있으나, 장기적으로는 국제 시장의 불안정성을 가중하여 국제적 공급망에 심각한 교란을 초래할 수 있다.

따라서 국제 사회는 광물 자원을 안정적으로 확보하기 위해 다각적인 노력을 기울이고 있다. 자원 외교를 통한 협력 관계 구축, 대체 자원 개발을 위한 기술 혁신, 그리고 자원 순환 경제를 통한 재활용 체계 확립 등이 주요 전략으로 추진되고 있다. 특히 선진국들은 자원의 효율적 활용과 재활용에 중점을 두면서도, 개발 도상국의 광물 자원 개발에 협력함으로써 (나) , 상생의 가치를 모색하고 있다. 이는 자원 확보 경쟁을 넘어 지속 가능한 발전이라는 공동의 목표를 달성하기 위한 방안이라고 할 수 있다.

	(가)	(나)
①	자원 민족주의	경제적 이익과 환경 보호
②	자원 민족주의	민족적 정체성 확립과 문화적 우월성
③	자원 개방주의	경제적 이익과 환경 보호
④	자원 개방주의	민족적 정체성 확립과 문화적 우월성

16 다음 글의 밑줄 친 결론을 이끌어 내기 위해 추가해야 할 것은?

> 운동을 하지 않는 어떤 날은 아이스크림을 먹는다. 운동을 하지 않는 모든 날은 비가 온다. 따라서 <u>아이스크림을 먹는 어떤 날은 눈이 온다.</u>

① 비가 오는 모든 날은 눈이 온다.
② 비가 오는 모든 날은 운동을 한다.
③ 눈이 오는 모든 날은 비가 오지 않는다.
④ 아이스크림을 먹지 않는 어떤 날은 운동을 하지 않는다.

17 다음 대화를 분석한 내용으로 적절한 것은?

> 김 교수: 민주주의 사회에서 미디어는 무엇보다 정부와 권력층을 감시하는 '파수꾼' 역할을 해야 합니다. 언론의 본질적 기능은 권력의 오남용을 견제하고 시민들에게 정확한 정보를 전달하는 것입니다. 언론이 권력과 유착하면 건강한 민주주의는 위협받게 됩니다.
>
> 이 기자: 저는 미디어가 '정보 전달자'나 '감시자'의 역할을 해서는 안 된다고 봅니다. 현대 사회의 복잡한 문제들을 보도하는 것만으로는 충분하지 않습니다. 언론인들은 사건 이면의 맥락과 의미를 해석하고, 다양한 관점을 제시할 필요가 있습니다.
>
> 박 연구원: 두 분 의견에 모두 동의하지만, 저는 미디어의 가장 핵심적인 역할은 시민 참여를 유도하는 것이라고 생각합니다. 김 교수님이 말씀하신 감시 기능과 이 기자님이 언급하신 해석적 기능을 넘어, 미디어는 다양한 계층의 목소리가 소통할 수 있는 공론장이 되어야 합니다.
>
> 김 교수: 박 연구원님, 시민 참여가 중요하다는 점에는 동의하지만, 그것이 가능하려면 먼저 권력에 대한 견제와 균형이 전제되어야 합니다. 권력과 유착된 미디어는 결코 진정한 시민 참여를 이끌어 낼 수 없습니다.
>
> 최 교수: 여러분 모두 이상적인 언론의 역할을 말씀하고 계시지만, 우리가 간과하지 말아야 할 것은 미디어의 경제적 현실입니다. 언론사도 결국은 생존과 이윤을 추구하는 기업입니다. 김 교수님이 말씀하신 독립적 감시 기능, 이 기자님이 강조하신 해석적 기능도 경영난에 시달리는 미디어는 제대로 수행할 수 없습니다.
>
> 이 기자: 최 교수님 말씀대로라면 언론은 존재의 이유를 잃게 됩니다. 저는 경제적 이유로 언론의 본질적 역할을 타협해서는 안 된다고 생각합니다. 언론이 언론으로서의 역할에 충실할 때 비로소 미디어로서 경쟁력을 갖게 될 것입니다.

① 미디어의 파수꾼 역할에 대해 김 교수와 이 기자는 동의한다.
② 시민 참여 유도의 중요성에 대해 박 연구원은 동의하지만, 김 교수는 동의하지 않는다.
③ 미디어의 경제적 현실을 고려해야 한다는 점에 대해 최 교수는 동의하지만, 이 기자는 동의하지 않는다.
④ 언론이 다양한 관점을 제시해야 한다는 점에 대해 이 기자는 동의하지만, 박 연구원은 동의하지 않는다.

18 다음 대화에 대한 평가로 적절한 것만을 모두 고르면?

> 정 교수: 운동 능력은 주로 선천적 요인에 의해 결정됩니다. 근육 섬유 구성, 심폐 기능, 신경계 반응 속도 등은 대부분 유전적으로 결정됩니다. 특히 속근 섬유 비율이 높은 사람은 단거리 종목에서 타고난 우수성을 보입니다. 이런 선천적 특성은 훈련으로도 근본적으로 바꾸기 어렵습니다.
> 김 박사: 선천적 요인의 중요성은 인정하지만, 후천적 요인이 더 결정적입니다. 근육 섬유 구성은 훈련으로 상당 부분이 변화될 수 있고, 신경 근육의 협응 능력은 반복 훈련으로 크게 향상됩니다. 10,000시간 법칙에 따르면, 집중적 훈련이 운동 성과를 결정합니다.
> 정 교수: 훈련의 중요성은 인정하지만, 훈련 효과도 유전적 요인에 따라 달라집니다. '훈련 반응성'이라는 현상처럼 동일한 훈련을 받아도 개인마다 향상 정도가 크게 다르고, ACTN3 같은 '운동 유전자'가 훈련 반응을 결정합니다. 10,000시간을 훈련해도 누구나 우사인 볼트가 될 수는 없습니다.
> 김 박사: '훈련 반응성'도 사실 훈련 방법과 환경에 좌우됩니다. 맞춤형 훈련 프로그램으로 유전적 한계를 극복할 수 있습니다. 처음에는 평범했던 선수들이 과학적 훈련으로 세계적 선수가 된 사례가 많습니다. 운동 능력은 신체적 능력만이 아닌 기술, 전략, 정신력의 복합체이며 이런 요소들은 대부분 후천적으로 개발됩니다.

> ㄱ. 동일한 훈련 프로그램을 받은 축구 선수들 간에도 신장에 따라 운동 성과에 현저한 차이가 나타난다는 연구 결과는 정 교수의 주장을 약화한다.
> ㄴ. 뛰어난 운동 유전자를 가졌지만 전문적 훈련을 받지 못해 좋은 운동 성과를 내지 못한 선수들이 다수 있다는 사실은 김 박사의 주장을 강화한다.
> ㄷ. 일란성 쌍둥이를 대상으로 한 연구에서 맞춤형 훈련을 받았는지에 따라 운동 능력에 큰 차이가 나타난 사실은 김 박사의 주장을 강화하지만, 정 교수의 주장은 약화한다.

① ㄱ
② ㄴ
③ ㄴ, ㄷ
④ ㄱ, ㄴ, ㄷ

19 다음 대화의 (가)에 들어갈 말로 적절한 것은?

> 갑: 수학을 좋아하는 사람은 체계적인 사고를 하고, 체계적으로 사고하는 사람은 논리적이야. 또 논리적인 사람은 이성적이지. 그러므로 이성적인 사람은 모두 수학을 좋아하는 사람일 거야.
> 을: 비가 오면 땅이 젖는다고 해서, 땅이 젖은 것을 보고 반드시 비가 온 것이라고 이야기할 수는 없잖아. 네가 "이성적인 사람은 모두 수학을 좋아한다."라고 주장하기 위해서는 " (가) "가 참이어야만 해.

① 이성적인 사람은 수학을 좋아하지 않는다.
② 수학을 좋아하지 않는 사람은 이성적이지 않다.
③ 체계적인 사고를 하는 사람은 수학을 좋아하지 않는다.
④ 체계적인 사고를 하는 사람 중에 수학을 좋아하는 사람이 있다.

20 다음 글의 논지를 약화하는 것으로 가장 적절한 것은?

치매는 뇌의 기능 저하로 인해 기억력, 판단력, 언어 능력 등이 점진적으로 손상되는 질환이다. 최근 들어 치매의 초기 단계에서 적극적인 인지 훈련과 생활 습관 개선을 통해 질환의 진행 속도를 늦출 수 있다는 증거가 점차 제시되고 있다. 특히 기억력 훈련, 두뇌 활성화 프로그램, 규칙적인 신체 활동 등으로 치매 증상의 진행을 늦출 수 있다는 연구 결과가 주목 받고 있다. 또한 정기적인 인지 검사를 통해 치매의 초기 징후를 조기에 발견하면 적절한 중재를 통해 증상의 악화를 늦출 수 있다는 점도 눈여겨볼 만하다.

치매의 예방과 관련해 생활 습관의 개선은 매우 중요하다. 식이 조절, 충분한 수면, 스트레스 관리 등이 뇌 건강에 긍정적인 영향을 미친다는 것은 이미 여러 연구를 통해 입증되었다. 특히 붉은 육류, 가공식품 섭취를 최소화하는 지중해식 식단이나 오메가-3 지방산이 풍부한 식품의 섭취는 인지 기능 저하를 예방하는 데 효과적이다.

사회적 교류 역시 치매 예방에 중요한 요소이다. 친구나 가족과의 정기적인 소통, 사회활동 참여 등이 뇌의 인지 네트워크를 활성화해서 치매 발병 위험을 낮춘다는 연구 결과가 있다. 최근에는 디지털 기술을 활용한 인지 훈련 프로그램이 개발되어 접근성과 효과성을 높이고 있다. 이와 같이 효과가 입증된 여러 치매 예방법을 통합적으로 적용하면 치매의 발병률을 낮추고 진행 속도를 늦출 수 있을 것이다. 따라서 개인과 사회는 치매 예방에 더 많은 관심과 노력을 기울여야 한다.

① 꾸준한 체육 활동이 뇌의 혈류를 원활하게 하여 인지 기능 저하를 늦출 수 있다는 신경과학계의 연구 결과가 발표되었다.
② 연간 건강 검진에서 초기 치매 진단을 받은 후, 적절한 치료와 관리를 받아 삶의 질을 유지할 수 있었다는 환자와 환자 가족들의 인터뷰가 공개되었다.
③ 치매 환자들과 그 가족들을 추적 연구해 본 결과, 치매 발병에 가장 큰 영향을 주는 요소는 유전적 요인이 아닌 생활 습관 개선이라는 보고서가 발표되었다.
④ 종이책을 이용한 기억력 강화 훈련만 진행하던 치매 전문 요양 시설에서 컴퓨터를 이용한 인지 훈련을 진행한 이후 환자들의 치매 진행 속도가 급격히 증가했다는 보고서가 공개되었다.

공무원시험전문 해커스공무원
gosi.Hackers.com

공무원시험전문 해커스공무원
gosi.Hackers.com

해커스공무원 국어 유형별 출제예상문제집

정답 및 해설

1편 독해

📋 나의 실력 확인

문제를 모두 풀어 본 후 O, △, X 개수를 파악해 보세요.
O 개수보다 △, X 개수가 많을수록 복습이 필요한 단원입니다.

단원명	O	△	X	총 문제 수	단원명	O	△	X	총 문제 수
01 중심 내용 및 핵심 논지 파악하기				8	07 빈칸 내용 추론하기				8
02 세부 내용 파악하기				18	08 사례 추론하기				4
03 주장 및 견해 파악하기				8	09 말하기 전략 파악하기				4
04 글의 전략 및 전개 방식 파악하기				4	10 공문서·개요·글 고쳐쓰기				16
05 글의 순서 파악하기				8	11 문학 제재 글을 읽고 추론하기				7
06 숨겨진 내용 추론하기				14	-				

복습해야 할 단원 _____

유형 01 중심 내용 및 핵심 논지 파악하기 p.14

01 ② 02 ① 03 ④ 04 ② 05 ②
06 ① 07 ① 08 ①

01 답 ②
해설 1문단과 2문단의 중심 내용을 통해 글의 제목이 '휴대폰으로 인한 공해'임을 확인할 수 있다.
- 1문단: 휴대폰의 양면성
- 2문단: 휴대폰 공해의 사례

오답분석 ① 글에서 언급되지 않은 내용이다.
③ ④ 부분적인 내용이므로 제목으로 적절하지 않다.

02 답 ①
해설 제시문의 마지막 부분에서 '이렇듯'이라는 접속어가 등장한 것으로 보아, 그 뒤의 문장이 앞의 내용을 종합하는 내용일 것임을 예상할 수 있다. 따라서 마지막 문장을 통해 자연이 수학 발전에 바탕이 되었다는 내용이 이 글의 중심 생각임을 알 수 있다.

오답분석 ② ③ ④ 모두 수학의 역사와 관련된 내용으로, 부분적인 내용이므로 중심 생각으로는 적절하지 않다.

03 답 ④
해설 <보기>와 문단별 중심 내용을 통해 이 글의 중심 내용은 '인간은 주관적으로 자신의 관점에 따라 세상을 본다'임을 알 수 있다.
- <보기>: 인간이 사물의 색을 인식하는 것은 주관적임
- 1문단: 물(勿) 자체에는 인간이 '들을 수 없는 소리'가 존재하지만 인간의 현상계에는 없음
- 2문단: 칸트는 인간은 시간과 공간의 형식으로 포착 가능한 것만 주관적으로 인식한다고 생각함
- 3문단: 쇼펜하우어도 인간이 인식할 수 있는 세계는 현상계로 한정되며, 인간은 자신의 관심에 따라 세상을 본다고 생각함

오답분석 ① ② 모두 제시문에서 확인할 수 있지만 부분적인 내용이므로 중심 생각으로 적절하지 않다.
③ 2문단에서 칸트는 인간은 대상 중심이 아닌 주관 중심으로 사물을 본다고 파악하였다.

04 답 ②
해설 1문단과 2문단은 모두 우리 문화의 특징에 대해 말하고 있다.
- 1문단: 우리 문화는 가족, 학연, 지연, 혈연 중심으로 사회적 연결망이 형성된다는 특징이 있다.
- 2문단: 우리 문화는 개인의 권리보다는 의무와 책임을 강조하는 특징이 있다.

05 답 ②

해설 제시문에서는 '나'를 지키는 일이 가장 중요한 일이라고 강조하고 있다. 여기서 '나'는 유혹과 위협에 의해 쉽게 떠나가는 존재이므로, 문맥상 '나'를 지키는 일은 유혹이나 위협에 쉽게 흔들리지 않도록 자신의 본질적 자아를 굳게 지키는 것을 의미한다. 따라서 글의 중심 내용으로는 ②가 가장 적절하다.

06 답 ①

해설 제시문은 인간과 다른 동물들은 서로 별개의 존재라고 여겼던 과거와는 달리, 인간과 다른 동물들이 비슷하다는 것을 입증할 수 있는 설득력 있는 근거들이 많다고 주장한다. 따라서 글의 주장으로 가장 적절한 것은 ①이다.

오답분석
② 3~4번째 줄을 통해 과거 데카르트가 인간의 사고 능력은 신체와 무관하다고 보았음을 알 수 있다. 필자는 인간이 동물과 공통의 진화론적 역사를 가지고 있으며 침팬지의 DNA와 98퍼센트 이상 똑같다는 사실을 근거로 인간과 동물은 차이가 크지 않다는 것을 주장할 뿐, 제시문에서 인간의 사고능력과 신체의 관계성에 대한 데카르트의 주장을 반박하고 있지는 않다.
③ 끝에서 4~6번째 줄을 통해 유전학상 인간과 침팬지의 차이보다 침팬지와 원숭이의 차이가 크다는 점은 알 수 있지만, 침팬지가 원숭이를 포함한 다른 동물들과 유전학상의 차이점이 큰지는 제시문을 통해 확인할 수 없는 내용이다.
④ 끝에서 1~2번째 줄을 통해 인간과 다른 유인원들은 똑같은 조상에서 나왔지만 최근에서야 서로 다른 종으로 갈린 것임을 알 수 있다. 하지만 '인간과 다른 동물들은 비슷하다'라는 제시문의 주장을 뒷받침하는 근거일 뿐, 제시문의 주장으로 보기 어렵다.

07 답 ①

해설 제시문은 과거제의 사회적 효과와 과거제가 동아시아에서 오랜 기간 시행된 이유, 그리고 유럽에 전해진 과거제의 장점에 대해 서술하고 있다. 이러한 내용을 포괄하는 제시문의 주제로 가장 적절한 것은 ① '과거제의 장점'이다.

08 답 ①

해설 제시문에서는 '인간다운 삶'을 살아야 함을 강조하고 있는데, 3문단의 1~4번째 줄을 통해 인간다운 삶은 자신의 존엄성을 지키기 위해 노력하는 삶임을 알 수 있다. 따라서 답은 ①이다.

오답분석
② 제시문에 언급되지 않은 내용이다.
③ 인간다운 삶은 위대한 인물들에게서만 찾을 수 있는 것은 아니라고 하였다.
④ 1문단 2번째 줄에 지식과 기술의 축적이 언급되어 있으나 이를 위해 노력하는 삶에 대해서는 언급하고 있지 않다.

유형 02 세부 내용 파악하기 p.20

01 ④ 02 ④ 03 ④ 04 ③ 05 ①
06 ③ 07 ④ 08 ④ 09 ③ 10 ④
11 ③ 12 ④ 13 ② 14 ④ 15 ③
16 ③ 17 ③ 18 ①

01 답 ④

해설 끝에서 1~4번째 줄에서는 최근 인간 게놈 프로젝트에 의해 알려진 수많은 유전자의 기능을 연구하고자 할 때, 유전자 변형 생물이 이용될 수 있다고 설명한다. 그러나 인간 게놈 프로젝트의 목적이 유전자 변형 생물을 만드는 것이라는 ④의 내용은 제시문에서 확인할 수 없다.

오답분석
① 1~2번째 줄에서 유전자를 재조합하기 위해서는 DNA를 절단하는 가위와 이를 접착하는 풀이 필요하다고 설명하고 있다. 이를 통해 유전자 재조합은 DNA를 대상으로 함을 확인할 수 있다.
② 1문단 끝에서 1~5번째 줄을 통해 재조합된 DNA는 다른 생물체 내로 이식되어 유전자 변형 생물을 만들고, 이에 이용되는 운반체를 '벡터'라고 함을 확인할 수 있다.
③ 1~7번째 줄을 통해 유전자를 재조합하기 위해서는 DNA를 절단하는 가위 구실의 '제한 효소'와 이를 접착하는 풀 구실의 '리가아제'가 필요함을 확인할 수 있다.

02 답 ④

해설 2문단 끝에서 1~5번째 줄에 의하면 책 속의 기호들은 시간 제약 없이 반복적이고 반성적으로 해석될 수 있어, 깊은 차원의 정보 전달이 가능하다고 하였다. 따라서 책 속의 기호들이 얕은 차원의 정보만 전달이 가능하다는 ④의 설명은 제시문의 내용과 부합하지 않는다.

오답분석
① 1문단 끝에서 1~4번째 줄을 통해 영상 매체의 메시지 전달은 피상적임을 알 수 있다.
② 2문단 1~4번째 줄을 통해 활자로 된 책을 통해 정보를 얻는 과정에는 책의 개념적 의미를 능동적으로 이해해야 하므로, 그만큼의 지적 긴장과 시간이 필요함을 알 수 있다.
③ 2문단 끝에서 5~7번째 줄을 통해 영상 매체의 기호들이 시청자로 하여금 단편적이고 순간적인 파악을 요청하게 함을 알 수 있다.

03 답 ④

해설 ㉡, ㉢, ㉣ 모두 전통적 매체인 '책'을 가리키므로, 지시 대상이 같은 것끼리 묶은 것은 ④이다.
• ㉡: ㉡이 포함된 문장에는 활자로 된 책을 통해 정보를 얻기 위해서는 개념적 의미를 능동적으로 이해해야 한다고 하였다. 이를 통해 ㉡ '그것'은 '책'을 가리킴을 알 수 있다.

- ⓔ: ⓔ이 포함된 문장에서 ⓔ '그것'을 구성하는 문자 기호의 의미는 영상 매체를 구성하는 기호인 이미지보다 정확하다고 하였다. 문자 기호는 곧 활자를 의미하고, 활자로 구성된 것은 전통적 매체인 '책'이므로 ⓔ '그것'은 '책'을 가리킨다.
- ⓑ: ⓑ이 포함된 문장에서 영상 매체의 기호들이 순간적인 파악을 요청하는 반면, ⓑ '그것들'에 기록된 기호들은 전체적인 입장에서 포괄적으로 해석될 수 있다고 하였으므로 ⓑ '그것들'은 전통적 매체인 '책'을 가리킴을 알 수 있다.

오답분석
- ㉠: ㉠이 포함된 문장에서 ㉠ '이것'은 책이 갖지 않은 장점을 갖고 있다고 하였으므로 ㉠ '이것'은 '영상 매체'를 가리킴을 알 수 있다.
- ㉡: ㉡의 앞에는 '영상 매체'의 장점이 제시되어 있고, ㉡ '그것'이 포함된 문장에는 '영상 매체'의 단점이 제시되어 있다. 따라서 ㉡ '그것'은 '영상 매체'를 가리킴을 알 수 있다.

04 답 ③

해설 계승 단계에서 변수가 가장 많이 발생한다는 내용은 확인할 수 없다.

오답분석
① 끝에서 3~5번째 줄 내용에 따르면, 저생산 주기 각 단계의 단절은 곧 그 다음 단계의 연쇄적 단절을 가지고 온다고 설명하였으므로, 농가 재생산 체계의 각 단계는 서로 긴밀한 연관성을 지니고 있음을 알 수 있다.
② 제시문에서 농가의 재생산 체계는 '출산 및 사회화 → 계승 → 노후 부양'의 3단계 주기로 상정할 수 있다고 말한다. 3~5번째 줄에서 '출산 및 사회화'는 아동을 낳고, 기르고, 가르치는 것이라고 하였으므로, 자식을 교육하는 것은 농가 재생산 체계의 1단계에 해당함을 알 수 있다.
④ 노후에 가업을 승계한 자녀로부터 부양받는 것은 농가의 재생산 체계의 마지막 단계인 '노후 부양'에 해당한다. 9~11번째 줄에서 가족 재생산 주기(출산 및 사회화 → 계승 → 노후 부양)의 어느 한 단계에서라도 차질이 발생하면 농가의 연속성은 깨지게 된다고 하였으므로, 마지막 단계인 '노후 부양'까지 진행되었다면 농가 재생산 체계의 3단계가 잘 이루어진 것임을 알 수 있다.

05 답 ①

해설 2문단 첫 번째 줄에 의하면 공공재는 배제성과 경합성이 없는 재화이고, 3문단 1~2번째 줄에 의하면 공유 자원은 배제성은 없지만 경합성이 있는 재화이다. 따라서 공공재와 공유 자원은 모두 배제성이 없음을 알 수 있다.

오답분석
② 2문단 끝에서 1~4번째 줄에 의하면 공공재는 정부가 공급함으로써 시장 실패를 예방할 수 있다고 하였다. 따라서 공공재는 민간이 아닌 정부가 관리하는 것이 효과적임을 알 수 있으므로 ②의 설명은 적절하지 않다.
③ 2문단 끝에서 1~4번째 줄에 의하면 공공재는 정부가 공급함으로써 시장 실패를 예방할 수 있다고 하였고, 3문단에 의하면 공유 자원 역시 경합성을 적절히 조정하는 예방책이 필요하다고 하였다. 따라서 시장의 자율적 운용이 시장 실패를 막는 방법이라는 ③의 설명은 적절하지 않다.

④ 3문단에 의하면 공유 자원에 의한 시장 실패를 예방하기 위해서는 경합성을 조정하는 예방책이 필요하다. 하지만 정부가 공유 자원을 직접 공급해야 한다는 내용은 제시문에서 확인할 수 없으므로 ④의 설명은 적절하지 않다.

06 답 ③

해설 ⓒ, ⓓ, ⓑ 모두 '배제성'을 가리키므로, 지시 대상이 같은 것끼리 묶인 것은 ③이다.
- ⓒ, ⓓ, ⓑ: 2문단 첫 문장에서 공공재를 정의하며 '배제성'과 '경합성'이 없는 재화라고 설명한다. 따라서 2문단에 제시된 ⓒ, ⓓ, ⓑ의 '전자'는 '배제성'을 가리킴을 알 수 있다.

오답분석
- ㉠: 이때 ㉠은 '공공재'를 가리킨다.
- ㉡: 이때 ㉡은 '공유 자원'을 가리킨다.
- ⓔ, ⓐ: 이때 ⓔ과 ⓐ은 '경합성'을 가리킨다.

07 답 ④

해설 2문단에서 과학기술이 발전하면서 저작권을 내포하는 매체의 수가 많아지고 저작권이 갖는 상업적 가치가 커졌다는 점은 확인할 수 있다. 그러나 이러한 점이 저작권법의 주목적이라고 보기는 어렵다. 따라서 답은 ④이다.

오답분석
① 2문단 3~7번째 줄을 통해 과학기술이 발전하면서 저작권 침해의 대상이 인쇄매체에서 사이버세계까지 넓어졌음을 알 수 있다.
② 1문단 1~3번째 줄을 통해 문자가 없었던 시대에는 저작권 의식 자체가 있을 수 없었음을 알 수 있다.
③ 1문단 끝에서 2~3번째 줄을 통해 대량 복제가 가능해짐에 따라 무단복제가 성행하게 되었음을 알 수 있다.

08 답 ④

해설 끝에서 3~6번째 줄을 통해 조선 후기 풍속화에 나타난 일상의 표현은 일상적이고 특별한 것에 한정되지 않음을 확인할 수 있으나, 이상적이고 특별한 것들이 소재로 배제되었다는 내용은 제시글에서 찾을 수 없다.
[관련 부분] 조선 후기 풍속화에 나타난 일상의 표현은 이상적이고 특별한 것이 아니라 사소하고 평범한 것도 그림의 주제가 될 충분한 자격이 있다는 사실을 알려주었다.

오답분석
① 1~4번째 줄을 통해 확인할 수 있다.
[관련 부분] 지금까지 제작된 풍속화 가운데 시대를 풍미한 것으로는 선사 시대 암각화, ~ 등이 있다.
② 8~10번째 줄을 통해 확인할 수 있다.
[관련 부분] 경직도처럼 임금이 정책적인 필요에 의해 타율적으로 제작된 것이지
③ 4~7번째 줄을 통해 확인할 수 있다.
[관련 부분] 그 가운데 조선 후기 18세기에 유행한 풍속화는 이전의 다른 풍속화와 달리 역사적으로 획기적인 현상인 변화를 예시한다는 점에 주목할 필요가 있다.

09 답 ③

해설 2문단 끝에서 1~3번째 줄을 통해 젖산균은 다른 미생물을 먹어 치우는 것이 아니라 물리친다는 것을 확인할 수 있다. 그리고 4문단의 4~5번째 줄을 통해 효모가 먹어 치우는 것은 젖산균이 아닌 젖산균이 만든 젖산임을 확인할 수 있다.

오답 분석
① 2문단 끝에서 4~6번째 줄을 통해 젖산균이 시큼한 젖산을 만들며 배추, 무를 서서히 김치로 무르익게 만든다는 사실을 확인할 수 있다.
② 3문단 끝에서 1~5번째 줄 내용을 통해 확인할 수 있다. 처음엔 젖산과 에탄올 등 여러 유기물을 생산하는 젖산균이 지배하다가 나중엔 젖산만을 내는 젖산균이 우세종이 되는데, 이로 인해 김치가 숙성할수록 시큼털털해지는 것이다.
④ 3문단 2~4번째 줄을 통해 김치 중기엔 주로 둥근 모양의 젖산균(구균)이, 김치 말기엔 막대 모양의 젖산균(간균)이 세력을 떨친다는 사실을 확인할 수 있다.

10 답 ④

해설 1문단 2~4번째 줄을 통해 영화는 사진에 없는 사물의 움직임을 재현한 예술 장르임을 확인할 수 있다. 그러나 사진보다 사회 현실을 사실적으로 그려낸 장르인지는 알 수 없으므로 답은 ④이다.

오답 분석
① 1문단 8~10번째 줄에서 독자의 상상을 통해 만화의 움직임이 생성된다는 점을 파악할 수 있다.
② 1문단 1~2번째 줄에서 영화적 재현과 만화적 재현의 차이점은 움직임의 유무임을 확인할 수 있다.
③ 2문단에서 칸의 크기나 모양, 칸에 포함된 정보 등이 독자의 읽기 시간에 영향을 준다는 점을 알 수 있다.

11 답 ③

해설 1문단 4~6번째 줄을 통해 최근 에너지 정책 방향이 에너지 공급 중심에서 에너지 수요 관리 및 기후 변화 대응 위주로 변화되고 있음을 확인할 수 있다.

오답 분석
① 2문단 4~5번째 줄을 통해 올랑드 정권의 에너지 정책 대응이 변화된 것을 확인할 수 있을 뿐, 이에 대한 국민들의 반응은 확인할 수 없다.
② 1문단 6~8번째 줄을 통해 민간단체의 적극적이고 자발적인 참여를 필요로 함을 확인할 수 있을 뿐, 에너지 거버넌스와 관련하여 민간단체의 역할이 가장 중요하다는 내용은 확인할 수 없다.
④ 2문단 1~5번째 줄을 통해 최근 주요 국가들의 정권 교체에 따라 에너지 정책이 변화했음을 확인할 수 있을 뿐, 정권 교체와 에너지 정책의 변화 사이의 필연성이 있음은 확인할 수 없다.

12 답 ④

해설 끝에서 10~11번째 줄에서 건물 사이의 거리가 좁아지면 긴장감이 느껴진다고 하였으므로, ④는 글의 내용과 일치하지 않는 설명이다.

오답 분석
① 1~2번째 줄을 통해 바로크 시대의 건축물에는 열정적인 종교적 의지가 사회적 동기로 작용하였음을 확인할 수 있다.
② 끝에서 7~11번째 줄 내용에 의하면, 건물 사이의 거리를 좁히면 긴장감이 느껴지는데 프란체스코 보로미니의 성 카를로 교회가 이렇게 지어진 대표적 건축물이라고 한다. 이를 통해 성 카를로 교회는 극적인 긴장감이 느껴지는 공간으로 설계되었음을 알 수 있다.
③ 2~4번째 줄을 통해 이 시대(바로크 시대)에는 로마를 기독교의 중심지로 복원하려는 노력 아래 많은 교회 건물이 지어졌음을 확인할 수 있다.

13 답 ②

해설 1문단 첫 번째 줄에서 요즘 노인 문제가 큰 관심을 끌고 있다는 내용은 확인할 수 있지만, 3문단 3~7번째 줄을 통해 노인 문제에 대한 대책이 쉽게 마련되기 어렵다는 것을 알 수 있다. 따라서 글의 내용과 일치하지 않는 것은 ②이다.

오답 분석
① 2문단 내용에 따르면 노인 계층의 출현은 채 2백 년이 되지 않았으며, 1문단 첫 번째 줄에서 요즘 노인 문제가 큰 관심을 끌고 있다고 하였으므로 노인 문제가 가시적인 문제로 나타난 것은 얼마 되지 않았음을 알 수 있다.
③ 3문단 내용에 의하면, 우리 시대에 노인 문제가 처음 나타났으며 이는 우리에게 창조적으로 대응할 기회가 있음을 뜻한다.
④ 3문단 2~4번째 줄을 통해 다른 사회 문제들과 달리 노인 문제엔 우리가 대책을 세울 때 참고할 만한 역사적 자료가 거의 없음을 확인할 수 있다.

14 답 ④

해설 2문단 끝에서 1~4번째 줄을 통해 고전파 경제학자들은 아담 스미스가 강조한 '완전한 자유 경쟁', '자유방임주의' 등의 경제 이론을 인정하였으며, 이 때문에 정부가 시장에 개입하는 것을 부정적으로 여겼음을 알 수 있다.
[관련 부분] 게다가 그들은 아담 스미스가 강조한 '완전한 자유 경쟁'과 '자유방임주의'를 중요하게 여겼기 때문에 시장에 대한 정부의 개입은 있을 수 없는 일로 생각했다.

오답 분석
① 1문단 끝에서 2~4번째 줄을 통해 '유효 수요'는 경기가 침체될 때 발생하는 수요가 아니라, 돈을 주고 물건을 살 수 있는 구매력이 뒷받침된 수요임을 알 수 있다.
[관련 부분] 이때 유효 수요란 돈을 주고 물건을 살 수 있는 구매력이 뒷받침된 수요를 말한다.
② 2문단 1~7번째 줄을 통해 경제학자 케인스는 경제 대공황의 해결책으로 유효 수요의 중요성을 강조하였으나, 당시의 고전파 경제학자들은 경제 대공황이 일시적 현상에 지나지 않아 경기가 곧 회복될 것이라고 주장하였음을 확인할 수 있다.
[관련 부분] 유효 수요의 중요성은 영국의 경제학자 케인스가 1930년대 경제 대공황의 해결책으로 제시한 유효 수요 이론에서 처음 제기되었다. ~ 고전파 경제학자들은 실업이나 공황은 일시적 현상에 지나지 않으며, ~ 경기가 곧 회복될 것이라고 주장했다.

③ 2문단 3~11번째 줄에서 세이의 법칙은 고전파 경제학자들이 인용한 것으로, 이를 통해 상품이 판매되지 않아 기업이 도산하고 실업이 발생하는 상황은 벌어지지 않는다는 그들의 주장을 뒷받침하였음을 알 수 있다.
[관련 부분] 당시 ~ 고전파 경제학자들은 실업이나 공황은 일시적 현상에 지나지 않으며, ~ 경기가 곧 회복될 것이라고 주장했다. 그들은 '공급은 스스로 수요를 창출한다.'는 세이의 법칙에 입각하여, 생산된 상품이 판매되지 않아서 기업이 도산하고 그로 인해 실업이 발생하는 사태는 이론상 벌어질 수 없다고 확신했다.

15 답 ③

해설 2문단 끝에서 3~6번째 줄을 통해 역사학의 객관성이란, 단순히 과거 사실을 정확하게 입증하는 것만이 아님을 알 수 있다.

오답 분석
① 2문단 3~5번째 줄에서 역사학은 가장 '현실'에 민감하고 '미래'에의 전망과 결부되고 있다고 설명한다. 또한 끝에서 3~6번째 줄에서 역사학에서의 객관성이란 '과거' 사실 그 자체를 정확하게 기술하는 것만이 아니라 '현재'와의 연관성 속에서 '과거'를 인식하는 것이라고 한다. 이를 통해 역사는 '과거', '현재', '미래' 모두에 연관성이 있는 학문임을 알 수 있다.
② 1문단 1~5번째 줄에서 스토아 철학자들이 금욕 원리에서 정신의 평화를 찾았듯이 역사가는 현실적 욕망의 테두리를 벗어남으로써 대상을 관조할 수 있는 수준에 도달한다고 설명한다. 이를 통해 역사가가 관조의 자세에 도달하는 데에는 금욕주의가 도움이 됨을 알 수 있다.
④ 1문단 7~9번째 줄에서 역사학의 '몰실리성'은 역사학을 진정한 기초 학문, 즉 인간 교양의 학문으로 승격시킨다고 설명한다. 이를 통해 역사학이 인간 교양을 위한 기초 학문이 되기 위해 '몰실리성'이 갖추어져야 함을 알 수 있다.

16 답 ③

해설 2문단 끝에서 1~5번째 줄을 통해 변기 내부의 'U' 자를 뒤집어 놓은 형태의 관도 '사이펀'임을 알 수 있다. 그리고 2문단 7~10번째 줄에서 'U' 자 관의 안과 밖의 압력이 평형을 이루면 아무 일도 일어나지 않는다고 설명한다. 이를 통해 변기의 사이펀 안팎의 압력이 같으면 물이 이동하지 않음을 알 수 있으므로 답은 ③이다.
[관련 부분]
• 'U' 자 모양의 굽은 관을 '사이펀'이라 한다. ~ 변기의 내부에 'U' 자를 뒤집어 놓은 형태의 관이 있는 것도 이 사이펀의 원리를 이용하기 위함이다.
• 관의 안쪽에 물이 완전히 채워지지 않아 공기가 남아 있는 경우에는 컵의 수면에 작용하는 대기압과 관 속의 대기압이 평형을 이루어 아무 일도 일어나지 않는다.

오답 분석
① 1문단 4~7번째 줄을 통해 확인할 수 있다.
[관련 부분] 그렇다면 화장실은 어떻게 이 악취를 물리치고 집 안의 한자리를 차지할 수 있었을까? 그것은 바로 '변기에 차 있는 물' 때문에 가능하였다.

② 2문단 끝에서 5~12번째 줄을 통해 확인할 수 있다.
[관련 부분] 하지만 ~ 압력 차이가 생겨 일어나는 현상이다. 이와 같은 현상을 '사이펀의 원리'라고 한다.
④ 1문단 마지막 문장을 통해 확인할 수 있다.
[관련 부분] 일정한 높이의 물이 항상 차 있도록 하기 위해서 변기의 내부에는 'U' 자를 뒤집어 놓은 형태의 관이 있다.

17 답 ③

해설 1문단 끝에서 1~6번째 줄을 통해 동양의 음력은 한 달의 날짜 수가 불규칙적임을 알 수 있다. 따라서 동양의 음력은 매달의 날짜 수가 30일로 동일하다는 '갑돌'의 설명은 적절하지 않다.

오답 분석
① 1문단 12~16번째 줄을 통해 7월의 'July', 8월의 'August'는 각각 로마의 황제 '율리우스(Julius Caesar)', '아우구스투스(Augustus)'의 생일을 기념하여 황제의 이름을 가져와 만들었음을 알 수 있다. 따라서 '율리우스'는 생월이 7월이었고 '아우구스투스'는 생월이 8월이었음을 알 수 있다.
② 2문단 1~2번째 줄을 통해 동양의 음력에서 매달 15일을 나타내는 '보름(望)'은 달이 가장 둥글게 뜨는 날임을 알 수 있다. 따라서 매달 15일을 '보름(望)'이라고 지정한 것은 '달의 주기'를 고려한 것임을 알 수 있다.
④ 2문단 끝에서 1~5번째 줄을 통해 인위적으로 한 달의 날짜 수를 조정한 서양의 양력보다는 자연의 리듬에 따라 한 달의 날짜 수를 결정한 동양의 음력이 더 과학적임을 알 수 있다.

18 답 ①

해설 ㉠과 ㉣은 모두 '양력'을 의미하므로 지시 대상이 같은 것끼리 짝 지은 것은 ① '㉠, ㉣'이다.
• ㉠, ㉣: 1문단 첫 문장에서 서양의 '양력'은 서양 사람들의 문화적 영향을 받은 반면 동양의 '음력'은 나름의 과학성이 있다고 설명한다. 따라서 1문단에 제시된 ㉠, ㉣의 '전자'는 '양력'에 해당함을 알 수 있다.

오답 분석
• ㉡, ㉢: 이때 '후자'는 '음력'을 가리킨다.
• ㉤: 이때 '전자'는 '날짜'를 가리킨다.
• ㉥: 이때 '후자'는 '계절'을 가리킨다.

유형 03 주장 및 견해 파악하기 p.30

01 ②　02 ①　03 ④　04 ②　05 ③
06 ④　07 ②　08 ②

01 답 ②

해설 갑의 주장은 을과 대립하며, 갑의 주장과 병의 주장은 대립하지 않는다. 따라서 답은 ② 'ㄷ'이다.

- 갑: 갑은 과학 기술 연구 및 그 결과 활용에 대해 과학자의 공적인 책임 의식과 외부 규제가 필요함을 말하며 과학 기술을 가치중립적인 것으로 간주해서는 안 된다고 주장한다.
- 을: 을은 갑의 주장과 반대로 과학 기술을 선과 악으로 판단할 수 없다고 말하며 연구 성과의 활용과 그 결과에 대해 과학자의 책임을 묻지 않아야 한다고 주장한다.
- 병: 병은 갑의 주장과 동일하게 인간의 행위에 대한 윤리적 책임이 강조되어야 한다고 말하며, 과학 기술로 인한 새로운 행위 능력을 규제할 새로운 윤리가 필요하다고 주장한다.

오답 분석
- ㄱ: 갑의 주장과 을의 주장은 대립하므로 적절하지 않다.
- ㄴ: 을의 주장과 병의 주장은 대립하므로 적절하지 않다.

02   답 ①

해설 사회 변화의 동력에 대해 수빈은 개인의 실천이 사회적 압력이 되어 정책 변화로 이어질 수 있다고 주장한다. 한편 유진은 사회 변화의 동력이 기업과 정부에 있다고 주장하는 민재의 의견에 공감을 드러내며, 사회 변화의 동력은 시스템의 변화에 있다고 주장한다. 따라서 사회 변화의 동력에 대해 수빈은 개개인의 행동에 의한 파급 효과를 믿지만, 유진은 사회 변화의 동력이 기업과 정부에 있다고 봄을 알 수 있다. 따라서 사회 변화의 동력에 대해 수빈과 유진이 개개인의 행동에 의한 파급 효과를 믿는다는 설명은 적절하지 않다. 따라서 답은 ①이다.

[관련 부분]
- 수빈: 개인의 실천이 쌓여서 사회적 압력이 되고, 그것이 결국 정책 변화로 이어질 수 있다고 생각해.
- 유진: 민재 말에 동감해. 환경 문제의 책임을 개인에게만 전가하는 건 옳지 않다고 봐. 시스템 자체가 바뀌어야 진정한 변화가 가능할 거야.

오답 분석
② 환경 보호 방법에 대해 수빈은 개인의 실천을, 민재와 유진은 시스템(정책) 변화를 각각 강조하고 있다.

[관련 부분]
- 수빈: 개인의 작은 실천들이 모이면 큰 변화를 만들 수 있다고 생각해.
- 민재: 근본적인 해결책은 기업과 정부의 정책 변화에 있다고 생각해.
- 유진: 시스템 자체가 바뀌어야 진정한 변화가 가능할 거야.

③ 환경 문제 해결에 장애가 되는 사항으로 민재는 개인의 노력만으로는 한계가 있다고 지적하고, 수빈은 시스템 변화만 기다리는 것의 한계를 지적한다.

[관련 부분]
- 민재: 개인이 아무리 노력해도 대기업들이 환경을 파괴한다면 한계가 있어.
- 수빈: 시스템의 변화를 기다리기만 하는 자세로는 아무것도 달라지지 않아.

④ 환경 문제의 책임 소재에 대해 유진은 개인에게만 책임을 전가하는 것을 비판하고, 민재는 기업과 정부의 책임을 강조한다.

[관련 부분]
- 유진: 환경 문제의 책임을 개인에게만 전가하는 건 옳지 않다고 봐.
- 민재: 근본적인 해결책은 기업과 정부의 정책 변화에 있다고 생각해.

03   답 ④

해설 2문단과 3문단을 통해 필자는 전통문화를 계승함과 동시에, 외래문화 섭취에도 개방적이어야 한다는 입장을 취하고 있음을 알 수 있다.

오답 분석
① 제시문에 언급되지 않은 내용이다.
② 3문단의 마지막 문장에서 외래문화를 적극적, 능동적으로 받아들이는 자세를 확인할 수 있다.
③ 4문단에서 필자는 외래문화를 단순히 모방하는 것에 대해 부정적 입장을 취하고 있다.

이것도 알면 합격

이기백, '민족 문화의 전통과 계승'
- **갈래**: 논설문
- **성격**: 논리적, 비판적, 예증적
- **주제**: 전통문화에 대한 올바른 인식과 계승 방안
- **특징**
  ① 귀납적 전개 방법으로 결론을 유도하여 강한 설득력을 지님
  ② 분명한 사실 논거를 제시하여 독자가 쉽게 이해할 수 있도록 함

04   답 ②

해설 2문단 5~9번째 줄에서 필자는 치료비가 비싸질 경우 가난한 사람들이 지금과 달리 웬만해서는 병원을 가지 않을 것이라고 하였으므로 ②는 필자의 견해로 볼 수 있다.

오답 분석
① 3문단 1~3번째 줄에서 필자는 시골 의사가 수입을 늘리려는 의도로 치료비에 차등을 두었다고 생각하긴 어렵다고 하였다.
③ 2문단 끝에서 5~7번째 줄을 통해 부유한 사람들은 치료비를 낮춘다고 해도 병원 방문 횟수가 크게 달라지지 않을 것임을 확인할 수 있다.
④ 2문단 내용을 통해 모든 사람들에게 치료비를 동일하게 적용한다면, 부유함의 정도에 따라 치료비 변화에 반응하는 정도가 다르다는 것을 확인할 수 있다. 그러나 이를 통해 마을 사람 모두가 치료비 변동에 불만을 가진다는 것은 알 수 없다.

05   답 ③

해설 병은 두 번째 발화에서 교육이 이성과 실용성, 인성을 모두 아우르는 통합적 접근이 필요하다고 주장함을 알 수 있다. 반면 갑과 을은 교육의 통합적 접근 방식에 대한 언급은 하지 않으며, 갑은 이성 계발과 교양 교육 중심의 교육을 강조하고, 을은 실용적 기술만 강조하고 있을 뿐이다. 따라서 갑과 을은 교육의 통합적 접근에 대해 동의하는지 알 수 없으므로 대화를 분석한 것으로 적절하지 않은 것은 ③이다.

[관련 부분] 이성과 실용성, 그리고 인성까지 모두 아우르는 통합적 접근이 필요해.

오답 분석
① 을은 첫 번째 발화에서 실용적인 기술을 익히는 것이 필요하다고 주장하고 있다. 또한 병은 첫 번째 발화에서는 교육에서 실용성을 무시할 수 없다고 주장하고, 두 번째 발화에서 실용성도 아우를 수 있는 통합적 접근이 필요하다고 주장하고 있다. 따라서 실용적 기술 교육이 필요하다는 점에 대해 을과 병 모두 동의함을 알 수 있다.
[관련 부분]
• 을: 실생활에서 활용 가능한 실용적인 기술을 익히는 것이 필요해.
• 병: 이성 계발도 중요하고 실용성도 무시할 수 없어. / 이성과 실용성, 그리고 인성까지 모두 아우르는 통합적 접근이 필요해.
② 갑은 두 번째 발화에서 도덕성을 함양하는 것이 중요하다고 주장하고 있다. 또한 병은 첫 번째 발화에서 도덕적 품성을 기르는 것이 중요하다고 주장하고 있다. 따라서 도덕적 품성 함양이 교육의 목표라는 점에 대해 갑과 병 모두 동의함을 알 수 있다.
[관련 부분]
• 갑: 도덕성을 함양하고 비판적 사고력을 기르는 게 가장 중요해.
• 병: 더 중요한 건 도덕적 품성과 정서적 성숙, 창의성과 협동 능력까지 기르는 거야.
④ 갑은 첫 번째 발화에서 진리를 탐구하는 것이 교육의 중요한 목적이라고 주장하고 있다. 반면 을은 첫 번째 발화에서 추상적인 이론(진리)보다 실무 능력 개발이 더 중요하다고 주장하고 있다. 따라서 진리의 탐구가 교육의 중요한 목적인 점에 대해 갑은 동의하고 을은 동의하지 않음을 알 수 있다.
[관련 부분]
• 갑: 진리를 탐구하는 능력을 키우는 게 진정한 교육이지.
• 을: 추상적인 이론보다는 직업 교육과 실무 능력 개발이 더 중요하지.

06 답 ④

해설 2문단에서 필자가 자금의 순환을 전담하는 관청이 있어야 한다고 주장하고 있다. 그러나 2문단 마지막 문장을 통해 국가 재정에 관한 사법이 없는 것은 아님을 알 수 있다.

오답 분석
① 1문단의 3~5번째 줄에서 논자(論者)들은 관청의 돈을 풀어내어 전황을 시정하자고 주장하였다. 이에 대해 필자는 돈 대신 물건을 저장하면 관리하기 어렵다는 근거를 들어 논자(論者)들의 주장이 시행되기 어려운 이유를 설명하고 있다.
② 2문단에서 필자는 오늘날에는 나라에 필요한 자금을 저장하기만 할 뿐, 순환시키지 않아 돈이 마르는 데(전황)에 이르렀다고 주장하였다. 이는 전황을 해결하려면 돈을 순환시켜야 한다는 것을 의미한다.
③ 3문단에서 필자는 '선비만을 귀한 것으로 알고 공인이나 상인을 천한 것으로 생각'하는 사람들의 직업적 편견 때문에 돈이 유통되지 못하고 사장된다고 주장하였다.

07 답 ②

해설 갑은 두 번째 발화에서 경제적 여유가 있어야 환경을 보호할 수 있다고 주장하고 있다. 이는 환경을 보호하기 위해 경제 성장이 우선적으로 갖추어져야 할 전제 조건임을 의미할 뿐, 환경 보호를 위한 기술 개발이 경제 성장을 저해한다고 주장하는 것은 아니다. 따라서 대화를 분석한 내용으로 적절하지 않은 것은 ②이다.
[관련 부분] 친환경적 기술도 결국 경제 성장을 통해 개발되는 거야. ~ 경제적 여유가 생겨야 환경을 생각할 수 있어.

오답 분석
① 갑은 첫 번째 발화에서 모든 사회 문제의 해결책은 경제 성장이라고 주장하고 있다. 또한 병은 첫 번째 발화에서 적정 수준의 경제 성장이 필요하다고 주장하고 있다. 이를 통해 갑과 병 모두 경제 성장이 필요하다고 생각한다는 것을 알 수 있다.
[관련 부분]
• 갑: 경제 성장이 모든 사회 문제의 해결책이야.
• 병: 적정 수준의 경제 성장은 필요해.
③ 갑은 두 번째 발화에서 경제적 여유가 선행되어야 환경을 보호할 수 있다고 주장하고 있다. 반면 을은 두 번째 발화에서 원시 부족의 사례를 제시하며 경제 성장 없이도 환경을 보호할 수 있음을 주장하고 있다. 이를 통해 갑은 경제적 여유와 환경 보호가 밀접한 관련이 있음을, 을은 경제적 여유와 환경 보호는 관련이 없음을 주장하고 있음을 알 수 있다. 따라서 갑과 을이 경제적 여유와 환경 보호의 관계에 대해 서로 다른 견해를 보임을 알 수 있다.
[관련 부분]
• 갑: 친환경적 기술도 결국 경제 성장을 통해 개발되는 거야.
• 을: 원시 부족들은 경제 성장 없이도 수천 년 동안 자연과 조화를 이루며 살았잖아. 이는 성장 중심 사고가 필수가 아니라는 증거야.
④ 갑은 첫 번째 발화에서 경제 성장을 통해 복지가 확대될 수 있다고 주장하고 있다. 반면 을은 첫 번째 발화에서 양극화가 심각해진 이유가 경제 성장만 추구했기 때문이라고 주장하고 있다. 이를 통해 갑은 경제 성장이 복지 확대로 이어진다고 보고, 을은 무분별한 경제 성장이 양극화를 심화한다고 본다는 것을 알 수 있다.
[관련 부분]
• 갑: 경제 성장이 모든 사회 문제의 해결책이야. GDP가 늘어나면 일자리가 생기고 복지도 확대돼.
• 을: 양극화가 심각한 이유도 결국 성장만 추구했기 때문이라고 생각해.

08 답 ②

해설 3문단 1~2번째 줄에서 필자는 통용되는 범위가 넓은 방언을 사전에 우선 등재해야 한다고 주장한다. 따라서 통용되는 지역이 협소한 방언을 우선하여 사전에 등재해야 한다는 ②의 내용은 필자의 견해로 볼 수 없다.
[관련 부분] 그것이 통용되는 지역이 어느 정도 넓은 범위를 가진 방언 낱말을 우선하여야 한다.

| 오답 분석 | ① 1문단 2~4번째 줄에서 확인할 수 있다.
[관련 부분] 방언 어휘는 그 수효가 엄청나게 많아서 대사전이라고 해도 이를 다 수용한다는 것은 현실적으로 어려움이 많다.
③ 2문단 마지막 문장에서 확인할 수 있다.
[관련 부분] 방언에서는 자주 쓰이는 낱말이지만 표준어에서 제대로 대응되는 말이 없는 경우도 많은 것이다.
④ 3문단 3~5번째 줄을 통해 확인할 수 있다. 도(道)는 시(市)와 군(郡) 등을 관할하는 행정 구역이므로 ④는 필자의 견해와 동일하다고 볼 수 있다.
[관련 부분] 하나의 군(郡) 안에서만 쓰이는 말보다는 도(道) 전체에서 또는 여러 군에서 사용하는 말이 먼저 선택됨은 당연하다. |

04 답 ④

해설 제시문은 대상인 '표준 발음'에 대해 설명하고 있으나, 이에 대한 다른 견해는 나타나지 않는다. 또한 논지를 전환하고 있지도 않으므로 답은 ④이다.

오답 분석
① 3문단에서 역사적으로 소리의 높이나 길이를 구별해 온 전통에 따라, '표준 발음법의 기준'이 소리의 길이에 대한 규정을 포함하는 특징을 소개하고 있다.
② 1문단에서 '어떻게 소리 내야 할까?'와 같이 물음을 던져 '표준 발음'이라는 화제에 대한 호기심을 유발하고 있다.
③ 2문단에서 '값'에 대한 서울말의 발음을 예로 들어, 이러한 실제 발음에 따라 표준 발음이 정해진다는 것을 설명하고 있다. 또한 3문단에서 '밤[夜]'과 '밤[栗]'의 예를 들어 장년층이 소리의 길이를 인식하면서 구별하여 발음하는 것을 설명하고 있다.

유형 04 글의 전략 및 전개 방식 파악하기 p.36

01 ④   02 ②   03 ③   04 ④

01 답 ④

해설 제시문은 '과정'의 개념을 설명하고 있다. ④는 화산의 분출 방법을 '과정'의 방식으로 단계에 따라 설명하고 있다. 따라서 답은 ④이다.

오답 분석
① 정의: '이식편'의 의미를 분명하게 규정하여 설명하고 있다.
② 인용: 근대 도시의 복합적 특성의 발생 원인에 대한 벤야민의 의견을 빌려 진술하였다.
③ 인과: 원인(과거제 도입)으로 인해 초래된 결과(지식인 집단 형성)를 설명하고 있다.

02 답 ②

해설 제시문은 역사를 조망하는 시각(관점)의 차이에 따라 역사의 발전과 퇴보라는 대조적인 결과가 도출됨을 말하고 있으므로 ②가 가장 적절하다.

오답 분석 ① ③ ④ 각각 정의, 유추, 인용에 관한 설명으로, 제시문에 드러나지 않은 진술 방식이다.

03 답 ③

해설 Spitzberg와 Cupach의 이론이 나타나지만, 그 이론을 바탕으로 현상의 원인을 분석하고 있지는 않다.

오답 분석
① 2~3문단에서 Spitzberg와 Cupach의 주장에 언급된 '적절성'과 '효율성'의 개념을 설명하고 있다.
② 2~3문단에서 '적절성'과 '효율성'에 대한 예를 제시하였다.
④ 1문단에서 Spitzberg와 Cupach라는 권위자의 주장을 언급함으로써 내용에 신뢰성을 부여하고 있다.

유형 05 글의 순서 파악하기 p.40

01 ③   02 ②   03 ③   04 ③   05 ①
06 ②   07 ③   08 ②

01 답 ③

해설 (나) - (가) - (다) - (라)의 순서가 가장 자연스럽다.

순서	중심 내용	순서 판단의 단서와 근거
(나)	정체성을 통해 획득하는 소속감은 사회적 통합에 매우 중요한 요소가 됨	제시문의 중심 화제인 '정체성'의 정의와 특성에 대해 설명함
(가)	정체성의 위기를 겪는 사람이나 집단이 증가하고 있음	접속어 '그런데': 전환의 접속어 '그런데'를 통해 (나)에서 언급한 '정체성'의 위기에 대해 설명함
(다)	우리는 역사적으로 민족의 동질성을 이어오고 있음	키워드 '민족의 동질성': (가)에서 언급한 동질성을 계승하고 있는 우리 민족의 사례를 설명함
(라)	우리는 문화적 동질성을 바탕으로 경제 성장을 달성하였음	지시 표현 '이러한 정체성': (다)에서 언급한 우리 민족의 동질성을 '정체성'으로 다시 지칭하며 여기에서 파생된 결과를 설명함

02 답 ②

해설 (나) - (가) - (다)의 순서가 가장 자연스럽다.

순서	중심 내용	순서 판단의 단서와 근거
(나)	검사용 키트를 제작할 때 적용되는 원리	핵심 화제인 '검사용 키트의 원리'를 제시함

순서	중심 내용	순서 판단의 단서와 근거
(가)	• 항원-항체 반응의 개념 • 항체 제조 기술로 개발된 LFIA 키트 소개	키워드 '항원-항체 반응': (나)에서 언급된 '항원-항체 반응'의 정의를 설명하고 이를 적용하여 개발한 키트를 소개함
(다)	LFIA 키트의 확인 방법 및 구조	키워드 'LFIA 키트': (가)에서 언급한 'LFIA 키트'의 확인 방법과 구조를 설명함

03 답 ③

해설 (마) - (가) - (나) - (라) - (바) - (다)의 순서가 가장 자연스럽다.

순서	중심 내용	순서 판단의 단서와 근거
(마)	'실패한 기술'의 정의	접속어나 지시 표현으로 시작하지 않으며 핵심 화제인 '실패한 기술'을 제시함
(가)	비디오 테이프의 두 가지 방식: 베타 방식, VHS 방식	(마)에서 언급한 '실패한 기술'의 구체적 사례를 제시함
(나)	베타 방식의 장점	(가)에서 언급한 '베타 방식'을 부연 설명함
(라)	경쟁에서 VHS 방식이 승리함	접속어 '반면에': (나)와 대조되는 사례를 제시함
(바)	베타 방식의 실패는 시장에서의 실패로, 소비자에게는 베타 방식이 이익이 됨	지시 표현 '이때의 실패': (라)에 언급된 베타 방식의 실패를 가리킴
(다)	기술 개발자들은 소비자의 이익보다 자본가의 이익을 먼저 고려함	• 접속어 '그러나': (바)와 상반되는 내용을 제시함 • 키워드 '소비자': (바)에서 언급된 키워드가 반복됨

04 답 ③

해설 (다) - (나) - (가) - (라)의 순서가 가장 자연스럽다.

순서	중심 내용	순서 판단의 단서와 근거
(다)	영양 성분을 표시 방법이 최근 개정되었음	글의 중심 화제인 '영양 성분 표기법 개정'을 언급하고 있으므로 첫 문단으로 가장 적절함
(나)	영양 성분 표기법 중 소비자에게 혼란을 야기할 수 있는 함량 표시 기준이 개정됨	(다)에 언급된 '영양 성분 표기법'이 개정된 이유를 제시함
(가)	영양 성분의 함량 표기가 총 용량을 기준으로 변경되었으며, 중요도에 따라 표시 순서도 바뀜	접속어 '그래서': (나)에 언급된 '함량 표시 기준'이 개정된 내용(결과)를 제시함
(라)	우리나라 국민의 나트륨 섭취가 과도하므로 표시 위치가 이전보다 올라감	• 접속어 '예를 들어': (가)에 언급된 '표시 위치'가 개정된 구체적 사례를 제시함 • 키워드 '표시 위치': (가)에 언급된 키워드가 반복됨

05 답 ①

해설 ㄱ - ㄹ - ㅁ - ㄴ - ㄷ의 순서가 가장 자연스럽다.

순서	중심 내용	순서 판단의 단서와 근거
보기	1900년 경인철로의 개통에 따라 점차 쇠퇴하는 요충지로서의 인천	-
ㄱ	철로 개통으로 인해 인천에서 하룻밤을 묵지 않고도 서울로 갈 수 있게 된 현실	<보기>에서 언급한 경인철로 개통으로 인해 변화한 상황을 구체적으로 설명함
ㄹ	철로 개통으로 인해 빨간불이 켜진 인천의 근대적 번영	ㄱ에서 언급한 상황으로 인한 결과를 제시함
ㅁ	1905년 경부철로가 개통되며 뒷전으로 물러난 인천	• 접속어 '게다가': ㄹ에 이어 경부철로의 개통으로 인해 쇠퇴한 인천의 상황을 제시함 • 키워드 '1905년': 앞에서 제시한 1900년의 이후의 상황을 제시함
ㄴ	인천과 함께 쇠퇴하여 1918~1919년 무렵 중국인에게 팔린 다이부쓰 호텔	키워드 '역시': ㅁ에서 제시한 '뒷전으로 밀린 인천'과 함께 쇠퇴한 다이부쓰 호텔에 더해 설명함
ㄷ	중국인에게 팔린 다이부쓰 호텔이 중국 음식점 '중화루'로 바뀜	지시어 '이것': ㄴ에서 1918~1919년 무렵 중국인에게 팔린 '다이부쓰 호텔'이 중국 음식점 '중화루'의 시작이 되었다는 점을 가리킴

06 답 ②

해설 (나) - (라) - (가) - (다)의 순서가 적절하다.

순서	중심 내용	순서 판단의 단서와 근거
(나)	호혜 관계가 흔히 일어나는 경우	접속어나 지시어로 시작하지 않고, 글의 제재인 '통합 메커니즘'으로서의 호혜 관계에 대해 제시함
(라)	호혜 관계에 있는 이들 간의 물건 교환의 기능	키워드 '양자 간의 물건의 교환': '통합 메커니즘'의 기능을 사회 경제적 지위가 비슷한 양자 간의 '물건 교환' 예시를 통해 구체적으로 설명하고 있으므로 (나)에 뒤이어 오는 것이 적절함
(가)	통합 메커니즘의 좋은 예: 이웃이나 친구들 간의 선물 교환	(라)의 설명을 구체화하는 예시(이웃, 친구들 간의 선물 교환)를 제시함으로써 (라)를 보충함
(다)	선물 교환의 역할: 교환에 참여한 사람들(또는 집단)에게 '사회 보험'의 역할을 함	지시 표현 '이런 점': (가)에서 언급된 '이웃이나 친구들 간의 선물 교환'의 역할을 설명하고 있으므로 (가)에 뒤이어 제시문의 마지막에 오는 것이 적절함

07 답 ③

해설 ㉢ - ㉤ - ㉣ - ㉠ - ㉡의 순서가 가장 자연스럽다.

순서	중심 내용	순서 판단의 단서와 근거
㉢	국어의 단어에는 단일어와 복합어가 있음	핵심 화제인 '단일어와 복합어'를 모두 언급하고 있으므로 가장 처음에 오는 것이 적절함
㉤	복합어는 합성어와 파생어로 나뉨	키워드 '복합어': ㉢에서 언급된 키워드가 반복됨
㉣	전자(합성어)의 정의와 예	지시어 '전자': ㉤에서 언급된 합성어를 가리킴
㉠	합성어의 종류: 통사적 합성어와 비통사적 합성어	키워드 '논밭, 큰형, 날뛰다': ㉣에서 제시된 예시를 합성어의 하위 분류를 적용하여 구분
㉡	후자(파생어)의 정의와 예	• 접속어 '반면': 앞의 ㉣, ㉠에 제시된 '전자(합성어)'와 상반되는 키워드 '후자(파생어)'를 제시함 • 지시어 '후자': ㉤에서 언급된 파생어를 가리킴

08 답 ②

해설 (다)는 '학문의 궁극적 목적은 무엇인가?'라는 화두를 제시하고 있으므로 가장 앞에 오는 것이 자연스럽다. 그리고 뒤에는 (다)의 질문에 대해 '진리 탐구'라는 대답과 '진리의 탐구는 해서 무엇하냐'라는 예상되는 반론을 제시하는 (라)가 오는 것이 적절하다. 이어서 (라)에서 언급한 예상되는 반론에 대해 '현대인의 편리한 생활은 학자들의 상아탑 속의 연구 생활(진리 탐구)' 덕택이었다는 필자의 생각을 제시하는 (가)가 오는 것이 적절하다. 마지막으로 학자들이 학문을 하는 목적을 다시 언급하며, 필자의 명확한 입장을 제시하는 (나)가 오는 것이 자연스럽다. 따라서 (다) - (라) - (가) - (나)의 순서로 배열되는 것이 가장 적절하다.

유형 06 숨겨진 내용 추론하기 p.46

01 ④ 02 ② 03 ④ 04 ④ 05 ②
06 ④ 07 ③ 08 ② 09 ④ 10 ①
11 ① 12 ④ 13 ③ 14 ①

01 답 ④

해설 상품의 유행 기간이 짧다는 것은 사회적 마모 기간이 짧다는 것이고, 사회적 마모 기간이 짧으면 생산이 지속되어 기업이 이윤을 남길 수 있게 되므로 적절한 추론이다.

오답분석
① 기업은 이윤을 남기기 위해 상품 소비를 촉진시킨다고 하였으므로 틀린 설명이다.
② 상품의 디자인 변화는 사회적 마모 기간을 축소시키는 것이므로 틀린 설명이다.
③ 기업은 이윤을 위해 사회적 마모 기간을 줄인다고 하였으므로 틀린 설명이다.

02 답 ②

해설 광고 언어에서 송신자들은 의도적으로 문장 성분을 생략하고, 수신자들은 송신자들이 생략한 부분을 연상을 통해 복원해 낼 수 있다. 이 과정이 가능한 것은 ② '광고가 쌍방향 의사소통을 하는 매체'라는 점이 전제되어 있기 때문이다.

오답분석
① '생략'의 문제점에 해당하는 내용으로, 전제로는 적절하지 않다.
③ '생략'의 한 종류일 뿐, 전제로는 적절하지 않다.
④ 제시문에서 알 수 있는 내용이므로 전제로는 적절하지 않다.

03 답 ④

해설 2문단 끝에서 4~5번째 줄을 통해 '개신파'가 퍼지는 속도는 중심지로부터 떨어져 있는 거리에 따라 달라지는 것이 아니라, 지리적 제약에 따라 달라짐을 알 수 있다. 따라서 주변 지역인 A지역과 B지역이 '개신파'가 퍼지는 속도가 같은 것은 중심지로부터 떨어져 있는 거리가 같기 때문이라는 ④의 추론은 적절하지 않다.

오답분석
① 2문단 6~7번째 줄을 통해 '방사 원점'은 언어 세력의 중심지라는 것을 알 수 있다. 그리고 1문단 1~2번째 줄을 통해 언어는 정치·경제·문화 중심지로부터 퍼져 나감을 알 수 있다. 따라서 '방사 원점'은 정치·경제·문화가 발달한 곳임을 추론할 수 있다.
② 1문단에서 언어의 전파는 사람들이 중심지에 모였다가 주변 지역으로 흩어짐에 따라 발생한다고 설명하였다. 따라서 중심지와 주변 지역의 왕래가 잦아진다면 언어가 전파되는 속도가 빨라질 것임을 추론할 수 있다.
③ 2문단 끝에서 1~5번째 줄을 통해 개신파의 속도는 지리적 제약이 덜한 곳일수록 빠르고 지리적 제약이 심한 곳일수록 느리다는 것을 알 수 있다. 따라서 도로가 많아지고 교통수단이 발전하여 지리적 제약을 극복할 수 있다면 지역별 개신파의 속도 차이가 줄어들 것임을 추론할 수 있다.

04 답 ④

해설 필자는 한국의 미래상에 관한 청사진은 광범위한 의견 수렴과 많은 논쟁을 통해 공동의 작품으로 만들어져야 한다고 주장하였다. 이는 다수 간의 의견 교환을 중시한 것이므로, 필자의 주장은 ㉠ '민주주의'의 원리 중 ④ '의사 결정 과정의 민주성'에 기초한 것이다.

05 답 ②

해설 2문단 1~3번째 줄을 통해 몰입을 경험하기 위해서는 수행하는 활동에 대한 명확한 목표가 설정되어야 한다는 것을 알 수 있다. 따라서 분명한 목표 설정이 몰입 경험을 위해 필수적으로 선행되어야 하는 조건 중 하나라는 ②의 추론은 적절하다.
[관련 부분] 몰입을 경험하기 위해서는 몇 가지 핵심적인 조건들이 충족되어야 한다. 첫째, 수행하는 활동에 대한 명확한 목표가 설정되어 있어야 한다.

오답분석
① 1문단 끝에서 3~6번째 줄을 통해 몰입 경험은 만족감과 자아실현적 성취감을 동반하고 삶의 질을 향상시킨다는 것을 알 수 있으므로, 몰입 경험의 주된 목적이 현실로부터의 도피라는 ①의 추론은 적절하지 않다.
[관련 부분] 몰입 경험은 단순히 일시적인 즐거움을 넘어선 깊은 만족감과 자아실현적인 성취감을 동반하며, 개인의 삶의 질을 향상시키는 중요한 요소로 작용한다.
③ 2문단을 통해 몰입을 경험하기 위해서는 목표 설정, 즉각적이고 명확한 피드백, 과제 난이도와 개인 기술 간의 균형이 충족되어야 함을 알 수 있다. 하지만 제시문을 통해 타고난 재능이나 소수의 사람만이 몰입을 경험할 수 있다는 내용은 확인할 수 없으므로 ③의 추론은 적절하지 않다.
④ 2문단 끝에서 1~6번째 줄을 통해 몰입을 경험하기 위해서는 과제의 난이도가 개인의 기술 수준과 적절한 균형을 이루어야 하며, 과제가 너무 어려우면 좌절감이나 불안감을 느끼게 되어 몰입에 도달하기 어려워진다는 것을 알 수 있다. 따라서 몰입이 극도로 어려운 과제를 수행할 때 발생한다는 ④의 추론은 적절하지 않다.
[관련 부분] 개인의 기술 수준과 당면한 과제의 난이도가 적절하게 균형을 이루어야 한다는 점이다. ~ 반대로 과제가 너무 어려우면 좌절감이나 불안감을 느끼게 되어 몰입에 도달하기가 극히 어려워진다.

06 답 ④

해설 3문단 마지막 문장을 통해, 사전에 등재되어 있지 않은 말이 사전에 등재될 수도 있음을 알 수 있다. 그러나 제시문에서 원래는 사전에 등재되어 있던 단어가 삭제되는 경우는 설명하고 있지 않으므로, 시대에 따라 사전에서 단어가 삭제되기도 한다는 ④의 반응은 적절하지 않다.

오답분석
① 2문단 3~6번째 줄과 2문단 끝에서 1~5번째 줄을 통해 알 수 있는 내용이다. 사전에 단어가 등재되기 위한 보편적 기준은 그 단어가 보편적으로 얼마나 널리, 얼마나 지속적으로 사용되는가이다.
② 3문단을 통해 알 수 있는 내용이다. 유행어인 '왕자병'은 사전에 등재되어 있는 단어 '왕자'에 새로운 단어인 '병'이 결합하여 만들어진 것이므로 '옥탑방'과 같은 범주의 말이라고 볼 수 있다.
③ 2문단과 3문단을 통해 알 수 있는 내용이다. '웰빙(well-being)'과 '옥탑방'은 모두 '신어'로 사전에 없는 말이지만 전자는 '유행어'라서 사전에 거의 등재될 가능성이 없는 신어이고, 후자는 이미 있는 말이 결합하여 사용된 것이어서 검토 후 사전에 등재될 가능성이 높은 신어이다. 따라서 두 말의 지위는 서로 다르다.

07 답 ③

해설 제시문 바로 뒤에 이어질 내용으로 적절한 것은 ③이다. 제시문은 1문단에서 새말의 개념과 범위, 탄생 원인에 대해 설명하고, 2문단에서 구성 재료에 따라 구분된 새말의 세 가지 어종을 제시하면서 그중 첫 번째 것인 '완전히 새롭게 창조된 뿌리로 된 새말'에 대해 설명하고 있다. 따라서 제시문의 다음에는 새말의 어종 중 두 번째 것인 '이미 있던 말을 재료로 하여 만들어진' 새말에 대한 내용이 이어지는 것이 자연스럽다.

오답분석
② '외국어로부터의 차용어'에 해당하므로 '이미 있던 말을 재료로 하여 만들어진 새말'에 대한 내용 뒤에 나와야 한다.

08 답 ②

해설 제시문은 질병이나 사고로 인해 뇌손상을 입었으나 오히려 예술적 능력이 높아진 화가들의 사례를 소개하고 있다. 이러한 내용을 바탕으로 미루어볼 때 ② '예술가는 뇌가 손상되더라도 다른 예술적 표현성을 발휘하여 자신만의 작품 세계를 구축해야 한다'를 시사점으로 볼 수 있다.

오답분석
① 제시문을 통해 추론할 수 없는 내용이다.
③ 일부 능력이 상실되지만 예술적 표현성은 높아질 수 있다고 설명할 뿐 감각을 되살리기 위해 노력하는 방안이나 사례는 언급하지 않았으므로 추론하기 어렵다.
④ 뇌 손상 전후로 화풍이 변한 예술가들을 소개하고 있으나, 그들 작품의 감상 방법은 설명하지 않았으므로 추론하기 어렵다.

09 답 ④

해설 2문단 끝에서 4~11번째 줄에서 하이퍼링크를 통해 여러 정보를 접하다 보면 더 나은 정보가 존재할지도 모른다는 강박 관념 때문에 정보를 진지하게 검토하지 못한다고 말하고 있다. 이를 통해 독자는 많은 정보를 얻는 것보다 찾은 정보를 꼼꼼하게 검토하여 활용해야겠다고 반응할 수 있다. 따라서 독자의 반응으로 가장 적절한 것은 ④이다.

오답분석
① 제시문과 관련 없는 내용이다.
② 2문단에서 하이퍼링크를 통해 확인된 정보에 대해 진지하게 검토하는 사고의 과정이 필요하다고 말하고 있으나, 단 하나의 정확한 정보만 찾는 것이 중요하다고는 말하고 있지 않다.
③ 1문단에서 통신 속도의 비약적인 발전으로 인해 어떤 정보든 실시간 접근이 가능하다고 설명하고 있으므로 적절하지 않은 반응이다.

10 답 ①

해설 2문단 끝에서 1~5번째 줄을 통해 소설과 철학적 진리를 대하는 사람들의 태도만 다를 뿐, 철학적 진리는 소설과 근본적으로 다르지 않다고 말하고 있다. 그러나 이를 통해 소설을 읽음으로써 철학적 진리를 터득할 수 있다는 내용은 추론할 수 없으므로 답은 ①이다.

오답분석
② 1문단 6~9번째 줄과 2문단 4~5번째 줄을 통해 철학자들이 주장한 진리는 객관적 사실이 아닌 우리가 삶에서 경험한 것들을 정리한 세계의 관념적 재구성물이라는 점을 알 수 있다. 이를 통해 객관적 사실을 발견하는 과학자들과는 차이가 있음을 추론할 수 있다.
③ 1문단 끝에서 1~5번째 줄을 통해 철학이 추구하는 진리는 우리를 지적으로 편하게 하고, 우리에게 쓸모 있는 기능을 하기 위한 것임을 알 수 있다. 따라서 철학자들이 주장한 진리를 터득하여 활용한다면 우리의 삶에 유용할 것이라는 추론은 적절하다.
④ 1문단 3~4번째 줄을 통해 영원불변한 객관적 사실로서의 진리는 존재하지 않음을 알 수 있으며, 2문단 4~6번째 줄을 통해 진리는 세계의 관념적 재구성물임을 알 수 있다. 따라서 철학적 진리는 세계를 관념적으로 재구성한 것이기 때문에 항상 변화할 수밖에 없다는 내용은 적절한 추론이다.

11 답 ①

해설 (나)의 끝에서 1~2번째 줄을 통해 최한기는 행동이 지식보다 우선적이라고 주장했음을 알 수 있다. 따라서 최한기는 행동함으로써 겪는 시행착오를 통해 언어 지식을 습득할 수 있다고 생각할 것임을 추론할 수 있다. 따라서 (가)와 (나)를 통해서 추정하기 어려운 내용은 ①이다.
[관련 부분] '선행후지(先行後知)'를 제시하고, 행이 지보다 우선적인 것임을 강조하였다.

오답분석
② (가)의 1~3번째 줄을 통해 언어 지식이 전혀 없이 태어난 아기라도 불완전한 형태로 자신의 의사를 표현함을 알 수 있다. 따라서 언어 지식이 없더라도 불완전한 방식으로 의사 표현이 가능함을 추론할 수 있다.
[관련 부분] 언어 지식이 전혀 없이 태어난 아기는 성장하면서 몇 개의 단어만을 사용하여 불완전한 형태로 자신의 의사를 표현하다가,
③ (가)를 통해 언어 지식이 없는 아기는 성장 과정에서 다양한 시행착오를 겪으며 완전한 형태의 언어 표현을 구사할 수 있게 됨을 알 수 있다. 이는 (나)의 끝에서 2~4번째 줄에서 언급한 '경험을 통해 지식이 산출되는 과정'에 해당하므로, 언어적 시행착오는 행동을 통한 지식 습득 과정임을 추론할 수 있다.
[관련 부분] 그는 선천적인 지식이 따로 없고 모든 지식이 경험을 통해 산출된다고 보아
④ (나)의 끝에서 3~4번째 줄을 통해 최한기는 선천적인 지식은 따로 없다고 주장했음을 알 수 있다. 따라서 아기가 언어 지식을 선천적으로 가지고 태어나지 않았다고 생각할 것임을 추론할 수 있다.
[관련 부분] 그는 선천적인 지식이 따로 없고

12 답 ①

해설 2문단의 내용을 통해 고구려의 벽화에 그려진 낙랑 유적의 고배형 등잔은 고구려 등잔 형태를 알 수 있는 사료가 된다고 설명하고 있지만 그 이후 시대 등잔의 형태를 파악하는데 사용됨은 알 수 없으므로 ①의 추론은 적절하지 않다.

오답분석
② 4문단의 내용을 통해 낙랑 출토품의 등잔은 여러 개의 등잔이 각기 독립된 형태로 유지되었지만, 신라의 다등식 등잔은 기름을 한 곳에 넣으면 하나의 원통관에 연결된 등잔들의 일정한 유량이 각각 유지되는 것으로 고안되었다는 점에서 불을 밝히는 방식이 서로 달랐음을 추론할 수 있다.
③ 1문단 끝에서 1~2번째 줄을 통해 1970년대 초기에는 전기의 보급이 안 된 일부 산촌 지방에서 사기 등잔을 사용했다는 것을 보아, 대부분의 가정에서는 사기 등잔의 사용 대신 보급된 전기를 이용했음을 추론할 수 있다.
④ 5문단의 내용을 통해 제작상의 간편함과 인화성이 약한 기름으로 일관되게 사용했다는 것을 그 특징으로 종지형 등잔이 조선 시대에 이르기까지 등잔의 기본 형태로 정착되었음을 알 수 있다. 따라서 기본 형태의 등잔 제작을 위해서는 이러한 특징이 고려되어야 함을 추론할 수 있다.

13 답 ③

해설 2문단 5~8번째 줄을 통해 학습 데이터와 함께 제공된 정답에 해당하는 값에서 출력값을 뺀 것이 오차 값이며, 이 오차 값이 작아지도록 가중치를 갱신하는 과정이 학습 단계라는 것을 알 수 있다. 따라서 답은 ③이다.

오답분석
① 1문단의 7~10번째 줄을 통해 색깔과 형태로 서로 다른 두 범주를 수치화하여 하나의 학습 데이터로 묶은 다음, '정답'에 해당하는 값과 함께 인공 신경망에 제공한다는 것을 알 수 있다.
② 1문단 끝에서 4~6번째 줄을 통해 같은 범주에 속하는 입력값은 동일한 입력 단자를 통해 들어가도록 해야 한다는 설명은 나와 있지만, 서로 다른 범주에 속하는 입력값을 동일한 입력 단자를 통해 들어가도록 할 경우의 결과는 제시문을 통해 확인할 수 없다.
④ 3문단 끝에서 1~3번째 줄을 통해 대상들의 변별적 특징이 잘 반영되어 있는 서로 다른 학습 데이터를 사용하는 것은 판정의 오류를 줄이기에 효과적임을 알 수 있다.

14 답 ①

해설 1문단에서 남에게 선물이나 환대를 베푸는 것과 같이 재화를 낭비한 사람은 특권을 갖게 되고 이 특권을 의식하게 되면 과시적 낭비를 하게 되어 결과적으로 남들보다 우월한 지위를 획득한다고 하였다. 또한 2~3문단에서 아무런 대가나 이득을 바라지 않는 절대적 의미의 선물과 소모는 있을 수 없으며, 이는 현대 문명사회도 마찬가지라고 하였다. 따라서 현대 문명사회에서 남에게 선물이나 환대를 베푸는 것 역시 우월적 지위를 획득하기 위한 것에 불과하므로, 그러한 행동이 대가를 바라지 않는 호의에서 비롯된다고 보기는 어렵다. 따라서 ①의 추론은 적절하지 않다.

오답 분석
② 1문단 2~6번째 줄을 통해 과시적 낭비를 하는 사람들은 특권을 의식하여 그러한 행동을 하는 것이고, 그런 과시적 낭비를 통해 다른 사람보다 우월한 지위에 서게 됨을 알 수 있다.
③ 4문단을 통해 베블런은 과시적 소비 분석의 대상으로 상류층을, 보드리야르는 상류계급을 흉내내려는 중간층을 다루었음을 알 수 있으며, 베블런은 전통적 방법을, 보드리야르는 구조언어학적 방법을 사용했다는 점에서도 과시적 소비 분석의 방법상 차이가 존재했음을 확인할 수 있다.
④ 2문단을 통해 인디언 추장들은 특권과 지위 획득을 위해 자기 재산을 소모하거나 파괴했으며 이러한 쓸데없는 낭비로 자신들의 우월성을 확인했음을 알 수 있다.

유형 07 빈칸 내용 추론하기 p.56

01 ① 02 ② 03 ④ 04 ② 05 ①
06 ② 07 ③ 08 ④

01 답 ①

해설 빈칸 앞에서 과학적 비평이 전무한 한국 연극계의 현실을 비판하고 있으므로, 빈칸에는 비평답지 않은 비평, 심도 있는 분석이 누락된 비평에 대한 내용이 들어가야 한다. ① '객관적인 입장에서 비평을 하기'는 필자가 부정적으로 본 주관적 성격의 '인상 비평'과 대치되므로, 빈칸에 들어가기에 적절하지 않다.

오답 분석
② ③ 한 작품을 제대로 비평하는 것이 아닌, 필자가 부정적으로 생각하는 겉(줄거리)만 비평하는 것에 해당한다. 따라서 빈칸에 들어갈 내용으로 적절하다.
④ '비평가의 인상에 따라 비평을 하기'는 4번째 줄에서 필자가 부정적으로 본 '인상 비평'에 해당하므로 빈칸에 들어갈 내용으로 적절하다.

02 답 ②

해설 문맥상 괄호 안에 들어갈 접속어로는 '예컨대 – 더욱이 – 그런데'가 적절하므로 답은 ②이다.
• 첫 번째 괄호: 괄호 뒤의 '아이들은 가족과 함께하는 생활에서 복종을 배운다'라는 내용은 괄호 앞의 '권력은 일상적 지배 속에서 자연스럽게 자리를 잡는다'라는 진술에 대한 예시이므로 괄호에는 '예컨대'가 들어가야 한다.
• 두 번째 괄호: 괄호 뒤의 '학생들 사이어 서도 재생산되는 권위주의적인 관계'는 괄호 앞의 '학교에서의 권위주의'가 심화되어 나타나는 현상이므로 괄호에는 '그러한데다가 더'를 뜻하는 '더욱이'가 들어가야 한다.
• 세 번째 괄호: 괄호 앞의 '선배의 부당함에 대들거나 복수할 수 없었던 후배'가 괄호 뒤에서 '선배가 되어 자신들의 후배에게 권위주의를 대물림한다'라는 뜻밖의 내용과 이어지므로 괄호에는 상반된 내용을 이어 주는 '그런데'가 들어가야 한다.

03 답 ④

해설 ㉠의 앞의 내용은 뒤의 내용의 근거가 되는 내용이다. 따라서 ㉠에는 앞에서 말한 일이 뒤에서 말할 일의 원인, 이유, 근거가 됨을 나타내는 ④ '따라서'가 들어가는 것이 적절하다.
• 첫 번째 ㉠ 앞뒤 내용: ㉠의 앞에서 건축물은 골조와 내·외장 두 가지로 구성됨을 설명하며, 그렇기 때문에 건축 재료에 대해서는 이 두 가지 구성 요소에 따라 나누어 생각해 보아야 한다고 ㉠의 뒤에서 설명하고 있다.
• 두 번째 ㉠ 앞뒤 내용: ㉠의 앞에서 건축의 외부와 내부가 서로 독립적인 구성 요소임을 설명하며, 그렇기 때문에 이러한 두 독립요소를 구분하고 연결고리 역할을 하는 것이 개구부(문과 창)임을 ㉠의 뒤에서 설명하고 있다.

04 답 ②

해설 빈칸에 들어갈 내용으로 적절하지 않은 것은 ②이다. 일치법과 차이법은 원인을 알고 싶은 결과에 선행하는 요소들 사이에서 유일한 공통점이나 차이점을 파악하여 원인을 찾는 방법이다. 따라서 공통적 요소와 이질적 요소에 대한 파악은 필요하지만, 선행 요소들 간의 관계가 긴밀한지를 검토해야 할 필요는 없다.

오답 분석
① 일치법이나 차이법 모두 선행 요소들 간의 공통점이나 차이점을 파악하여 원인을 추론하는 것이므로, 정확한 원인을 찾기 위해서는 선행 요소를 꼼꼼하게 검토하는 것이 필요하다.
③ 드러나지 않거나 누락된 다른 요소가 있을 경우, 공통적 또는 이질적인 요소가 달라질 수 있으므로 검토가 필요한 내용이다.
④ 우연한 선후 관계를 인과 관계로 오해하면 결과에 선행하는 요소가 잘못 파악될 수 있으므로 검토해야 하는 내용이다.

05 답 ①

해설 밑줄의 앞에서 패러디의 어원을 설명하고, 뒤에서 패러디가 상반된 성격임을 언급하고 있다. 이러한 내용으로 미루어 보아, 밑줄 친 부분에는 패러디의 상반된 성격을 드러내며 이를 어원적인 측면에서 설명한 내용이 들어가야 한다. 이때 패러디의 어원은 2문단 4~6번째 줄을 통해 '대비 혹은 대조'라는 의미와 '일치와 친밀함'이라는 의미를 모두 갖고 있음을 확인할 수 있다. 따라서 밑줄 친 부분에 들어가기에 가장 적절한 것은 '일치와 친밀함'을 '일체감'으로, '대비 혹은 대조'를 '비평적 거리'로 설명한 ①이다.

06 답 ②

해설 ㉠에는 '기호품, 사치품', ㉡에는 '표지, 기호, 특징', ㉢에는 '대등, 동일', ㉣에는 '효율성, 경제성'이 들어갈 수 있다. 문맥에 적절하지 않은 어휘를 차례로 지워가며 풀었을 때, 순서대로 '사치품, 기호, 동일, 효율성'이 들어가는 것이 적절하므로 답은 ②이다.

- ㉠: ㉠은 소수의 상류층만이 누린 물품으로, ㉠에는 '독특한 향기나 맛이 있어 즐기고 좋아하는 음식물. 또는 사람들이 취미로 즐기거나 좋아하는 물품'을 뜻하는 '기호품(嗜好品)'이나 '분수에 지나치거나 생활의 필요 정도에 넘치는 물품'을 뜻하는 '사치품(奢侈品)'이 들어가야 한다.
- ㉡: ㉠이 상류층을 나타내는 ㉡으로 작용한다고 하였으므로, ㉡에는 성질을 나타내는 표시나 기능을 의미하는 말이 들어가야 한다. 따라서 ㉡에는 '표시나 특징으로 어떤 사물을 다른 것과 구별하게 함. 또는 그 표시나 특징'을 뜻하는 '표지(標識)'나 '어떠한 뜻을 나타내기 위하여 쓰이는 부호, 문자, 표지 등을 통틀어 이르는 말'인 '기호(記號)'가 들어가야 한다.
- ㉢: 중하류층이 상류층의 향유 상품을 취득하고 싶어 하는 것은 '그들(상류층)'과 동급이 되고 싶기 때문임을 추론할 수 있다. 따라서 ㉢에는 '서로 견주어 높고 낮음이나 낫고 못함이 없이 비슷함'을 뜻하는 '대등(對等)'이나 '어떤 것과 비교하여 똑같음'을 나타내는 '동일(同一)'이 들어가야 한다.
- ㉣: ㉣ 뒤에 언급된 '사치성'과 상대되는 개념이 들어가야 한다. 따라서 ㉣에는 '들인 노력과 얻은 결과의 비율이 높은 특성'을 뜻하는 '효율성(效率性)'이 들어가야 한다.

오답분석
① 사회성(社會性): 사회생활을 하려고 하는 인간의 근본 성질
③ • 필수품(必需品): 일상생활에 없어서는 안 되는 반드시 필요한 물건
  • 특징(特徵): 다른 것에 비하여 특별히 눈에 뜨이는 점
  • 요원(遙遠): 아득히 멂
  • 다양성(多樣性): 모양, 빛깔, 형태, 양식 등이 여러 가지로 많은 특성
④ • 기성품(旣成品): 이미 만들어져 있는 물품. 또는 미리 일정한 규격대로 만들어 놓고 파는 물품
  • 부호(符號): 일정한 뜻을 나타내기 위하여 따로 정하여 쓰는 기호
  • 막역(莫逆): 허물이 없이 아주 친함
  • 경제성(經濟性): 재물, 자원, 노력, 시간 등이 적게 들면서도 이득이 되는 성질

07   답 ③

해설 괄호 안에 들어갈 문장으로는 ③이 가장 적절하다. 제시문은 괄호 앞에서 '어떠한 방법으로 대중 매체의 역기능을 줄이고 순기능을 강화할 수 있을까'라는 물음을 던지고 있다. 그리고 괄호 뒤에서 수용자들이 건전한 비판 의식으로 대중 매체가 제공하는 왜곡된 문화를 거부해야 한다는 내용이 이어지고 있다. 괄호 앞 물음에 대한 답이 되면서 괄호 뒤 내용인 '수용자들의 건전한 비판 정신'과 연결되는 것은 ③이다.

오답분석
① 대중 매체는 순기능과 역기능을 함께 가지고 있다고 하였으므로, 대중 매체 자체를 거부하는 것은 괄호에 들어갈 문장으로 적절하지 않다.
② ④ 수용자들의 태도를 강조하는 괄호 뒤의 문장과 어울리지 않는 내용이다.

08   답 ④

해설 제시문은 바다에 놀러간 어머니와 아이 이야기를 통해 아우구스티누스의 견해를 서술하고 있다. 2문단에서 아이가 바다에서 놀다 떠밀려 간 상황을 두고, 어머니의 책임으로 생각하는 보통의 견해를 이야기한다. 그러나 3문단 1~3번째 줄에서 어머니가 아닌 아이의 잘못이라고 말하는 아우구스티누스의 견해로 미루어 보아 빈칸에는 ④ '인간의 자유 의지에 의해 저질러진 악에 대해서는 인간 자신에게 책임이 있다'가 들어가는 것이 가장 적절하다.

오답분석
① ③ 제시문을 통해 알 수 없는 내용이다.
② 3문단 끝에서 1~3번째 줄을 통해 인간이 악을 저지르는 이유는 선이 결핍되어 있기 때문임을 알 수 있으나, 이러한 이유 때문에 인간이 잘못을 저지르기 쉽다는 내용은 알 수 없다. 따라서 빈칸에 들어갈 말로 적절하지 않다.

유형 08 사례 추론하기   p.62

01 ④   02 ②   03 ④   04 ③

01   답 ④

해설 밑줄 뒤의 내용을 통해, 학문을 새롭게 한다는 것이 '전에 모르고 있던 이치를 찾아냄'을 의미한다는 것을 알 수 있다. 선택지 중 전에 모르고 있던 이치를 찾아낸 예는 ④이다.

오답분석
① ② ③ 모두 모르고 있던 이치를 찾은 부분이 드러나지 않으므로, 밑줄 친 부분의 예로 적절하지 않다.

02   답 ②

해설 ②는 현실 원칙보다 쾌락 원칙이 더 작용한 경우이므로, ㉠의 사례로 적절하지 않다. 수확물을 거둘 의무는 현실 원칙이고, 수확물을 거두지 않은 것은 '원하는 대로 하고 싶어 하는 욕망'이므로 쾌락 원칙에 해당한다.

오답분석
① 지갑을 주운 사람이 양심 때문에 경찰서에 지갑을 가져다준 것은 현실 원칙(윤리)에 순응한 것이므로, ㉠의 사례로 적절하다.
③ 근친상간을 금하는 사회의 관습은 현실 원칙이고, 사랑은 쾌락 원칙이다. 남자는 여자가 이복동생임을 알고 이별을 택했으므로, ㉠의 사례로 적절하다.
④ 살인을 저지른 사람이 죄책감에 자수한 것은 현실 원칙(윤리)에 순응한 것이므로, ㉠의 사례로 적절하다.

03   답 ④

해설 제시문에 따르면 '가설 검증 바이어스'는 자신이 내린 판단이 옳다는 것을 증명하는 정보만을 선택적으로 받아들이는 것으로, 이에 해당하는 가장 적절한 사례는 ④이다. '미영이의 혈액형은 A형이다'라는 첫인상을 형성한 이후 알고 있던 A형의 특징에 해당하는 행동만을 의도적으로 받아들여 혈액형 성격학이 맞는 것처럼 판단을 내리고 있기 때문이다.

오답분석
① ② 다른 상대방의 행동을 보고 첫인상을 보고 판단한 생각을 바꾸었으므로 '가설 검증 바이어스'에 부합하지 않는 사례이다.
③ '가설 검증 바이어스'와 관련이 없는 사례이다.

04   답 ③

해설 한국인이 스스로를 비하하는 표현으로 '엽전'을 사용한 것이므로, 자기 사회의 문화를 표준으로 삼아 다른 문화를 평가하는 자문화 중심주의적인 편견의 사례로 보기 어렵다.

유형 09 말하기 전략 파악하기   p.66

01 ③   02 ③   03 ②   04 ①

01   답 ③

해설 사회자의 마지막 말을 살펴보면 양측의 의견에 타당한 점이 있음을 인정하고, '교내의 제한적 장소에 CCTV를 설치해야 하는가?'에 대한 새로운 논의 사항을 제안하고 있다.

오답분석
① 사회자가 논제를 제시하며 토론을 진행하고는 있으나, 흐려진 논점을 바로 잡는 부분은 찾을 수 없다.
② 반대 측 토론자는 찬성 측의 의견을 들은 후 이에 대해 반박할 뿐, 의견 중 일부를 수용하는 모습은 찾을 수 없다.
④ 찬성 측 토론자는 교내 폭력, 집단 따돌림 사건 등이 발생한다고 언급하였으나, 이에 대한 구체적 사례를 들어 설명하지는 않았다.

02   답 ③

해설 제시문과 ③ 모두 동의의 격률을 실천한 말하기 방식으로, 상대방의 말에 먼저 동의를 표현한 후 자신의 의견을 표현하고 있다.

오답분석
① 요령의 격률을 실천한 말하기 방식이다. '죄송하지만'이라는 표현으로 상대방에게 주는 부담을 최소화하였고, '지나가겠습니다'라는 표현으로 '길을 비켜주세요'라는 뜻을 우회적으로 나타내었다.
② 관용의 격률을 위반한 말하기 방식이다. 상대방의 말을 못 알아들은 것을 상대의 탓으로 돌려, 상대방에게 부담을 주는 표현을 사용하였다.

④ 칭찬(찬동)의 격률을 실천한 말하기 방식이다. 상대방의 그림을 보며 '화가로 데뷔해도 되겠다'라고 표현하여 칭찬을 극대화하였다.

03   답 ②

해설 밑줄 친 부분에서 윤 대리는 최 과장의 칭찬에 대해 혼자 힘으로는 어려웠겠으나 과장님 덕분에 잘 마무리했다고 말하고 있다. 이는 화자(윤 대리) 자신에 대한 칭찬을 최소화하는 표현으로 공손성의 원리 중 ② '겸양의 격률'에 해당한다.

오답분석
① 상대방에 대한 비방을 최소화하고 칭찬을 극대화하는 것은 '칭찬의 격률'이다.
③ 상대방에게 부담을 주는 표현을 최소화하고 혜택을 주는 표현을 최대화하는 것은 '요령의 격률'이다.
④ 자신의 의견과 상대방의 의견 사이의 차이점을 최소화하고 일치하는 부분을 최대화하는 것은 '동의의 격률'이다.

04   답 ①

해설 방송 진행자는 '그 방법을 모르겠다는 사연이네요'와 같이 사연 내용을 정리하고, '저도 ○○ 님처럼 안타까운 마음이 들어요'라고 말하며 사연 신청자의 마음에 공감하고 있다.

유형 10 공문서·개요·글 고쳐쓰기   p.70

01 ③   02 ①   03 ④   04 ②   05 ③
06 ②   07 ①   08 ②   09 ②   10 ①
11 ④   12 ④   13 ④   14 ②   15 ①
16 ②

01   답 ③

해설 시민 참여 독려와 관련 자료를 배포하여 (×) → 시민들의 참여를 독려하고 관련 자료를 배포하여 (○): 제시된 공공언어 바로 쓰기의 네 번째 원칙에 따르면, 대등한 것끼리 접속할 때는 구조가 같은 표현을 사용해야 한다. 이때 ㉢의 '시민 참여 독려와 관련 자료를 배포하여'는 접속 조사 '와'를 통해 대등한 것끼리 접속한 말이지만, 앞과 뒤가 각각 구와 절로, 구조가 다른 표현이 사용되었다. 하지만 수정 후 문장 역시 절과 구로 연결되어 있어 그 관계가 대등하지 않으므로 수정한 내용으로 적절하지 않다. 따라서 ㉢은 '시민들의 참여를 독려하고 관련 자료를 배포하여'와 같이 수정하는 것이 적절하다.

오답분석
① 통보(×) → 안내(○): 제시된 공공언어 바로 쓰기의 세 번째 원칙에 따르면 고압적이거나 권위적인 표현은 피해야 한다. 이때 ㉠의 '통지하여 보고함'을 의미하는 '통보(通報)'는 다소 고압적이거나 권위적인 표현이므로 '어떤 내용을 소개하여 알려 줌'을 의미하는 '안내(案內)'로 수정하는 것은 적절하다.

② 4월∨10일(월)∨부터∨4월∨22일(토)∨까지(×) → 4월∨10일(월)부터∨4월∨22일(토)까지(○): 제시된 공공언어 바로 쓰기의 두 번째 원칙에 따르면 어문 규정을 준수한 표현을 사용해야 한다. 이때 ㉡의 '부터'와 '까지'는 모두 조사이며 한글 맞춤법에 따르면 조사는 그 앞말에 붙여 써야 한다. 따라서 '부터'와 '까지'를 앞말에 붙여 쓰도록 수정하는 것은 적절하다.

④ 지시해(×) → 문의해(○): 제시된 공공언어 바로 쓰기의 첫 번째 원칙에 따르면 의미에 맞는 정확한 단어를 사용해야 한다. 이때 ㉣의 '지시해'의 기본형인 '지시(指示)하다'는 '일러서 시키다'를 의미하는데, 궁금한 사항이 생겨 환경정책과로 질문해야 하는 공직자들의 행동을 표현하기에 적절하지 않다. 따라서 이를 '물어서 의논하다'를 의미하는 '문의(問議)하다'의 활용형 '문의해'로 수정하는 것은 적절하다.

02 답 ①

해설 심각 단계로 조정(20○○.12. 4.)되었습니다(×) → 심각 단계로 조정(20○○.12. 4.)하였습니다(○): 제시된 공공언어 바로 쓰기의 세 번째 원칙에 따르면 주어와 서술어의 관계를 명확하게 표현해야 한다. ㉠이 포함된 문장에서는 주어 '정부는'과 서술어 '조정되었습니다'의 호응이 적절하지 않으므로 '조정하였습니다'와 같이 수정하는 것 적절하다. 참고로, '심각 단계로'는 부사어이므로 '심각 단계가'와 같이 수정하는 것은 적절하지 않다.

오답분석
② 감염 확산 방지에 철저를 기하여 주시기 바랍니다(×) → 감염 확산 방지를 철저히 해 주시기 바랍니다(○): 제시된 공공언어 바로 쓰기의 두 번째 원칙에 따르면 어렵고 상투적인 한문 투의 표현은 피해야 한다. 이때 ㉡의 '철저를 기하여'의 '기(期)하다'는 한자어이며 상투적인 표현에 해당한다. 따라서 이를 쉽고 자연스러운 표현인 '철저히 해'로 수정하는 것은 적절하다.

③ 업데이트하여 매뉴얼에 따라(×) → 갱신하여 지침에 따라(○): 제시된 공공언어 바로 쓰기의 네 번째 원칙에 따르면 불필요한 외래어 및 외국어 사용을 지양해야 한다. 이때 ㉢의 '업데이트'와 '매뉴얼'은 모두 외래어이며 대체할 수 있는 우리말 표현이 있다. 따라서 각각을 '갱신'과 '지침'으로 수정하는 것은 적절하다.

④ 보여짐(×) → 보임(○): 제시된 공공언어 바로 쓰기의 첫 번째 원칙에 따르면 이중 피동 표현의 사용을 삼가야 한다. 이때 ㉣의 '보여짐'은 피동사 '보이다'에 피동 표현 '어지다'가 결합하여 이루어진 말로 이중 피동 표현에 해당한다. 따라서 이를 피동사 '보이다'의 활용형인 '보임'으로 수정하는 것은 적절하다.

03 답 ④

해설 친환경 농업 기술 개발하여(×) → 친환경 농업 기술 개발하여(○): 공공언어 바로 쓰기 원칙 ㉣에 따르면 조사, 어미, '-하다' 등을 과도하게 생략하지 않아야 한다. 이때 ④에서 수정한 '친환경 농업 기술 개발하여'는 '-하다'의 활용형 '-하여'를 추가하였으나, 여전히 조사가 과도하게 생략된 문장이다. 따라서 '친환경 농업 기술을 개발하여'와 같이 조사 '을'을 추가해야 한다.

오답분석
① 공공언어 바로 쓰기 원칙 ㉠에 따르면 명료한 수식어구를 사용해야 한다. 이때 '담당자는 신속하게 처리한 민원 결과를 상부에 보고했다'는 수식어구인 '신속하게'가 수식하는 것이 '처리한'인지, '보고했다'인지 명료하지 않은 표현이다. 따라서 이를 '담당자는 처리한 민원 결과를 상부에 신속하게 보고했다'로 수정하는 것은 적절하다.

② 공공언어 바로 쓰기 원칙 ㉡에 따르면 외국어 번역 투 표현은 삼가야 한다. 이때 '이번 정책 설명회에 있어서'의 '~에 있어서'는 일본어 번역 투 표현이다. 따라서 이를 '이번 정책 설명회에서'로 수정하는 것은 적절하다.

③ 공공언어 바로 쓰기 원칙 ㉢에 따르면 대등한 것끼리 접속할 때는 구조가 같은 표현을 사용해야 한다. 이때 '홍수 피해 복구와 주민의 생활을 안정시키기 위해'는 '와'를 통해 대등한 것끼리 접속하는 말이지만, 앞과 뒤가 각각 구와 절로, 구조가 다른 표현이 사용되었다. 따라서 이를 '홍수 피해를 복구하고 주민의 생활을 안정시키기 위해'로 수정해 절과 절이 연결되도록 수정한 것은 적절하다.

04 답 ②

해설 아직 다 오지 않으셨습니다/아직 다 안 오셨습니다(×) → 아직 다 오지는 않으셨습니다/아직 아무도 오지 않으셨습니다(○): 공공언어 바로 쓰기 원칙 ㉡에 따르면 하나의 뜻으로 해석되는 문장을 사용해야 한다. 이때 ②의 '다 오지 않으셨습니다'는 일부 사람들이 오지 않았다는 것인지, 한 사람도 오지 않았다는 것인지 분명하지 않은 표현이므로 수정이 필요하다. 그러나 수정할 표현으로 제시한 '다 안 오셨습니다'는 긴 부정문을 짧은 부정문으로 바꾼 것으로, 여전히 두 가지 의미로 해석되는 표현이다. 따라서 답은 ②이다. 참고로 뜻을 분명하게 하기 위해서 보조사 '는'이나 '아무도'를 사용하여 '다 오지는 않으셨습니다' 또는 '아무도 오지 않으셨습니다'와 같이 수정하는 것이 적절하다.

오답분석
① 공공언어 바로 쓰기 원칙 ㉠에 따르면 어문 규범에 맞는 용어를 사용해야 한다. 이때 '엄격히'는 [엄격히]로 발음되며, 부사의 끝음절이 '히'로만 나는 것은 '-히'로 적어야 한다. 따라서 '엄격이'를 '엄격히'로 수정한 ①은 적절하다.

③ 공공언어 바로 쓰기 원칙 ㉢에 따르면 불필요한 피동 표현을 삼가야 한다. 이때 ③에는 '~에 의해 ~되었다'와 같이 불필요한 피동 표현이 사용되었다. 따라서 이를 능동문인 '감사원이 공공기관 운영 실태를 점검하였다'로 수정한 ③은 적절하다.

④ 공공언어 바로 쓰기 원칙 ㉣에 따르면 능동적으로 행동할 수 없는 대상이 능동적 행위의 주어로 나오는 것을 유의해야 한다. 이때 ④는 추상적 대상인 '통계 자료'가 능동적 행위인 '보여준다'의 주어로 제시되어 있는 영어 번역 투 표현이다. 따라서 이를 '농촌 지역의 인구 감소 추세가 심각하다는 것을 이 통계 자료에서 알 수 있다'로 수정한 ④는 적절하다.

05 답 ③

해설 〈지침〉에 따르면 본론 2장과 3장의 하위 항목은 서로 대응해야 한다. 2장의 2에는 전통 시장의 현대화 현황으로 '전통 시장 내 키오스크 기기의 저조한 설치율'이 제시되어 있으므로 ㉢에는 전통 시장 내 키오스크 기기 설치를 늘릴 수 있는 지원 방안이 제시되어야 한다. 하지만 ③ '전통 시장 내 위생 점검 및 가격 담합 특별 단속 강화'는 2장의 2에 대응하는 지원 방안과 무관하며, 개요의 제목과도 무관한 내용이므로, ㉢에 들어갈 내용으로 적절하지 않다.

오답분석
① 〈지침〉에 따르면 서론은 보고서의 작성 배경과 정책의 필요성을 포함해야 한다. 1장의 1에 '대형마트와 온라인 쇼핑몰 증가에 따른 전통 시장의 위기'라는 보고서의 작성 배경이 제시되어 있으므로 ㉠에는 정책의 필요성이 제시되어야 한다. 따라서 ① '전통 시장의 침체에 대응하기 위한 현대화 정책의 필요성'은 ㉠에 들어갈 내용으로 적절하다.
② 〈지침〉에 따르면 본론 2장과 3장의 하위 항목은 서로 대응해야 한다. 3장의 1에 '전통 시장의 특성을 반영한 시설 현대화 사업 추진'이 제시되어 있으므로, ㉡에는 전통 시장의 시설이 현대화되어 있지 않다는 전통 시장의 현대화 현황이 제시되어야 한다. 따라서 ② '국내 전통 시장의 현대화 시설 구축 미비'는 ㉡에 들어갈 내용으로 적절하다.
④ 〈지침〉에 따르면 결론은 기대 효과와 향후 과제가 순서대로 제시되어야 한다. 4장의 2에 '현장 적용을 위한 정책 실행의 단계적 평가'라는 향후 과제가 제시되어 있으므로, ㉣에는 기대 효과가 제시되어야 한다. 따라서 ④ '전통 시장 현대화로 인한 지역 경제 활성화 및 일자리 창출 효과'는 ㉣에 들어갈 내용으로 적절하다.

06 답 ②

해설 ㉡의 앞에는 서원이 유교 기반의 향촌 공동체 문화 발전에 기여했으며, 유학자를 추모하는 제향 공간의 기능을 담당했다는 내용이 제시되어 있다. 이는 서원이 유교를 기반으로 존재했음을 의미한다. 따라서 ㉡에는 서원이 유교의 정신을 이어 나갔다는 내용이 제시되어야 하므로, ㉡을 '이를 통해 유교적 전통과 학맥을 이어 나갔다'로 수정하는 것은 문맥상 적절하다. 따라서 답은 ②이다.

오답분석
① ㉠의 앞에는 서원이 향촌 사회에서 중요한 역할을 담당했다는 내용이 제시되어 있고, ㉠의 뒤에는 서원을 중심으로 유교 기반의 향촌 공동체 문화가 발전했다는 내용이 제시되어 있다. 따라서 ㉠에는 서원이 유교적 질서를 강화하고, 공동체 문화 형성에 기여했다는 내용이 제시되어야 하므로 ㉠을 '서원은 향촌 사회에서 유교적 인습을 혁파하고, 사람들을 계몽하는 역할을 한 것이다'로 수정하는 것은 문맥상 적절하지 않다.
③ ㉢의 앞에는 군역과 세금을 면제받는 서원 소속 유생의 수가 많아졌다는 내용이 제시되어 있다. 이는 서원이 국가 재정 확보에 기여하지 않았음을 의미한다. 따라서 ㉢에는 서원의 특권으로 인한 폐해가 제시되어야 하므로, ㉢을 '이는 국가 재정에 큰 도움이 되었다'로 수정하는 것은 문맥상 적절하지 않다.
④ ㉣의 앞에는 서원의 폐단이 심각해졌다는 내용이 제시되어 있고, ㉣의 뒤에는 ㉣에 이어 흥선대원군이 전국의 서원을 대대적으로 철폐하며 서원의 폐단을 바로잡기 위해 노력했다는 내용이 제시되어 있다. 따라서 ㉣에는 서원의 폐단을 없애기 위해서 서원에 대한 통제를 강화했다는 내용이 제시되어야 하므로, ㉣을 '영조와 정조는 서원 설립을 적극 권장하는 정책을 펼쳤으며'로 수정하는 것은 문맥상 적절하지 않다.

07 답 ①

해설 〈개요〉의 빈칸에는 'Ⅱ. 식품 폐기물 증가 원인'과 대응하며, 'Ⅲ. 식품 폐기물 문제 개선 방안'에 부합하는 내용이 들어가야 한다. 이때 ① '대형 유통 업체의 묶음 판매 활성화'는 식품 폐기물 문제 개선 방안과 관련이 없으며, 오히려 식품 폐기물을 증가시키는 원인에 해당한다. 따라서 〈개요〉의 빈칸에 들어갈 내용으로 적절하지 않은 것은 ①이다.

오답분석
② '식품 업체 대상 잔반 저감 프로그램 도입'은 Ⅱ-2에 대응하는 식품 폐기물 문제 개선 방안에 해당하므로 빈칸에 들어갈 내용으로 적절하다.
③ '소비기한과 유통기한의 차이 홍보 및 식자재별 보관법 안내'는 Ⅱ-3에 대응하는 식품 폐기물 문제 개선 방안에 해당하므로 빈칸에 들어갈 내용으로 적절하다.
④ '개인별 적정 구매량 계산 앱 개발 및 가정 내 식품 관리 교육 확대'는 Ⅱ-1에 대응하는 식품 폐기물 문제 개선 방안에 해당하므로 빈칸에 들어갈 내용으로 적절하다.

08 답 ②

해설 그는 어제 한국에 온 외교부 장관을 만났다(×) → 그는 한국에 어제 온 외교부 장관을 만났다, 그는 한국에 온 외교부 장관을 어제 만났다(○): 수정 전의 문장은 그가 한국에 온 외교부 장관을 어제 만났다는 의미인지, 한국에 어제 도착한 외교부 장관을 그가 만났다는 의미인지, 두 가지 뜻으로 해석되어 그 의미가 정확히 전달되지 않는다. 또한 ②의 수정 후 문장 역시 두 가지 의미로 해석되기에 ②는 ㉡에 따라 수정한 것으로 적절하지 않다. 참고로 하나의 뜻으로 해석되는 문장으로 만들기 위해서는 '어제'의 위치를 수정하여 수식 용언을 명확히 해야 한다.

오답 분석
① 비와 바람이 분다(×) → 비가 내리고 바람이 분다(○): '비'에 해당하는 서술어가 없기 때문에 ㉠의 원칙에 따라 주어 '비'에 호응하는 서술어 '내리고'를 넣어 고쳐 쓰는 것이 적절하다.
③ 서식이 있는 내규 일체 개정 완료 후 개정 전문 송부 요망(×) → 서식이 있는 내규 모두를 개정하고 나서 개정 전문을 보내주시길 바랍니다(○): '일체 개정 완료 후', '송부 요망' 등은 어려운 한자어이므로 ㉢의 원칙에 따라 '모두를 개정하고 나서', '보내주시길 바랍니다' 등의 이해하기 쉬운 말로 고쳐 쓰는 것이 적절하다.
④ 정책의 투명성과 책임성을 높이고자 7년째 시행 중이다(×) → 정책의 투명성과 책임성을 높이고자 7년째 이 제도를 시행 중이다(○): 서술어 '시행 중이다'에 호응하는 목적어가 없어 무엇을 시행하고 있는지 명확하지 않기 때문에 ㉣의 원칙에 따라 필요한 문장 성분인 목적어 '이 제도를'을 넣어 고쳐 쓰는 것이 적절하다.

09 답 ②

해설 비슷한 유사 사업(×) → 비슷한 사업, 유사 사업(○): ㉡의 '비슷한 유사 사업'은 '유사하다'는 의미가 중복된 표현이므로 '비슷한' 혹은 '유사' 둘 중 하나만 사용하도록 수정하는 것이 적절하다. '비슷하고 유사한 사업'의 경우 여전히 중복된 표현이 나타나므로 적절하지 않은 수정이다. 따라서 답은 ②이다.

오답 분석
① 이메일로 보내거나 혹은 방문 제출(×) → 이메일 혹은 방문 제출(○): ㉠은 대등한 것끼리 접속하는 경우인데 서로 구조가 다른 표현을 사용하고 있으므로, 공공언어 바로 쓰기의 첫 번째 원칙에 따라 '이메일 혹은 방문 제출'로 수정하는 것이 적절하다.
③ 참여가 1년간 제한함(×) → 참여가 1년간 제한됨(○): ㉢은 주어 '참여가'에 호응하는 서술어를 피동형으로 수정하는 것이 자연스러우므로 공공언어 바로 쓰기 세 번째 원칙에 따라 '참여가 1년간 제한됨'으로 수정하는 것이 적절하다.
④ 참가 업체 배정 부스 양도 불가(×) → 참가 업체는 배정된 부스를 양도할 수 없음(○): ㉣은 조사, 어미, 접사가 과도하게 생략된 문장이므로 공공언어 바로 쓰기 네 번째 원칙에 따라 '참가 업체는 배정된 부스를 양도할 수 없음'으로 수정하는 것이 적절하다.

10 답 ①

해설 두 번째 지침에 따라 제목은 본론에 제시된 내용으로 작성해야 함을 알 수 있다. '미세먼지의 심각성과 예방 대책'은 서론 Ⅰ-2의 내용과 본론 Ⅲ의 내용만을 포함하므로, 글의 제목으로 적절하지 않다. 참고로 본론 Ⅱ와 Ⅲ의 내용을 포함하는 제목으로는 '미세먼지의 발생 원인과 예방 대책'이 적절하다.

오답 분석
② 첫 번째 지침에 따라 서론은 중심 소재의 개념과 함께 문제의 심각성과 관련된 내용이 제시되어야 한다. Ⅰ-1에 이미 중심 소재인 '미세먼지'에 대한 정의가 제시되어 있으므로 ㉡에는 미세먼지의 심각성과 관련된 내용이 들어가야 한다. 따라서 ㉡에 ② '미세먼지 농도의 증가 추세와 피해 사례'가 들어가는 것이 적절하다.

③ 두 번째 지침에 따라 본론의 내용은 제목에서 밝힌 내용으로 구성되어야 하며, 각 장의 하위 항목끼리는 서로 대응하여야 하므로 ㉢에는 Ⅱ-2에 대응하는 예방 대책이 제시되어야 한다. 따라서 ㉢에 ③ '전기차 보급, 에코 도로 등 친환경 교통 기반의 확대'가 들어가는 것이 적절하다.
④ 세 번째 지침에 따라 결론은 기업과 정부 차원의 향후 과제가 각각 제시되어야 한다. 이때 결론 Ⅳ-2 '미세먼지 발생 예방 및 문제 해소를 위한 다양한 정책 수립'은 정부 차원의 과제임을 추론할 수 있으므로, ㉣에는 기업 차원에서의 향후 과제가 제시되어야 한다. 따라서 ㉣에 ④ '기업의 환경친화적 산업 구조로의 전환 및 기술 개발'이 들어가는 것이 적절하다.

11 답 ④

해설 ④의 방안이 적절하지 않다. ㉣은 취업에 대한 청년들의 자신감을 높이기 위한 정책이므로 'Ⅱ-2-나'의 내용과 어울린다.

오답 분석 ③ '대기업 선호 인식, 계속된 취업 실패로 인한 자신감 하락'은 '구직자의 의식'의 하위 항목으로 어울리는 내용이다.

12 답 ④

해설 ㉣은 교직 사회를 단계별로 평가할 수 있는 체제를 만든다는 것인데, 이는 'Ⅱ-1-ㄷ'의 내용과 대응하지 않으므로 답은 ④이다.

오답 분석
① ㉠은 공교육에 대한 최근의 경향을 언급하고 있다. 이는 공교육의 위기를 분석하고 해결 방안을 제시하는 본론으로 자연스럽게 이어지므로 제시문의 서론으로 적절하다.
② ㉡은 공교육의 위기 발생 요인 중 하나로, 'Ⅱ-2-ㄱ'의 내용과 대응하므로 제시문의 본론으로 적절하다.
③ ㉢은 'Ⅱ-1-ㄴ'의 내용과 대응하는 방안이므로 제시문의 본론으로 적절하다.

13 답 ④

해설 제시문은 독일 전후 문학의 발생 배경과 특징에 대해 설명하고 있으나 ㉣은 전후 문학의 장르와 성격에 대해 서술하고 있으므로 문단의 통일성을 해치는 문장이다. 따라서 답은 ④이다.

오답 분석
① ㉠은 독일 전후 문학의 발생 배경에 대한 내용이므로 통일성을 해치지 않는다.
② ③ ㉡ ㉢은 독일 전후 문학의 특징에 대한 내용이므로 통일성을 해치지 않는다.

14 답 ②

해설 ㉡이 속해 있는 문장의 주어는 '누군가가'이고 서술어는 '옮겨 놓은'이다. 내용의 흐름상 '건물들'은 누군가가 옮겨 놓은 대상이므로 목적어임을 알 수 있다. 따라서 ㉡은 목적격 조사와 결합한 형태인 '건물들을'으로 고치는 것이 적절하다.

오답 분석 ① 제시문에서 한국 전통 건축의 비대칭성은 고도의 질서를 구성하는 또 하나의 대칭이라고 설명한다. 따라서 '어줍게'는 '철저하게'로 고치는 것이 적절하다.

- 어줍다: 말이나 행동이 익숙지 않아 서투르고 어설프다.
- 철저하다: 속속들이 꿰뚫어 미치어 밑바닥까지 빈틈이나 부족함이 없음.

③ ⓒ의 앞에는 큰 건축물을 지을 때 대칭을 지키는 것이 어렵다는 내용이 나오고, ⓒ의 뒤에는 대칭 구도로 지어진 건축물도 존재한다는 내용이 나온다. ⓒ을 기준으로 앞 문장과 뒤 문장이 서로 상반된 내용이므로 역접의 접속어 '그러나'가 들어가는 것이 적절하다.

④ ⓔ은 제시문의 내용(한국 전통 건축의 비대칭성)과 관련이 없는 내용이므로 삭제하는 것이 적절하다.

15 답 ①

해설 주어부 '그 긍정적 영향은'과 서술어부 '성장시킬 수 있다'의 호응이 어색하므로, 서술어부를 '~는 점(것)이다'로 고쳐쓰는 것이 자연스럽다. 따라서 서술어부를 '성장시킬 수 있기 때문이다'로 고치는 것은 적절하지 않으므로 답은 ①이다.

오답분석
② ⓒ의 앞 문장에서는 독서의 긍정적인 영향에 대해 서술하고 있으나, ⓒ의 뒷 문장에서는 현대인들이 독서에 할애하는 시간이 매우 적다고 말하며 화제를 전환하고 있으므로 ⓒ '그리고'를 '그런데'로 고치는 것은 적절하다. 참고로 ⓒ의 앞 문장과 뒷 문장을 서로 상반되는 내용으로 볼 수도 있으므로 앞의 내용과 뒤의 내용이 상반될 때 쓰는 접속 부사인 '그러나'로 고칠 수도 있다.

③ 제시문은 '독서의 중요성'에 대해 서술하고 있으나, ⓒ은 '1인 출판을 통한 일반인들의 책 출간'에 대한 내용으로 중심 화제에서 벗어나기 때문에 삭제하는 것이 적절하다.

④ ⓔ의 '재고(再考)하다'는 '다시 되돌아보다'라는 의미이므로 '다시'라는 말을 중복해서 사용할 필요가 없다.

16 답 ②

해설 ⓒ의 앞에는 태풍의 '눈' 부분이 상대적으로 맑고 바람이 약하다는 내용이 제시되어 있고, ⓒ의 뒤에는 태풍의 세력이 '눈벽'에서 가장 강력하며, 폭우와 강한 바람으로 인한 피해가 가장 심각하게 발생한다는 내용이 제시되어 있다. 또한 ⓒ의 바로 앞에는 접속 표현 '반면에'가 제시되어 있으므로 ⓒ에는 바람이 약한 '눈' 부분과 달리 '눈벽'에는 풍속이 매우 강하다는 내용이 제시되어야 한다. 따라서 ⓒ을 '눈 주변의 눈벽에서는 풍속이 매우 강해 극심한 폭풍우가 발생한다'로 수정하는 것은 문맥상 적절하다. 따라서 답은 ②이다.

오답분석
① ⓐ의 뒤에는 기체가 온도 저하에 의해 액체로 변화할 때 열을 방출한다는 내용이 제시되어 있다. 이는 상승한 공기(기체)의 온도가 떨어지는 상황에 대한 설명이므로, ⓐ에는 바다 표면의 따뜻한 공기가 상승하면 냉각된다는 내용이 제시되어야 한다. 따라서 ⓐ을 '바다 표면의 따뜻한 공기가 상승한 뒤 가열되어 저기압을 형성한다'로 수정하는 것은 문맥상 적절하지 않다.

③ ⓒ의 앞에는 태풍의 생존과 발달에 해양의 열에너지가 필수적이라는 내용이 제시되어 있고, ⓒ의 뒤에는 태풍이 육지에 상륙한 후 세력이 점차 약화된다는 내용이 제시되어 있다. 이는 태풍의 세력이 바다에서는 강해지고 육지에서는 약해짐을 의미하므로, ⓒ에는 해수면에서 세력이 강해지고, 육지에 도달하면 강해진다는 내용이 제시되어야 한다. 따라서 ⓒ을 '태풍은 에너지원이 되는 따뜻한 해수면을 지날 때 세력이 약해지고, 육지에 도달하면 강해진다'로 수정하는 것은 문맥상 적절하지 않다.

④ ⓔ의 뒤에는 태풍이 적도 지역의 과도한 열을 고위도로 운반함으로써 지구의 열수지 균형에 기여한다는 내용이 제시되어 있다. 이는 태풍이 지구의 열 에너지를 균형 있게 분배하는 긍정적 역할을 함을 의미하므로, ⓔ에는 태풍이 지구의 저위도와 고위도 간의 에너지 불균형을 해소한다는 내용이 제시되어야 한다. 따라서 ⓔ을 '지구의 남반구와 북반구 간의 에너지 불균형을 심화하는 악영향도 끼친다'로 수정하는 것은 적절하지 않다.

유형 11 문학 제재 글을 읽고 추론하기 p.80

| 01 ③ | 02 ③ | 03 ③ | 04 ③ | 05 ③ |
| 06 ③ | 07 ① | | | |

01 답 ③

해설 2문단 1~2번째 줄을 통해 「수난이대」는 전쟁의 상처를 치유하려는 염원을 담은 작품임을 알 수 있다. 제시문 2문단 끝에서 3~5번째 줄에 따르면 '외나무다리'는 우리 민족 앞에 닥친 현실을 상징적으로 보여 주는 것이다. 따라서 작품 속 아버지가 아들을 업고 외나무다리를 건너간 것은 우리 민족도 서로 의지한다면 전쟁으로 인한 비극을 극복할 수 있음을 상징한다. 따라서 빈칸에 들어갈 내용으로 가장 적절한 것은 ③ '어떤 시련이 닥쳐도 서로 의지하여 살아간다면 각자의 아픔과 상처를 극복할 수 있음'이다.

오답분석
① 「수난이대」에서 아버지와 아들이 겪은 시련은 우리 민족이 겪은 수난을 나타내며, '외나무다리'는 우리 민족 앞에 닥친 현실을 보여 준다. 그렇기 때문에 외나무다리를 건너는 장면을 두고 전쟁 상황에서 벗어난, 개인적인 시련에 대한 것이라 추론하는 것은 적절하지 않다. 그러므로 ①은 빈칸에 들어갈 내용으로 적절하지 않다.

② 제시문 1문단 2~4번째 줄을 통해 1950년대 인간성 상실을 극복하기 위한 인간주의 문학이 대거 등장하였음을 알 수 있다. 하지만 「수난이대」에서 아버지가 아들을 업고 외나무다리를 건너는 장면을 가치관 혼란과 인간성 상실의 모습이라 보기 어려우므로 ②는 빈칸에 들어갈 내용으로 적절하지 않다.

④ '외나무다리'는 우리 민족의 현실을 상징하는데, 몸이 불편한 아버지와 아들이 서로를 의지하며 다리를 건너는 장면은 우리 민족이 서로 의지하여 시련을 극복해 나가는 모습이라 볼 수 있다. 전쟁으로 비롯된 개인의 상처는 국가의 도움 없이 회복할 수 없다는 한계와 좌절감은 이와 반대되는 내용이므로 ④는 빈칸에 들어갈 내용으로 적절하지 않다.

이것도 알면 합격
하근찬, '수난이대'의 주제 및 특징
1. 주제: 민족의 수난과 이를 극복하려는 의지
2. 특징
   - 6·25 전쟁 직후를 배경으로 함
   - 우리 민족이 겪은 수난의 역사를 형상화함
   - 역사적 시련을 극복하기 위한 방안을 제시함
   - 세대 간의 협력을 통해 역사적인 비극을 극복할 수 있음을 나타냄

02 답 ③

해설 제시문은 모든 땅이 누군가에게 소유되어 있으며, 누군가의 허락 없이 다닐 수 있는 진정한 공지(空地)는 이 세상에 남아 있지 않다는 사실을 아쉬워하고 있다. 이와 같은 흐름을 고려하면 자유롭게 여유를 즐길 수 없게 된 삶에 대한 아쉬움을 드러내는 내용이 이어지는 것이 가장 적절하므로 답은 ③이다.

03 답 ③

해설 1문단 3~4번째 줄을 통해 '구리거울'은 자신의 모습을 비추어 주는 소재로 자기 성찰의 상징적 의미를 지닌다는 것을 알 수 있다. 화자는 구리거울에 비친 자신의 얼굴을 들여다보며 망국민으로서 살아온 자신에 대해 욕됨을 느끼고 반성하게 된다. 따라서 제시문을 이해한 내용으로 적절한 것은 ③이다.

오답분석
① 2문단 2~8번째 줄을 통해 알 수 있듯이 화자는 자신의 삶에 대해 참회하는 과정을 시간의 흐름에 따라 '과거(1연) → 현재(2연) → 미래(3연)'로 보여 준다. 그러므로 시간의 흐름이 드러나지 않는다는 ①의 설명은 제시문을 이해한 내용으로 적절하지 않다.
② 2문단 끝에서 5~9번째 줄을 통해 화자가 보여 주는 자기 성찰의 자세가 치열하나 현실에 맞서 싸우기엔 개인은 작고 힘없는 존재임을 알 수 있다. 다만 이는 체념적 인식이 아닌, 시대적 양심의 실천을 바탕으로 한 자기 성찰의 자세에서 비롯된 것임을 확인할 수 있다. 따라서 시인이 현실에 맞서기에 나약한 자신의 모습을 보며 체념한다는 ②의 설명은 제시문을 이해한 내용으로 적절하지 않다.
④ 2문단 8~12번째 줄을 통해 화자는 광복이 이뤄지는 미래의 어느 날 역사적 현실에 적극적으로 대응하지 못했던 현재의 소극적 참회에 대해 부끄러워할 것임을 알 수 있다. 따라서 화자가 현재의 적극적인 참회를 훗날 자랑스러워할 것이라 생각한다는 ④의 설명은 제시문을 이해한 내용으로 적절하지 않다.

이것도 알면 합격
윤동주, '참회록'의 주제 및 특징
1. 주제: 자기 성찰을 통한 순결성 추구, 현실 극복 의지
2. 특징
   - 시간의 흐름에 따라 시상이 전개됨
   - 상징적인 시어를 통해 자기 성찰의 모습을 드러냄
   - 자아의 성찰에서 역사와 민족에 대한 성찰로까지 범위를 확장함

04 답 ③

해설 제시문 2문단 4~7번째 줄에 따르면 화자가 '이발쟁이', '야경꾼'에게 사소한 일로 분개하지만 '땅 주인', '구청 직원', '동회 직원'에겐 반항하지 못한다. 이는 힘없는 자에겐 작은 일로도 분개하면서 커다란 부정과 불의에는 대항하지 못하는 대조적인 상황을 통해 옹졸하고 소시민적인 화자의 모습을 그려낸 것이다.

오답분석
① 「어느 날 고궁을 나오면서」의 '이발쟁이', '야경꾼'은 힘없는 자들로 사소한 일로도 화자가 분개하는 대상이지만 '땅 주인', '구청 직원', '동회 직원' 등은 힘 있는 자들로 화자가 대항하지 못하는 대상이다. 그러므로 '야경꾼'이 화자가 대항하지 못한 힘 있는 자아이며 불의를 상징한다는 ①의 설명은 적절하지 않다.
② 「어느 날 고궁을 나오면서」의 화자는 자신의 행동을 고백하며 극단적인 자기 비하를 보이면서까지 반성한다. 자기합리화를 통해 자신의 행동을 정당화한다는 ②의 설명은 적절하지 않다.
④ 제시문 2문단 3~4번째 줄에서 알 수 있듯이 작품 속 화자는 자신의 행동을 고백하며 이를 성찰한다. 따라서 화자는 타인이 아닌, 소시민적 삶의 태도를 지닌 자신의 모습을 돌아보며 성찰한다고 볼 수 있다. 화자가 소시민적 삶의 태도를 지닌 현대인들을 바라보며 비판한다는 ④의 설명은 적절하지 않다.

이것도 알면 합격
김수영, '어느 날 고궁을 나오면서'의 주제 및 특징
1. 주제: 사회적 부조리에 저항하지 못하는 소시민적 삶에 대한 자기반성
2. 특징
   - 대조적 상황을 설정하여 화자의 태도를 드러냄
   - 독백적 어조의 사용으로 자기 고백과 반성의 진정성을 드러냄
   - 일상적 시어를 사용해 실제적 삶을 사실적이고 구체적으로 표현함
   - 부정하고 부도덕한 권력에 의해 자유가 억압당하는 부조리한 현실 상황을 드러냄

05   답 ③

해설 1문단을 통해 「한거십팔곡」의 화자가 자연을 즐기고 싶은 은자(隱者)의 삶과 현실 세계에서 뜻을 펼쳐 입신양명(立身揚名)을 이루고 싶은 사대부로서의 삶 사이에서 내적 갈등하고 있음을 확인할 수 있다. 그러나 3문단 끝에서 1~5번째 줄 내용에 따르면 당대 정치 현실을 불완전한 것으로 인식한 화자는 자연에서 소박하게 살아가는 '빈천거(貧賤居)'의 삶을 택하며 안빈낙도에 대한 의지를 드러낸다. 또한 마지막 문단을 통해 제19수에서 이러한 화자의 내적 갈등이 해소되었으며 속세에 대한 미련도 완전히 끊어지게 되었음을 알 수 있다. 따라서 글을 이해한 내용으로 가장 적절한 것은 ③이다.

오답 분석
① 2~4문단을 통해 화자의 내적 갈등과 심리 변화를 확인할 수 있을 뿐, 공간 이동에 따른 시상 전개 방식에 대한 내용은 제시문에서 확인할 수 없다.
  - 제4수: 정치적 이상과 자연에서 느끼는 즐거움 사이에서 내적 갈등이 심화됨
  - 제8수: '빈천거(貧賤居)'의 삶을 택하며 안빈낙도에 대한 의지를 드러냄
  - 제19수: 화자의 내적 갈등이 완전히 해소되며 속세에 대한 미련이 끊어짐
② 「한거십팔곡」에서 화자는 당대 정치 현실을 불완전한 것으로 보고 부귀는 위기를 불러온다고 여겨 사대부의 삶을 부정적으로 인식하기도 하였다. 그러나 현실 세계에서 사대부로서의 뜻을 펼쳐 입신양명을 이루고 임금을 섬기며 백성을 윤택하게 할 수도 있다는 긍정적 가치에 대해서도 인식하고 있었기에 자신의 정치적 이상과 자연에서의 삶 사이에서 내적 갈등을 했던 것이다.
④ 3문단 1~3번째 줄에서 화자는 정계에 '출(出)'하면 '치군택민(致君澤民)'하여 임금을 섬기고 백성을 윤택하게 할 수 있다고 한다. 따라서 「한거십팔곡」에 임금에 대한 충절이 드러나지 않는다는 ④의 설명은 적절하지 않다.
  - 치군택민(致君澤民): 임금에게는 몸을 바쳐 충성하고 백성에게는 혜택을 베풂

06   답 ③

해설 3문단에서 작품 『논개의 애인이 되어 그의 묘에』는 논개를 소재로 하여 일제 강점기라는 당대 현실에 대한 개탄과 비통을 표현하고 있다고 설명한다. 이렇듯 작품에서 '역사적 삶과 연결된 고통'을 다루고 있는 것은 맞지만, '치유의 과정'을 다루고 있는지는 확인할 수 없다. 2문단 내용에 따르면 해당 작품에는 논개의 삶에 대한 찬사와 애도, 그리고 논개의 삶을 따르지 못한 화자의 죄의식과 비통한 심정이 나타날 뿐이다.

오답 분석
① 『논개의 애인이 되어 그의 묘에』의 1연에서 화자는 논개가 조선 역사의 가장 의미 있는 꽃이므로 자신은 논개의 애인이 되었노라고 선언하고, 2연에서는 논개의 삶과 정신의 고귀함을 회상하고 있다. 이로 미루어 보아 이 작품의 화자가 논개의 삶에 대한 추모의 마음을 가지고 있다는 것을 추론할 수 있다.
② 1문단에서 한용운의 시 세계에는 참혹한 시대적 맥락이 깊숙이 관여되어 있기 때문에, 그의 시에 비탄과 절망이 함의되어 있다고 설명한다. 또한 그의 작품 『논개의 애인이 되어 그의 묘에』에서 이를 확인할 수 있는데, 이 시는 역사적 실존 인물인 논개를 소재로 하여 일제 강점기라는 현실에 대한 개탄과 비통을 표현하고 있다. 이를 통해 한용운 시의 비탄과 절망은 근본적으로 역사적인 상황 혹은 시대적인 문제와 연결되어 있음을 추론할 수 있다.
④ 1문단에서 한용운이 살았던 시대는 한국사의 가장 참혹한 시대이자 고통과 결핍의 시대였다고 설명하며, 이러한 역사적 사실이 그의 작품에 깊숙이 관여되었다고 한다. 그의 시 『논개의 애인이 되어 그의 묘에』에 등장하는 논개는 과거 임진왜란 당시 의로운 죽음을 맞이한 역사적 실존 인물로서, 화자가 사랑과 존경의 정서를 갖는 대상이다. 즉 한용운과 논개는 모두 억압적인 피지배 환경 속에 놓인 고통의 주인공이므로, 한용운이 논개의 삶과 그의 무덤을 소재로 삼은 이유는 자신이 처한 시대와 논개가 살았던 시대의 유사성 때문임을 추론할 수 있다.

07   답 ①

해설 2문단 끝에서 1~6번째 줄에 따르면 우물 속 사나이는 추억 속에 쌓인 낭만적 면모로 존재하고 있으며, 이때 '추억'은 과거적 속성을 지닌 어휘로 퇴행적인 시간 의식을 통해서 도피적 낭만성을 추구하는 것이라고 본다. 따라서 『자화상』의 화자는 과거 지향적 반성을 보여 주고 있으며, 미래에 대한 전망에 이르지 못하였음을 추론할 수 있다.

오답 분석
② 2문단 9~14번째 줄에서 반성의 대상은 주로 현실에 안주하고자 하는 자신의 과오이기에 '어쩐지 그 사나이가 미워져' 돌아간다고 설명하며, 화자의 내면 의식이 '자기 증오 → 자기 동정 → 자기 동경'으로 이어짐을 알 수 있다. 따라서 『자화상』에서 화자의 반성이 잘못을 저지른 자신에 대한 미움에서 출발한다는 ②의 설명은 적절하다.
③ 2문단 1~4번째 줄 내용에 따르면 '외딴 우물가'는 고독하고 소외된 공간으로, 화자가 자신을 솔직하게 돌이켜 볼 수 있는 자아 성찰의 매개체이다. 즉 화자는 우물 속에 비친 자신의 모습을 객관적으로 성찰하며 부끄러움을 느끼고 있으므로, '우물'이 자신을 비춰 볼 수 있는 대상이자 거울과 같은 기능을 한다는 ③의 설명은 적절하다.
④ 1문단에서 윤동주는 반성적 자의식을 통해 고뇌와 절망을 지닌 스스로를 연민하고 위로하였으며, 『서시』가 이러한 사유를 지닌 대표적 작품이라고 하였다. 2문단에서 『자화상』의 화자 또한 현실에 안주하려는 자신의 태도에 부끄러움을 느끼고 자아 성찰을 하게 되는데 그것은 다분히 반성적인 태도를 지향한다고 하였다. 이를 통해 『서시』와 『자화상』의 화자 모두 자신의 삶을 성찰하며 내면을 고백하고 있음을 알 수 있으므로 ④의 설명은 적절하다.

2편 논리

해커스공무원 국어
유형별 출제예상문제집

나의 실력 확인

문제를 모두 풀어 본 후 O, △, X 개수를 파악해 보세요.
O 개수보다 △, X 개수가 많을수록 복습이 필요한 단원입니다.

단원명	O	△	X	총 문제 수	단원명	O	△	X	총 문제 수
12 명제의 전제 및 결론 추론하기				15	14 논증의 강화 및 약화 평가하기				14
13 논증의 종류 및 오류 판단하기				4	-				

복습해야 할 단원 _____

유형 12 명제의 전제 및 결론 추론하기 p.90

01 ③	02 ③	03 ③	04 ②	05 ③
06 ②	07 ①	08 ②	09 ①	10 ④
11 ②	12 ④	13 ③	14 ②	15 ③

01   답 ③

해설 제시된 전제를 기호화하면 다음과 같다.

> (가) 위조 → ~신뢰 ≡ 신뢰 → ~위조(대우)
> (나) 신뢰

(나)에서 '신뢰'가 확정되었으므로 (가)의 대우에서 전건 긍정을 통해 '~위조'도 확정할 수 있다. 따라서 빈칸에 들어갈 말로 가장 적절한 것은 ③ '이 문서는 위조되지 않았다(~위조)'이다.

오답분석
① '~위조'가 확정되므로 '위조'는 거짓이다. 따라서 ① '이 문서는 위조되었다(위조)'는 빈칸에 들어갈 말로 적절하지 않다.
② (나)에서 '신뢰'가 확정되었으므로 '~신뢰'는 거짓이다. 따라서 ② '이 문서는 신뢰할 수 없다(~신뢰)'는 빈칸에 들어갈 말로 적절하지 않다.
④ '~위조'가 확정되었지만 '신뢰'가 확정되었으므로 '~신뢰'는 거짓이다. 따라서 ④ '이 문서는 위조되지 않았고 신뢰할 수 없다(~위조 ∧ ~신뢰)'는 빈칸에 들어갈 말로 적절하지 않다.

02   답 ③

해설 제시된 진술을 기호화하면 다음과 같다.

> (1) A 입찰 ∨ B 프로젝트 참여
> (2) B 프로젝트 참여 → C 기술 지원
>   ≡ ~C 기술 지원 → ~B 프로젝트 참여 (대우)
> (3) ~C 기술 지원

(3)에서 '~C 기술 지원'이 확정되었으므로 (2)의 대우에서 전건 긍정을 통해 '~B 프로젝트 참여'도 확정할 수 있다. 또한 '~B 프로젝트 참여'가 확정되었으므로 (1)에서 선언지 제거를 통해 'A 입찰' 또한 확정할 수 있다. 따라서 제시된 진술이 모두 참일 때 반드시 참이 되는 것은 ③ 'A회사는 입찰에 성공했고, B회사는 프로젝트에 참여하지 않는다(A 입찰 ∧ ~B 프로젝트 참여)'이다.

오답분석
① 'A 입찰'이 확정되므로 '~A 입찰'은 거짓이다. 따라서 ① 'A회사는 입찰에 성공하지 않았다(~A 입찰)'는 항상 참이 아니다.
② '~B 프로젝트 참여'가 확정되므로 'B 프로젝트 참여'는 거짓이다. 따라서 ② 'B회사는 프로젝트에 참여한다(B 프로젝트 참여)'는 항상 참이 아니다.
④ '~C 기술지원'이 확정되었지만 'A 입찰'이 확정되었으므로 '~A 입찰'은 거짓이다. 따라서 ④ '~A회사는 입찰에 성공하지 않았고, C회사는 기술 지원을 하지 않는다(~A 입찰 ∧ ~C 기술 지원)'는 항상 참이 아니다.

이것도 알면 합격

선언지 제거 (= 선언 삼단 논법)

개념	선언 명제를 통해 결론을 도출하는 방법으로, 어느 하나의 명제를 부정하여 다른 하나를 긍정하는 방식이다. 'A ∨ B'가 참이고 '~A'가 참인 경우, 'B'는 참이다.
논증 방법	[전제 1] P이거나 Q이다. (P ∨ Q) 　예 오 주무관이 회의에 참석하거나 박 주무관이 회의에 참석한다. [전제 2] P가 아니다. (~P) 　예 오 주무관이 회의에 참석하지 않는다. [결론] 따라서 Q이다. (Q) 　예 따라서 박 주무관이 회의에 참석한다.

03 답 ③

해설 제시된 전제를 기호화하면 다음과 같다.

> (가) 저축 ∨ 투자
> (나) 저축 → 재정적 안정감
> (다) ~투자

(다)에 의해 '~투자'가 확정이므로, (가)와 (다)를 연결하면 선언지 제거를 통해 '저축'이 확정된다. '저축'이 확정되었으므로 (나)의 전건을 긍정하면 '재정적 안정감'이 도출된다. 따라서 (가)~(다)를 전제로 할 때, 빈칸에 들어갈 결론으로 가장 적절한 것은 ③ '재정적 안정감이 높아질 것이다'이다.

오답분석 ① (다)에 의해 원래가 투자를 시작하지 않는다(~투자)는 것을 알 수 있으므로 '투자를 시작할 것이다(투자)'는 참이 아니다. 따라서 ①은 빈칸에 들어갈 결론으로 적절하지 않다.
② (가)와 (다)에서 선언지 제거에 의해 '저축'이 확정되므로, '저축을 늘리지 않을 것이다(~저축)'는 참이 아니다. 따라서 ②는 빈칸에 들어갈 결론으로 적절하지 않다.
④ (가)와 (다)를 연결하면 선언지 제거에 의해 '저축'이 확정된다. '저축'이 확정되었기 때문에 (나)의 전건을 긍정하면 '재정적 안정감'이 도출되므로 '재정 안정감이 높아지지 않을 것이다(~재정적 안정감)'는 참이 아니다. 따라서 ④는 빈칸에 들어갈 결론으로 적절하지 않다.

04 답 ②

해설 제시된 진술을 기호화하면 다음과 같다.

> (1) 1박 2일 ∨ 2박 3일
> (2) ~외부 강사
> [결론] 1박 2일

(1)에서 '1박 2일 ∨ 2박 3일'임을 고려했을 때 결론인 '1박 2일'을 도출하기 위해서는 '~2박 3일'이 확정되어야 함을 알 수 있다. 또한 (2)에서 '~외부 강사'가 확정되었으므로 '~외부 강사 → ~2박 3일'이 추가되면 결론을 도출할 수 있게 된다. 이때 '연수 일정을 2박 3일로 한다면 외부 강사를 섭외해야 합니다(2박 3일 → 외부 강사)'의 대우는 '~외부 강사 → ~2박 3일'이므로 ②가 추가되면 (2)와 결합하여 '~2박 3일'을 확정하고 결론을 이끌어 낼 수 있다. 따라서 답은 ②이다.

오답분석 ① '연수 일정을 1박 2일로 한다면 외부 강사를 섭외해야 합니다(1박 2일 → 외부 강사)'가 추가되면 '~1박 2일'이 확정되므로 결론을 '1박 2일'로 이끌어 낼 수 없다.
③ '연수 일정을 1박 2일로 한다면 외부 강사를 섭외하지 않아도 됩니다(1박 2일 → ~외부 강사)'가 추가되더라도 결론을 이끌어 낼 수 없다.
④ '연수 일정을 2박 3일로 한다면 외부 강사를 섭외하지 않아도 됩니다(2박 3일 → ~외부 강사)'가 추가되더라도 결론을 이끌어 낼 수 없다.

05 답 ③

해설 제시된 진술을 기호화하면 다음과 같다.

> (1) (축구 ∨ 농구) → ~구두 ≡ 구두 → (~축구 ∧ ~농구) (대우)
> (2) 축구 ∨ 테니스
> (3) 구두

(3)에서 '구두'가 확정이 되었으므로 (1)의 대우의 전건을 긍정할 수 있으므로 '~축구 ∧ ~농구'를 확정할 수 있다. 이에 따라 '~축구'가 확정이 되었으므로 (2)에서 선언지 제거를 통해 '테니스'를 확정할 수 있다. 따라서 답은 ③ '민수는 테니스를 했다(테니스)'이다.

오답분석 ① (3)과 (1)의 대우를 통해 '~축구 ∧ ~농구'가 확정되었으므로 ① '민수는 축구를 했다(축구)'는 거짓이다.
② (3)과 (1)의 대우를 통해 '~축구 ∧ ~농구'가 확정되었으므로 ② '민수는 농구를 했다(농구)'는 거짓이다.
④ (3)과 (1)의 대우를 통해 '~축구 ∧ ~농구'가 확정되었으므로 ④ '민수는 테니스와 농구를 모두 했다(테니스 ∧ 농구)'는 거짓이다.

06 답 ②

해설 제시된 진술을 기호화하면 다음과 같다.

> (1) 여행 → (외국어 공부 ∨ 문화 체험)
> (2) ~개방적 → ~문화 체험 ≡ 문화 체험 → 개방적 (대우)
> (3) 현우 → 여행
> [결론] 현우 → 개방적

(1)과 (3)을 결합하면 '현우 → 여행 → (외국어 공부 ∨ 문화 체험)'이므로 결론인 '현우 → 개방적'을 도출하기 위해서는 '여행' 또는 '외국어 공부 ∨ 문화 체험'과 '개방적'을 연결할 수 있는 전제가 추가되어야 한다. 이때 (2)의 대우를 통해 '문화 체험 → 개방적'이 확정되므로 결론을 도출하기 위해서는 '여행' 또는 '외국어 공부'를 '개방적'과 연결할 수 있는 전제가 추가되어야 함을 알 수 있다. 따라서 답은 ② '외국어 공부를 하는 사람은 모두 개방적인 성격이다(외국어 공부 → 개방적)'이다.

오답분석 ① '개방적인 성격인 사람은 모두 문화 체험을 즐긴다(개방적 → 문화 체험)'는 (2)의 대우의 역으로, 추가되더라도 결론을 이끌어 낼 수 없다.
③ '문화 체험을 즐기는 사람들은 모두 여행을 자주 하지 않는다(문화 체험 → ~여행)'가 추가되더라도 결론을 이끌어 낼 수 없다.
④ '외국어 공부를 하는 사람 중에 문화 체험을 즐기는 사람이 있다(외국어 ∧ 문화 체험)'가 추가되더라도 결론을 이끌어 낼 수 없다.

07 답 ①

해설 제시된 논증을 기호화하면 다음과 같다.

> (1) 판사 → 사법부
> (2) 사법부 → 중립성
> [결론] ~판사 → ~중립성

(1)과 (2)를 결합하면 '판사 → 중립성'임을 알 수 있다. 하지만 결론으로 제시된 '~판사 → ~중립성'은 '판사 → 중립성'의 전건과 후건을 각각 부정한 '이'이므로 '판사 → 중립성'만으로는 참이 되지 않는다. 이때 ① '중립성을 유지할 의무가 있는 사람은 모두 판사다(중립성 → 판사)'가 참이라면 그 대우인 '~판사 → ~중립성'도 참이 되므로 ①이 암묵적으로 전제되어 있다면 제시된 논증은 타당해진다. 따라서 답은 ①이다.

오답분석
② '판사가 아니면서 사법부에 소속된 사람은 존재하지 않는다 [~(~판사 ∧ 사법부)]'는 '판사 ∨ ~사법부'이며, 이는 '사법부 → 판사'와 논리적으로 동치이다. 그러나 이것이 전제된다고 하더라도 결론이 반드시 참이 되지는 않으므로 논증이 타당하지 않게 된다.
③ '중립성을 유지할 의무가 있는 사람은 모두 사법부에 소속되어 있다(중립성 → 사법부)'는 (2)의 '역'으로, 이것이 전제되더라도 결론이 반드시 참이 되지는 않으므로 논증이 타당하지 않게 된다.
④ '사법부에 소속되지 않은 사람은 모두 중립성을 유지할 의무가 없다(~사법부 → ~중립성)'는 (2)의 '이'이다. 그러나 이것이 전제된다고 하더라도 결론이 반드시 참이 되지는 않으므로 논증이 타당하지 않게 된다.

이것도 알면 합격

조건문(가언 명제)의 동치

설명	조건문(가언 명제) 'P → Q'가 참일 경우, 전건(P)이 참이면서 후건(Q)이 거짓인 경우는 성립하지 않는다. 이에 따라 참인 조건문 'P → Q'는 연언문 '~(P ∧ ~Q)'와 선언문 '~P ∨ Q'는 진리값이 모두 같다. 이와 같이 명제 간의 진리값이 모두 같을 때, 해당 명제들은 논리적으로 동일한 의미를 갖는다. 이와 같은 관계의 명제를 동치라고 하며, 'P → Q ≡ ~(P ∧ ~Q) ≡ ~P ∨ Q'와 같이 기호화할 수 있다.
논증 방법	[조건문] P이면 Q이다. (P → Q) ◉ 사람이면 동물이다. [연언문] P이면서 Q가 아닌 경우는 없다. [~(P ∧ ~Q)] ◉ 사람이면서 동물이 아닌 경우는 없다. [선언문] P가 아니거나 Q이다. (~P ∨ Q) ◉ 사람이 아니거나 동물이다.

08 답 ②

해설 제시된 전제를 기호화하면 다음과 같다.

> (가): ~철학 수업 ∧ 공과대학 학생
> (나): 신입생 → 철학 수업 ≡ ~철학 수업 → ~신입생(대우)

(가) '~철학 수업 ∧ 공과대학 학생'과 (나)의 대우 '~철학 수업 → ~신입생'을 결합하면, '올해 입학한 신입생이 아닌 사람 중 일부는 공과대학 학생이다(~신입생 ∧ 공과대학 학생)'가 도출된다. 이는 ② '공과대학 학생 중 일부는 올해 입학한 신입생이 아니다(공과대학 학생 ∧ ~신입생)'와 동치이므로 답은 ②이다.

오답분석
① 제시된 전제를 통해 '공과대학 학생은 모두 철학 수업을 듣지 않는다(공과대학 학생 → ~철학 수업)'는 결론으로 도출할 수 없다.
③ 제시된 전제를 통해 '올해 입학한 신입생이 아닌 사람은 모두 철학 수업을 듣지 않는다(~신입생 → ~철학 수업)'는 결론으로 도출할 수 없다.
④ 제시된 전제를 통해 '올해 입학한 신입생이면서 철학 수업을 듣는 사람은 모두 공과대학 학생이 아니다(신입생 ∧ 철학 수업 → ~공과대학 학생)'는 결론으로 도출할 수 없다.

09 답 ①

해설 제시된 전제와 결론을 기호화하면 다음과 같다.

> (1) 아침 ∧ ~간식
> (2) 야식 → ~아침 ≡ 아침 → ~야식(대우)
> 결론: 간식 ∧ ~야식

(2)의 대우를 통해 '아침을 먹는 모든 사람은 야식을 먹지 않는 사람이다(아침 → ~야식)'를 알 수 있다. 이때 결론을 이끌어 내기 위해서는 '간식을 먹는 어떤 사람은 아침을 먹는 사람이다(간식 ∧ 아침)'가 추가되어야 하며, 이는 '아침을 먹는 어떤 사람은 간식을 먹는 사람이다(아침 ∧ 간식)'와 동치이다. 따라서 답은 ①이다.

오답분석
② '간식을 먹는 모든 사람은 야식을 먹는 사람이다(간식 → 야식)'가 추가되어도 결론을 이끌어 낼 수 없다.
③ '야식을 먹는 어떤 사람은 간식을 먹는 사람이다(야식 ∧ 간식)'가 추가되어도 결론을 이끌어 낼 수 없다.
④ '야식을 먹지 않지만 간식을 먹는 모든 사람은 아침을 먹는 사람이다(~야식 ∧ 간식 → 아침)'가 추가되더라도 결론을 이끌어 낼 수 없다.

10 답 ④

해설 제시된 전제를 기호화하면 다음과 같다.

> (가) 음악 → ~수학
> (나) 음악 ∧ 체육
> (다) ~수학 → ~영어

(가)와 (다)를 결합하여 '음악 수업을 듣는 모든 학생은 영어 수업을 듣지 않는다(음악 → ~영어)'를 도출할 수 있고, 이를 (나)에 결합하면 '영어 수업을 듣지 않는 어떤 학생은 체육 수업을 듣지 않는다(~영어 ∧ ~체육)'를 결론으로 이끌어 낼 수 있다. 이는 ④ '체육 수업을 듣지 않는 어떤 학생은 영어 수업을 듣지 않는다(~체육 ∧ ~영어)'와 동치이므로, 빈칸에 들어갈 말로 적절한 것은 ④이다.

오답분석
① 제시된 전제를 통해 '영어 수업을 듣는 어떤 학생은 체육 수업을 듣는다(영어 ∧ 체육)'를 결론으로 이끌어 낼 수 없다.
② 제시된 전제를 통해 '수학 수업을 듣는 어떤 학생은 체육 수업을 듣지 않는다(수학 ∧ ~체육)'를 결론으로 이끌어 낼 수 없다.
③ 제시된 전제를 통해, 체육 수업을 듣는 모든 학생은 음악 수업을 듣지 않는다(체육 → ~음악)'를 결론으로 이끌어 낼 수 없다.

11 답 ②

해설 제시된 전제를 기호화하면 다음과 같다.

> (가): 장미 → 백합
> (나): 장미 ∧ 꽃꽂이 잘함

(가) '장미 → 백합'과 (나) '장미 ∧ 꽃꽂이 잘함'을 결합하면 '백합을 좋아하는 어떤 사람은 꽃꽂이를 잘한다(백합 ∧ 꽃꽂이 잘함)'가 성립한다. 이는 '꽃꽂이를 잘하는 어떤 사람은 백합을 좋아한다(꽃꽂이 잘함 ∧ 백합)'와 동치이므로 결론에 들어갈 말로 적절한 것은 ②이다.

오답분석
① (가)와 (나)를 통해 꽃꽂이를 잘하는 사람 중 백합을 좋아하는 사람이 있다는 것을 알 수 있으나, 꽃꽂이를 잘하는 사람 중 백합을 좋아하지 않는 사람이 있을 수 있으므로 결론에 들어갈 말로 적절하지 않다.
③ (가)를 통해 장미를 좋아하는 사람이 모두 백합을 좋아한다는 것을 알 수 있으나, 백합을 좋아하는 사람이 모두 장미를 좋아하는지는 알 수 없으므로 결론에 들어갈 말로 적절하지 않다.
④ 제시된 전제들을 통해 도출할 수 없으므로 결론에 들어갈 말로 적절하지 않다.

12 답 ④

해설 제시된 진술을 기호화하면 다음과 같다.

> (1) 국어 → ~수학, 수학 → ~사회
> (2) ~과학 → 사회, ~국어 → ~음악
> (3) ~음악 → ~사회

(1)에 따라 국어를 수강하면 사회를 수강하지 않으며(국어 → ~수학 → ~사회), (2)와 (3)에 따르면 국어를 수강하지 않았을 때에도 사회는 수강하지 않는다(~국어 → ~음악 → ~사회). 즉 국어의 수강 여부와 관계 없이 사회는 수강하지 않으므로 '~사회'가 확정된다. 이를 (2) '~과학 → 사회'의 대우인 '~사회 → 과학'에 적용해 보면, 갑이 반드시 수강해야 할 과목은 ④ '과학'이다.

이것도 알면 합격

딜레마(양도 논법)
- 두 개의 가언적 명제와 가언적 명제의 두 전건을 선언적으로 긍정하든가 혹은 두 후건을 선언적으로 부정하는 형태로 되어 있는 논증을 의미한다.
- 딜레마는 '양도 논법'이라고 부르기도 하며 아래와 같이 다양한 형태로 나타낼 수 있다.

기호화	예
• 전제1: P ∨ Q • 전제2: P → R • 전제3: Q → R • 결론: R	• 전제1: 내일은 날이 화창하거나 비가 온다. • 전제2: 나는 화창하면 공부를 할 것이다. • 전제3: 나는 비가 오면 공부를 할 것이다. • 결론: 따라서 나는 내일 공부를 할 것이다.
• 전제1: P ∨ Q • 전제2: P → R • 전제3: Q → R • 결론: R	• 전제1: 내일은 날이 화창하거나 비가 온다. • 전제2: 나는 화창하면 공부를 할 것이다. • 전제3: 나는 비가 오면 공부를 할 것이다. • 결론: 따라서 나는 내일 공부를 할 것이다.
• 전제1: P → Q • 전제2: ~P → Q • 결론: Q	• 전제1: 내일 날이 화창하면 공부를 할 것이다. • 전제2: 내일 날이 화창하지 않아도 공부를 할 것이다. • 결론: 따라서 나는 너일 공부를 할 것이다.
• 전제1: P ∨ Q • 전제2: P → R • 전제3: Q → S • 결론: R ∨ S	• 전제1: 나는 내일 등산을 하거나 연극 관람을 한다. • 전제2: 내가 내일 등산을 하면 등산화를 신을 것이다. • 전제3: 내가 내일 연극 관람을 한다면 구두를 신을 것이다. • 결론: 나는 내일 등산화를 신거나 구두를 신을 것이다.
• 전제1: ~P ∨ ~Q • 전제2: R → P • 전제3: S → Q • 결론: ~R ∨ ~S	• 전제1: 나는 내일 등산을 하지 않거나 연극 관람을 하지 않는다. • 전제2: 내가 내일 등산화를 신으면 등산을 하는 것이다. • 전제3: 내가 내일 구두를 신으면 연극 관람을 하는 것이다. • 결론: 따라서 나는 내일 등산화를 신지 않거나 구두를 신지 않을 것이다.

13 답 ③

해설 제시된 진술을 기호화하면 다음과 같다.

> (1) 갑 → 을 ≡ ~을 → ~갑(대우)
> (2) 병 → (을 ∧ 정) ≡ (~을 ∨ ~정) → ~병(대우)
> (3) ~갑 → ~정 ≡ 정 → 갑(대우)

(1)의 대우에 의해 을이 동아리에 가입하지 않으면 갑도 동아리에 가입하지 않음을 알 수 있고, (2)의 대우를 통해 을이나 정이 동아리에 가입하지 않으면 병도 동아리에 가입하지 않음을 알 수 있다. 따라서 답은 ③ '을이 동아리에 가입하지 않으면, 갑과 병도 동아리에 가입하지 않는다(~을 → ~갑 ∧ ~병)'이다.

오답분석
① 제시된 진술을 통해 갑이 동아리에 가입했을 경우 병의 동아리 가입 여부는 알 수 없다.
② (3)을 통해 갑이 동아리에 가입하지 않으면, 정이 동아리에 가입하지 않음을 알 수 있다. 하지만 제시된 진술을 통해 정이 동아리에 가입하지 않을 경우 갑의 동아리 가입 여부는 알 수 없다.
④ (2)를 통해 병이 동아리에 가입하면 을과 정이 동아리에 가입함을 알 수 있다. 이때 (3)의 대우를 통해 정이 동아리에 가입하면 갑도 동아리에 가입함을 알 수 있다. 따라서 ④에서 병이 동아리에 가입하면 을이 동아리에 가입한다는 진술은 참이지만, 갑이 동아리에 가입하지 않는다는 진술은 참이 아니다.

14　답 ②

해설　제시된 전제를 기호화하면 다음과 같다.

> (가) ~글쓰기 ∧ 이과
> (나) 일기 → 글쓰기 ≡ ~글쓰기 → ~일기(대우)

(가) '~글쓰기 ∧ 이과'와 (나)의 대우 '~글쓰기 → ~일기'를 결합하면, '매일 일기를 쓰지 않는 사람 중 일부는 이과 출신이다(~일기 ∧ 이과)'가 도출된다. 이는 ② '이과 출신인 사람 중 일부는 매일 일기를 쓰지 않는다(이과 ∧ ~일기)'와 동치이므로 답은 ②이다.

오답분석
① 제시된 전제를 통해 '이과 출신인 사람은 모두 글쓰기를 좋아하지 않는다(이과 → ~글쓰기)'는 결론으로 도출할 수 없다.
③ 제시된 전제를 통해 '매일 일기를 쓰지 않는 사람은 모두 글쓰기를 좋아하지 않는다(~일기 → ~글쓰기)'는 결론으로 도출할 수 없다.
④ 제시된 전제를 통해 '매일 일기를 쓰면서 글쓰기를 좋아하는 사람은 모두 이과 출신이 아니다(일기 ∧ 글쓰기 → ~이과)'는 결론으로 도출할 수 없다.

15　답 ③

해설　제시된 진술을 기호화하면 다음과 같다.

> (1) 주식 투자 → 위험 감수
> (2) 고수익 추구 ∧ 도전적
> [결론] 고수익 추구 ∧ 위험 감수

결론을 이끌어 내기 위해서는 (2)의 '도전적'을 '위험 감수'로 바꿀 수 있는 전제가 추가되어야 한다. 이때 (1)에 의해 '도전적인 사람은 모두 주식 투자를 하는 사람이다(도전적 → 주식 투자)'라는 전제를 추가하면 (2)의 '도전적'을 '위험 감수'로 변경할 수 있게 됨을 알 수 있다. ③ '주식 투자를 하지 않는 사람은 모두 도전적이지 않은 사람이다(~주식 투자 → ~도전적)'는 '도전적 → 주식 투자'의 대우이므로 동치이다. 따라서 답은 ③이다.

오답분석
① '도전적인 사람은 모두 고수익을 추구한다(도전적 → 고수익)'를 추가하더라도 결론을 이끌어 낼 수 없으므로 ①은 적절하지 않다.
② '위험을 감수하는 사람 중 일부는 도전적인 사람이다(위험 감수∧도전적)'를 추가하더라도 결론을 이끌어 낼 수 없으므로 ②는 적절하지 않다.
④ '고수익을 추구하지 않는 사람 중 일부는 도전적이지 않은 사람이다(~고수익 추구 ∧ ~도전적)'를 추가하더라도 결론을 이끌어 낼 수 없으므로 ④는 적절하지 않다.

유형 13　논증의 종류 및 오류 판단하기　p.98

01 ④　　02 ①　　03 ④　　04 ②

01　답 ④

해설　전제가 참인 경우 결론이 항상 참이 되는 것은 ④이다. ④는 '가언 삼단 논법'에 의해 '~제설 작업 → 교통마비'가 도출되므로 결론이 반드시 참인 논증이다.

> [전제1] ~제설 작업 → ~도로 이용
> [전제2] ~도로 이용 → 교통마비
> [결론] ~제설 작업 → 교통마비

오답분석
① '전건 부정의 오류'를 범한 논증이다. 전건을 부정한다고 해서 후건의 부정이 반드시 참이 된다고 할 수 없다.

> [전제1] 자전거 → 지각
> [전제2] ~자전거
> [결론] 지각 (*반드시 참이라고 볼 수 없음)

② '선언지 긍정의 오류'를 범한 논증이다. 선언 명제로 제시된 두 명제 중 하나를 긍정한다고 해서 다른 한 명제의 부정이 반드시 참이 된다고 할 수 없다.

> [전제1] 대학 진학 ∨ 취업
> [전제2] 대학 진학
> [결론] ~취업 (*반드시 참이라고 볼 수 없음)

③ '후건 긍정의 오류'를 범한 논증이다. 후건을 긍정한다고 해서 전건의 긍정이 반드시 참이 된다고 할 수 없다.

> [전제1] 달콤한 과일 → 신 과일
> [전제2] 신 과일
> [결론] 달콤한 과일 (*반드시 참이라고 볼 수 없음)

02　답 ①

해설　제시문과 ①에서는 모두 개별적인 사례에서 일반적인 결론을 이끌어 내었으므로, 귀납 추론의 논증 방법이 사용되었다.
- 제시문: 여러 건의 사료를 통해 사실을 규명하였다.
- ①: 하얀 백조를 본 여러 개별적 경험을 토대로 '백조는 희다'라는 결론을 이끌어 냈다.

오답분석
② 연역 추론: '모든 여자는 꽃을 좋아한다'라는 일반적인 사실에서 '어머니께서는 꽃을 좋아하실 것이다'라는 개별적인 사실을 이끌어 내었다.
③ 유비 추론: 지구와 화성의 유사성에 근거하여, '지구와 환경이 비슷한 화성에도 생명체가 존재할 것'이라는 결론을 이끌어 내었다.
④ 변증 추론: 정반합(正反合)의 과정을 통해 결론을 이끌어 내었다. 즉, '약을 먹으면 병이 낫는다'라는 기존 요소(正)와 '약의 남용은 건강을 해친다'라는 새로운 요소(反)가 갈등하여, '병에 걸렸을 때는 적당한 양의 약을 먹어야 한다'라는 결론(합)을 이끌어 내었다.

03 답 ④

해설 외계인이 존재한다는 사실이 증명된 적이 없으므로 외계인이 존재하지 않는다고 주장하는 ④는 '무지에의 호소'에 해당한다. 참고로 무지에의 호소는 반증되거나 증명된 적이 없기 때문에 어떤 주장을 받아들여야 하거나 어떤 결론이 옳지 않다고 주장하는 오류이다.

오답분석 ① ② ③은 결론에서 주장한 내용을 다시 근거로 제시하는 오류인 '순환논증의 오류'에 해당한다.

04 답 ②

해설 ㉡은 논점에 해당하는 '콘 아이스크림의 맛'과는 직접적인 관련이 없는 '가장 유명한 축구 선수'의 광고를 근거로 하여 주장을 하고 있으므로 '부적합한 권위에의 호소'에 해당하는 적절한 예이다.

오답분석
① ㉠은 전교생의 과반수 이상이 '고교 학점제 도입'에 찬성한다며 여러 사람들이 동의한다는 점을 앞세워 주장을 하고 있으므로 '대중(여론)에의 호소'에 해당한다.
③ ㉢은 부양할 어린 자식이 있다고 하며 상대방에게 동정심이나 연민을 유발하여 주장을 하고 있으므로 '동정(연민)에의 호소'에 해당한다.
④ ㉣은 계약 조건과 요구 사항을 제시하며 강제적으로 타인이 자신의 주장을 받아들이게 하고 있으므로 '공포(협박)에의 호소'에 해당한다.

유형 14 논증의 강화 및 약화 평가하기 p.102

01 ③	02 ②	03 ②	04 ④	05 ④
06 ①	07 ①	08 ②	09 ④	10 ④
11 ③	12 ②	13 ①	14 ②	

01 답 ③

해설 ㉠은 선거 기간 여론 조사 결과의 공표가 유권자의 의사에 영향을 미쳐 공정성을 훼손한다고 주장한다. 선거 기간 동안 여론 조사 결과를 공표했을 때와 그렇지 않았을 때 투표의 결과가 실제로 달라졌다는 실험 결과는 여론 조사의 결과를 공표하는 것이 투표에 영향을 미친다는 사실을 뒷받침하는 사례이다. 따라서 ㉠을 강화하므로 답은 ③이다.

오답분석
① 열세에 있는 후보자에 대한 동정심이 발동해 표심이 움직이게 된다는 열세자 효과는 선거 기간 여론 조사 결과의 공표가 유권자의 의사에 영향을 미친다는 주장을 뒷받침한다. 이는 여론 조사 결과의 공표가 선거의 공정성을 훼손한다고 보는 관점이므로 ㉠을 약화한다고 볼 수 없다.
② ㉡은 여론 조사 결과의 공표 금지가 선거 정보에 대한 알 권리를 침해한다고 주장한다. 후보자의 지지도나 당선 가능성 등에 관한 여론의 동향이 알 권리에 해당한다는 전문가의 주장은 ㉡과 유사한 관점을 보이므로 ㉡을 약화한다고 볼 수 없다.
④ 선거일 전 여론 조사 결과가 공표되면 사표 방지 심리로 인해 유권자의 표심에 영향을 미친다는 밴드왜건 효과는 여론 조사의 결과를 공표하는 것이 투표에 영향을 미친다는 사실을 뒷받침한다. 따라서 여론 조사 결과의 공표 금지는 선거 정보에 대한 알 권리를 침해한다고 주장하는 ㉡을 강화한다고 볼 수 없다.

02 답 ②

해설 제시문은 '시장 점유율을 확보하는 것이 기업의 장기적 생존을 위한 핵심 전략'이라고 주장한다. 이때 대부분의 소규모 맞춤 양복점들이 대규모 의류 회사보다 업계 내 생존 기간이 더 길다는 사례는 시장 점유율이 낮은 업체가 시장 점유율이 높은 업체보다 더 오래 생존한 사례에 해당한다. 즉, ②는 시장 점유율을 확보하지 않더라도 장기적 생존이 가능하다는 것을 보여준 사례이므로 제시문의 논지를 약화한다. 따라서 답은 ②이다.

오답분석
① 1문단 3~4번째 줄에서 시장 점유율이 높은 기업은 생산 원가를 낮출 수 있기 때문에 장기적 생존에 유리하다고 설명한다. 이때 국내 1위 유제품 생산업체가 다른 기업보다 최대 30% 저렴한 가격으로 원재료를 구매한다는 것은 이를 방증하는 사례에 해당한다. 따라서 ①은 제시문의 논지를 약화하지 않고 강화한다.
③ 1문단 끝에서 1~3번째 줄에서는 시장 점유율이 높은 기업은 소비자가 신뢰하는 경향이 있기 때문에 장기적 생존에 유리하다고 설명한다. 이때 상품을 구매할 때 사람들이 처음 본 회사의 제품보다 알고 있는 회사의 제품을 선택하는 경향이 있다는 것은 이를 방증하는 사례에 해당한다. 따라서 ③은 제시문의 논지를 약화하지 않고 강화한다.
④ 3문단에서는 시장 점유율이 높은 대형 기업은 다양한 사업군을 보유하고 있어 경기 침체기에도 안정적이라고 설명한다. 이때 경기 침체기에 매출이 급감한 생명보험사가 계열사의 매출 증가로 인해 파산하지 않았다는 사례는 이를 방증하는 사례에 해당한다. 따라서 ④는 제시문의 논지를 약화하지 않고 강화한다.

03
답 ②

해설 제시문의 논지를 강화하는 것만으로 묶인 것은 'ㄱ, ㄷ'이므로 답은 ②이다.

- ㄱ: 2문단에 의하면 이종이식의 가장 유력한 공급원은 돼지이며, 최근에는 유전자 편집 기술을 통해 인간의 면역 체계와 더 잘 맞는 돼지를 개발하여 거부 반응을 최소화하고 있다. 이때 유전자가 편집된 돼지로부터 신장을 이식받은 환자가 거부 반응 없이 정상적인 생활을 하는 것이 확인되었다는 것은 이종이식의 성공 사례로, 이종이식 기술의 실현 가능성과 안정성을 입증한다. 따라서 'ㄱ'은 이종이식을 상용화해야 한다는 필자의 주장을 뒷받침하므로, 제시문의 논지를 강화한다.
- ㄷ: 1문단에 의하면 장기 이식을 위한 이식용 장기가 절대적으로 부족하며, 이종이식은 이를 해결할 수 있는 대안이다. 이때 세계적으로 장기 이식 대기자가 매년 10% 이상 증가하고 있으나, 이식용 장기의 수는 전체 대기자 수의 3%에 불과한 것은 이식용 장기 부족 문제의 심각성을 보여주는 사례로, 이종이식의 필요성을 부각한다. 따라서 'ㄷ'은 이종이식이 장기 부족 문제를 해결할 수 있다는 필자의 주장을 뒷받침하므로, 제시문의 논지를 강화한다.

오답분석 ㄴ: 2문단에 의하면 이종이식의 가장 유력한 공급원은 돼지로, 돼지의 장기는 크기와 기능 면에서 인간과 유사하며, 사육이 용이해서 안정적인 공급이 가능하다. 이때 돼지의 장기에 인간에게 전파될 수 있는 바이러스의 위험성이 여전히 존재한다는 것은 돼지를 통한 이종이식의 위험성을 드러내는 사례이다. 따라서 'ㄴ'은 돼지를 통한 이종이식의 상용화를 강조하는 필자의 주장을 반박하므로, 제시문의 논지를 약화한다.

04
답 ④

해설 대화에 대한 평가로 적절한 것만으로 묶인 것은 'ㄱ, ㄴ, ㄷ'이므로 답은 ④이다.

- ㄱ: 첫 번째 발화에서 갑은 사람들이 교육을 받으면 기술과 능력을 발전시키면서 생산성을 향상하고, 이것이 임금 상승으로 이어짐을 언급하며, 학력이 높을수록 더 많은 임금을 받는다고 주장한다. 이때 동일한 직종에서 근무하는 사람을 비교했을 때, 석사 학위 소지자가 학사 학위 소지자보다 많은 임금을 받는다는 사례는 학력과 임금이 비례한다는 갑의 주장을 뒷받침한다. 따라서 이는 갑의 주장을 강화하므로, 'ㄱ'의 평가는 적절하다.
- ㄴ: 첫 번째 발화에서 을은 학위가 지원자의 능력이나 성실성을 짐작하게 해주는 신호의 역할을 하는 상징적인 지표에 불과할 뿐, 실제 지원자의 생산성이나 능력을 대변하지는 못한다고 주장한다. 이때 지원자의 학력을 가린 후 실무 시험을 시행한 결과, 고학력자와 저학력자 간의 유의미한 차이가 없었다는 사례는 학력과 능력이 무관하다는 을의 주장을 뒷받침한다. 따라서 이는 을의 주장을 강화하므로, 'ㄴ'의 평가는 적절하다.
- ㄷ: 제시된 대화에서 갑은 학력이 높을수록 높은 임금을 받아야 하며, 교육을 받은 햇수가 증가할수록 소득이 높아지는 것이 분명하다고 주장한다. 반면, 을은 학력이 상징적인 지표에 불과하며, 높은 학력이 높은 임금을 보장하지는 않는다고 주장한다. 이때 경제 대공황 시기에 저임금을 받거나 실업한 박사 출신 노동자가 급증했다는 기록은 학력이 높을수록 높은 임금을 받아야 한다는 갑의 주장을 반박한다. 반면, 이는 높은 학력이 높은 임금을 보장하지 않는다는 을의 주장을 뒷받침한다. 따라서 이는 갑의 주장은 약화하고, 을의 주장은 강화하므로, 'ㄷ'의 평가는 적절하다.

05
답 ④

해설 ④ 미래 지향적 성향이 강한 세대가 레트로 문화를 적극 수용한다는 사례는 레트로 열풍이 불확실한 미래에 대한 두려움으로 인해 심리적 안정을 추구한 결과라는 제시문의 논지와 상충된다. 즉, ④에 제시된 사례는 레트로 문화가 소비되는 주된 원인이 반드시 미래에 대한 불안정성이나 두려움이 아닐 수 있음을 시사하므로 본문의 논지를 약화한다. 따라서 답은 ④이다.

오답분석
① 2008년 세계 금융 위기 이후 레트로 문화의 부흥이 관찰된 사례는 경제적 불황기나 사회적 불안이 높은 시기에 레트로 문화의 소비가 증가한다는 제시문의 주장을 뒷받침한다. 따라서 ①은 제시문의 논지를 약화하지 않고 강화한다.
② 향수를 자극하는 콘텐츠를 접한 사람들이 자아 연속성과 삶의 의미를 더 강하게 느낀다는 연구 결과는 레트로 문화의 확산이 현재의 혼란스러운 정체성을 보완하려는 시도라는 제시문의 주장을 뒷받침한다. 따라서 ②는 제시문의 논지를 약화하지 않고 강화한다.
③ 소비자들이 레트로 열풍을 통해 자신이 경험하지 않은 과거에 대한 향수를 느낀다는 조사 결과는 제시문에서 언급한 대리 향수 현상을 방증한다. 따라서 ③은 제시문의 논지를 약화하지 않고 강화한다.

06
답 ①

해설 제시문은 수행평가가 학생들의 인지적, 정의적 능력과 사회적 측면을 평가·계발할 수 있으며 전인적 교육 실현에 기여한다고 봄으로써 수행평가의 긍정적 기능을 강조하고 있다. 이때 학기마다 협동 수행평가를 진행한 이후 학교 폭력 발생률이 현저히 감소한 것은 수행평가가 사회성을 계발해 전인적 교육을 실현할 수 있다는 제시문의 주장을 뒷받침하는 사례이다. 따라서 제시문의 논지를 강화하는 것으로 가장 적절한 것은 ①이다.

오답분석 ② 제시문은 학생들이 수행평가를 통해 부족한 부분을 개선할 기회를 얻을 수 있고, 상위 인지 능력을 향상시킬 수 있다고 주장한다. 이는 수행평가가 학생들에게 긍정적 영향을 미칠 수 있다고 보는 것이다. 이때 학생들이 객관식 시험보다 수행평가를 준비할 때 더 많은 스트레스와 불안을 경험한다는 것은 수행평가가 학생들에게 부정적 영향을 미치는 사례에 해당한다. 따라서 ②는 제시문의 논지를 약화한다.

③ 제시문은 수행평가를 통해 학생들의 문제 해결 능력, 인지 능력, 사회적 능력 등을 향상시킬 수 있다고 주장한다. 이때 수행평가가 교사들의 업무 부담을 증가시켜 학생들의 인지 및 정서 능력 향상에 기여하지 못하게 한다는 것은 제시문의 논지를 반박하는 사례에 해당한다. 따라서 ③은 제시문의 논지를 약화한다.

④ 제시문은 수행평가가 학생 개개인의 독특한 관점과 창의적 사고를 존중하는 과정 중심 평가이므로 긍정적이라고 주장한다. 이때 수행평가가 주관적인 부분의 점수 산정 기준이 불분명해 교사별로 점수 편차가 크다는 것은 창의적 사고를 존중하는 과정 중심 평가에서 발생할 수 있는 문제점으로, 제시문의 논지를 반박하는 사례에 해당한다. 따라서 ④는 제시문의 논지를 약화한다.

07　　　　　　　　　　　　　　　　　　　답 ①

해설　1문단 1~5번째 줄에 의하면, 골디락스 존은 외계 생명체 탐사에서 생명체 발견 가능성을 높이는 핵심 지표로, 항성으로부터 적당한 거리에 위치하여 액체 상태의 물이 존재할 수 있는 위치 범위를 의미한다. 또한 2문단 끝에서 1~3번째 줄에 의하면 골디락스 존에 있는 행성들은 생명체 존재 가능성이 높으며, 3문단에 의하면 골디락스 존을 활용하면 효율적으로 외계 생명체 탐사를 할 수 있다. 이를 종합하면, 골디락스 존을 바탕으로 효율적인 외계 생명체 탐사를 할 수 있다는 것이 제시문의 논지이다. 이때 골디락스 존 밖에 있는 행성에서 지하 바다의 존재와 생명체 구성에 관여하는 화학적 증거들이 발견되었다는 것은, 골디락스 존 밖에도 생명체가 존재할 수 있음을 의미한다. 따라서 ①은 골디락스 존을 중심으로 외계 생명체 탐사를 해야 한다는 제시문의 논지를 반박하므로, 논지를 약화하는 것으로 적절하다.

오답분석
② 2문단 2번째 문장에 의하면 케플러 우주 망원경과 제임스 웹 우주 망원경을 통해 발견된 수많은 외계 행성 중에서도 골디락스 존에 있는 행성들이 생명체 존재 가능성이 높다는 평가를 받는다. 이때 케플러 우주 망원경으로 발견한 행성 중 골디락스 존의 내부에 있는 행성들에서 생명체 반응 신호가 지속적으로 관측되는 것은 골디락스 존 내에 생명체 존재 가능성이 높다는 것을 의미한다. 따라서 ②는 골디락스 존을 중심으로 탐사를 해야 한다는 제시문의 주장을 뒷받침하므로, 제시문의 논지를 강화한다.

③ 2문단 끝에서 1~3번째 줄에 의하면 수많은 외계 행성 중에서도 골디락스 존에 있는 행성들은 생명체 존재 가능성이 높다는 평가를 받는다. 이때 생명 활동의 부산물이 높게 검출된 행성들을 조사한 결과, 골디락스 존에 있는 행성들의 비율이 상대적으로 높았다는 것은 골디락스 존에 있는 행성들에서 생명체 존재 가능성이 높다는 것을 의미한다. 따라서 ③은 골디락스 존 내에 생명체 존재 가능성이 높다는 제시문의 주장을 뒷받침하므로, 제시문의 논지를 강화한다.

④ 3문단에 의하면 골디락스 존을 우선으로 한 탐사는 외계 생명체를 발견할 확률이 높은 지역에 한정적 자원을 집중하는 합리적 접근법이다. 이때 천문학자들이 골디락스 존에 있는 행성들만을 관측하기 시작한 후, 기존 대비 탐사 시간이 줄고 생명체 발견 확률이 증가했다는 것은 골디락스 존을 활용한 선별적 관측 전략이 다른 탐사 방식보다 효율적임을 의미한다. 따라서 ④는 골디락스 존을 중심으로 한 탐사가 효율적이라는 제시문의 주장을 뒷받침하므로, 제시문의 논지를 강화한다.

08　　　　　　　　　　　　　　　　　　　답 ②

해설　㉠을 평가한 내용으로 적절한 것은 ② 'ㄱ, ㄷ'이다.
- ㄱ: 통치자의 가혹한 수취로 인해 사회의 혼란이 생긴 상황은 백성이 통치자에게 곡물을 바치는 것이 공공의 이익을 달성하지 못했음을 보여 준다. 따라서 ㉠이 약화된다.
- ㄷ: 통치자가 조세에 대한 대가로 민생 안정에 힘썼다면 백성들은 공공의 이익을 위해 정당한 비용을 지불했다고 볼 수 있다. 따라서 ㉠이 강화된다.

오답분석　ㄴ: 통치자가 오직 자신의 이익만을 추구해 수취가 가혹해져 백성들의 생활에 어려움이 생겼다면 이는 공공의 이익을 달성하지 못한 것이기 때문에 ㉠이 약화된다.

09　　　　　　　　　　　　　　　　　　　답 ②

해설　㉠을 평가한 내용으로 적절한 것은 ② 'ㄷ'이다.
- ㄷ: 산업화 이전 농업 사회에서 공동체를 중심으로 한 생활 방식이 붕괴되어 도시 중심의 익명성이 강화되고, 전통적 공동체에서 제공하던 사회적 지지와 유대감이 약화되는 것은 산업화로 인해 '기존 질서가 파괴'되는 것을 의미한다. 또한 농촌 인구가 도시로 이주하며 공동체가 해체된다는 사실은 산업화로 인한 '과거와의 단절'을 의미한다. ㄷ은 산업화의 부정적 영향으로, '기존 질서의 파괴'와 '과거와의 단절'을 이야기하며 ㉠의 주장을 뒷받침하고 있다. 따라서 'ㄷ'은 ㉠을 강화한다.

오답분석
ㄱ: 노동자가 단순히 생산 도구로 전락하여 노동자들의 작업 환경과 삶의 질이 떨어진 것은 산업화에 따른 '인간성 상실'에 대한 설명이다. 따라서 'ㄱ'은 ㉠의 주장을 뒷받침하는 내용이므로 ㉠을 약화하지 않는다.

ㄴ: 산업화 이후 초등교육 의무화로 인한 계급 이동의 가능성과 자기계발, 그리고 사회적 참여의 실현은 산업화에 따른 긍정적 영향으로, '인간 해방의 가능성'에 대한 내용이다. 이렇듯 'ㄴ'은 ㉠의 주장과 상반되므로 ㉠을 강화하지 않는다.

10 답 ②

해설 ㉮는 인간의 활동이 현재 멸종의 직접적인 원인이 되며, 현대의 멸종이 자연적 멸종보다 더 빠른 속도로 진행되어 생태계 전체에 심각한 위험을 초래하고 있다는 내용이다. 이때 도시 개발로 인해 서식지를 잃은 동물 종들 중 일부가 십 년 만에 완전히 멸종하여 생태계 먹이사슬에 심각한 공백이 발생했다는 것은 인간이 도시를 개발하는 과정에서 빠른 속도로 종의 멸종이 발생했으며, 이로 인해 생태계에 위험이 닥쳤음을 의미한다. 이는 인간에 의한 멸종이 생태계에 심각한 위험을 초래한다는 제시문의 주장을 뒷받침한다. 따라서 ②는 ㉮를 강화하는 것으로 적절하다.

오답분석
① 인류가 등장한 후보다 전에 멸종한 생물 종이 더 많다는 것은 인간 활동에 의한 멸종이 생태계에 초래하는 위험의 심각성이 크다고 주장하는 ㉮를 약화시키는 내용이다. 따라서 ①은 ㉮를 강화하는 것으로 적절하지 않다.
③ 인간의 활동인 관광 상품이 운영되는 지역에서 그렇지 않은 지역보다 멸종 위기 생물의 개체 수 증가율이 높았다는 것은 인간 활동에 의해 빠른 속도로 멸종이 진행된다는 ㉮의 주장에 반대되는 사례로, ㉮를 약화시키는 내용이다. 따라서 ③은 ㉮를 강화하는 것으로 적절하지 않다.
④ 외래종이 인입된 생태계에서 생물다양성이 증가했다는 다수의 연구 결과는 외래종 수입이라는 인간 활동이 생태계에 긍정적인 영향을 미쳤음을 의미한다. 이는 인간의 활동에 의한 멸종이 생태계에 심각한 위험을 초래한다는 ㉮의 주장에 반대되는 사례로, ㉮를 약화시키는 내용이다. 따라서 ④는 ㉮를 강화하는 것으로 적절하지 않다.

11 답 ③

해설 ㉡은 사회복지 서비스의 민영화가 공공성 훼손, 취약 계층 지원 소홀 등 다양한 문제를 불러올 수 있다고 주장하며 이에 반대하는 입장을 보인다. 이때 ③은 민영화 이후 장애인(취약 계층) 시설의 인력이 감소하였으며 이에 따라 개별적 맞춤형 지원이 부족해지고 안전사고 발생률이 늘었다는 사례를 제시한다. 이는 ㉡을 뒷받침하는 사례에 해당하므로 ㉡을 강화한다.

오답분석
① ㉠은 사회복지 서비스의 민영화가 서비스의 질을 향상하고 다양성을 확보할 수 있다고 주장하며 이에 찬성하는 입장을 보인다. 이때 ①은 민영화 이후 아동 학대 신고가 증가했으며 아동 보호 시설에서 퇴소한 아동들이 사회에 적응하지 못하고 다시 시설로 돌아오는 비율이 높아졌다는 연구 결과를 제시한다. 이는 ㉠의 주장과는 달리 민영화가 서비스의 질을 저하한 사례이다. 따라서 ①은 ㉠을 약화한다.
② 민간 노인 돌봄 기업을 이용하는 노인들의 우울증 증상이 감소하고 사회 참여도가 증가했다는 연구 결과는 사회복지 서비스의 민영화가 긍정적인 영향을 미칠 것이라는 ㉠의 주장을 뒷받침하는 사례이다. 반면 ㉡은 사회복지 서비스의 민영화를 반대하는 입장이므로 ②는 ㉡을 약화한다.
④ 영국 정부에서 대규모 사회복지 서비스 민영화를 추진하자 행정 비용이 15%~20% 감소하고, 서비스 이용자 만족도가 향상되었다는 것은 민영화를 통해 서비스의 질을 향상하고 정부의 재정 부담을 줄일 수 있음을 의미한다. 이는 ㉠의 주장을 뒷받침하는 사례이므로 ④는 ㉠을 강화한다.

12 답 ②

해설 ㉮를 강화하는 것은 ② 'ㄴ'이다.
- ㄴ: 1년에 단 한 권이라도 종이책을 읽었는지에 대한 질문에 성인의 32.3%만이 그렇다고 응답한 것은 성인 10명 중 약 7명은 1년에 종이책을 단 한 권도 읽지 않는다는 것을 뜻한다. 따라서 다수의 사람이 책을 읽지 않는다는 주장을 뒷받침하므로 ㄴ은 ㉮를 강화한다.

오답분석
- ㄱ: 설문 조사의 결과로 성인 전자책 독서율이 대폭 증가한 양상은 독서를 하는 사람의 비율이 늘었음을 의미한다. 이는 ㉮의 주장과는 반대되는 내용이므로 ㄱ은 ㉮를 강화하지 않는다.
- ㄷ: 초중고교 학생을 대상으로 독서 현황을 조사한 결과 종합 독서율은 95.8%, 연간 종합 독서량은 36.0권으로 드러났다는 것은 다수의 학생이 독서를 한다는 것을 의미한다. 이는 ㉮의 주장과 반대되는 결과이므로 ㄷ은 ㉮를 강화하지 않는다.

13 답 ①

해설 ㉮는 1인 가구의 주된 발생 원인을 '빈곤'으로 보며, 1인 가구의 대부분은 빈곤에 시달린다고 주장한다.
- ㄱ: 국내 1인 가구의 빈곤율이 전체 가구의 평균 빈곤율보다 높다는 통계 자료는 1인 가구의 주된 발생 원인을 '빈곤'으로 보며, 1인 가구의 대부분이 빈곤에 시달린다는 ㉮의 주장을 뒷받침하고 있다. 따라서 ㄱ은 ㉮를 강화한다.

오답분석
- ㄴ: 1인 가구 중 전문직 등 고소득 직업에 종사하는 고소득층의 비율이 지속적으로 증가하고 있다는 조사 결과는 1인 가구 대부분이 빈곤에 시달린다는 ㉮의 주장과 상반되므로, ㄴ은 ㉮를 강화하지 않는다.
- ㄷ: 성인 남녀를 대상으로 한 설문 조사에서 응답자의 70% 이상이 개인의 가치관이나 삶의 방식 등을 이유로 1인 가구를 선택했다고 답변한 것은 1인 가구 대부분이 빈곤에 시달리기 때문에 1인 가구가 되었다는 ㉮의 주장과 상반되므로, ㄷ은 ㉮를 강화하지 않는다.

14 답 ②

해설 ㉠을 평가한 내용으로 적절한 것은 ② 'ㄱ, ㄴ'이다.
- ㄱ: ㉠ '합리주의 이론'은 인간의 말하는 능력이 선천적인 자질임을 주장한다. 따라서 어린이가 여러 시행착오와 반복되는 연습, 그리고 수많은 교정을 거쳐 말을 배우게 되었다면 후천적 학습에 의한 것이므로 ㉠을 약화한다.
- ㄴ: ㉠ '합리주의 이론'은 인간에게 말하는 능력이 천부적이라고 주장한다. 이는 태어날 때부터 말하기 능력을 이미 내재하고 있음을 의미한다. ㄴ의 '트이다' 또한 본래부터 내재하던 것이 어느 순간 드러나는 현상이므로 '말문이 트인다'라는 표현은 ㉠을 강화한다.

오답분석
- ㄷ: ㄷ에서는 언어 학습 환경이 우수하지 않더라도 모든 어린이들이 유사한 시기에 거의 완전한 모어를 구사할 수 있는 현상에 대해 이야기한다. 이는 인간이 선천적으로 말하기 능력을 가지고 있다는 ㉠ '합리주의 이론'을 뒷받침하는 근거이므로 ㉠을 강화한다.

3편 문법 / 어휘

해커스공무원 국어
유형별 출제예상문제집

나의 실력 확인

문제를 모두 풀어 본 후 O, △, X 개수를 파악해 보세요.
O 개수보다 △, X 개수가 많을수록 복습이 필요한 단원입니다.

단원명	O	△	X	총 문제 수	단원명	O	△	X	총 문제 수
15 문법 개념을 활용해 추론하기				18	16 어휘의 문맥상 의미 파악하기				15

복습해야 할 단원 _____

유형 15 문법 개념을 활용해 추론하기 p.114

01 ②	02 ②	03 ④	04 ①	05 ②
06 ②	07 ④	08 ②	09 ③	10 ④
11 ②	12 ④	13 ④	14 ④	15 ③
16 ②	17 ④	18 ②		

01 답 ②

해설 ㉠ '평파열음화'에 해당하는 사례로 적절한 것은 '빗과[빋꽈]', '닦지[닥찌]'로 발음되는 ②이다.

- 빗과[빋꽈]: '빗과'는 자음으로 끝나는 형태소 '빗'이 자음으로 시작하는 형식 형태소인 조사 '과'와 결합한 것이므로 평파열음화가 일어나는 환경에 해당한다. 따라서 '빗과'는 평파열음화로 인해 [빋과]로 발음되고, 'ㄷ' 뒤에서 'ㄱ'이 'ㄲ'으로 발음되는 경음화 현상으로 인해 [빋꽈]로 발음하게 된다.
- 닦지[닥찌]: '닦지'는 자음으로 끝나는 형태소 '닦-'이 자음으로 시작하는 형식 형태소인 어미 '-지'와 결합한 것이므로 평파열음화가 일어나는 환경에 해당한다. 따라서 '닦지'는 평파열음화로 인해 [닥지]로 발음되고, 'ㄱ' 뒤에서 'ㅈ'이 'ㅉ'으로 발음되는 경음화 현상으로 인해 [닥찌]로 발음하게 된다.

오답분석
① • 겉으로는[거트로는]: '겉으로는'은 자음으로 끝나는 형태소 '겉'이 모음으로 시작하는 형식 형태소인 조사 '으로'와 결합한 것이므로 연음이 일어나는 환경에 해당한다. 따라서 [거트로는]과 같이 발음해야 한다.
- 앞에[아페]: '앞에'는 자음으로 끝나는 형태소 '앞'이 모음으로 시작하는 형식 형태소인 조사 '에'와 결합한 것이므로 연음이 일어나는 환경에 해당한다. 따라서 [아페]와 같이 발음해야 한다.
③ • 덮어[더퍼]: '덮어'는 자음으로 끝나는 형태소 '덮-'이 모음으로 시작하는 형식 형태소인 어미 '-어'와 결합한 것이므로 연음이 일어나는 환경에 해당한다. 따라서 [더퍼]와 같이 발음해야 한다.

- 부엌만[부엉만]: '부엌만'은 자음으로 끝나는 형태소 '부엌'이 자음으로 시작하는 형식 형태소인 조사 '만'과 결합한 것이므로 평파열음화가 일어나는 환경에 해당한다. 따라서 '부엌만'은 평파열음화로 인해 [부억만]으로 발음되고, 'ㄱ'이 'ㅁ' 앞에서 [ㅇ]으로 발음되는 비음화 현상으로 인해 [부엉만]으로 발음하게 된다.
④ • 옷을[오슬]: '옷을'은 자음으로 끝나는 형태소 '옷'이 모음으로 시작하는 형식 형태소인 조사 '을'과 결합한 것이므로 연음이 일어나는 환경에 해당한다. 따라서 [오슬]과 같이 발음해야 한다.
- 끝에[끄테]: '끝에'는 자음으로 끝나는 형태소 '끝'이 모음으로 시작하는 형식 형태소인 조사 '에'와 결합한 것이므로 연음이 일어나는 환경에 해당한다. 따라서 [끄테]와 같이 발음해야 한다.

이것도 알면 합격

평파열음화

1. 정의: 종성에서 발음될 수 없는 장애음이 [ㄱ, ㄷ, ㅂ] 중 하나로 바뀌는 음운 현상
2. 예시

받침 (끝소리)	발음	예
ㄱ, ㄲ, ㅋ	[ㄱ]	박[박], 밖[박], 부엌[부억]
ㄷ, ㅌ, ㅅ, ㅆ, ㅈ, ㅊ, ㅎ	[ㄷ]	낟[낟ː], 낱[낟ː], 낫[낟] 았[앋], 낮[낟], 낯[낟], 히읗[히읃]
ㅂ, ㅍ	[ㅂ]	법[법], 앞[압]

02 답 ②

해설 동사 '있다'는 '소재'의 의미를 가지고 활용형이 동사와 일치한다. 한편 형용사 '있다'는 '소유'의 의미를 가지며 활용형이 형용사와 일치한다.

• 거기 가면 항상 안전한 곳에 있어라: 이때 '있어라'는 '안전한 곳'에 대한 '소재'의 의미를 가지고 있으면서 명령형으로 활용하였을 때 쓰임이 자연스러우므로 '있어라'의 기본형 '있다'의 품사는 형용사가 아닌 동사이다. 따라서 ②의 추론은 적절하지 않다.

오답분석
① 그는 자식이 셋이나 있는 가장이다: ①의 '있는'은 '자식'에 대한 '소유'의 의미를 가지고 있으면서 활용형이 형용사와 일치하므로, 이때 '있는'은 '형용사'이다.
③ 아버지께서는 사랑방에 계신다: ③의 '계신다'는 '사랑방'에 대한 '소재'의 의미를 가지고 있다. 또한 제시문 마지막 문장에서 동사 '있다'의 높임 표현은 '계시다'임을 알 수 있으므로, 이때 '계신다'는 동사이다.
④ 할머니께서는 ~ 재산이 있으시다: ④의 '있으시다'는 '재산'에 대한 '소유'의 의미를 가지고 있다. 또한 제시문 마지막 문장에서 형용사 '있다'의 높임 표현은 '있으시다'임을 알 수 있으므로, 이때 '있으시다'는 형용사이다.

03 답 ④

해설 춘추(春秋: 봄 춘, 가을 추): 이때 '춘추'는 봄과 가을을 아울러 이르는 말로, 두 어근(춘+추)이 대등한 관계를 이루는 대등 합성어로 사용되었다. 따라서 ④의 밑줄 친 '춘추'는 ⊙ '융합 합성어'의 사례에 포함되어 있지 않다. 참고로, '그녀의 아버님께 춘추가 어떻게 되시는지 여쭈었다'와 같이 '춘추'가 어른의 나이를 높여 이르는 말로 사용되었을 경우에는 각각의 어근이 원래 의미를 잃고 완전히 새로운 의미로 쓰인 것이므로 융합 합성어로 볼 수 있다.

오답분석
① 연세(年歲: 해 년, 해 세): 이때 '연세'는 나이의 높임말로, 융합 합성어이다.
② 산수(山水: 메 산, 물 수): 이때 '산수'는 경치를 이르는 말로, 융합 합성어이다.
③ 세월(歲月: 해 세, 달 월): 이때 '세월'은 흘러가는 시간을 이르는 말로, 융합 합성어이다.

04 답 ①

해설 '굵다랗다'는 용언의 어간 '굵-' 뒤에 자음으로 시작된 접미사인 '-다랗다'가 결합하였으며, '굵-'이 [국]으로 발음돼 겹받침의 끝소리가 드러난다. 따라서 어간의 원형(굵-)을 밝혀 적는 것이 옳으므로 '굵다랗다'는 제시된 한글 맞춤법 규정이 바르게 적용된 단어이다.

오답분석 ② ③ ④ 제시된 단어들은 용언 어간 겹받침의 끝소리가 발음되지 않으므로, 소리 나는 대로 '널따랗다', '짤따랗다', '얄따랗다'로 적어야 한다.

05 답 ②

해설 2문단 끝에서 1~4번째 줄을 통해 형용사는 명령형·청유형 종결 어미와 결합하여 쓰이지 않는다는 것을 알 수 있다. '행복하다'는 기분의 상태를 나타내는 형용사이므로 명령형 종결 어미 '-세요' 또는 청유형 종결 어미 '-자'와 결합하여 쓰이지 않는다. 따라서 ②의 추론은 적절하다.

오답분석
① '이/가'는 활용하지 않으며 앞말에 붙어 앞말과 다른 말의 문법적 관계를 나타내거나 특수한 의미를 덧붙이는 말인 '조사'에 해당한다. '이/가'가 활용하지 않는 것은 맞으나, 사물의 이름을 나타내는 말은 아니므로 ①의 추론은 적절하지 않다. 참고로 활용하지 않으며 사물의 이름을 나타내는 말은 '명사'이다.
③ 2문단 끝에서 1~4번째 줄을 통해 형용사는 동사와 달리 선어말 어미 '-ㄴ/는-'과 결합하여 쓰이지 않는다는 것을 알 수 있다. 이를 통해 동사는 선어말 어미 '-ㄴ/는-'과 결합하여 쓰일 수 있다는 사실을 추론할 수 있는데, '읽다'는 동사이므로 선어말 어미 '-는-'을 결합하여 '읽는다'로 쓸 수 있다. 따라서 ③의 추론은 적절하지 않다.
④ 1문단 3~4번째 줄을 통해 품사의 분류 기준 중 '형태'는 단어가 활용하느냐 활용하지 않느냐에 관한 것임을 알 수 있다. '활용하지 않으며 수량이나 순서를 나타내는 말'은 활용하지 않는다는 점에서 단어의 형태를 고려하고 있다. 따라서 ④의 추론은 적절하지 않다.

이것도 알면 합격
품사의 분류

형태	기능		의미	예
불변어	체언	명사	대상의 이름을 나타냄	연필, 선생님, 개
		대명사	대상의 이름을 대신 나타냄	그, 이것, 우리
		수사	대상의 수량이나 순서를 나타냄	하나, 둘, 첫째
	관계언	조사	체언이나 부사, 어미 등에 붙어 문법적 관계를 나타내거나(격조사) 두 단어를 같은 자격으로 이어 주거나(접속 조사), 특별한 뜻을 더해 줌(보조사)	이/가, 을/를, 와/과, 하고, 도, 만 서술격 조사 '이다'
가변어	용언	동사	대상의 동작이나 작용을 나타냄	가다, 주다
		형용사	대상의 성질, 상태를 나타냄	예쁘다, 아프다
불변어	수식언	관형사	체언 앞에 놓여서 체언의 내용을 꾸며 줌	새, 헌, 한
		부사	용언, 관형사, 다른 부사 또는 문장 앞에 놓여서 그 뜻을 분명하게 함	갑자기, 빨리, 매우, 그리고
	독립언	감탄사	놀람, 느낌, 부름, 응답을 나타냄	앗, 아이코, 네

06 답 ②

해설 ㉠'종속적으로 이어진 문장'은 '주어-서술어'의 관계가 두 번 이상 성립하며 앞 절과 뒤 절이 동등하지 않은 자격으로 접속된 문장을 말한다. ②의 경우 '겨울이 된다'와 '눈이 온다'에서 '주어-서술어'의 관계가 두 번 이상 성립하였고, 앞 절과 뒤 절이 각각 원인과 결과로 그 의미가 종속적이기 때문에 두 절의 순서를 바꾸면 비문이 된다. 따라서 ② '겨울이 되면 눈이 온다'는 종속적으로 이어진 문장의 사례에 해당한다.

오답분석
① ①은 '주어-서술어'의 관계가 한 번 성립하는 홑문장이다.
③ ③은 '주어-서술어'의 관계가 두 번 이상 성립하는 겹문장으로, 명사절 '그가 돌아오기'가 '나는 기다렸다'라는 문장에 안겨서 목적어의 기능을 하고 있는 명사절을 안은 문장이다.
④ ④는 '주어-서술어'의 관계가 두 번 이상 성립하는 겹문장이며 둘 이상의 문장이 나란히 이어져 구성된 이어진 문장이다. 다만 '나는 빵을 좋아한다'와 '오빠는 빵을 좋아하지 않는다'가 구조상, 의미상 대칭성이 있으며 앞 절과 뒤 절의 순서를 바꾸어도 문장의 의미가 달라지지 않는다는 점에서 대등하게 이어진 문장이라 볼 수 있다.

이것도 알면 합격

문장의 종류

1. **홑문장**
   주어와 서술어의 관계가 한 번만 성립하는 문장
   예 없어. / 나는 학교에 간다. / 꽃이 피었다.

2. **겹문장**
   주어와 서술어 관계가 두 번 이상 성립하는 문장으로, 전체 문장 속에 하나의 문장 성분이 되는 절을 안은 방식(안은문장과 안긴문장)과 절과 절이 나란히 놓여서 이어지는 방식(이어진문장)으로 구성될 수 있음

겹문장의 종류		설명
안은 문장	명사절을 안은 문장	명사형 어미 '-(으)ㅁ, -기'가 붙어서 만들어진 명사절이 문장 속에서 주어, 목적어, 부사어 등 다양한 기능을 함 예 지금은 밖에 나가기에 늦은 시간이다.
	관형절을 안은 문장	관형사형 어미 '-(으)ㄴ, -는, -(으)ㄹ, -던'이 붙어서 만들어진 관형절이 문장 속에서 관형어의 기능을 함 예 그 책은 내가 [읽은/읽는/읽을/읽던] 책이다.
	부사절을 안은 문장	부사형 '-이, -게, -도록, -아/어, -(아/어)서' 또는 부사 파생 접미사 '-이'가 붙어서 만들어진 부사절이 문장 속에서 부사어의 기능을 함 예 너는 예고도 없이 불쑥 찾아오니?
	서술절을 안은 문장	특정한 절 표시가 따로 없는 서술절이 서술어의 기능을 함 예 그는 키가 크다.
이어진 문장	인용절을 안은 문장	다른 사람의 말을 인용한 인용절을 안은 문장으로, 주어진 문장을 그대로 직접 인용할 때는 직접 인용 조사 '라고'가 붙고, 말하는 사람의 표현으로 바꾸어서 간접 인용할 때는 간접 인용 조사 '고'가 붙음 예 ・선생님께서 "이제 수업을 시작하자."라고 말씀하셨다. ・나는 그 사실을 믿을 수가 없다고 생각했다.
	대등하게 이어진 문장	앞 절과 뒤 절의 의미가 대등하게 이어진 문장 예 산은 높고, 바다는 넓다.
	종속적으로 이어진 문장	앞 절과 뒤 절의 의미가 독립적이지 못하고 원인, 의도, 조건 등 다양한 기능을 함 예 버스가 도착하면, 집에 일찍 올 수 있다.

07 답 ④

해설 제시문은 구개음화에 대한 설명이다. ① '붙였다', ② '같이', ③ '굳이'는 모두 구개음화 현상이 일어난 반면, ④ '책꽂이[책꼬지]'는 받침 'ㅈ'이 모음으로 시작되는 형식 형태소 '-이'와 결합하여 연음된 것이다. 따라서 제시문에서 설명하는 음운 현상이 일어나지 않은 이질적인 것은 ④이다.

오답분석
① 붙였다[부천따]
② 같이[가치]
③ 굳이[구지]

이것도 알면 합격

주의해야 할 구개음화

• 구개음화가 일어나지 않을 것으로 착각하기 쉬운 경우
  예 붙이다[부치다], 닫혀[다처], 굳히다[구치다]
• 구개음화가 일어날 것으로 착각하기 쉬운 경우
  예 밭을[바틀], 겉으로[거트로]

08 답 ②

해설 3문단 1~2번째 줄을 통해 실제로는 언어가 사고를 철저하게 지배하는 것은 아님을 알 수 있다. 그리고 3문단 2~5번째 줄을 통해 언어상의 차이가 사고 유형과 행동 양식을 달리 나타내지만, 그것이 절대적인 것은 아님을 확인할 수 있다. 따라서 제시문의 내용으로 부합하지 않는 것은 ②이다.

오답분석
① 1문단 4~8번째 줄에서 언어는 단순히 표현의 수단만이 아니며, 우리는 언어가 노출시키고 분절시켜 놓은 세계를 보고 듣고 경험하는 것이라고 설명한다.
③ 1문단 끝에서 1~3번째 줄에서 인류 언어학자인 워프의 견해를 확인할 수 있다. 워프는 인간이 실세계를 있는 그대로 보고 경험하는 것이 아니라, 언어를 통해서 인식한다고 하였다.

④ 2문단 끝에서 1~6번째 줄 내용에 따르면 어린이들이 흔히 초록, 청색, 남색을 구별하지 못하는데, 이는 말이 우리의 사고를 지배하는 '언어의 상대성 이론' 때문임을 알 수 있다.

09   답 ③

해설 한 단어가 갖는 두 가지 이상의 뜻이 서로 비슷해야 다의 관계가 성립한다는 점과, 다의 관계에 있는 단어의 뜻들은 동일한 속성을 공유하고 있어야 한다는 점 등으로 미루어 보면, ㉠과 ㉡에는 ③의 '유사성(類似性)'과 '공통성(共通性)'이 들어가야 한다.

오답 분석
① ㉠ '관련성(關聯性)'은 다의 관계의 속성에 해당하나, ㉡ '보완성(補完性)'은 해당하지 않는다.
② ㉠ '다의성(多義性)'은 다의 관계의 속성에 해당하나, ㉡ '차별성(差別性)'은 해당하지 않는다.
④ 다의 관계는 두 가지 이상의 단어 뜻이 서로 연관되어 비슷한 경우로, 그 뜻이 통일되어 같은 것을 의미하지는 않는다. 따라서 ㉠ '통일성(統一性)'은 다의 관계의 속성에 해당하지 않고, ㉡ '상관성(相關性)'만 해당한다.

10   답 ④

해설 ㉠~㉢에 들어갈 말로 알맞은 것을 순서대로 나열하면 '조음 위치', '조음 방법', '단어와 단어 사이'이므로 답은 ④이다.

- ㉠조음 위치 / ㉡조음 방법: 2문단에 의하면 'ㄱ, ㄷ, ㅂ'은 'ㄴ, ㅁ' 앞에서 [ㅇ, ㄴ, ㅁ]으로 발음된다. 이때 1문단에 따라 'ㄱ', 'ㄷ', 'ㅂ'을 조음 위치와 조음 방법에 따라 분류하면 'ㄱ'은 연구개 파열음, 'ㄷ'은 치조 파열음, 'ㅂ'은 양순 파열음임을 알 수 있다. 또한 비음화의 결과인 [ㅇ], [ㄴ], [ㅁ]을 동일한 방식으로 분류하면, 'ㅇ'은 연구개 비음, 'ㄴ'은 치조 비음, 'ㅁ'은 양순 비음이다. 이를 통해 'ㄱ, ㄷ, ㅂ'이 [ㅇ, ㄴ, ㅁ]로 바뀔 때, 조음 위치는 그대로이고, 조음 방법만 파열음에서 비음으로 바뀌었음을 알 수 있다. 따라서 ㉠과 ㉡에 들어갈 말을 순서대로 나열하면 '조음 위치'와 '조음 방법'이다.
- ㉢단어와 단어 사이: ㉢의 앞에는 비음화의 예로 '밥 먹어[밤머거]'가 제시되어 있다. 이때 '밥 먹어'가 [밤머거]로 발음되는 것은 '밥'이라는 단어와 '먹어'라는 단어 사이에서 비음화가 일어난 것이므로 ㉢에 들어갈 말은 '단어와 단어 사이'이다.

이것도 알면 합격

국어의 자음

구분		양순음	치조음	경구개음	연구개음	후음
파열음	평음	ㅂ	ㄷ		ㄱ	
	격음	ㅍ	ㅌ		ㅋ	
	경음	ㅃ	ㄸ		ㄲ	
파찰음	평음			ㅈ		
	격음			ㅊ		
	경음			ㅉ		
마찰음	평음		ㅅ			
	격음					ㅎ
	경음		ㅆ			
비음		ㅁ	ㄴ			
유음			ㄹ			

11   답 ②

해설 '아기가 바로 잠에 들다'는 '아기+가', '바로', '잠+에', '들-+-다'로 분석할 수 있다. 3문단에 의하면 의존 형태소는 반드시 다른 말과 결합해서 써야 하는 형태소로, 조사, 동사와 형용사의 어간과 어미, 접사가 이에 해당한다. ②에서 다른 말과 결합해서 써야 하는 형태소는 조사 '가', '에'와 동사의 어간 '들-', 어미 '-다'이므로 의존 형태소는 4개이다. 따라서 ②는 제시문에 대한 이해로 적절하다.

오답 분석
① '토끼가 앞발을 들었다'는 '토끼+가', '앞+발+을', '들-+-었-+-다'로 분석할 수 있다. 3문단에 의하면 자립 형태소는 문장에서 단독으로 쓰일 수 있는 형태소로 명사, 대명사, 수사, 관형사, 부사, 감탄사가 이에 해당한다. ①에서 문장에서 단독으로 쓰일 수 있는 형태소는 명사 '토끼', '앞', '발'이므로 자립 형태소는 3개이다. 따라서 ①은 제시문에 대한 이해로 적절하지 않다.
③ '민수는 곧 어른이 될 것이다'는 '민수+는', '곧', '어른+이', '되-+-ㄹ', '것+이다'로 분석할 수 있다. 4문단에 의하면 형식 형태소는 실질 형태소에 결합하여 말과 말 사이의 문법적 관계나 문법적 기능을 나타내며, 조사, 동사와 형용사의 어미, 접사가 이에 해당한다. ③에서 문법적인 관계나 기능을 나타내는 형태소는 조사 '는', '이', '이다', 어미 '-ㄹ'이므로 형식 형태소는 4개이다. 따라서 ③은 제시문에 대한 이해로 적절하지 않다.
④ '그는 나에게 밥을 차려 주었다'는 '그+는', '나+에게', '밥+을', '차리-+-어', '주-+-었-+-다'로 분석할 수 있다. 4문단에 의하면 실질 형태소는 어휘적인 의미를 나타내며, 명사, 대명사, 수사, 관형사, 부사, 감탄사, 동사와 형용사의 어간이 이에 해당한다. ④에서 어휘적인 의미를 나타내는 형태소는 명사 '밥', 대명사 '그', '나', 동사의 어간 '차리-', '주-'이므로 실질 형태소는 5개이다. 따라서 ④는 제시문에 대한 이해로 적절하지 않다.

이것도 알면 합격

형태소의 종류

구분		종류	예 하늘이 매우 맑다
자립성의 유무에 따라		자립 형태소 (홀로 쓰일 수 있는 형태소)	하늘, 매우
		의존 형태소 (홀로 쓰일 수 없는 형태소)	이, 맑-, -다
의미의 유형에 따라		실질 형태소 (실질적인 뜻을 지닌 형태소)	하늘, 매우, 맑-
		형식 형태소 (문법적인 뜻을 지닌 형태소)	이, -다

유형 15 문법 개념을 활용해 추론하기

12 답 ④

해설 ㉠'사동문'은 주체가 제3의 대상에게 어떤 동작이나 행동을 하게 하는 것을 의미하는 사동이 문장으로 표현된 것을 말하며, 접미사로는 '-이-', '-히-', '-리-', '-기-', '-우-', '-구-', '-추-', '-이키-', '-으키-', '-이우-', '-시키다', '-게 하다'를 통해 형성된다. 이때 ㉠'사동문'만으로 이루어진 것은 ④이다.

- 그는 직원들에게 복도를 청소하게 했다: 제시된 문장은 주체인 '그'가 제3의 대상인 '직원들'로 하여금 청소를 하게 한다는 의미를 담고 있으며, '-게 하다'라는 사동 표현이 사용되었으므로 통사적 사동문임을 알 수 있다.
- 택시 기사가 손님을 차에 태웠다: 제시된 문장은 주체인 '택시 기사'가 제3의 대상인 '손님'으로 하여금 차에 타게 한다는 의미를 담고 있으며 동사의 어간 '타-'에 사동 접미사 '-이우-'가 결합한 '태우다'가 사용되었으므로 파생적 사동문임을 알 수 있다.

오답분석
① • 형이 동생에게 옷을 입혔다: 제시된 문장은 주체인 '형'이 제3의 대상인 '동생'으로 하여금 옷을 입게 한다는 의미를 담고 있으며, 동사의 어간 '입-'에 사동 접미사 '-히-'가 결합한 '입히다'가 사용되었으므로 파생적 사동문임을 알 수 있다.
• 나는 친구에게 머리카락이 뽑혔다: 제시된 문장은 주체인 '나'가 다른 대상인 '친구'에 의해 머리카락이 뽑혔다는 의미를 담고 있으며, 동사의 어간 '뽑-'에 피동 접미사 '-히-'가 결합한 '뽑히다'가 사용되었으므로 파생적 피동문임을 알 수 있다.

② • 범인은 형사에게 꼬리가 밟혔다: 제시된 문장은 주체인 '범인'이 다른 대상인 '형사'에 의해 꼬리가 밟혔다는 의미를 담고 있으며, 동사의 어간 '밟-'에 피동 접미사 '-히-'가 결합한 '밟히다'가 사용되었으므로 파생적 피동문임을 알 수 있다.
• 선생님은 학생들에게 책을 읽혔다: 제시된 문장은 주체인 '선생님'이 제3의 대상인 '학생들'로 하여금 책을 읽게 한다는 의미를 담고 있으며, 동사의 어간 '읽-'에 사동 접미사 '-히-'가 결합한 '읽히다'가 사용되었으므로 파생적 사동문임을 알 수 있다.

③ • 우리는 적군으로부터 공격당했다: 제시된 문장은 주체인 '우리'가 다른 대상인 '적군'에 의해 공격을 당했다는 의미를 담고 있으며, 명사 '공격'에 피동 접미사 '-당하다'가 결합한 '공격당하다'가 사용되었으므로 파생적 피동문임을 알 수 있다.
• 공장 폐수가 하천을 오염시켰다: 제시된 문장은 주체인 '공장 폐수'가 제3의 대상인 '하천'을 오염시켰다는 의미를 담고 있으며, 명사 '오염'에 사동 접미사 '-시키다'가 결합한 '오염시키다'가 사용되었으므로 파생적 사동문임을 알 수 있다.

이것도 알면 합격

피동문과 사동문의 형성

1. 피동문의 형성

종류	형성 방법	예
파생적 피동문	피동 접미사에 의한 피동문으로 '-이-, -히-, -리-, -기-, -되다, -받다, -당하다'를 결합하여 형성	깎이다, 먹히다, 밀리다, 뜯기다, 가결되다, 강요받다, 거절당하다
통사적 피동문	피동 표현에 의한 피동문으로 용언의 어간에 '-아/어지다', '-게 되다'를 결합하여 형성	막아지다, 풀어지다, 편해지다, 잊혀지다

2. 사동문의 형성

종류	형성 방법	예
파생적 사동문	사동 접미사에 의한 사동문으로 '-이-, -히-, -리-, -기-, -우-, -구-, -추-, -이키-, -으키-, -이우-, -시키다'를 결합하여 형성	먹이다, 읽히다, 울리다, 신기다, 깨우다, 달구다, 낮추다, 돌이키다, 일으키다, 씌우다, 교육시키다
통사적 사동문	사동 표현에 의한 사동문으로 용언의 어간에 '-게 하다'를 결합하여 형성	가게 하다, 돕게 하다

13 답 ④

해설 군인들은 피난민을 데리고 다리를 건너기 시작했다: ④의 문장에서 객체는 목적어인 '피난민을'이다. 이때 해당 문장에서는 목적어 '피난민'을 높이는 특수 어휘나 조사가 사용되지 않았으므로 ㉠'객체 높임법'이 사용되지 않았다. 따라서 ㉠'객체 높임법'에 해당하는 사례로 적절하지 않은 것은 ④이다. 참고로 '데리다'의 높임말은 '모시다'이다.

오답분석
① 신입 사원들은 회장님을 뵙기를 희망하였다: ①의 문장에서 객체는 목적어인 '회장님을'이다. 이때 해당 문장에서는 목적어에 해당하는 대상인 '회장님'을 높이기 위해 특수 어휘 '뵙다'를 사용했으므로, ㉠'객체 높임법'이 사용되었음을 알 수 있다.
② 여러분, 이 사안은 부장님께 여쭈어 해결합시다: ②의 문장에서 객체는 부사어인 '부장님께'이다. 이때 해당 문장에서는 부사어에 해당하는 대상인 '부장님'을 높이기 위해 높임의 부사격 조사 '께'와 특수 어휘 '여쭈다'를 사용했으므로 ㉠'객체 높임법'이 사용되었음을 알 수 있다.
③ 우리는 교수님께 퇴직 선물을 드리기로 결정했다: ③의 문장에서 객체는 부사어인 '교수님께'이다. 이때 해당 문장에서는 부사어에 해당하는 대상인 '교수님'을 높이기 위해 높임의 부사격 조사 '께'와 특수 어휘 '드리다'를 사용했으므로 ㉠'객체 높임법'이 사용되었음을 알 수 있다.

이것도 알면 합격

상대 높임의 종류

구분		평서법	의문법	명령법	청유법	감탄법
격식체	하십시오체 (아주 높임)	잡습니다	잡습니까?/ 갑니까?	잡으십 시오 가십시오		
	하오체 (예사 높임)	잡소/ 잡으오 가오	잡소?/ 잡으오? 가오?	잡소/ 잡으오 가오	잡읍시다 갑시다	가는구려
	하게체 (예사 낮춤)	잡네, 가네	잡나?/ 가는가?	잡게, 가게	잡으세, 가세	가는구먼
	해라체 (아주 낮춤)	잡아, 가	잡아?/ 가?	잡아, 가	잡아, 가	가, 가지
비격식체	해요체 (두루 높임)	잡아요, 가요	잡아요?, 가요?	잡아요, 가요	잡아요, 가요	가(세/셔)요
	해체 (두루 낮춤)	잡아, 가	잡아?, 가?	잡아, 가	잡아, 가	가, 가지

이것도 알면 합격

피동문과 사동문의 형성

1. 동음 관계: 서로 다른 의미를 가지면서 우연히 음성 형식이 동일한 관계
2. 동음어의 종류

종류	정의	예
완전 동음어	소리, 철자, 형태, 문법적 지위가 동일하지만 의미가 다른 동음어	배<梨>, 배<腹>, 배<船>
부분 동음어	• 소리와 철자가 동일하지만 일부 형태에서만 동음성을 유지하는 동음어 • 소리와 철자가 동일하지만 문법적 지위가 다른 동음어	• 묻다<問>/물어, 묻다<埋>/묻어 • 새<新>, 새<鳥>
이철자 동음어	소리는 같지만 철자가 다른 동음어	• 반드시[반드시], 반듯이[반드시] • 넘어[너머], 너머[너머]

14 답 ④

해설 2문단 2~6번째 줄에 의하면 완전 동음어는 소리와 철자가 같지만 그 의미가 다르고 단어의 어형이 모든 형태에서 동일하며 문법적 지위도 같다. 따라서 완전 동음어 관계가 발음과 철자, 어형, 문법적 지위가 동일하고 의미가 다른 단어 간의 관계라는 ④의 설명은 제시문에 대한 이해로 적절하다.

오답분석
① 2문단 끝에서 1~3번째 줄에 의하면 동음어는 의사소통에 혼란을 줄 수 있으므로, 의미를 파악할 때 문맥에 비추어 단어의 의미를 해석해야 한다. 이는 동음어가 의사소통 과정에서 의미 전달에 혼선을 일으킬 수 있음을 의미한다. 따라서 동음어가 의사소통에서 의미 전달의 명확성을 더해준다는 ①의 설명은 적절하지 않다.

② 2문단 끝에서 7~11번째 줄에 의하면 부분 동음어는 관형사 '새'와 명사 '새'와 같이 형태는 동일하지만 문법적 지위인 품사가 다른 경우에도 해당한다. 따라서 철자가 동일하나 품사가 다른 두 단어를 부분 동음어 관계로 볼 수 없다는 ②의 설명은 부분 동음어의 정의를 잘못 이해한 것이므로 ②의 설명은 적절하지 않다.

③ 2문단 끝에서 3~6번째 줄에 의하면 이철자 동음어는 '반드시[반드시]', '반듯이[반드시]'와 같이 철자는 다르지만 소리가 같은 단어이다. 따라서 이철자 동음어 관계가 철자가 동일하고 소리가 다른 단어 간의 관계라는 ③의 설명은 이철자 동음어의 정의를 반대로 이해한 것이므로 ③의 설명은 적절하지 않다.

15 답 ③

해설 '물난리'는 '물'과 '난리'가 결합한 합성어이다. 이때 '물난리'는 '난리'에서 'ㄴ'과 'ㄹ'의 연쇄가 한 번, '물'과 '난리' 사이에서 'ㄹ'과 'ㄴ'의 연쇄가 한 번 나타난다. 이를 통해 '물난리'를 [물랄리]로 발음하는 것은 역행 유음화와 순행 유음화가 한 번씩 일어난 결과임을 알 수 있다. 따라서 물난리를 [물랄리]로 발음하는 것이 순행 유음화가 두 번 적용된 결과라는 ③의 설명은 제시문에 대한 이해로 적절하지 않다.

오답분석
① 2문단 1~2번째 줄에 의하면 순행 유음화는 'ㄹ'로 끝나는 형태소와 'ㄴ'으로 시작하는 형태소가 결합할 때 나타나며 후행하는 'ㄴ'이 [ㄹ]로 바뀌는 음운 현상이다. 이때 '칼날'은 'ㄹ'로 끝나는 형태소 '칼'과 'ㄴ'으로 시작하는 형태소 '날'이 연쇄하므로 순행 유음화가 일어나야 한다. 따라서 '칼날'을 [칼랄]로 발음하는 것이 순행 유음화의 결과라는 ①의 설명은 적절하다.

② 3문단 1~4번째 줄에 의하면 역행 유음화는 'ㄴ'으로 끝나는 형태소와 'ㄹ'로 시작하는 형태소가 결합할 때 선행하는 'ㄴ'이 [ㄹ]로 바뀌는 음운 현상이다. 이때 '신라(新羅)'는 'ㄴ'으로 끝나는 형태소 '신'과 'ㄹ'로 시작하는 형태소 '라'가 연쇄하므로 역행 유음화가 일어나야 한다. 따라서 '신라(新羅)'를 [실라]로 발음하는 것이 역행 유음화의 결과라는 ②의 설명은 적절하다.

④ 2문단 끝에서 1~4번째 줄에 의하면 'ㄹ'로 끝나는 어간 뒤에 'ㄴ'으로 시작하는 어미가 결합할 때는 순행 유음화가 발생하지 않고 어간의 'ㄹ'이 탈락한다. 이때 'ㄹ'로 끝나는 어간 '알-'과 'ㄴ'으로 시작하는 어미 '-는'이 결합할 때는 어간의 'ㄹ'이 탈락해야 한다. 따라서 그 활용형을 [알른]이 아닌 [아는]으로 발음해야 한다는 ④의 설명은 적절하다.

이것도 알면 합격

순행 유음화와 역행 유음화

구분	정의	예
순행 유음화	'ㄹ'로 끝나는 형태소와 'ㄴ'으로 시작하는 형태소가 결합할 때 후행하는 'ㄴ'이 [ㄹ]로 발음되는 음운 현상	불놀이[불로리], 줄넘기[줄럼끼], 칼날[칼랄], 불 놓는다[불론는다]
역행 유음화	'ㄴ'으로 끝나는 형태소와 'ㄹ'로 시작하는 형태소가 결합할 때 선행하는 'ㄴ'이 [ㄹ]로 발음되는 음운 현상	난리[날리], 혼란[홀란], 연락[열락], 권력[궐력]

16 답 ②

해설 4문단 끝에서 1~5번째 줄에 의하면 관형사는 성상 관형사, 지시 관형사, 수 관형사가 있으며, 이들이 결합하는 순서는 '지시 관형사 - 수 관형사 - 성상 관형사'의 순서임을 알 수 있다. 이때 ②의 '이런'은 화자와 청자의 거리를 제한해 주는 지시 관형사이며, '헌'은 체언의 성질이나 상태를 제한하는 성상 관형사이다. 또한 지시 관형사 - 성상 관형사의 순서로 결합되었으므로 제시된 문장에서 지시 관형사와 성상 관형사가 순서대로 결합한 것이라는 ②의 설명은 적절하다.

오답 분석
① 2문단 2~3번째 줄에 의하면 관형사는 불변어이므로, 활용을 하는 용언과 달리 형태가 변화하지 않는다. 따라서 관형사가 가변어에 해당하므로 용언과 같이 활용을 하는 품사라는 ①의 설명은 적절하지 않다. 참고로 가변어에는 용언(동사, 형용사)가 있다.
③ 3문단 마지막 줄에 의하면 관형사는 반드시 체언과 같은 피수식어를 요구한다. 따라서 용언의 관형사형이 굳어진 관형사이더라도 관형사는 문장 내에서 반드시 피수식어가 있어야 사용할 수 있음을 알 수 있으므로 용언의 관형사형이 굳어진 관형사는 문장 내에 피수식어가 없을 때도 사용이 가능하다는 ③의 설명은 적절하지 않다.
④ 2문단 4~6번째 줄에 의하면 관형사는 보조사의 결합이 가능한 부사와 달리 격조사는 물론, 보조사도 결합하지 못한다. 따라서 수 관형사이더라도 관형사는 보조사, 격조사와 결합할 수 없으므로 수 관형사가 보조사의 결합은 불가능하지만 격 조사의 결합은 가능하다는 ④의 설명은 적절하지 않다.

이것도 알면 합격

관형사의 특징과 종류
1. 특징

형태론적 특징	• 형태가 고정되어 활용을 하지 않음 • 어떠한 조사와도 결합하지 않음
통사론적 특징	• 체언을 수식함 • 반드시 피수식어를 필요로 함
의미론적 특징	체언의 뜻을 제한해 줌

2. 종류

종류	정의	예
지시 관형사	화자와 청자로부터의 거리를 제한해 줌	예 이 사람, 저 사람, 그 사람
수 관형사	체언의 수량을 제한해 줌	예 옛 모습, 헌 책, 다른 사람
성상 관형사	체언의 성질이나 상태를 제한해 줌	예 한 사람, 배 세 척

17 답 ④

해설 ㉠~㉢에 들어갈 내용은 각각 '축소, 확대, 전이'이므로 답은 ④이다.
• ㉠ 축소: 1문단 6~8번째 줄에 의하던 의미의 축소는 단어의 의미 영역이 좁아지는 현상을 의미한다. 이때 '얼굴'이 '형체(身)'를 뜻하였으나, 오늘날에는 눈, 코, 입이 있는 머리의 앞면을 지칭하는 단어로 의미가 바뀌었다는 것은 신체 전체에서 신체의 일부로 의미 영역이 좁아진 의미의 축소 사례에 해당한다. 따라서 ㉠에 들어갈 말로 적절한 것은 '축소'이다.
• ㉡ 확대: 1문단 2~3번째 줄에 의하면 의미의 확대는 단어의 의미 영역이 넓어지는 현상을 의미한다. 이때 '겨레'가 과거에는 '친족', '종친'에 한정되어 쓰이던 말이었으나, 오늘날에는 '민족', '동족'을 가리킨다는 것은 단어의 의미 영역이 넓어진 의미의 확대 사례에 해당한다. 따라서 ㉡에 들어갈 말로 적절한 것은 '확대'이다.
• ㉢ 전이: 1문단 끝에서 1~2번째 줄에 의하면 의미의 전이는 의미 영역이 확대되거나 축소되지 않고 단어의 의미가 바뀌는 현상이다. 이때 '싸다'가 원래 '얼마만큼의 값이 있다'의 의미로 사용되었으나, 오늘날에는 원래 뜻과는 전혀 다른 '저렴하다'의 의미로 사용된다는 것은 단어의 의미가 확대되거나 축소되지 않고 전혀 다른 뜻으로 변화한 것이므로, 의미의 전이 사례에 해당한다. 따라서 ㉢에 들어갈 말로 적절한 것은 '전이'이다.

이것도 알면 합격

단어의 의미

구분	정의	예
의미 확대	어떤 단어의 의미 범주가 넓어지는 것	• 선생: 교육자 → 교육자 + 존경받을 만한 사람 • 지갑: 종이로 만든 것 → 종이, 가죽, 비닐로 만든 것 • 겨레: 친족, 종친 → 민족, 동족
의미 축소	어떤 단어의 의미 범주가 좁아지는 것	• 얼굴: 형체 → 안면 • 놈: 사람 전체, 사람의 평칭 → 남자의 낮춤말, 남자의 비칭
의미의 전이(전성)	어떤 단어의 의미 자체가 달라지는 것	• 방송(放送): 죄인을 풀어 주다. → 전파를 내보내다 • 어엿브다: 불쌍하다 → 예쁘다

18 답 ②

해설 동생이 형이 읽은 책을 빼앗았다: 2문단에 의하면 과거 시제는 사건시가 발화시에 앞서는 시제로, 선어말 어미 '-았/었/였-'과 관형사형 어미 '-ㄴ', '-은', '-던'을 통해 실현된다. 이때 '빼앗았다'는 '빼앗-+-았-+-다'로 분석할 수 있으며, 과거 시제 선어말 어미 '-았-'이 사용되었으므로 과거 시제에 해당한다. 또한 동사의 활용형 '읽은'은 '읽-+-은'으로 분석할 수 있으며, 과거 시제 관형사형 어미 '-은'이 사용되었으므로 과거 시제에 해당한다. 따라서 제시문을 이해한 내용으로 적절한 것은 ②이다.

오답분석
① 비가 올 날에는 집에 있는다: 1문단에 의하면 현재 시제는 발화시와 사건시가 동일한 시제로, 동사의 현재 시제는 해라체에서 선어말 어미 '-는-'과 '-ㄴ-'을 통해 실현된다. 이때 '있는다'는 '있-+-는-+-다'로 분석할 수 있으며, 현재 시제 선어말 어미 '-는-'이 사용되었으므로 현재 시제에 해당한다. 한편 3문단에 의하면 미래 시제는 사건시가 발화시보다 나중인 시제로, 관형사절에서의 미래 시제는 관형사형 어미 '-ㄹ', '-을'을 통해 실현된다. 이때 '올'은 '오-+-ㄹ'로 분석할 수 있으며, 미래 시제 관형사형 어미 '-ㄹ'이 사용되었으므로 과거 시제가 아닌 미래 시제에 해당한다.
③ 박사는 다가올 미래를 걱정했다: '걱정했다'는 '걱정+하-+-였-+-다'로 분석할 수 있으며, 과거 시제 선어말 어미 '-였-'이 사용되었으므로 현재 시제가 아닌 과거 시제에 해당한다. 또한 '다가올'은 '다가오-+-ㄹ'으로 분석할 수 있으며, 미래 시제 관형사형 어미 '-ㄹ'이 사용되었으므로 현재 시제가 아닌 미래 시제에 해당한다.
④ 우편을 배달하는 집배원이 멋지다: 1문단에 의하면 형용사의 현재 시제는 선어말 어미의 결합 없이 실현된다. 이때 '멋지다'는 형용사로 선어말 어미가 결합하지 않으므로 과거 시제가 아닌 현재 시제에 해당한다. 또한 1문단에 의하면 동사의 현재 시제는 관형사형 어미 '-는'을 통해 실현된다. 이때 '배달하는'은 '배달+하-+-는'으로 분석할 수 있으며, 현재 시제 관형사형 어미 '-는'이 사용되었으므로 현재 시제에 해당한다.

이것도 알면 합격

시제의 종류와 실현

구분	개념	실현 요소
과거	사건시 → 발화시	• 과거 시제 선어말 어미 '-았-/-었-/-였-' • 동사: 관형사형 어미 '-은', '-ㄴ' • 형용사, 서술격 조사: 관형사형 어미 '-던' • 시간 부사어: '어제', '옛날' 등
현재	사건시 = 발화시	• 동사: 현재 시제 선어말 어미 '-는-', '-ㄴ-' • 동사: 관형사형 어미 '-는' • 형용사, 서술격조사: 관형사형 어미 '-은', '-ㄴ' • 시간 부사어: '지금', '오늘' 등
미래	발화시 → 사건시	• '-겠-', '-으리-', '-리-' • 관형사형 어미: '-을', '-ㄹ' • 시간 부사어: '내일' 등

유형 16 어휘의 문맥상 의미 파악하기 p.124

01 ②	02 ③	03 ④	04 ②	05 ④
06 ③	07 ①	08 ④	09 ①	10 ②
11 ①	12 ④	13 ①	14 ②	15 ③

01 답 ②

해설 그들의 계획에 큰 차질이 생겼다: 제시문의 ㉠과 ②의 '생기다'는 모두 '어떤 일이 일어나다'를 뜻하므로 문맥상 ㉠의 의미와 가장 가까운 것은 ②이다.

오답분석
① ④ 새 옷에 얼룩이 생겼다 / 상처에 염증이 생겨: 이때 '생기다'는 '없던 것이 새로 있게 되다'를 뜻한다.
③ 나에게도 공짜 돈이 생겼다는 것이다: 이때 '생기다'는 '자기의 소유가 아니던 것이 자기의 소유가 되다'를 뜻한다.

02 답 ③

해설 밑줄 친 말과 바꾸어 쓸 수 있는 단어로 적절한 것은 ③이다.
• 진부(眞否): 참됨과 거짓됨. 또는 진짜와 가짜

오답분석
① 진실(眞實): 거짓이 없는 사실
② 진리(眞理): 참된 이치. 또는 참된 도리
④ 진가(眞價): 참된 값어치

03 답 ④

해설 ㉣ '뛰어넘는다는'의 기본형 '뛰어넘다'는 문맥상 '일정한 범위나 표준에서 벗어나다'를 뜻하는 말이나, '경신(更新)하다'는 '이미 있던 것을 고쳐 새롭게 하다', '기록경기 따위에서, 종전의 기록을 깨뜨리다', '어떤 분야의 종전 최고치나 최저치를 깨뜨리다'를 뜻하는 말이므로 바꿔 쓰기에 적절하지 않다. 참고로 '뛰어넘다' 대신 바꿔 쓸 수 있는 말로는 '초과(超過)하다'가 있다.
• 초과(超過)하다: 일정한 수나 한도 따위가 넘어가다. 또는 일정한 수나 한도 따위를 넘다.

오답분석 ① • 둘이다: 이름이 생기게 하다.
• 명명(命名)되다: 사람, 사물, 사건 등의 대상에 이름이 지어져 붙여지다.
② • 여기다: 마음속으로 그러하다고 인정하거나 생각하다.
• 간주(看做)되다: 상태, 모양, 성질 따위가 그와 같다고 여겨지다.
③ • 먹다: 음식 따위를 입을 통하여 배 속에 들여보내다.
• 섭취(攝取)하다: 생물체가 양분 따위를 몸속에 빨아들이다.

04 답 ②

해설 '경질(更迭)하다'는 고유어 '바꾸다'의 뜻을 내포하는 단어로, '드러내다'의 뜻을 가지고 있지 않다.
• 경질(更迭)하다: 어떤 직위에 있는 사람을 다른 사람으로 바꾸다.

오답분석 ① 노출(露出)하다: 겉으로 드러내다.
③ 극명(克明)하다: 속속들이 분명하게 밝혀 드러내다. 또는 아주 분명하다.
④ 규명(糾明)하다: 어떤 사실을 자세히 가려 바로 드러내다.

05 답 ④

해설 제시된 문장의 '손뼉을 쳤다'에서 '쳤다'는 '손이나 물건 등을 부딪쳐 소리 나게 하다'라는 뜻이다. 이와 의미가 가장 가까운 것은 ④ '피아노를 쳤다'의 '쳤다'이다.

오답분석 ① 이때 '쳤다'는 '손이나 손에 든 물건으로 세게 부딪게 하다'라는 뜻이다.
② 이때 '쳤다'는 '카드나 화투 등의 패를 고루 섞다. 또는 카드나 화투를 즐기다'라는 뜻이다.
③ 이때 '쳤다'는 '손이나 손에 든 물건으로 물체를 부딪치 하는 놀이나 운동을 하다'라는 뜻이다.

06 답 ③

해설 ㉢의 기본형 '쌓다'는 문맥상 '경험, 기술, 업적, 지식 따위를 거듭 익혀 많이 이루다.'를 의미한다. 그러나 ③의 기본형 '적선(積善)하다'는 '착한 일을 많이 하다', 또는 '동냥질에 응하다'를 뜻하므로 ㉢과 바꿔 쓰기에 적절하지 않다.

오답분석 ① • 성장(成長)하다: 사람이나 동식물 따위가 자라서 점점 커지다.
• 자라다: 생물체가 세포의 증식으로 부분적으로 또는 전체적으로 점점 커지다.
② • 반복(反復)하다: 같은 일을 되풀이하다.
• 되풀이하다: 같은 말이나 일을 자꾸 하다. 또는 같은 사태를 자꾸 일으키다.
④ • 창조(創造)되다: 전에 없던 것이 처음으로 만들어지다.
• 만들어지다: 노력이나 기술 따위를 들여 목적하는 사물이 이루어지다.

07 답 ①

해설 〈보기〉의 '짓다'는 '재료를 들여 밥, 옷, 집 등을 만들다'라는 의미로, 이것과 문맥적 의미가 가장 가까운 것은 ① '양복을 지어 입은 지도 오래 되었군'의 '짓다'이다.

오답분석 ② 농사를 짓고 계신다: 이때 '짓다'는 '논밭을 다루어 농사를 하다'를 뜻한다.
③ 보약을 지었다: 이때 '짓다'는 '여러 가지 재료를 섞어 약을 만들다'를 뜻한다.
④ 마무리 짓고 싶어 한다: 이때 '짓다'는 '이어져 온 일이나 말 등의 결말이나 결정을 내다'를 뜻한다.

08 답 ④

해설 ㉣의 기본형 '그치다'는 문맥상 '계속되던 일이나 움직임이 멈추거나 끝나다. 또는 그렇게 하다'를 의미한다. 그러나 ④의 기본형 '고취(鼓吹)되다'는 '의견이나 사상 따위가 열렬히 주장되어 불어넣어지다'를 의미하므로 ㉣과 바꿔 쓰기에 적절하지 않다.

오답분석 ① • 분류(分類)하다: 종류에 따라서 가르다.
• 나누다: 여러 가지가 섞인 것을 구분하여 분류하다.
② • 형성(形成)되다: 어떤 형상이 이루어지다.
• 이루어지다: 어떤 대상에 의하여 일정한 상태나 결과가 생기거나 만들어지다.
③ • 현저(顯著)하다: 뚜렷이 드러나 있다.
• 뚜렷하다: 엉클어지거나 흐리지 아니하고 아주 분명하다.

09 답 ①

해설 다가올 태풍에 대한 대비책을 세워야 한다: ㉠과 ①의 기본형 '세우다'는 문맥상 '계획, 방안 따위를 정하거나 짜다'를 뜻한다. 따라서 ㉠의 의미와 가장 가까운 것은 ①이다.

오답분석 ② 그는 올림픽에서 신기록을 세운 사나이다: 이때 '세우다'는 '공로나 업적 따위를 이룩하다'를 뜻한다.
③ 마을 주민들은 각자 돈을 모아 양로원을 세웠다: 이때 '세우다'는 '나라나 기관 따위를 처음으로 생기게 하다'를 뜻한다.
④ 아버지께서는 체면을 세우는 일에만 매몰되어 있었다: 이때 '세우다'는 '체면 따위를 유지시키다'를 뜻한다.

10 답 ②

해설 지갑에는 오직 밥 한끼 사 먹을 돈만 남아 있었다: ②와 ㉠의 기본형 '남다'는 문맥상 '다 쓰지 않거나 정해진 수준에 이르지 않아 나머지가 있게 되다'를 뜻한다. 따라서 ㉠의 의미와 가장 가까운 것은 ②이다.

오답분석 ① 사과를 팔아도 내게는 이익이 남지 않는다: 이때 '남다'는 '들인 밑천이나 제 값어치보다 더 얻다.' 또는 '이익을 보다'를 뜻한다.
③ 그는 시험장에서 마지막까지 남아 있는 사람이었다: 이때 '남다'는 '다른 사람과 함께 떠나지 않고 있던 그대로 있다'를 뜻한다.
④ 잃어버린 동생의 얼굴이 아직도 내 머릿속에 남아 있다: 이때 '남다'는 '잊히지 않거나 뒤에까지 전하다'를 뜻한다.

11   답 ①

해설 '연유(緣由)'는 '일의 까닭'이라는 뜻으로, '연고(緣故)', '사유(事由)' 등과 유의·동의 관계에 있다. 따라서 바꾸어 쓸 수 있는 말로 적절한 것은 ①이다.

오답 분석
② 상고(詳考): 꼼꼼하게 따져서 검토하거나 참고함
③ 의견(意見): 어떤 대상에 대해 가지는 생각
④ 인연(因緣): 사람들 사이에 맺어지는 관계

12   답 ④

해설 배빈(排擯): '따돌리거나 거부하여 밀어 내침'을 뜻하는 한자어이므로, 제시문은 '따돌리거나 거부하여 밀어 내치는 일이 종종 있다'로 풀이해야 한다.

오답 분석
① 첩경(捷徑): 가장 쉽고 빠른 방법을 비유적으로 이르는 말
② • 원호(援護): 돕고 보살펴 줌
   • 기금(基金): 어떤 목적이나 사업, 행사 등에 쓸 기본적인 자금
③ • 정상(情狀): 구체적 범죄에서 구체적 책임의 경중에 영향을 미치는 일체의 사정
   • 참작(參酌): 이리저리 비추어 보아서 알맞게 고려함

13   답 ①

해설 '받아들이다'는 단순히 받는 것이 아니라 사표를 받아서 처리한다는 의미로 쓰였으므로, '수리(受理)하다'로 바꾸어 써야 한다. 참고로 '수취(受取)했다'는 '받아서 가지다'를 뜻한다.

오답 분석
② 완연(宛然)하다: 모양이 서로 비슷하다.
③ 적실(適實)하다: 실제에 들어맞다.
④ 척량(尺量)하다: 자로 재다.

14   답 ②

해설 '췌언'은 '쓸데없는 군더더기 말'이라는 뜻이므로, 잔소리로 풀어 쓴 내용은 바르지 않다. 따라서 답은 ②이다.
• 가일층(加一層): 정도 등이 한층 더
• 췌언(贅言): 쓸데없는 군더더기 말

오답 분석
① 삭연(索然): 외롭고 쓸쓸함
③ • 성하(盛夏): 더위가 한창인 여름
   • 작열(灼熱): 불 등이 이글이글 뜨겁게 타오름
   • 고식적(姑息的): 근본적인 대책을 세우지 않고 임시변통으로 하는 것
   • 익년(翌年): 1. 바로 다음의 해 2. 올해의 바로 다음 해
④ • 책려(策勵): 채찍질을 하듯 격려함
   • 재단(裁斷): 옳고 그름을 가려 결정함
   • 적공(積功): 공을 쌓음
   • 존영(尊榮): 지위가 높고 영화로움

15   답 ③

해설 제시된 문장에서 '알맞다'는 '일정한 기준이나 조건에 넘치거나 모자라는 것 없이 들어맞다'라는 뜻으로 쓰였다. 이와 의미가 통하는 한자어는 ③ '적당(適當)하다'이다.
• 적당(適當)하다: 정도에 알맞다.

오답 분석
① ② ④ 모두 밑줄 친 말과 의미가 통하지 않는다.
① 온당(穩當)하다: 행동이나 판단 등이 사리에 어긋나지 않고 알맞다.
② 적실(的實)하다: 틀림이 없이 확실하다.
④ 타당(妥當)하다: 일의 이치로 보아 옳다.

실전모의고사
p.130

01 ④	02 ③	03 ④	04 ②	05 ②
06 ③	07 ①	08 ④	09 ④	10 ④
11 ①	12 ③	13 ①	14 ④	15 ①
16 ①	17 ③	18 ③	19 ②	20 ④

01 독해 | 공공언어 바로 쓰기 답 ④

해설 생산성을 재고할 수 있는 방안을 마련합시다(×) → 생산성을 제고할 수 있는 방안을 마련합시다(○): 공공언어 바로 쓰기 원칙에 의하면 문맥에 맞는 정확한 단어를 사용해야 한다. 이때 수정 전 문장은 생산성을 높인다는 의미로 '수준이나 정도 따위를 끌어올리다'를 뜻하는 '제고(提高)하다'를 사용하였다. 이는 문맥에 맞는 정확한 어휘가 사용된 문장이다. 하지만 수정 후 문장에서 사용된 '재고(再考)하다'는 '어떤 일이나 문제 따위에 대하여 다시 생각하다'를 뜻하므로, 이를 사용하는 것은 문맥상 적절하지 않다.

오답분석 ① 모름지기 공직자는 법규를 잘 이해되어야 한다(×) → 모름지기 공직자는 법규를 잘 이해해야 한다(○): 공공언어 바로 쓰기 원칙에 의하면 능동과 피동의 관계를 명확히 표현해야 한다. 이때 수정 전 문장은 주어부 '공직자는'과 피동 표현인 서술부 '이해되어야 한다'가 호응하지 않는다. 따라서 이를 주어부와 서술부가 호응하도록 능동 표현인 '이해해야 한다'로 수정한 것은 적절하다.

② 보고서 내용 검토 결과, 몇 가지 오류 발견 수정 요청드립니다(×) → 보고서의 내용을 검토한 결과, 몇 가지 오류를 발견하여 수정을 요청드립니다(○): 공공언어 바로 쓰기 원칙에 의하면 조사, '-하다' 등을 지나치게 생략하지 말아야 한다. 이때 수정 전 문장은 조사와 '-하다'가 지나치게 생략되어 정확한 의미를 파악하기 어렵다. 따라서 이를 조사 '의', '을', '를'과 '하다'의 활용형 '-한', '-하여'를 추가해 문장의 의미가 명확해지도록 수정한 것은 적절하다.

③ 빨간 신발 상자가 눈에 띄었다(×) → 신발을 담은 빨간 상자가 눈에 띄었다(○): 공공언어 바로 쓰기 원칙에 의하면 수식어와 피수식어의 관계를 분명하게 표현해야 한다. 이때 수정 전 문장은 수식어 '빨간'이 '신발'을 수식하는지, '상자'를 수식하는지 불분명하다. 따라서 이를 수식어와 피수식어의 관계가 명확히 드러나도록 '신발을 담은 빨간 상자'로 수정한 것은 적절하다.

02 독해 + 문법 | 사례 추론하기, 의문문 답 ③

해설 제시문에 의하면 ⊙ '설명 의문문'은 화자가 청자에게 구체적인 설명을 요구하는 의문문으로, 설명 의문문에는 의문사가 사용된다. 이때 "여러분, 누가 창문을 열어 놨나요?"에는 '누가'라는 의문사가 사용되었으며, 화자가 청자인 '여러분'에게 '누가'에 관해 답하기를 요구하고 있다. 따라서 ⊙ '설명 의문문'의 사례로 적절한 것은 ③이다.

오답분석 ① "지금 앞문이 잠겨 있나요?"에는 의문사가 사용되지 않았으며, 청자에게 '네' 또는 '아니오'의 답을 요구한다. 따라서 ①은 판정 의문문이므로, ⊙에 해당하는 사례로 적절하지 않다.

② "이 가게에 빈자리가 있습니까?"에는 의문사가 사용되지 않았으며, 청자에게 '네' 또는 '아니오'의 답을 요구한다. 따라서 ②는 판정 의문문이므로, ⊙에 해당하는 사례로 적절하지 않다.

④ "철수야, 내일 모임에 참석할 수 있겠니?"에는 의문사가 사용되지 않았으며, 청자인 '철수'에게 '네' 또는 '아니오'의 답을 요구한다. 따라서 ④는 판정 의문문이므로, ⊙에 해당하는 사례로 적절하지 않다.

이것도 알면 합격
의문문의 종류

구분	정의	예
설명 의문문	의문사가 들어 있어 그에 대한 구체적인 설명을 요구하는 의문문	• 언제 출발할까? • 누가 그 일을 했니?
판정 의문문	의문사 없이 단순한 긍정이나 부정의 대답을 요구하는 의문문	• 이거 네가 만들었니? • 이따 집에 갈 거야?
수사 의문문	의문문의 형식을 지니지만 직접적인 답을 요구하지 않고 화자가 이미 알고 있는 상황을 확인 또는 강조하는 의문문	• 시험인데 일찍 일어나야 하지 않겠니? (명령) • 원하는 대로만 된다면 얼마나 좋을까? (강조) • 지난 휴가 때 동해에서 정말 즐거웠지? (확인)

03 독해 | 세부 내용 파악하기 답 ④

해설 1문단 3~5번째 줄에 의하면 푸코는 지식이 권력을 얻는 수단이 아니라 권력 그 자체와 불가분의 관계에 있음을 주장하였다. 따라서 푸코가 지식과 권력이 서로 독립적으로 존재한다고 주장했다는 ④의 설명은 적절하지 않다.

오답분석 ① 1문단 끝에서 2~4번째 줄에 의하면 근대 이후 신체적 형벌과 같은 직접적인 통제 방식이 효율성을 잃어가면서, 권력이 지식을 통한 내면적 통제 방식으로 변화하였다. 따라서 근대 이후 권력은 신체적 형벌에서 내면적 통제 방식으로 변화하였다는 ①의 설명은 제시문에 대한 이해로 적절하다.

② 2문단 끝에서 1~3번째 줄에 의하면 푸코는 규율적 권력이 감옥에만 국한되지 않고 학교, 병원, 군대 등 다양한 사회 제도에서 작동한다고 하였다. 따라서 푸코가 규율적 권력이 감옥뿐만 아니라 다양한 사회 제도에서 나타난다고 보았다는 ②의 설명은 제시문에 대한 이해로 적절하다.

③ 3문단 끝에서 1~3번째 줄에 의하면 원형 감옥이 지닌 불균형은 실제 감시 여부와 관계없이 죄수들이 감시 받는다는 생각을 하게 만들어 자발적으로 행동을 규제하게 만든다. 따라서 원형 감옥은 실제 감시 여부와 관계없이 감시 받는다는 생각을 통해 자기 통제를 유도한다는 ③의 설명은 제시문에 대한 이해로 적절하다.

04 어휘 | 다의어의 의미 답 ②

해설 야생 동물들은 밤에 활동해 사람들의 눈에 잘 뜨이지 않는다: ⊙과 ②에서 쓰인 '뜨이게'와 '뜨이지'의 기본형인 '뜨이다'는 문맥상 '눈에 보이다'의 의미로 사용되었다. 따라서 문맥상 ⊙의 의미와 가장 가까운 것은 ②이다.

오답분석
① 어제 늦게 잤더니 점심이 다 되어서야 눈이 뜨였다: 이때 '뜨이다'는 문맥상 '감았던 눈이 벌려지다'의 의미로 사용되었다.
③ 그는 예상치도 못한 이야기에 귀가 뜨였는지 이쪽으로 돌아앉았다: 이때 '뜨이다'는 문맥상 '청각의 신경이 긴장되다'의 의미로 사용되었다.
④ 오랫동안 낙후되어 있던 마을이 최근 들어 눈에 뜨이는 발전을 이루었다: 이때 '뜨이다'는 문맥상 '남보다 훨씬 두드러지다'의 의미로 사용되었다.

05 논리 | 명제의 결론 추론하기 답 ②

해설 제시된 진술을 기호화하면 다음과 같다.

```
(1) ~갑 ∨ ~을
(2) ~갑 → 병 ≡ ~병 → 갑 (대우)
(3) ~정 → 을 ≡ ~을 → 정 (대우)
(4) ~병
```

(4)에 의해 '~병'이 확정되므로, (2)의 대우에서 전건을 긍정하여 '갑'을 도출할 수 있다. 또한 '갑'이 확정되었으므로, (1)에서 선언지 제거에 의해 '~을'을 도출할 수 있다. 이때 '~을'이 확정되었으므로, (3)의 대우에서 전건을 긍정하여 '정'을 도출할 수 있다. 따라서 '갑'과 '정'이 참임을 알 수 있으므로, 제시된 진술이 모두 참일 때 반드시 참인 것은 ② '갑과 정이 출근한다(갑 ∧ 정)'이다.

오답분석
① (4)에 의해 '~병'이 확정되므로 (2)의 대우에서 전건을 긍정하여 '갑'을 도출할 수 있다. 또한 '갑'이 확정되었으므로, (1)에서 선언지 제거에 의해 '~을'을 도출할 수 있다. 이때 '~을'이 확정되었으므로, (3)의 대우에서 전건을 긍정하여 '정'을 도출할 수 있다. 따라서 '~을', '정'이 참임을 알 수 있으므로 ① '을과 정이 출근한다(을 ∧ 정)'는 거짓이다.
③ (4)에 의해 '~병'이 확정되므로 (2)의 대우에서 전건을 긍정하여 '갑'을 도출할 수 있다. 따라서 '갑'이 참임을 알 수 있으므로 ③ '갑이 출근하지 않는다(~갑)'는 거짓이다.
④ (4)에 의해 '~병'이 확정되므로 (2)의 대우에서 전건을 긍정하여 '갑'을 도출할 수 있다. 또한 '갑'이 확정되었으므로, (1)에서 선언지 제거에 의해 '~을'을 도출할 수 있다. 이때 '~을'이 확정되었으므로, (3)의 대우에서 전건을 긍정하여 '정'을 도출할 수 있다. 따라서 '갑', '~을', '정'이 참임을 알 수 있으므로 ④ '갑과 을과 정이 출근한다(갑 ∧ 을 ∧ 정)'는 거짓이다.

이것도 알면 합격

선언지 제거 (= 선언 삼단 논법)
선언 명제를 통해 결론을 도출하는 방법으로, 어느 하나의 명제를 부정하여 다른 하나를 긍정하는 방식이다.

전제1	P이거나 Q이다. (P ∨ Q)	
	예 오 주무관이 회의에 참석하거나 박 주무관이 회의에 참석한다.	
전제2	P가 아니다. (~P)	
	예 오 주무관이 회의에 참석하지 않는다.	
결론	따라서 Q이다. (Q)	
	예 따라서 박 주무관이 회의에 참석한다.	

06 독해 | 글 고쳐쓰기 (문맥에 맞게 수정하기) 답 ③

해설 ©의 앞 문장에는 대리 뮌하우젠 증후군에 걸린 보호자가 피해자를 아프게 만들고, 피해자는 자신에게 가해지는 해의 원인을 알지 못한 채 고통을 당한다는 내용이 제시되어 있다. 이는 대리 뮌하우젠 증후군이 피해자에게 고통과 혼란스러움을 줄 수 있음을 의미한다. 따라서 ©을 '이로 인해 피해자는 보호자로부터 고통과 혼란스러움을 느끼게 된다'로 수정하는 것은 문맥상 적절하다.

오답분석
① ⊙의 뒤 문장에는 뮌하우젠 증후군에 걸린 환자들이 의료진의 관심을 끌기 위한 증상들을 다양한 방식으로 조작한다는 내용이 제시되어 있다. 이는 환자들이 의료진의 관심과 치료를 갈망한다는 것을 의미한다. 따라서 ⊙을 '환자들은 의료진의 관심과 치료를 거부한다'로 수정하는 것은 문맥상 적절하지 않다.
② ⓒ의 앞 문장에는 뮌하우젠 증후군에 걸린 환자들이 의료진의 관심을 끌기 위해 일부러 상처를 내서 감염을 유도한다는 내용이 제시되어 있다. 이는 뮌하우젠 증후군이 환자에게 신체적 해를 가할 수 있다는 것을 의미한다. 따라서 ⓒ을 '환자 자신에게 신체적 해를 가하지는 않아 심각하게 받아들일 필요가 없다'로 수정하는 것은 문맥상 적절하지 않다.
④ ⓔ이 포함된 문단에는 뮌하우젠 증후군에 걸린 환자들이 치료에 방어적이고 적대적인 태도를 보인다는 내용이 제시되어 있다. 이는 뮌하우젠 증후군을 치료하는 것이 쉽지 않다는 것을 의미한다. 따라서 ⓔ을 '뮌하우젠 증후군을 치료하는 것은 쉽다'로 수정하는 것은 문맥상 적절하지 않다.

07 독해 | 글의 순서 파악하기 답 ①

해설 (가)~(라)를 가장 자연스러운 순서로 배열한 것은 '(가) - (라) - (다) - (나)'이므로 답은 ①이다.

순서	중심 내용	순서 판단의 단서와 근거
(가)	입에서 시작되는 소화 과정	지시어나 접속어로 시작하지 않으면서 제시문의 중심 화제인 '소화 과정'을 제시함
(라)	위에서의 단백질 분해와 음식물 저장	키워드 '위': '식도'를 통과한 음식물이 '위'에 도달하게 됨을 순서대로 설명함
(다)	십이지장에서의 췌장액과 담즙을 통한 음식물 분해	키워드 '십이지장': '위'에서 소화된 음식물이 '십이지장'으로 들어감을 순서대로 설명함

| (나) | 소장에서의 영양소 흡수 과정 | 키워드 '소장': '십이지장'을 지난 음식물이 '소장'으로 들어감을 순서대로 설명함 |

08 독해 | 세부 내용 파악하기 답 ④

해설 2문단 끝에서 1~5번째 줄을 통해 꿀벌이 식용 작물을 생산하는 데 기여하고 있으며, 최근에는 꿀벌 개체 수가 감소하면서 식량 안보에 심각한 위협이 되고 있음을 알 수 있다. 이는 꿀벌 개체 수 감소가 전 세계 식용 작물 생산에 부정적인 영향을 미침을 의미한다. 따라서 꿀벌 개체 수의 감소가 전 세계 식용 작물 생산에 영향을 미칠 수 있다는 ④의 설명은 제시문에 대한 이해로 적절하다.

오답분석 ① 1문단 끝에서 4~5번째 줄을 통해 일벌은 다양한 역할을 맡으며, 나이에 따라 담당하는 임무가 달라짐을 알 수 있다. 따라서 일벌이 나이와 상관없이 모두 동일한 임무를 수행한다는 ①의 설명은 제시문에 대한 이해로 적절하지 않다.
② 2문단 1~4번째 줄을 통해 꿀벌은 8자 춤을 통해 다른 벌들에게 꿀이나 꽃가루의 위치를 알림을 알 수 있다. 이는 꿀벌의 8자 춤이 위험 신호가 아닌, 먹이의 위치 전달에 사용됨을 의미한다. 따라서 꿀벌의 8자 춤이 주로 위험 신호를 전달하는 데 사용된다는 ②의 설명은 적절하지 않다.
③ 1문단 5~6번째 줄을 통해 수벌은 여왕벌과의 교미를 통해 종의 번식을 돕는다는 것을 알 수 있다. 또한 1문단 끝에서 1~2번째 줄을 통해 꿀을 수집하고 벌집을 방어하는 벌은 나이가 든 일벌임을 알 수 있다. 따라서 수벌의 주요 역할이 꿀 수집과 벌집 방어라는 ③의 설명은 적절하지 않다.

09 독해 | 개요 작성하기 답 ④

해설 지침에 의하면 결론은 향후 과제와 기대 효과로 구성해야 한다. 이때 Ⅳ-2에서 이미 향후 과제를 제시하고 있으므로, ㉣에는 기대 효과가 들어가야 한다. 하지만 '저출산 정책 예산 확대를 통한 지원 범위 증가'는 기대 효과가 아닌 해결 방안이나 향후 과제에 해당하므로, ㉣에 들어갈 말로 적절하지 않다. 참고로 ㉣에 들어갈 수 있는 기대 효과로는 '청년층의 경제 안정과 육아 환경의 개선을 통한 출산율 상승'이 있다.

오답분석 ① 지침에 의하면 서론은 중심 소재의 개념을 정의하고, 문제의 현황을 제시해야 한다. 이때 Ⅰ-1에서 이미 저출산 현상의 정의를 제시하고 있으므로, ㉠에는 문제의 현황이 들어가야 한다. 따라서 '세계 최저 수준에 머무는 우리나라의 합계출산율'은 ㉠에 들어갈 말로 적절하다.
② 지침에 의하면 본론은 제목의 하위 내용으로 구성하되, 각 장의 하위 항목끼리 대응하도록 작성해야 한다. 이때, Ⅲ-1에서 저출산 현상의 정책적 해결 방안으로 '청년층의 경제적 안정을 위한 주거·고용 지원 정책 강화'를 제시하고 있으므로 ㉡에는 이와 관련된 저출산 현상의 발생 원인이 들어가야 한다. 따라서 '청년층의 취업난과 높은 주거 비용으로 인한 경제적 불안정'은 ㉡에 들어갈 말로 적절하다.
③ 지침에 의하면 본론은 제목의 하위 내용으로 구성하되, 각 장의 하위 항목끼리 대응하도록 작성해야 한다. 이때 Ⅱ-2에서 저출산 현상의 발생 원인으로 '직장 생활과 가정생활의 병행으로 인한 육아 부담의 증가'를 제시하고 있으므로, ㉢에는 이와 관련된 저출산 현상의 정책적 해결 방안이 들어가야 한다. 따라서 '육아 휴직 제도 및 보육 인프라의 확충'은 ㉢에 들어갈 말로 적절하다.

10 독해 + 문학 | 세부 내용 파악하기, 문학의 이해 답 ④

해설 3문단 끝에서 4~6번째 줄에 의하면 개인적 상징은 개인이 창조적으로 만들어 내며 의미를 바꾼 것이다. 즉 개인적 상징은 개인이 독창적으로 만들어 내는 것이므로 개인에 따라 그 의미가 다를 것임을 알 수 있다. 따라서 ④는 제시문에 대한 이해로 적절하다.

오답분석 ① 3문단 끝에서 2~4번째 줄에 의하면 원형적 상징은 역사나 종교 등에서 되풀이되어 쓰이며 유사한 감정이나 의미를 불러일으키는 상징이다. 이는 원형적 상징이 독자에게 유사한 의미로 이해될 수 있음을 의미한다. 따라서 원형적 상징은 독자에게 유사한 의미로 이해되기 어렵다는 ①의 설명은 적절하지 않다.
② 2문단 1~3번째 줄에 의하면 직유법은 비슷한 성질을 가진 두 대상을 '같이', '처럼', '듯이'와 같은 연결어를 통해 직접 빗대어 표현하는 방법이다. 따라서 직유법이 연결어 없이 원관념과 보조 관념을 연결하는 표현 방법이라는 ②의 설명은 적절하지 않다.
③ 1문단 끝에서 1~5번째 줄에 의하면 비유는 원관념과 보조 관념이 일대일 관계를 이루며, 상징은 보조 관념만 존재하고 원관념은 제시되지 않아 일대다의 관계를 이룬다고 하였다. 따라서 원관념과 보조 관념이 비유에서 일대다의 관계를, 상징에서 일대일의 관계를 이룬다는 ③의 설명은 적절하지 않다.

11 어휘 | 고유어와 한자어의 대응 답 ①

해설 ㉠의 기본형 '느끼다'는 '감각 기관을 통하여 어떤 자극을 깨닫다'를 뜻하지만, ①의 기본형 '감수(甘受)하다'는 '책망이나 괴로움 따위를 달갑게 받아들이다'를 뜻하므로 바꿔 쓰기에 적절하지 않다.

오답분석 ② • 잇다: 두 끝을 맞대어 붙이다.
• 연결(連結)하다: 사물과 사물을 서로 잇거나 현상과 현상이 관계를 맺게 하다.
③ • 바꾸다: 원래의 내용이나 상태를 다르게 고치다.
• 변경(變更)하다: 다르게 바꾸어 새롭게 고치다.
④ • 쓰이다: 어떤 일을 하는 데에 재료나 도구, 수단이 이용되다.
• 통용(通用)되다: 일반적으로 두루 쓰이다.

12 독해 | 숨겨진 내용 추론하기 　　　　　　답 ③

해설 4문단 끝에서 1~5번째 줄에 의하면 지구 온난화가 본격화된 1980년대 이후 엘니뇨와 라니냐 현상의 발생 빈도가 이전보다 약 30% 증가했으며, 이는 기후 변화와의 연관성을 시사한다. 이는 기후 변화로 인해 엘니뇨와 라니냐 현상이 더 자주 발생하며, 지구에 미치는 영향력이 더 커질 것임을 의미한다. 따라서 기후 변화로 인해 엘니뇨와 라니냐의 영향력이 증대될 가능성이 있다는 ③의 추론은 적절하다.

오답 분석
① 2문단에 의하면 엘니뇨가 발생하면 무역풍이 약화되어 따뜻한 해수가 동쪽으로 이동하고, 라니냐가 발생하면 무역풍이 강화되어 서태평양으로 따뜻한 해수가 더 많이 운반된다. 이는 무역풍과 해수의 이동 방향이 서로 관련이 있음을 의미한다. 따라서 무역풍과 해수 이동이 서로 무관하다는 ①의 추론은 적절하지 않다.

② 2문단 1~3번째 줄에 의하면 엘니뇨가 발생하면 동태평양(페루 연안)의 해수면 온도가 상승하고, 3문단 2~4번째 줄에 의하면 엘니뇨가 일어나면 냉수성 플랑크톤의 번식이 저해되어 어획량이 감소한다고 하였다. 이는 엘니뇨가 어민들의 어획량에 부정적인 영향을 미친다는 것을 의미한다. 따라서 엘니뇨가 발생하면 동태평양 어민들의 어획량은 증가한다는 ②의 추론은 적절하지 않다.

④ 4문단 1~4번째 줄에 의하면 기상학자들은 위성 데이터와 해양 부표 네트워크를 활용해 엘니뇨와 라니냐를 예측하고자 하나, 장기적인 예측에는 한계가 존재한다. 또한 기후 변화로 인해 엘니뇨와 라니냐의 발생이 증가하거나 강도 높게 관측되는 것은 기후 변화와의 연관성을 시사한다. 이는 기후 변화가 심화될수록 엘니뇨와 라니냐를 예측하는 것이 어려울 수 있음을 의미한다. 따라서 기후 변화가 심화될수록 엘니뇨와 라니냐 현상의 예측은 더 정확해질 것이라는 ④의 추론은 적절하지 않다.

13 독해 | 세부 내용 파악하기 　　　　　　답 ①

해설 지시 대상이 같은 것으로만 묶인 것은 ① 'ㄱ, ㄷ'으로, 이는 모두 '엘니뇨'를 가리킨다.

- ㄱ: ㄱ의 앞 문장에는 엘니뇨가 발생하면 무역풍이 약화되어 따뜻한 해수가 동쪽으로 이동한다는 내용이 제시되어 있다. 또한 ㄱ이 포함된 문장은 엘니뇨가 미치는 영향을 설명하고 있다. 따라서 ㄱ이 가리키는 것은 '엘니뇨'임을 알 수 있다.
- ㄷ: 1문단에는 엘니뇨가 적도 부근 동태평양의 해수면 온도가 평년보다 0.5°C 이상 높아지는 현상이라는 내용이 제시되어 있다. 또한 ㄷ이 포함된 문장은 ㄷ이 일어나면 해수면 온도가 상승한다고 설명하고 있다. 이때 해수면 온도 상승은 엘니뇨를 가리키므로, 이것과 어획량의 관계를 설명하는 ㄷ이 가리키는 것은 '엘니뇨'임을 알 수 있다.

오답 분석
- ㄴ: ㄴ의 앞 문장에는 라니냐가 발생하면 일어나는 현상이 제시되어 있다. 또한 ㄴ이 포함된 문장은 라니냐가 동남아시아와 호주등에 미치는 영향을 설명하고 있다. 따라서 ㄴ이 가리키는 것은 '라니냐'임을 알 수 있다.
- ㄹ: ㄹ의 앞 문장에는 지구 온난화가 본격화된 1980년대 이후 엘니뇨와 라니냐 현상의 발생 빈도가 증가했다는 내용이 제시되어 있다. 또한 ㄹ이 포함된 문장은 ㄹ이 강도 높은 극단적 사례로 관측되며 기후 변화와의 연관성을 시사하는 현상임을 설명하고 있다. 따라서 ㄹ이 가리키는 것은 '엘니뇨, 라니냐 현상의 발생 빈도와 강도가 증가하는 현상'임을 알 수 있다.

14 독해 | 사례 추론하기 　　　　　　답 ④

해설 제시문에 의하면 크레스피 효과는 큰 보상을 받다가 작은 보상을 받게 되면 수행 능력이 급격히 저하되는 현상으로, 수행 능력을 유지 및 향상시키기 위해서는 보상이 일정하게 유지되거나, 점진적으로 증가해야 한다. 이때 ④와 같이 신입 사원들에게 첫 달 성과급을 월급의 100% 수준으로 지급한 후 다음 달부터 월급의 30% 수준으로 지급할 경우, 크레스피 효과에 의해 사원들의 업무 의욕은 감소할 것임을 추론할 수 있다. 따라서 사원들의 업무 의욕이 지속적으로 향상될 것이라는 ④의 추론은 적절하지 않다.

오답 분석
① 50% 할인가로 판매하던 제품을 정상가로 판매한 것은 소비자에게 할인이라는 보상이 지속적으로 제공되다가 사라진 것이다. 이 경우 크레스피 효과에 의하면 소비자의 불만은 증가할 것이다. 따라서 ①의 추론은 적절하다.

② A 기업이 사원들에게 제공하던 복지 혜택을 폐지한 것은 사원들에게 탄력 근무라는 보상이 지속적으로 제공되다가 사라진 것이다. 이 경우 크레스피 효과에 의하면 직원들의 만족도는 하락할 것이다. 따라서 ②의 추론은 적절하다.

③ 학생들이 수업에 열심히 참여할 때 보상으로 작은 과자를 주다가 점차 큰 과자를 주는 것은 보상을 점진적으로 증가시킨 것이다. 이 경우 크레스피 효과에 의하면 학습 동기가 지속적으로 유지될 것이다. 따라서 ③의 추론은 적절하다.

15 독해 | 빈칸 내용 추론하기 　　　　　　답 ①

해설 (가)와 (나)에 들어갈 말을 적절하게 나열한 것은 '자원 민족주의'와 '경제적 이익과 환경 보호'이므로 답은 ①이다.

- (가) 자원 민족주의: (가)의 앞 문장에는 자국의 광물 자원에 대한 통제권을 강화하려는 정책적 움직임이 나타나고 있다는 내용이 제시되어 있으며, (가)의 뒤 문장에는 (가)가 유럽에서 유래한 근대적 민족주의의 개념을 차용했다는 내용이 제시되어 있다. 이는 자국 자원에 대한 주권을 보호하려는 국가 정책에 해당하므로 (가)에 들어갈 말은 '자원 민족주의'이다.
- (나) 경제적 이익과 환경 보호: (나)가 포함된 문장에는 선진국들이 자원의 효율적 활용과 재활용에 중점을 두고 있다는 내용이 제시되어 있다. 이때 자원의 효율적 활용은 '경제적 이익'과 관련이 있고, 자원의 재활용은 '환경 보호'와 관련이 있으므로 (나)에 들어갈 말은 '경제적 이익과 환경 보호'이다.

16 논리 | 명제의 전제 추론하기   답 ①

해설 제시된 진술을 기호화하면 다음과 같다.

> (1) ~운동 ∧ 아이스크림
> (2) ~운동 → 비
> [결론] 아이스크림 ∧ 눈

결론을 '아이스크림 ∧ 눈'으로 도출하기 위해서는 (1)의 '~운동'과 결론의 '눈'을 연결할 수 있는 전제가 추가되어야 한다. 이때 '비가 오는 모든 날은 눈이 온다(비 → 눈)'를 전제로 추가하면, 이것을 (2)와 결합하여 '~운동 → 비 → 눈'을 도출할 수 있다. 따라서 '~운동 → 눈'을 도출할 수 있으므로, 이것을 (1)과 결합하여 '눈 ∧ 아이스크림'을 도출할 수 있다. 이는 결론인 '아이스크림 ∧ 눈'과 논리적으로 동치이므로, 결론을 이끌어 내기 위해 추가해야 할 것은 ①이다.

오답분석
② '비가 오는 모든 날은 운동을 한다(비 → 운동)'를 전제로 추가해도 결론은 도출할 수 없다.
③ '눈이 오는 모든 날은 비가 오지 않는다(눈 → ~비)'를 전제로 추가해도 결론은 도출할 수 없다.
④ '아이스크림을 먹지 않는 어떤 날은 운동을 하지 않는다(~아이스크림 ∧ ~운동)'를 전제로 추가해도 결론은 도출할 수 없다.

17 독해 | 주장 및 견해 파악하기   답 ③

해설 최 교수는 첫 번째 발화에서 미디어의 경제적 현실을 간과해서는 안 된다고 주장한다. 반면 이 기자는 두 번째 발화에서 최 교수의 말대로라면 언론은 존재의 이유를 잃게 되며, 경제적 이유로 언론의 본질적 역할을 타협해서는 안 된다고 주장한다. 이를 통해 미디어의 경제적 현실을 고려해야 한다는 점에 대해 최 교수는 동의하지만, 이 기자는 동의하지 않음을 알 수 있다. 따라서 대화를 분석한 내용으로 적절한 것은 ③이다.

오답분석
① 김 교수는 첫 번째 발화에서 민주주의 사회에서 미디어는 정부와 권력층을 감시하는 '파수꾼'의 역할을 해야 한다고 주장한다. 한편 이 기자는 첫 번째 발화에서 미디어가 '정보 전달자'나 '감시자'의 역할을 해서는 안 된다고 주장한다. 이는 미디어가 정부와 권력층을 감시하는 '파수꾼'의 역할을 해야 한다는 것을 부정함을 의미한다. 이를 통해 미디어가 파수꾼의 역할을 해야 한다는 것에 대해 김 교수는 동의하고, 이 기자는 동의하지 않음을 알 수 있다. 따라서 ①은 대화를 분석한 내용으로 적절하지 않다.
② 박 연구원은 첫 번째 발화에서 미디어의 가장 핵심적인 역할이 시민의 참여를 유도하는 것이라고 주장한다. 이때 김 교수는 두 번째 발화에서 시민 참여가 중요하다는 박 연구원의 주장에 동의한다. 이를 통해 시민 참여 유도의 중요성에 대해 박 연구원과 김 교수 모두 동의함을 알 수 있다. 따라서 ②는 대화를 분석한 내용으로 적절하지 않다.
④ 이 기자는 첫 번째 발화에서 언론인들이 다양한 관점을 제시해야 한다고 주장한다. 이때 박 연구원은 첫 번째 발화에서 이 기자의 주장에 동의한다. 이를 통해 언론이 다양한 관점을 제시해야 한다는 점에 대해 이 기자와 박 연구원 모두 동의함을 알 수 있다. 따라서 ④는 대화를 분석한 내용으로 적절하지 않다.

18 논리 | 논증의 강화 및 약화 평가하기   답 ③

해설 대화에 대해 평가한 내용으로 적절한 것은 'ㄴ, ㄷ'이므로, 답은 ③이다.

- ㄴ: 제시된 대화에서 김 박사는 운동 능력에 결정적인 영향을 미치는 요인은 후천적 요인이며, 집중적 훈련이 운동 성과를 결정함을 주장한다. 이때 뛰어난 운동 유전자를 가졌지만 전문적 훈련을 받지 못해 좋은 운동 성과를 내지 못한 선수들이 다수 있다는 사실은 운동 능력에 있어 선천적 요인보다 훈련이나 환경과 같은 후천적 요인이 더 큰 영향을 미친다는 것을 의미한다. 이는 김 박사의 주장과 일치하므로, 김 박사의 주장을 강화한다.
- ㄷ: 제시된 대화에서 정 교수는 유전자와 같은 선천적 요인이 운동 능력을 결정한다고 주장하고, 김 박사는 선천적 요인보다 후천적 요인이 운동 능력에 결정적인 영향을 미친다고 주장한다. 이때 일란성 쌍둥이를 대상으로 한 연구에서 맞춤형 훈련을 받았는지에 따라 운동 능력에 큰 차이가 나타난 사실은 같은 유전자를 가진 일란성 쌍둥이의 운동 능력에 선천적 요인보다 훈련과 같은 후천적 요인이 더 큰 영향을 미친다는 것을 의미한다. 이는 김 박사의 주장과 일치하고 정 교수의 주장과는 상반되므로, 김 박사의 주장은 강화하지만 정 교수의 주장은 약화한다.

오답분석
ㄱ: 제시된 대화에서 정 교수는 운동 능력이 유전자와 같은 선천적 요인에 의해 결정됨을 주장한다. 이때 동일한 훈련 프로그램을 받은 축구 선수들 간에도 신장에 따라 운동 성과에 현저한 차이가 난다는 것은 훈련 프로그램과 같은 후천적 요인보다 신장과 같은 선천적 요인이 운동 성과에 더 큰 영향을 미침을 의미한다. 이는 정 교수의 주장과 일치하므로, 정 교수의 주장을 약화하지 않고 강화한다.

19 논리 | 명제의 전제 추론하기   답 ②

해설 갑의 진술을 기호화하면 아래와 같다.

> (1) 수학 → 체계적 사고
> (2) 체계적 사고 → 논리적
> (3) 논리적 → 이성적
> [결론] 이성적 → 수학

(1)~(3)을 결합하면 '수학 → 체계적 사고 → 논리적 → 이성적'이므로 '수학 → 이성적'이 참임을 알 수 있다. 그러나 갑은 결론은 '이성적 → 수학'을 결론으로 제시하고 있는데, 이는 '수학 → 이성적'의 후건을 긍정하여 전건의 긍정을 결론으로 도출한 후건 긍정의 오류를 범한 것이다. 이때 ② '수학을 좋아하지 않는 사람은 이성적이지 않다(~수학 → ~이성적)'가 전제로 추가되면 이것의 대우인 '이성적 → 수학'도 참이 되므로 결론을 이끌어 낼 수 있다. 따라서 (가)에 들어갈 말로 적절한 것은 ②이다.

오답분석
① '이성적인 사람은 수학을 좋아하지 않는다(이성적 → ~수학)'가 추가되더라도 결론인 '이성적 → 수학'은 참이 되지 않는다.
③ '체계적인 사고를 하는 사람은 수학을 좋아하지 않는다(체계적 사고 → ~수학)'가 추가되더라도 결론인 '이성적 → 수학'은 참이 되지 않는다.

④ '체계적인 사고를 하는 사람 중에 수학을 좋아하는 사람이 있다(체계적 사고 ∧ 수학)'는 (1) '수학 → 체계적 사고'가 참이므로 항상 참이 되는 정보이다. 따라서 ④가 추가되더라도 결론인 '이성적→수학'은 참이 되지 않는다.

이것도 알면 합격

타당하지 않은 논증의 종류

	기호화	예
전건 부정의 오류	[전제 1] P이면 Q이다. (P → Q) [전제 2] P가 아니다. (~P) [결론] Q가 아니다. (~Q)	[전제 1] 자전거를 타면 운동이 된다. [전제 2] 시연이는 자전거를 타지 않았다. [결론] 시연이는 운동을 하지 않았다. – 오류 (*시연이가 다른 운동을 했을 가능성이 존재함)
후건 긍정의 오류	[전제 1] P이면 Q이다. (P → Q) [전제 2] Q이다. (Q) [결론] P이다. (P)	[전제 1] 자전거를 타면 운동이 된다. [전제 2] 시연이는 운동을 했다. [결론] 시연이는 자전거를 탔다. – 오류 (*시연이가 다른 운동을 했을 가능성이 존재함)
선언지 긍정의 오류	[전제 1] P 또는 Q이다. (P ∨ Q) [전제 2] P이다. (P) [결론] Q가 아니다. (~Q)	[전제 1] 수훈이는 국밥이나 비빔밥을 먹는다. [전제 2] 수훈이는 국밥을 먹는다. [결론] 수훈이는 비빔밥을 먹지 않는다. – 오류 (*수훈이가 두 가지를 모두 먹었을 가능성이 존재함)

20 논리 | 논증의 강화 및 약화 평가하기   답 ④

해설 ④ 3문단에 의하면 최근에는 디지털 기술을 활용한 인지 훈련이 개발되었고, 필자는 이를 비롯한 여러 치매 예방법을 통합적으로 적용하면 치매 발병률을 낮추고 진행 속도를 늦출 수 있을 것이라고 주장한다. 그러나 종이책을 이용한 기억력 강화 훈련만 진행하던 요양 시설에서 컴퓨터를 이용한 인지 훈련을 함께 진행한 이후 환자들의 치매 진행 속도가 급격히 증가했다는 ④의 사례는 최근 개발된 '디지털 인지 훈련'과 '통합적 치매 예방법 적용'이 효과적이지 않을 수 있다는 점을 시사한다. 따라서 ④는 필자의 주장을 반박하는 사례이므로 제시문의 논지를 약화하는 것으로 적절하다.

오답 분석 ① 1문단에 의하면 규칙적인 신체 활동을 통해 치매 증상의 진행을 늦출 수 있다. 이때 꾸준한 체육 활동이 뇌의 혈류를 원활하게 하여 인지 기능 저하를 늦출 수 있다는 ①의 사례는 필자의 주장을 뒷받침하는 사례이므로 제시문의 논지를 강화하는 것에 해당한다.

② 1문단에 의하면 치매의 초기 징후를 조기에 발견하면 적절한 중재를 통해 증상의 악화를 늦출 수 있다. 이때 건강 검진에서 초기 치매 진단을 받고 적절한 치료와 관리를 통해 삶의 질을 유지할 수 있었다는 ②의 사례는 필자의 주장을 뒷받침하는 사례이므로 제시문의 논지를 강화하는 것에 해당한다.

③ 2문단에 의하면 치매의 예방과 관련해 생활 습관의 개선은 매우 중요하다. 이때 치매 발병에 가장 큰 영향을 주는 요소는 유전적 요인이 아닌 생활 습관 개선이라는 ③의 사례는 필자의 주장을 뒷받침하는 사례이므로 제시문의 논지를 강화하는 것에 해당한다.

공무원시험전문 해커스공무원
gosi.Hackers.com

2026 최신개정판

해커스공무원
국어 유형별 출제예상문제집

개정 11판 1쇄 발행 2026년 1월 2일

지은이	해커스 공무원시험연구소
펴낸곳	해커스패스
펴낸이	해커스공무원 출판팀

주소	서울특별시 강남구 강남대로 428 해커스공무원
고객센터	1588-4055
교재 관련 문의	gosi@hackerspass.com
	해커스공무원 사이트(gosi.Hackers.com) 교재 Q&A 게시판
	카카오톡 채널 [해커스공무원 노량진캠퍼스]
학원 강의 및 동영상강의	gosi.Hackers.com

ISBN	979-11-7404-700-7 (13710)
Serial Number	11-01-01

저작권자 ⓒ 2026, 해커스공무원

이 책의 모든 내용, 이미지, 디자인, 편집 형태에 대한 저작권은 저자에게 있습니다. 서면에 의한 저자와 출판사의 허락 없이 내용의 일부 혹은 전부를 인용, 발췌하거나 복제, 배포할 수 없습니다.

이 책의 내용 중 일부는 국립국어원이 제공하는 '표준국어대사전', '한국어 어문 규범'을 참고하였습니다.

공무원 교육 1위,
해커스공무원 gosi.Hackers.com

해커스공무원

· **해커스공무원 학원 및 인강**(교재 내 인강 할인쿠폰 수록)
· 정확한 성적 분석으로 약점 극복이 가능한 **합격예측 온라인 모의고사**(교재 내 응시권 및 해설강의 수강권 수록)
· 필수어휘와 사자성어를 편리하게 학습할 수 있는 **해커스 매일국어 어플**

한경비즈니스 2024 한국품질만족도 교육(온·오프라인 공무원학원) 1위